黄仁宇

资本主义与二十一世纪

黄仁宇作品系列

生活・讀書・新知 三联书店

Simplified Chinese Copyright © 2015 by SDX Joint Publishing Company.
All Rights Reserved.
本作品简体中文版权由生活·读书·新知三联书店所有。
未经许可，不得翻印。

图书在版编目（CIP）数据

资本主义与二十一世纪／（美）黄仁宇著．—北京：生活·读书·新知三联书店，2015.8　（2023.5重印）
（黄仁宇作品系列）
ISBN 978-7-108-05368-8

Ⅰ．①资…　Ⅱ．①黄…　Ⅲ．①资本主义制度－研究
Ⅳ．① D033.3

中国版本图书馆 CIP 数据核字（2015）第 118350 号

本书中文简体字版由联经出版事业公司授权出版。

责任编辑	杨　乐
装帧设计	蔡立国
责任印制	董　欢
出版发行	生活·讀書·新知 三联书店
	（北京市东城区美术馆东街 22 号 100010）
网　　址	www.sdxjpc.com
图　　字	01-2017-6494
经　　销	新华书店
印　　刷	山东临沂新华印刷物流集团有限责任公司
版　　次	2015 年 8 月北京第 1 版
	2023 年 5 月北京第 8 次印刷
开　　本	880 毫米×1230 毫米　1/32　印张 20.25
字　　数	420 千字
印　　数	42,001－45,000 册
定　　价	59.00 元

（印装查询：01064002715；邮购查询：01084010542）

目 录

第一章　问题的重心 —————— 1
第二章　威尼斯 —————————— 43
第三章　荷兰 —————————— 106
第四章　英国 —————————— 154
第五章　资本主义思想体系之形成 —— 228
第六章　美国、日本和德国 ————— 326
第七章　法国大革命、俄国的十月革命和
　　　　中国的长期革命 ————— 409
第八章　总结 —————————— 555

参考书目 ———————————— 581
索引 —————————————— 604

第一章 问题的重心

"资本主义"是一个常用的名词,不时出现于众人笔下和口语之中。可是要给这名词适当的定义,则非常困难。不仅各种书刊作者坚持己见,即使我们引用到"资本主义"这四个字,也可能前后用意不同,更害怕旁人顿生误解。这问题若不得澄清,则可能成为社会上思想冲突的根源,亦可能影响到各个人的人生观,使我们对世事惶惑而觉得没有主宰。

以一个常用名词而会产生如此多问题,大概因为资本主义在世界上牵涉的地区广泛,历时久远,迄今尚未停顿,且又与现代生活发生了密切的关系。近世纪中主要的战争与大规模的动乱,通常都与它有着直接或间接的关系。资本主义,既可以当作快乐与新生命之原动力,也可以视为许多失望与灾害的渊薮,因而我们无法在理智上或情绪上漠然视之。

虽然一般作家认为资本主义形成一种经济生活的现象,首先在13至14世纪之间出现于意大利半岛,可是资本主义(capitalism)这一名词却产生在几百年后。纵然如此,从开始使用至今已有100多年了,以今日世事变化之剧之速,也可以算得"曾经沧海"。对西方而言,在第二次世界大战之前,因为1929年经济恐慌的记忆犹新,各界批评资本主义的文字很多,组织工会,防制托拉斯,提出社会福利的立法,亦与当日提倡资本主义者的立场相反。直到东西冷战之后，才有人以在资本主义的旗帜下自豪，才有人倡说它与西方社会中之自由不可分割。可见得历史上的资本主义，是一个复杂的多面体。

1929年全球发生经济大恐慌，街头到处是失业的人，因此后来才有防制托拉斯和社会福利立法等措施，却都遭到当时提倡资本主义者的反对。

资本主义——名目之由来

法国历史家布罗代尔（Fernand Braudel）研究资本主义多年，他的考证如下：

> 资本主义为这三个名词〔其他两个名词为"资本"（capital）及"资本家"（capitalist）〕之中最带激动性的一个，曾经促使历史学家及辞典专家拼命追究而尚无定论。据陶查特（Dauzat）

说，此字眼曾见于 1753 年之《百科全书》，它并赋予奇特的意义："富裕之人的景况。"这种说法可能不正确，因为此一文句迄今未为后人觅得，仅见于 1842 年黎察（J.B.Richard）所著《新法文广义》（Enrichissements de la langue française）一书中。可能是由于布兰（Louis Blanc）与巴斯夏（Bastiat）的争辩，才赋予这名词新意义。他在 1850 年写着："我所谓之资本主义乃是有些人拨用资本，不让旁人介入。"当时"资本主义"这字眼仍不常见。普鲁东（Proudhon）间或使用。他的说法亦算正确："土地仍是资本主义之堡垒。"这也是他的主要论题之一。普鲁东给这个名词下了很好的定义："一种经济与社会之体制，当中劳工以劳力使资本产生作用，使之成为收入之来源，而此资本并不隶属于这些劳工。"可是六年之后（1867）马克思仍不知有此名目。

事实上要到 20 世纪之初，"资本主义"这个名词才在政治论坛的争辩中，轰轰烈烈的被视为社会主义的反面。宋巴特（Werner Sombart）爆炸性的著作《现代资本主义》（Der moderne Kapitalismus，初版，1902），更将之引进学术界。在很自然的情况下，这个马克思从未使用的名词，却被归并于马氏的规范之中。自此，奴隶社会、封建制度与资本主义，被视为《资本论》作者的三阶段之演进。

这名词在出现过程中的含糊不清，可能是由于它成为一种政治上的名目。20 世纪初年，经济学家长期的拒绝使用，如纪德（Charles Gide）、康瓦斯（Canwas）、马歇尔（Marshall）、西利格门(Seligman)、卡萨尔(Cassel)。直到第二次大战之后,才在《政治学辞典》(Dictionaire des sciences politiques)中出现;《大英百科全书》迟至1926年版才赋予一篇解释。《法国研究院辞典》则迟至1936年才加以介绍并给它一个啼笑皆非的定义:"资本主义:资本家之整体。"这书至1958年仍未有显著的改进:"一种经济体制,内中生产的品物属于私人或私家行店。"——为什么不径称"生产工具"?

资本主义一词的含义经常含混不清,因此长期遭到经济学家如纪德(左)、马歇尔(右)等拒绝使用。

事实上自20世纪初年以来,资本主义即被重重堆压着不同的意义,而尤以1917年俄国革命之后更盛,曾使很多人感到尴尬。有声望之历史家如希亚通(Herbert Heaton)曾提议将之废弃不用。他曾说:"在各种主义之中,最扰乱听闻的乃是资本主义。这字眼有了如此五花八门的解释与定义,任何人都可以说,资本主义与帝国主义相似。"费伯微(Lucien Febvre)认为它既然被过度滥用,实应自此放弃。可是如果我们真的放弃,又必立刻感到怅然若失。商非德(Andrew Shonfield)说得好:"还在继续使用资本主义这个名词的原因之一,是没有人,最严峻的批评者在内,得提出个较好的字来代替。"[1]

由此我们可以窥见这名词之发生问题,其来有自。

陶蒲的三种学派

前剑桥大学讲师陶蒲(Maurice Dobb)分析当代有关资本主义之论文,归纳为三派[2]。一种注重生产关系之转变。资本主义一行,生产者开始出卖劳动力,此后对制成品无法过问。这也就是马克思学派。陶蒲自称属于此派。第二派着重资本主义的精神,亦即新时代的资本家将存积资本当作一种高尚的事业,并且赋予以虔诚的宗教性。还有一派则重视自然经济蜕变为金融经济的过程。资本主义之特征,组织上本就预备对付遥远的市场,于是批发商出资垫买商品,因之也干预着零售商及生产者的业务。

但在现有的著作中,没有一派的理论可供我们全部观摩借用。因为许多理论并不合于我们所处的时间及地点,对一般读者说来,沉湎于这些理论可能始终不得要领,至少也是事倍功半。

16世纪的欧洲商社，商人们累积资本，同时也逐渐发展出类似今日银行的复杂组织。图中左右上方的商人正在洽谈融资问题，①是金库，②是出纳主任，③是账簿科，④是鉴定科，⑤为出纳科，⑥是中介人，⑦是负责快递事务的专差，正中下方，⑧则是象征带来好运的幸运女神。（日耳曼国立博物馆藏）

例如陶蒲提及工业资本之形成时，承袭马克思的说法，指出有两种方式：一种是匠工扩大了本身行业的制造。他们胼手胝足挣积了资本成为资本家，开始雇用劳工，创造新局面，通常是前进的。另一种方式则是将商业资本投入制造，压制生产，使物以稀为贵，而大规模地赚钱。他们也不愿意高度地分工合作，于是避免了大量的投资，总之就是反动。作者根据英国在16、17世纪间不同的行业，提出无数例证[3]。但是在初期存积资本的过程中，工可以为商，商也可以为工。

即算作者所举例证全部确凿，在数百年后的今日，前进的工匠与顽固反动的商人皆经过市场的测验和时代的淘汰，有的歇业破产，有的臻荣日上。今日尚待开发的国家，百事待举，亟需将廉价的劳工投入国际市场以便存积资本。资金的辗转则已国际化，不借贷则眼看着旁人占先，并使自己坐失机宜。虽说任何国家都要尽量保护本身和劳动者的利益，可是现在已不是计量企业家的家庭环境背景和阶级出身的时候了。对已开发的国家来说，刻下的问题早已逾越多个世纪以前的范畴。今天各大公司除需面对同业的竞争外，更需防备的是职业性的"公司突击者"（corporation raiders）。他们靠游说为资，先向银行家和证券交易人取得"垃圾证券"（junk bonds），将若干大公司的股票成批买去，然后接收对方，裁遣其经理人员，再将其经营的事业撤离合并，有的出卖，有的加强，只顾刻下的效率，忽视长期惨淡经营的需要。先进国家的工商业人士既要对付诸如此类的大问题，因为所牵涉的资金动辄十亿、百亿，被接收的公司的雇员也以万计，使整个社会已无力去顾及初期存积资本时其成员的积极性与消极性了。就像一个商店今日之盈亏每年逾百万，已无暇去考证几十年前账簿上一个小数点后面之数字是否确实可靠了。

韦伯（Max Weber）是第一个积极宣扬资本主义精神的学者。他的著作将新教伦理（protestant ethic）与现代资本主义并为一谈。作者一方面提出路德提倡的上帝之召唤（calling，亦即天命，对每个人不同）与加尔文之命定论（predestination），一样有个人主义的趋向，因为天主教徒过去崇信带有集体性格之良心，经过宗教改革以后，已代之以匹夫匹妇个人为主义之良心。自此也不能全恃寺院修道作为获救的阶梯,各人之生计行业仍不能与信仰无关。路德尚只消极的以各尽所能乃系上天谛命。加尔文则鼓励各信徒设想本身已被选拔获救,于是事业上的成功乃系得到恩惠之象征,因之更积极进取。另一方面韦伯也根据富兰克林及英国非国教(non-comformist)牧师巴克斯特(Richard Baxter)的言行证实英美资本主义之兴起与清教徒之间有密切关系[4]。中国读者特别有兴趣的则是韦伯在他的《宗教社会学论文集》里有一卷专论中国不能产生资本主义的原因。他述及中国社会受儒家统治,只有父系的官僚组织,缺乏有法律保障的社会结构。下层的组织既靠父系权威(patriarchial authority)的氏族(sib)作主,科举制度又将一切名利交付文人,使其他各种行业缺乏适当的诱导力量。道教则被中国社会看作一种魔术,它本身也逐渐减轻入世的行动。佛教在中国也同样被排斥。韦伯指出佛教因对女人情绪有特别感召的力量,以致成为宫闱之中被重视之信条,经常有宦官为其赞助人[5],而缺乏领导社会之力量。

  韦伯引用中国资料常有错误及误解之处,可是整体来说,他这种比较式的观察尚称得体。他批评中国旧社会教条森严无法活用的地方,通常一针见血。但韦伯只是一个社会学家,其作品可视为文化人类学(cultural anthropology)的论文,一般心理上的分析细腻,很适合用为评议文艺和美术的根据,而用以解释人类的某种经济行为有如资本主义者,则不免流于用抽象的论断来衡量具体的事物,当中的联系,只在或有或无之间,读者纵无从驳斥其非,却也很难完全相信。

十六七世纪以荷兰及英国为首的西欧国家，趁着宗教改革之发难，将封建制度的残余社会力量一扫而光，代之以新社会的国家组织与经济体系。这种组织与体系，以"资本主义"称之。其中又以加尔文教派为盛，并以其战斗力量与旧有力量周旋。所以历史上提到"新教伦理"和"资本主义精神"，必有其互相衔接之处。但是若以为两者之间的联系即可概括全部除旧布新的运动，或可以推测以后社会新组织的全貌，则不免过度将问题简化。

资本主义首先出现于威尼斯时并无新教渗入。以后相继推及于法国及比利时，这些国家至今皈依天主教。荷兰独立战争之领导者"威廉寡言"（William the Silent）原奉天主教，在革命过程中先入路德教派，后又改信加尔文派（详第三章），所以到底是新教伦理发生了领导的力量？抑或它不过是革命战争中被利用而为一种工具？这种种问题，就使韦伯的理论发生了罅隙。

韦伯也体会到新教伦理不能凭空存在。资本主义能推行，法治的维持为首要工作，若无法治，则商业资本即无法预为筹谋，无从计算，亦即不能发生一个现代经济的体系[6]。可是作者亦以为现代商业法律也是由新教思想体系孕育而成，则不免张冠李戴。事实上现代商法虽可以追溯到罗马法的根源上，但主要的仍是在中世纪经由意大利的自由城市实用而产生。要等到西欧各国商业展开，法治基础成熟，逐渐抄袭沿用[7]。是故民法、商法和法治理论并不会因某种精神而产生，却会因物质生活的推广而增进。由此也可以看出韦伯等过度强调理想主义的弊病。

加尔文教派的集会。他们排除偶像和繁缛的装饰,凝神倾听讲道。加尔文教派是扫除封建残余最具战斗力的力量,"新教伦理"因此与"资本主义精神"有了衔接。

韦伯亦了解他自己的理论施用起来必有限度。他所谓的资本主义精神,基于新教伦理即使在金钱堆中仍有硬干苦干,顶天立地,道德升华的观感。在他看来只有如是才算合理(rational)。他也提到:"当然这种观念不仅曾在资本主义之条件下存在,我们也可以在资本主义发生之前追溯到它的根源。我们更不能说现代资本主义企业中各个人包括企业家及劳工仍在自信地保持着这些伦理信条。今日资本主义的经济组织是一个庞大的宇宙,各个人出生于其中,它将许多不能更变的事物交付给他,他只能与之共存。当各个人牵涉到市场关系的时候,他只能就范于资本主义的条规。要是制造者长久违反着这些成例,他必在经济生活之中被淘汰,有如工人不使自己迁就于这些成例,则必会失业而踯躅于街头。"[8]

这样看来,资本主义的生产方式与作者所谓资本主义的精神全是两回事,它们虽可以在某种条件下异途而同归,却不见得会共存亡。我们企图以最经济的眼光来了解资本主义在现代社会中展开的全貌时,若跟随韦伯则很难找到适切的途径,很可能因为他的唯心主义而被带入歧途。

与韦伯同时而同出于德国唯心主义之门下者,有前述之宋巴特。韦伯认为资本主义的精神出自基督教的新教伦理,宋巴特则认为出自犹太教,与韦伯所述清教徒相轩轾。他说及犹太人在 15 世纪末叶被逐出西班牙后,于 16 世纪初来到荷兰,凭着他们的资本及信用证据扶助资本主义的发展,并且通过安特卫普(Antwerp,今属比利时)将这精神带到英国。"可是犹太教自始至终没有产生一种固穷的理想(poverty ideal)"。宋巴特总认为在资本主义之前,人类是比较纯洁的,各人以自己为标准,去衡量外界的事物。一旦接受资本主义就本末颠倒,采取一种数量上的计算(quantitative calculation),所有精力用于算计如何获得财物,"用武力、用魔术、用计谋、用新发明和用金钱去获得财物"。可是另一方面,他也说及每一个欧洲的国家都有产生资本主义的能力，只有程度上的不同。自从罗马帝国崩溃后，每一个国家都有两种力量出现，一是对金子的贪婪，一是创设企业的精神，不久这两种力量凝结一气。可是宋巴特讲资本主义的弱点，没有时间的程序，也没有空间的限制。甚至穿绸、吃糖、生活带色情都可以归咎于资本主义[9]。

16世纪的安特卫普港是当时的商业金融中心，位于比利时北部，犹太人就是经由此地将资本主义的精神带到英国。（安特卫普船舶美术馆藏）

唯心主义者有时将本人之爱憎当作善恶，更将这种标准施用到历史中重大的事故上，结果可能相当危险。韦伯在《新教伦理》说到西方之特长时，已有种族主义（racism）的趋向（详第五章）。可是他提及纵使个人相信生理及遗传的关系，刻下的科学发展尚不容他作定论[10]。宋巴特则将"英雄性格"与"贸易民族"等称号，分派到不同的民族头上去。他又提出一个"血缘资本主义"（germ-capitalism）的名目（详第五章）。这也难怪宋巴特末年会参加希特勒的纳粹运动。但这些枝节更使我们不得不在学理研究时存有戒心。

说到这里，我也要顺带提及一位也用宗教思想作线索去追究资本主义之形成的陶尼教授（R.H.Tawney）。不过他并不高度夸张意识形态，他将思想的成分与土地占有、银行业务之展开，相提并论，互为表里。他又说："中古时代的思想，以为一切价值都可以排列在一种有次序的层级上去，经济事宜也包括在内，而其最上端则为宗教。"[11] 这样一来，作者的态度比较客观，本书也在不少的地方，尤以考虑到资本主义在英国展开的时候，多次参考着陶尼的论说。

在陶蒲的三种学派分类中，凡不属于马克思学派和德国唯心主义学派之作者，都有被归纳于第三派之可能。我们对这种说法，基本上是同意的。本书从技术的角度看历史，也可算作陶蒲所谓的第三派之一。可是作者所谓自然经济蜕变而为金融经济，则解释过于松懈，而且用于了解中国的情形，极易生误解。原来中国近代经济史内缺乏西方那种规模宏大结构健全的体制而足以称为资本主义者。可是另一方面，在近代之前中国的商业组织及内河商业之范围却曾多次突出于西方；主要的原因乃系在西方封建制度（feudal system）之下，土地不得买卖，社会上的分工合作在极小圈范内根据成例施行，金钱之用处极为有限，而中国自先秦之后即无此历史经验。所以中国之商业长期在西方两个极端（即封建制度下的极端封闭和资本主义下之极端展开）之间。如果说商业以远距离之姿态行之，批发商能干预零售及制造即能算资本主义，则中国有许多这样的例子，例如外放分工办法（putting-out system）即曾在明末清初出现[12]，可是这样的发展没有普及成一般现象，其间不上不下的情形只赢得一个"资本主义萌芽"的名目，因而局面更为尴尬。世界上竟有何种名花异卉，会"萌芽"达三四百年，还不曾开花结果？可见得两方社会组织有根本不同之处，作者没有将资本主义之定义规划清楚，于是削足适履，产生一个非驴非马之称呼，此点下节将再论及之。

由于对这样一个极关重要的历史阶段缺乏实切的定义，故成为研究西方历史的累赘。以布罗代尔教授为例：他的《世界文明与资本主义》（此书原名《15至18世纪的物质文明、经济和资本主义》，生活·读书·新知三联书店1993年出版了中译本。——编注）有三巨册，洋洋百万多字，引证举例之丰富可谓空前。只是其著书之宗旨，乃"撰写一部一般的经济史"，呈现其"品类、模型和规范"[13]。在此前提之下，他将材料纵横曲折容纳于一炉。例如说及初期的证券市场则伦敦、阿姆斯特丹、巴黎一齐叙述，通过跨世纪的沿革，不仅交易所在的建筑物和地图了如指掌，而且喊卖股票的口语和零售咖啡童子的插嘴也记入书中。于是丛碎杂芜，莫衷一是，可以供闲暇时翻阅，却难能在研究资本主义时提出南针。毛病在什么地方呢？但是所谓的资本主义者真有如马克思及恩格斯所言，出现于一个"资本家的时代"（capitalist era），与封建社会相埒，当中无所不包，不能仅以"经济史"名目概括之。今日我们首要知道的，是其组织形成的经过，注重其动态，而不在其已成定规后之品类及模型。

布罗代尔曾经叙及初期的证券市场在巴黎、伦敦等地的沿革。这幅《商业的寓意》作于1608年,背景就是凯旋门,船舶满载谷物和商品汇集此地,巨贾贵族云集,反映出16—17世纪巴黎商业发达的情形。

当然布教授并不是不知道此事。他自己曾说:"实际上,每个根据旧式组织之社会一开货币之门,迟早必失去其需要之平衡,从没有适当控制的力量中放出来。新的交换方式产生动摇的力量,是对少数人有利,而对其他人不利,每一个社会受此冲击,都会出现'历史性的'新页。"他也说:"资本主义之成功端在它与国家互为一体,它本身即成为国家。"[14] 若是如此,则其不单仅为经济史,更兼为军事史、政治史、社会史和思想史。当中"翻出新页"的情形,有过于新系统的规范。

本书著稿之前,作者亦曾翻阅时下流行以资本主义为衔面之书籍20余种。虽说开卷有益,总有启发借用之处,但是对我们刻下应当注意的问题,关系却不深。一般的通病,只对刻下资本主义的"好""坏"提出意见,缺乏历史之纵深[15]。根据上述布罗代尔之意见,资本主义之展开既在各国产生剧烈变化,则研究资本主义之专书应当根据其冲突的情形分国论列。可是迄今这样的书籍被吾人触目者尚只一部,而其出版至今已60年。[16] 又布氏见解,我们无法认为不正确,但马克思著作之整体也可以算是对布罗代尔教授提出之冲突的一种指责。如何才可以成为资本主义的生理家?除了以上韦伯在他书中偶然提及法制之重要外,其他重视法律与资本主义展开关系的专书,也只有一部而且叙述简单,只有理论的大纲,缺乏事例之引证[17]。

所以在20世纪之末期,我们希望对资本主义作一个概略的回顾与前瞻。这个重要的工作,仍落我们自己手中。

以中国为本位的考虑

今日中国的读者面临资本主义这一名目,还必须考虑到:

所谓资本主义体制是否曾在中国产生？如果未曾在中国产生，是否现在仍可及时添制，又，万一与中国的国情不合，是否有可以充塞的代替物品？

答复第一问题之前，我们必须考虑到资本主义是一种划时代的组织与运动，牵涉范围极为广泛，所以其定义必相当狭窄（看来这也是一种似非而是的说法。因为其牵涉极广，所以在人类历史中亘世纪而跨海洋的产生，只此一次。其定义也必包括其专一独特的情形，而不能广泛笼统的与寻常所见的事体并论，才能表现其为一种知识和一种运动）。资本主义对世界文明之贡献，可以从产业革命（Industrial Revolution）的成效来看。一位专家的研究，迄至19世纪中叶，世界上只有五个国家（英、美、加拿大、瑞士及荷兰）平均每人一年收入达美金200元（1952至1954年间的价值）或略高的程度。又全欧洲及全北美洲合计，其平均不可能比150美元超过甚多，亦即与今日一般穷国相去不远[18]。今昔相比，何等悬殊！马克思虽未用"资本主义"这名词，他和恩格斯亦承认"资本家时代"之来临对欧洲封建社会带有革命成分[19]。并且他在《资本论》第三卷里说起，在"资本家生产方式"之下，资本家继续存积资本，必导致生产时投入厂房机器之成本比例较工资部分为多，长期以后必导致利润下跌，工人实际工资增加[20]。这种情形也与前述工商业先进国家人民生活程度提高的情形符合，可见得资本主义使人类生活的质量发生改变，它必曾在历史上产生大规模环境之突破，而且不可逆转，亦即突破之后，至今尚未能主动的或被动的卷回到以前的形势里去。

从这种特殊的情形看来,资本主义不可谓曾在中国生根,遑论萌芽,更谈不上开花结果了。

第一,称中国尚未与西方大规模接触前之体制为"封建",即与事实不符。马克思和恩格斯的《共产党宣言》指出西方市民阶级社会(bourgeois society)[21]是由封建社会中萌芽(sprouted from the ruins of feudal society)。将 feudal 译作中文的"封建",并不能完全吻合,但大致无碍,并不是此间争论的症结。根据专家考订,西方的 feudal system 确与中国之封建共有以下特点:(一)威权粉碎(fragmentation of authority)。既为封建则必裂土封茅,而公仆不能将大块疆域全部控制于本人手中,势必执行"次层封建"(subinfeudation),使被封者长久为藩篱,结果是地方上的警察权与财政权日渐雄厚,终集地方分权之大成。(二)公众事务变成私人产业(public affair becoming private domains)。因为封邑透过遗传永为子孙承继,势不能买卖。否则一任金钱接触,流动性大,则封建体制瓦解。同时这组织也只能任行政系统托身于私人之从属关系,如此一来,政府无异私人法庭,抽税与纳租相提并论,地方向中央的缴解即为进贡。欧洲封建领主所辖之碉堡即为其政府,地下层即为监狱。(三)武士传统(warrior tradition):在这种局面下不能文武分途,整个政府势必为世袭之军政府[22]。

可是像明清这样的大帝国重文轻武、中央集权,所有的法制全国一律,皇帝向全民抽税,凡有职能的官位不能遗传,除了皇位之外,能遗传之爵级则无实权。土地可以自由买卖,社会流动性大,这种种特色正与上列封建情形完全相反[23]。欧洲的封建起于日耳曼民族之南侵,以其特有的部落组织与罗马帝国残余的传统合并而成为一种实用的系统[24]。惟其组织结构简单,缺乏弹性及可折冲之处,故无法担承变态,才在人口增加、交通发达、货币流通的条件下,被新潮流扫荡无余。中国的专制政府官僚系统自有它的缺点,然而在不开司法独立之门,不让商人过度抬头的条件下,应付内部之变态,仍绰有余裕。即使遇着大规模之民变及异族入侵,最差的结果不过是改换朝代,一切重来,用不着经常在社会上作本质的更革。由此可见东西体制之不同有如霄壤,无从并为一途。

封建制度因为缺乏折冲的弹性,才在人口增加、交通发达、货币流通等条件下被淘汰。图中所绘是封建王政下的贵族出征前与亲眷话别的情形。"从征"是封建契约制度之一。

第二,《共产党宣言》里面说及"交换工具与商品的增加"(the increase in means of exchange and in commodities) 也算是促成市民阶级社会的条件之一。站在欧洲的立场,其所谓"交换工具"势必包括信用证件如汇票、提货单、保险单、取款凭据等,也势必待到信用高度展开,海上的贸易与海事法庭的组织已有条理,才能普遍有效。中国社会既没有将私人财产权固定(详下节),就不能与马恩所叙相提并论。

不少中国作家将"商品经济"和"金融经济"对调使用,并且在使用这些名目时,强调中国在同一时期内国民经济已现代化。可是读者务必认清:中国之使用货币,历来较西欧为先。但其货币是以贱金属为之,不以大宗商业及远距离的商业作经营之对象,与欧洲贵金属的货币实为两大系统。中国之行使纸币尤较西欧为前。但是经过政府历代之滥发(亦即不顾私人财产权利,也为阻塞资本主义之展开的一种障碍),以致信用紧缩,不能鼓励其普及化[25]。中国在明末以来普遍使用碎银,但白银供应有限,一般人复用以造器皿,作装饰,因之商业上的银根极紧,加以法制未备,已存积之资本亦无从继续开放与扩充[26]。又受血缘关系的累赘(详下节),其情形也未可乐观。在这种种限制之下,所谓中国的"商品经济"及"金融经济",与"实物经济"与"自然经济"实在分画不出明显界限,也无从与欧洲现代经济史里产生此种名目时相提并论。彼方一般农业的比重小,"交换工具与商品之增加"有如马恩所言,已开始运转乾坤,而能在相当于中国明清之际的一段时间里产生变动,中国则因特殊背景,迄19世纪尚未感受到此种经济压力。

15 世纪欧洲的毛织品市场。有荷物的工人、买卖的商贾,而且也运用钢丝吊运货物。16 世纪时的英国和低地国,更有所谓"外放分工办法",已是资本主义萌芽的一种象征。

毛织品输出成为商人独霸一方的行业后,他们就开始组织公会,作为贸易之所。约克郡的一处商人会馆,至今外观仍保存良好。

第三,"萌芽"一词也出现于马恩笔下,前已言及。但资本主义确已在西方落地生根开花结实,这暗喻(metaphor)才讲得通。中国在最近几十年内尚未能展开高度的商品经济,一般国民的收入也还停留在几个世纪以前的情形,若要勉强赋予一个"资本主义萌芽"的名目,只能逼着中国一般的学者到处寻觅历史证据。英国与低地国家(Low Countries,今日之比利时、荷兰和法国北部若干小市镇)在16世纪前后已有所谓"外放分工办法"(参考上节),由企业家将毛织品原料挨门逐户的去分配予各织工,在家庭内制造,不设工厂,到时再挨户收集制成品。这可以视为西欧资本主义萌芽的一种象征。最近几十年,已有不少学者搜寻中国明清之间棉织业发展的资料,尤以纺纱所有类似的安排,即认为这正是中国资本主义早在西方力量凌驾之前,已有"萌芽"趋向的证据[27]。殊不知西欧在中世纪以来各城镇都组织有同业公会,其商品完全照"封建社会的生产方式"制造,一切都依成例而一成不变。同业公会厘定店主和工人的资格、学徒的限制,于是每一行业的成员尽入其规划。公会也确定制造的程序和标准,其所定的价格,为一般认为的"公平",亦即除了原料之成本和必需之工资及经理费用之外,并无例外之盈亏。各行业人员不得额外的制造、闭卖居奇,或者在货物行销时加工,不景气时歇业。至于扩大门面、加强资本、介绍新产品等作法,更不可能出现。所以现在资本主义所谓"利润挂帅",令供求关系决定市场行情,由企业家的冒险精神打开局面,在中世纪都不曾发生。外放分工办法为同业公会统治所不及,构成旧式门面及新式企业间的一个过渡阶段,这才符合所谓资本主义萌芽的说法,也在历史学上发生前后衔接的意义。中国工商业的发展未有如此严格的限制,其所遭遇的最大阻碍乃私人财产权缺乏司法的保障,因之纵有外放分工办法,也不能在历史上发生同样的作用[28]。

第四,说不待西方资本主义侵入,中国也会缓慢的树立本身独创的资本主义,纯系臆度之辞。这尚未发生的情况,是无法预知的。若参照布罗代尔观察所得,即可知资本主义之成为一种体制,必经过某种突破 (breakthrough)。亦即国民经济生活承受内外压力,曾经作过空前的调整,以致不可逆转。本书以下各章所述,无不如此,总之,与所说资本主义不受外界影响、自然发生、缓慢的进展程序相反。

布罗代尔所说资本主义之成功，端在它与国家互为一体，更凸显法治的重要。资本家或其代言人务必取得立法权，于是法律上的条文才能保障所存积的资本。也要有司法的协助，才能根据立法精神将企业继续展开扩大。以上诸项使资本主义的发展成为一种组织和一种运动。倘非如此，纵然在特殊情形下，某人"田连郡县"，某家"积资钜万"，孤立之财富无从引导群众参加，更不可能改造社会。而称此等例外及昙花一现之事迹为资本主义，只有淆乱听闻，纵收宣传之功效，亦不能在历史上长期站得住脚。

中国未能产生资本主义之原委

我们既说资本主义不曾在中国产生，但我们也无法全部缕列不能产生的原因。一走兽有别于一飞禽，其间关系着两方的组织与结构，不能仅以"没有翅膀"作一切之解释。以下提到两方法制之不同，与其说是概括了不能产生的原因，毋宁说是在其重点上暴露着双方组织与结构的差异，作为不能产生的证据。

诺兹及汤姆斯著有《西方世界之兴起》（详上注释[17]），书中说及资本主义的推行，必使债务被尊重，合同必须强迫执行。他们也说："不论主权谁属，只能在安全、有秩序和在法律保护的商业路线、交易市场和契约关系之下，利润才能增值。"他们不仅一再声明私人财产权之重要，而且财产权还要"有效率"（efficient）。即使行使起来费力少而收效大，不致到处被留难，到处被阻滞而增加额外费用[29]。

这样一个条件如何能够成为事实？光是立法详尽还不够。因为一项法律行得通，必有"社会上之强迫力量"（social compulsion）为之作张本。也就是十之八九的情形，人民能够而且愿意照立法的条文行事。其条文不是合法（legal）（即一直有成例可援），就是公平（equitable）（中国人常说合乎情理）。所以法官若开庭指正一二，甚或派法警，发出传票，贴封条，强制执行，才没有困难。倘使立法与社会情形及人民向背全部相违，理想与现实在思想上和生活上产生距离，一般民众读其条文有如念外国文，则行不通（inoperative）。如英国剑桥的街道依中世纪的规模，既窄狭又曲折，至今一般行车只能每小时15英里。纵有一位维新的市政专家，要在街头竖立一种时速70英里的限制，吾人可谓之自欺欺人。反过来说，要在美国高速公路上树立一个时速15英里的限制，哪怕有天大的本领，也确实掌握着了警察权，亦不见得能将如此不顾客观背景的法令推行到底。

这与以上所说资本主义的组成有何相干？

诺兹和汤姆斯所说"有效率的私人财产权"，隐约指出社会的下层机构里有各种经济因素，已到达了一个能公平而自由交换的程度，因之这样的一个国家才能全部用数字管理，我们也可以想象这国家已进入了资本主义的境界。这一方面有如两位作家所说，是私人资本能继续不断增集，从另方面说来，其所以如此，不仅法律之条文如是，人民一般的思想以及生活习惯也已接受这公平而自由交换的原则。此种情形在传统的中国社会里迄未发生。分析内中原委，属于本书结论之范围。现在我们开卷时即要说明，这种"有效率的私人财产权"之原则，历来不为中国法制所支持。

宋朝的朱熹乃一代大儒，他注释的《四书》，是为以后各朝代开科取士的标准。他在江西任地方官时曾发布"晓谕兄弟争取产事"的一篇公告。内中提及"照对礼经，凡人子不蓄私财，而律文亦有别籍异财之禁"[30]。表面看来，此不过是一位模范官僚不接受亲戚家人争产的诉讼，而责成父兄族长调解以保全"风俗之淳厚"。但骨子里即暴露了传统官僚组织以道德代替法律，不承认私人财产权的特色。我们再看明末模范官僚海瑞，他也曾留下一段文字，提出他审问民事案件的方针："凡讼之可疑者，与其屈兄，宁屈其弟；与其屈叔伯，宁屈其侄；与其屈贫民，宁屈富民；与其屈愚直，宁屈刁顽。事在争产业，与其屈小民，宁屈乡宦，以救弊也。事在争言貌，与其屈乡宦，宁屈小民，以存体也。"[31] 两人之间相去约400年，彼此都不顾及内在的公平（intrinsic justice）。亦即在官僚面前，原告与被告本来在人身上的不平等，因血缘关系、社会身份及道德品质而互有上下。官僚重要的是保存这梯级的社会价值，而可忽视诉讼之性质及提出诉讼之动机。换言之，法庭审案原不是为民服务，可以置案情的经济性格于不顾，而只着意保全中国传统的社会组织。朱熹与海瑞同为传统的好官，可见得他们看来离奇的态度，出于一种千百年以来已成为风俗的思想与信仰，不是单纯的司法问题。

归根结底，西方的封建社会，下端缘始于部落组织，法治（jurisprudence）之传统注重实事之需要，在细微末节之中造成成例，积之而为传统私人财产权自始即受重视[32]。中国则在公元以前，即因防洪救灾及对付北方游牧民族之需要，构成庞大的官僚组织，注重意识形态的一致，各种职掌也强调其一般性，成员才能互相对调。而下层组织又历来由官厅指令造成，如北魏之三长制（邻、里、党）、北宋时之保甲。加上中央政府向全民直接抽税，历来各朝代都有"均田"办法，造成大数量的小自耕农，作为当兵纳税之基础。政府不顾坐视财富之集中，遂致生产单位分割至小，税收杂碎零星，如此一来，小民固然请不起律师，官僚组织也无力创制复杂之法制理论[33]。所以中国社会不能在数目字上管理，由来已久，其以道德代替法律，更以息争的名义，责成里长甲长乡绅族长将大事化小，小事化无。一方面将衙门的工作分量减轻，一方面则阻塞低层社会里各种经济因素公平而自由的交换（因为只有最原始型的交换才能被众目公认，稍带现代型的分工合作，及于较繁复的契约关系，即无社会之保证）。这和诺兹及汤姆斯所说有效率的私人财产权，直是南辕北辙。

有了以上历史之背景，我们再回头提出这问题，"为什么中国不能产生资本主义"，就不难解释了。本来资本主义就是一种出奇的体制，应特殊需要而产生。即是西欧的国家亦要通过一段艰苦的改造，才能成熟而成为今日公认的资本主义国家（见第四章）。亚当·斯密曾谓有两种"系统"，可以增进人民的财富，一是农业的系统，另一则是商业的系统。他接着又说，商业的系统乃是现代的系统[34]。此即资本主义，因为别无他物符合其所形容。克拉克指出，用资本主义这一名词概括现代经济制度是19世纪社会主义者发明的办法[35]。由此可见资本主义虽为一种经济制度，在社会里造成一种系统，促成政治外交法律科技多方面的改革。新宗教思想固然可以视为推进资本主义发展的原因，亦可当作在它羽翼下，这种新社会组织的意识形态。因为它无所不包，牵连甚广，诚如马克思与恩格斯所言，它有革命性格，也有创造新时代的气魄（他们未直接用"资本主义"这一名词，但提到"资本家时代"已是异途同归）。我们再问：为什么中国不能产生资本主义？其答复则是"一只走兽，除非脱胎换骨，否则不能兼任飞禽"。

清代梁亨的《观榜图》。1905年废除科举之前，每逢放榜，总是如此盛况。长期的科举取仕使中国社会表现出独特的性格。（台北故宫博物院藏）

中国是大陆型的国家，重农抑商已久，是传统政策，重生产而不重分配。不仅整个领域自给自足，而且各府县也要遍种桑稻。加以中央集权，长期实行科举取仕，使中国这个国家与社会表现出它独特的性格，所有知识分子的人生观也要根据这高层机构之需要而调整[36]。

为什么中国不能产生资本主义？因为她志不在此。她不仅不能产生，而且一向无意于产生。到鸦片战争战败后她仍不愿放弃中国本位。此种观点要到康梁百日维新之后才有剧烈更变。所以冯友兰著《中国哲学史》，谓韩子至淮南王时代为"子学时代"。自董仲舒至康有为，其间约2000年，则全为"经学时代"[37]。

三种学派之令人失望

中国在20世纪亟须将国家和社会的组织重新彻底改造，已不待争辩。这当中也需要使整个组织进入数目字的管理。

这问题无疑的牵涉到资本主义。抗日战争展开前夕，日本由广田弘毅提出中国必须接受三个条件：一为经济提携，二为共同防共，三为承认满洲国。前两个条件是要求中国生存于日本资本主义呼吸之下。其实日本占领东北，制造傀儡满洲国的目的也在掌握大陆之资源，因此所谓广田三原则全有浓重之经济意义。而强邻压境逼入堂奥，即幸有国际正义的支持，亦无法拯救中国于极端危窘的境界。其症结仍在中国农业社会的架构不能与新型商业社会的组织相抗衡，不仅军备与后勤瞠乎其后，人事组织亦捉襟见肘[38]。仓猝之间动员一个军令统一为数几百万的大军，和强敌作战数年，不仅为中国历史之空前未有，而且官方与民间至少尚需准备一个世纪以上的时间来面对这种状况。总而言之，中国下层各种经济因素尚未造成一种可以公平而自由交换的情势。所以征兵筹饷全靠由上向下施加压力，里长、甲长、乡绅、族长则不能脱离垄断、包办、奉承、哄骗各种旧社会恶习（因为过去经理问题简单，只较注重妥协迁就，并未向全民交代，社会之结构如是，无法突然改向）。最下层的数字既不能复实，中上层之经理亦受影响，所谓各种黑暗与腐败，并非全系道德问题，而是有这样一个基本的技术问题存在。

今日中国趋向现代化,必须彻底解决此根本技术问题。前段已经提及陶蒲所谓研究资本主义的三种学派。此时我们若根据刻下中国之需要,再度在三种学说中寻觅可资引用之处,则只有更感到失望。

马克思对中国之出路并无具体指示,《共产党宣言》内提及中国市场之开放,为促进欧洲资本家时代来临的条件之一。《资本论》三卷之中,提及中国10次,可是每一次都以欧美为主体,无一次以中国为讨论之对象。而且内中7次是将中国与印度并列,即针对殖民地性格的市场而言。不仅如此,陶蒲自命为马克思主义的作家,他的专书洋洋四百多页,也仅提到中国3次,前后只是表彰中国次殖民地的地位。一个尚待开发的国家徘徊于资本主义及现代社会之外,应当如何决策?马克思始终没有考虑到这个问题。

韦伯所著《中国之宗教》包括广泛,书名如是,其内容亦涉及法律、税收、货币、乡村组织等。可是作者每次都将具体事物概括成抽象的观念和心理状态。读者如果仔细揣摩其结论,则可看出作者认为中国之儒家因为有对传统道德的许托,已参与了修身齐家治国平天下的集体工作,所以虽是个人,其人格已带有集体性格,所以不像现代的西方人,用不着罪愆(sin)观念,并将"获救"这一观念惹起的紧张性降低,换言之,因其修养上不会"心猿意马",而到了一种"知足常乐"的境界[39]。清教徒则以为个人对"超世俗之神"各有义务,必须照神之安排,不断的在伦理的纪律下尽力将所被支配的工作做好,使神之光荣现实化。这种义务超过人世间任何关系,也容纳着一个"进步"的观念[40]。站在宗教中立的地位来看,我们只能说以上两种心理状态都有其吸引力。如果可以选择的话,我们很难决定何去何从,或可兼取,也可能同一人因心境不同,而出入两者之间。如是看来,东西两方信仰之不同,很不可能是由于个人自行其是而来。集体心理状态之不同是由于政治经济体系之不同使社会上分工合作的程度发生差异所导致。并非先有不同的信仰而使一方只能产生官僚组织的一元经理,另一方则产生资本主义之多元社会。于是韦伯的理论有倒果为因的嫌疑。况且一个待开发的国家要进入资本主义体制,也势必牵动群众。韦伯铺陈叙说以精英分子(elite)为前提[41],也更减低其书在今日的用场。

布罗代尔认为中国的帝国管制阻碍了商业统治集团的创立,只有下层商业、市镇店铺和集场能有效作业。清代画家徐扬笔下的苏州市镇店铺可以看到这种情形,反映了明清以来民间商业繁荣的景象。《盛世滋生图》(局部)。(辽宁省博物馆藏)

前已道及布罗代尔教授的著作,简单而直接的观察,胜于大幅连篇之铺陈。这一点他的立场可谓与韦伯相反。布氏对中国的了解不深,才将湖南误认为一个滨海的省份,又以为中国曾在1644年被"蒙古征服"[42]。虽说技术上的错误不一定会推翻整个观察结果,可是从此也可窥见,布氏提倡"全面历史"(total history)的观念,即先将材料无限制的收入,以缺乏可供证实的假说为主宰作领导,仍是值得批判的。

布罗代尔提到中国商业,他剀切地指出,其欧洲的分析并不适用于西方以外的体系。他说:"其中最离开正道的乃是中国,其帝国的管制阻碍着一种创立商业统治集团之企图。只有最下层的商业,(包括)市镇间的店铺和集场(能够)有功效的作业。"[43]

布氏对中国经济史的了解,大部得自前匈牙利汉学家白乐日(Etienne Balasz)及最近曾将中日两国传统组织作过一段比较的杰可浦斯(Norman Jacobs),两人均强调中国的官僚制度妨碍商业展开。布教授就此指出中国在分裂时,两大部分需要对方的物产,于是大型商业从此出现,有如宋朝。可是一旦统一,有如明清之大帝国,其"窗户及瞭望台"(windows and lookout posts)只存在于边疆,旨在对付夷人,而且或开或闭。即广州十三行之贸易,也在如斯条件下举行,于是贸易有季节性的变化,而不是经常开放。因此中国有效率和有组织的商场与市集,在统一帝国主持之下不复存在[44]。

广州十三行是清帝国对外唯一的"窗户及瞭望台",旨在对付夷人,而非经常开放。原输入红茶,19 世纪以后却是鸦片的输入地,大量白银也由此流出。(香港市立美术馆藏)

商业虽与资本主义有密切联系,但二者并非一物。本章前已提及中国官僚组织阻塞了两者的展开,但这仍不是一切的解答,只能算是一个多面体的一面。事实证明,科举制度在 1905 年废止,大清帝国也于 1911 年垮台,而中国并未能因此种障碍废除而可以根据资本主义的原则改组。布罗代尔著作中最大的缺陷,是他详尽搜集资料时未能将他自己所发现有关资本主义的原则容纳进去。资本主义在历史上最重大的意义,在于每一个国家进入资本主义体制时的动态,亦即经过某种突破,而使情势不可逆转(详上注释[14])。只有这类经验,才能对中国目前面临的各种问题获得更切实的解释。

与现代化不可区分

　　检讨旁人的错误，通常比察觉自己的容易。以上说及诸子百家对资本主义的解释，一般视界太窄，注意力只及于局部。针对20世纪末期的世界，尤其要附带解决中国组织上的问题，我们势必对这名词赋予新的看法。首先必须承认它有超越国界的技术性格（详上注释[18]），更要看清它的展开在世界各国有不同的时间表，于是它才能慢慢累积其成果。如此一来，资本主义才可视为一种绵延好几个世纪，至今尚未中断的全球性庞大组织与运动[45]。

　　所谓技术性格可以归纳于下列三点：

　　1. 资金广泛的流通（wide extension of credit），剩余之资本透过私人贷款方式，彼此往来。

　　2. 经理人才不顾人身关系的雇用（impersonal management），因而企业扩大超过所有者本人耳目能监视之程度。

　　3. 技术上之支持因素通盘使用（pooling of service facilities），如交通通信、律师事务及保险业务等，因此各企业活动范围又超过本身力之能及。

　　以上三个条件全靠信用，而信用必赖法治维持。所以资本主义之成立必受政治体系的约束，行之于国界之外则赖治外法权。反面言之，资本家的地位亦必在政治体系中占特殊比重。

　　以上三个条件的开展必赖社会内低层组织内各类经济因素的配

合,盖能公平而自由的交换,然后所有权(ownership)及雇佣关系(employment)才能重重相因,构成一个大罗网。因为生产及分配都以契约关系为主,当中若有一个自由选择的机缘,相对的也鼓励了自由竞争。各人的私利观既为这组织力量的来源,于是利润成为一切事业的试金石。在这种大前提之下,资本主义也有将一切道德标准纳入体制之中的趋势。它在初期存积资本时常带侵略和剥削的性格。这种体制一经展开,不可逆转,只有越做越大,因此资本主义也有纠正本身错误,树立在历史上长期合理性的可能(研究韦伯的学者应从此点着手)。

这样看来,资本主义诚如亚当·斯密所言,是一种"商业的系统",必在当初各国都在"农业的系统"管制的局面里发生冲击作用(布罗代尔已经指出)。站在资本主义生理学立场,我们也可以说每一个国家经过一段奋斗之后必须将其上层结构(superstructure)改组,以便迎合新法制,通常也要翻转其低层结构(infrastructure),以便产生能够互相交换(interchangeability)的局面,更要经过一段司法与立法之改革,才能使上下之间密切联系,也才能使以上三个原则顺利发展,通过财政税收币制诸种政策,使公私互为一体,也就是使整个国家能在数目字上管理。

这样说来,一个国家进入资本主义体制和这个国家的"维新"和"现代化"有何区别?在实用的角度说来,如果两种运动凝聚为一,将无法分拆。这也缘于资本主义体制与传统农业体制相去过远,非经过内外煎逼,不会平白的被采用。即使在涉及维新与现代化的运动时，最初总以民权问题、民族成见、国家利益等争端发难，经过一段剧烈冲突迄至和平重现后，经济因素的影响还不一定会十分明显。可是有了历史的纵深，吾人即可领悟：既有全面的动乱，不可能与财富问题无关。而且最后解决的方案，亦必具有处置经济事宜的能力。我们纵不能说法国大革命和德国的统一旨在提倡资本主义，但资本主义在这些国家内实因以上变动而有眉目。

本书为历史读物，叙事时大致根据这些国家产生以上大变动时着手。作者从事搜集资料之前，尚不敢确定这种方法必无舛误。之后看到一位法国名历史家在书中写出，"旧体制已将法国农业史搁置在资本主义的道路上，大革命突然将此工作完成"（见第七章注[1]），又看到一位德国历史家描写俾斯麦敢作敢为的情形，归咎于"资本主义推拥他上马"（第六章注[101]）。可见类似的看法早已卷入先进作者之眼帘，本书不过将此类资料前后连缀订正而已。又以下三章，分别包括威尼斯、荷兰及英国，亦在布局之后发觉马克思曾在《资本论》内提及，最初国际资本之转借与开发，确曾通过上述威、荷、英而至美国之次序[46]。更可见资本主义在国际间之发展前后连贯已早被人注意。

倘是如此，我们注重资本主义在一个国家内展开，取得立法权，将资本主义之组织方针通行全国，而至于不可逆转。在此种枢纽之前，如果还有若干资本主义因素，如法国大革命之前巴黎证券交易所已有六十多年的历史，苏俄在第一次大战期间军需工业尚由私人主持，军火的购集尚要注意资本家的利润，又如何处置？难道排斥之以为不算数？我们的答案则是它们仍是资本主义因素，只是，注意这些零星情事,和我们企图综合资本主义为一种组织和一种运动的着眼不同。希望不因此中的混淆,颠倒黑白或无中生有。除此之外,我们并无意做字典后面的名学家去计量当中的是非。

注 释

〔1〕布罗代尔《15 至 18 世纪的物质文明、经济和资本主义》(三联书店已出中译本)。Fernand Braudel, *Civilization and Capitalism, 15th—18th Century*, Vol. II, *The Wheels of Commerce*, trans. by Sian Reynolds. (New York, 1979), pp. 237—238.

〔2〕陶蒲《资本主义发展之研究》。Dobb, *Studies in the Development of Capitalism* (New York, 1963), pp. 4—8. 我将作者的次序前后更动以适应我行文的安排。

〔3〕《资本主义发展之研究》。*The Development of Capitalism*, pp. 123—133.

〔4〕韦伯《新教伦理与资本主义精神》(三联书店已出中译本)。Max Weber, *The Protestant Ethic and the Spirit of Capitalism*, trans. by Talcott Parsons (New York, 1930).

〔5〕韦伯《中国之宗教》。Weber, *The Religion of China*, trans. and ed. by Hans H. Gerth (New York, 1951), 德文原著收集于作者之 *Collected Essays in the Sociology of Religion* 中。以上重点见 pp. 90, 95, 99, 187, 195。可是韦伯称他对佛教较详尽的分析应在其他书刊发表。

〔6〕《新教伦理与资本主义精神》。*Protestant Ethic*, 作者自序, p. 25.

〔7〕切尼《新纪元的曙光》,詹克斯《论英国法律》。Edward P. Cheyney, *The Dawn of a New Era* (New York, 1936), p. 32; Edward Jenks, *The Book of English Law* (Athens, Ohio, 1967), p. 22.

[8]《新教伦理与资本主义精神》。Protestant Ethic, pp. 54—55.

[9] 宋巴特 Werner Sombart 在欧洲思想史里被重视,读者如对此专题感觉兴趣,须读其德文原本《现代资本主义》Der Moderne Kapitalismus (1928 ed.)。我因为他的影响与书内关系不深,只参考旁人节录及此人后期作品。以上见陶蒲《资本主义发展之研究》,宋巴特《奢华与资本主义》、《资本主义之精萃》,布罗代尔《商业之轮》。Dobb, Development of Capitalism, p. 4. Sombart, Luxury and Capitalism, trans. by W. R. Dittmar (Ann Arbor. Michigan, 1967), p. viii. Sombart, The Quintessence of Capitalism, trans. by Mi Epstein (New York, 1967), pp. 36, 50, 210, 264, 355; Braudel, The Wheels of Commerce, pp. 401—402, 568.

[10]《新教伦理与资本主义精神》。Protestant Ethic, p. 30.

[11] 陶尼《宗教与资本主义的兴起》。Tawney, Religion and the Rise of Capitalism (Penguin Books), p. 158.

[12] 埃尔温《中国过去时代之类型》。Mark Elvin, The Pattern of the Chinese Past (London, 1973), pp. 270—276.

[13]《商业之轮》。The Wheels of Commerce, p. 21.

[14] 布罗代尔《15 至 18 世纪的物质文明、经济和资本主义》。Braudel, Capitalism and Material Life: 1400—1800, trans. by Miriam Kochan (New York, 1973), p. 326; Braudel, Afterthoughts on Material Civilization and Capitalism, trans. by Patricia M. Ranum (Baltimore, 1977), p. 69.

[15] 例如提出资本主义之弊病者有凯勒基《资本主义转型的最后阶段》;Michal Kalecki, The Last Phase in the Transformation of Capitalism (New York, 1972) 与考雷《美国资本主义的衰落》;《资本主义的未来》;Lewis Corey, The Decline of American Capitalism (New York, 1934)。另一方面则 The Future of Capitalism, ed. by National Industrial Conference Board, Inc. (New York, 1967) 将资本主义之成

就与美国国防牵扯在一起。(注意此书非 The Future of Democratic Capitalism〔Philadelphia, 1950〕, 后者乃是宾州富兰克林大学演讲集。) 哈格《资本主义：敌意的起源》Capitalism: Sources of Hostility , ed. by Erneast van den Haag (New Rochelle, 1979) 认为反对资本主义之言论代表心理上之不正常；而且欧美不安现状的知识分子经常将他们自己的心理状态传布于待开发之国家。

现今资本主义之有力发表人为弗里德曼 Mikon Friedman, 他所著书《资本主义与自由》Capitalism and Freedom (Chicago, 1962) 认为资本主义与人类之自由不可分割。但是他所谓自由，将 freedom 和 liberty 混淆。作者提出自由选择时不顾及其在所有国家是否能通行，总之就是非历史态度。

〔16〕亨利·西《现代资本主义：起源与发展》Henry See, Modern Capitalism: Its Origin and Evolution, trans. by Homer B. Vanderblue, (New York, 1928).

〔17〕诺兹和汤姆斯《西方世界之兴起》。Douglass C. North and Robert Paul Thomas, The Rise of the Western World: A New Economic History (Cambridge, 1973).

〔18〕派特尔 Surrendra J. Patel 根据库兹内茨 S. S. Kuznets 的研究，收入《社会主义，资本主义与经济增长》, Socialism, Capitalism and Economic Growth , ed. by C. H. Feinstein (Cambridge, 1967), p.256.

〔19〕《共产党宣言》Communist Manifesto，第 1 节《市民阶级与无产阶级》。

〔20〕《资本论》Capital , trans. by David Fernbach (New York, 1981), Vol. III, pp. 318—319. 注意此说与马克思在《资本论》第 1 卷所说不同，曾经学者提出疑问，见 Joan Robinson, An Essay on Marxian Economics (Naw York, 1967), pp. viii–ix, 36.

〔21〕因为马克思未用资本主义字样，此处市民阶级社会即与资本主义社会大意相同。

〔22〕《历史中的封建主义》Feudalism in History , ed. by Rushton Coulborn (Princeton, N.J., 1956), 内中 Derk Bodde 所作有关中国封建一段 (pp.49—92) 指出

中国之所谓封建只实用于商周，到魏晋南北朝，虽有若干封建因素，已非封建制度。

〔23〕所以传统学者以"郡县制"与"封建制"对称。顾炎武曰："封建之废自周衰之日而不自于秦也。"又曰："今之君人者尽四海之内为我郡县犹不足也。"即是反对中央集权。见《亭林文集》(中华书局四部备要本)卷1，页6。

〔24〕布罗奇《封建社会》Marc Bloch, *Feudal Society*, trans by L. A. Manyon (London, 1961), pp. 443—446.

〔25〕以上情形见彭信威：《中国货币史》(上海，1954)；朱楔：《中国信用货币发展史》(重庆，1943), Lien-sheng Yang, *Money and Credit in China* (Cambridge, Mass., 1952).

〔26〕参见黄仁宇《16世纪明代中国的税收与政府财政》Ray Huang, *Taxation and Governmental Finance in Sixteenth Century Ming-China* (Cambridge, 1974), pp. 69—71；《从〈三言〉看晚明商人》，原载《香港中文大学中国文化研究学报》，第7卷第1期(1974)，现收入《放宽历史的视界》(台北，允晨，1988)，页1—32。

〔27〕费尔维尔克《中国大陆当前历史著作中的封建主义与资本主义论述》Albert Feuerwerker, "From Feudalism to Capitalism in Recent Historical Writing from Mainland China," *Journal of Asian Studies*, 18: 1 (1958). 最近一篇综合之报道为石锦：《中国资本主义萌芽研究理论的评介》，载《知识分子》第2卷第4期(1980)。

〔28〕西方外放分工办法之展开，可见陶蒲《资本主义发展之研究》Dobb, *Development of Capitalism*, pp. 151—152, 230—231；及石锦：《中国资本主义萌芽研究理论之评介》，页40。强调南直隶松江府资本主义萌芽者，见《明清社会经济型态的研究》，北京人民大学历史系编(上海，1957)，页224。

〔29〕《西方世界之兴起》*The Rise of the Western World*, pp. 56—57, 98—99.

〔30〕《朱子大全》(中华书局四部备要，1965 重版)，卷 99，页 5。

〔31〕《海瑞集》(北京，中华书局，1962)，页 117。

〔32〕见布罗奇《封建社会》Marc Bloch, *Feudal Society*, pp. 114—116。西方法律之根源，也可参见詹克斯《论英国法律》。Edward Jenks, *The Book of English Law*, 及普卢克内特《普通法简史》。Theodore Plucknett, *A Concise History of the Common Law*, 5th ed. (London, 1956).

〔33〕这是一个很重要的题目，但迄今缺乏公平而详尽的研究。维特弗格 Karl A. Wittfogel 所作《东方的专制：集权的比较研究》*Oriental Despotism: A Comparative study of Total Power* (New Haven, Conn., 1957) 虽有若干中肯的批评，但作者带有偏见，用字恶毒，而且论调已过时。在缺乏其他著作之前，我所作《中国大历史》*China: A Macro-History* (Armonk, 1988) 虽系一般读物，似可承乏。又我在《中国时报》刊出之《赫逊河畔谈中国历史》(三联书店于 1992 年出版) 前后已有 32 篇，亦多论及中国之特殊体制。

〔34〕亚当·斯密《原富》。Adam Smith, *An Inquiry into the Nature and Causes of the Wealth of Nations*, Book IV, "Introduction".

〔35〕克拉克《17 世纪》。G. N. Clark, *The Seventeenth Century*, 2nd ed. (New York, 1947), p. 11.

〔36〕此即韦伯所谓中国之法律旨在"治国平天下"，认为私人之间一切争端均不合理，可以置之不问。见《中国之宗教》*The Religion of China*, p. 10.

〔37〕冯友兰：《中国哲学史》(香港，1968 再版)，页 492。

〔38〕历史上这样的坦白自承，也刚在展开。我也不揣冒昧，所作《放宽历史的视界》(台北，允晨，1988) 内各篇在刻下应有承乏的用处。

〔39〕《中国之宗教》*The Religion of China*, 而尤以 pp. 226—231 表现得至为彻底。

〔40〕同上，pp. 241—242.

〔41〕韦伯未尝放弃"君子怀义，小人怀利"的观念，他甚至说出中国之批发商诚恳零售欺诈。见同上 p. 232.

〔42〕《商业之轮》*The Wheels of Commerce*，pp. 582, 589.

〔43〕同上，pp. 136—137.

〔44〕同上，pp. 130—131.

〔45〕Joan Robinson 说："资本主义好像又已取得新生命；剥削已不会再被视作增加苦难的原因。"作者并非带保守性的经济学家，上文写于 1941 年。见罗宾逊《马克思主义经济学论文》Robinson, *An Essay on Marxian Economics*, 2nd ed. (New York, 1967), p. xv.

〔46〕《资本论》*Capital*, V. I, p. 920。

第二章　威尼斯

我读书和教书的一段经验,是在成人教育的范围中,要提出有关历史的新题材时,与其循规蹈矩的从疆域沿革世系制度说起,不如先引导出一件非常的事迹。在叙述这事迹时,自然会牵涉到相关的背景。表面看来,这种作法好像缺乏系统。实际这才是将读者或听众亟要知道的情事直接盘出,既有示范功用,追叙也有重点。所牺牲的是表面上的名目和程序,所获得的则是时间上的经济与活用的功效。

我在小学、中学以至大学读书的时候,在西洋史里只注重英国、法国、德国和帝俄的发展,很少提及意大利。只知道威尼斯是一座水中的城市,却没听过她曾攻占君士坦丁堡(Constantinople),管理这城市内3/8的面积,又据克里特岛(Crete)为殖民地,而且她的海军不仅在地中海,在世界上也占数一数二的地位,达几个世纪之久。过去我们对这些事迹漠不关心,今日则应广为宣扬,这是因为世界的历史业已改变,中国的历史也在改变。抚今追昔,我们对过去的看法已和前人不同。从前在学校里认为世界史里屈指可数的大事,如彼得大帝、拿破仑、俾斯麦的功业,固已失去煊赫的地位。民族国家(nation states),有别于朝代的国家(dynastic states)的兴起,也难再于20世纪的末期被视为令人胸怀激动的历史新闻。而今天一般读者亟要知道的,则是何以其中有些国家富强,有些贫弱,有些由盛而衰,有些则成为后起之秀。

威尼斯称霸于地中海之日,大略为西元 1000 年至 1500 年之 500 年间,和中国之宋(960—1279)、元(1271—1368)两朝及明朝(1368—1644)的前期同时。在这 500 年的前端,欧洲所有的民族国家全未登场。即到后端,英国与法国虽有现代国家的雏形,也未成熟。而德国与意国之出现,尚在中国清朝之咸丰同治年间,还是几个世纪以后之事。这也是我们不能把历史上每一个国家当作和其他国家相类似的单位,从它的疆域沿革上着手分析的一大主因。

现在我要提出的一段非常事迹发生于西元 1355 年。这年 4 月,威尼斯的统领华立罗(Marino Faliero)被 36 人组成的法庭裁决犯有叛国罪,处以死刑。这事情不仅成为历史家反复研究不能完全定夺的一件疑案,也是以后文学家和艺术家藉以发挥自己情绪的一种题材。19 世纪初年,欧洲"浪漫主义"(romanticism)大兴。画家德拉克洛瓦(Delacroix)以油画渲染历史上的惊险情事著名。他有一幅"华立罗之死刑"[1]证实被枭首的统领阴谋发动政变,企图做独裁者,实系国民公敌。所以画上犯人的尸体僵仆在统领官邸的石梯之前。监刑的十人委员会(Council of Ten,即威城的公安委员会)委员之一站在阳台上,一手抓着行刑所用的剑,上面尚是鲜血淋漓,当众宣布,统领叛国依然罪有应得,很有孟子所说"闻诛一夫纣矣,未闻弑君也"的意涵。

可是浪漫派诗人拜伦(Lord Byron)与德拉克洛瓦同时,对此事有完全不同的解释。拜伦费时三个月,作成一部五幕剧[2],据他自己说,他考虑作此剧已有数年,内中情节以尽量接近历史为原则。他笔下的华立罗不仅是英明的国家领袖,也是大众英雄。他替威城作战,历经几十年,在血泪腥霜中,战功赫赫,而且他又关心民瘼。和当时威城的贵族骄奢淫佚,不把小民看在眼里,极尽盘剥凌辱之事,明显对比。华立罗希望唤起下层民众,尤以政府管辖的造船厂(在威尼斯称 arsenal)的员工,推翻现在的统治阶级,组织民主化的政府。事虽不成,这悲剧式的英雄在临刑前慷慨的宣扬他高尚的宗旨,仍使残害他的人为之低头。

德拉克洛瓦的名画"华立罗之死刑",代表着法国大革命前后一般市民阶级企求自由的精神。此画作于1826年。(伦敦 The Wallace 藏)

为什么这两人的借题发挥会如此南辕北辙？我们且看历史的记载：

华立罗事件开始于 1355 年的 Giovedi Grasso 节日，圣马可广场内有各项竞技和杂耍。事后统领依成例在官邸（即在圣马可教堂和广场之侧，今日仍在）设宴。一时威城权要麇集。有一个年轻人叫做斯东诺（Michele Steno）半疯半醉地对与会的一位女宾表示热情，超出常情之所能容，华立罗命令将他逐出邸外。但是不知如何斯东诺竟又跑到邸内的会议室，在统领所常坐的椅背上涂写了两句韵文，意思是华立罗的妻子，貌美年轻，不幸已有外遇。

在华立罗控告之下，斯东诺被四十人委员会（Council of Forty, 有司法权，详下）审判，但是只被判禁足两月。以他冒犯统领情节之重，而处罚如此之轻，华立罗已在冒火。事有凑巧，当时又有一个管造船厂的平民管理员，叫做伊沙内罗（Bertuccio Isarello），来向统领诉苦：只为拒绝雇用一位贵族引荐来的船工，被这贵族殴打。统领回答，这城市里的特权阶级跋扈，他自己尚受制于人，也无能为力。伊沙内罗就说只要统领有决心，现况不难改变，如是他们已经有了发生政变的机谋。

造船厂的工人早已对现状不满，他们又依成例间常充任统领的卫队，所以组织他们造反，是合于逻辑的。经过华立罗的同意，伊沙内罗协通了 20 个同谋者，每人又召集 40 个下属。对这些下属却没有讲明白阴谋的动机和目的。当年威尼斯正和热那亚（Genoa）作战，鸣钟即是传告敌舰已入海沼内侵，根据规定，城中的贵族也要到广场集合。

华立罗预定 4 月 15 日晚上,在圣马可广场鸣警报,趁这慌乱之中,参与阴谋的 800 人即不难将这些贵族或杀或擒,可望一网打尽。然后华立罗宣布改组政府。

可是事机不密,参加的员工中有人透露出消息,亲友开始互相警告,不要在此时此刻进入广场,以免祸及。十人委员会闻讯开始调查,首先他们在一座寺院里秘密开会,以决定统领本人是否与闻阴谋。既获悉华立罗确系主犯,即开始在统领官邸,实际也是威城的政府衙门内公开审讯。十人委员会依成例扩大为 36 人的特别法庭。华立罗被判有罪。4 月 16 日黄昏,伊沙内罗被绞死。17 日清晨华立罗受刑。刑毕官邸的大门开放,让群众观视,当晚尸体送到一个荒岛上埋葬,不设墓碑。

在官方的记录里,这案件只用两个字写出(non scribtur),可译为"不书",意谓:"我们就不要再提及此事了吧!"官邸的会议室,向来有历任统领的画像。在华立罗的位置处,则用黑纱盖着,上书"在此者为华立罗,因犯罪而被斩首"。直到 1520 年,也就是 165 年之后,还有人看到 4 月 16 日威尼斯举行纪念仪式,在游行的队伍中,有人捧出带血污的花缎,仍称是 1355 年行刑的遗迹[3]。

经过历史家的考证,以上所说华立罗之妻的艳闻外遇,没有实际的根据。大概因为官方记录不提及华立罗谋反的详情,其中出诸道听途说的细节也渗入正式历史之内。譬如说华立罗受刑之日,他已 76 岁,他的妻子才 45 岁。她的名字也在各书之中写成两样。扰事的斯东诺则确有其人,他后来也成为威尼斯的统领,在位期间自 1400 年至他逝世的 1413 年,为历史上有能力的领袖之一。在 1355 年,他还太年轻,很难被邀请到统领一年一度的宴会里去。如果他真有在华立罗面前放肆闯下大祸的轻佻情节,照理也不该再有各种机缘,循威尼斯的正规途径,由海军军官,而后任省长,最后被推举为统领[4]。

只是华立罗阴谋之动机,还是引人注意。他年事高,又无子嗣(拜伦的剧本里替他添了一个侄子,但是没有历史上的根据),自己出身于威尼斯最有声望的贵族家庭,又曾在政府的许多部门服务,也曾带兵作战,现任的统领一职,是终身制,他半年之前当选时,获得 41 票中的 35 票,他自己尚在亚威农(Avignon,法国境内,是教皇驻跸之处)作外交上的交涉。据他向朋友道说,他从未企求或运动这职位。然则何以几月之后,冒此大险,以致身败名裂?

斯东诺的导火线虽没有根据,华立罗与造船厂头目伊沙内罗及其他员工的来往却是证据确凿,所以后来判死刑的不只他们两人,而有 10 余人之多。这些情形引起拜伦将他自己在 19 世纪初期的阶级斗争思想写进华立罗的头脑与口中。可是华立罗从未表示他要领导工人运动,同时这种运动放在 14 世纪中叶的威尼斯,也是不合情理。1355 年去黑死病不远,欧洲人口一时大减,劳动力缺乏,已经引起工资普遍增高[5],因此也用不着促成暴动去提高工人的地位。

德拉克洛瓦的油画,代表着法国大革命前后一般市民阶级企求自由的精神。他们所反抗的暴君乃是旧体制(ancien régime)的遗物,亦即是贵族、僧侣的领导人。以这种题材,加之于华立罗和威尼斯,则又不免张冠李戴。华立罗很可能的有做威权皇子(authoritative prince）的决心。他很可能认为威尼斯的统领应有实权，不当受城中贵族层层节制。有些历史家认为他是主战派，他之发动政变乃是希望与热那亚作战到底，不为和议派的压力所转移[6]。果真如此，他的悲剧并没有浪漫画家笔下牵涉之深。只能当作一种政治上和技术上的问题，也只有片面的历史意义。

今日我们检阅陈迹，去华立罗企图发动政变已600多年，去浪漫派诗人与画家的笔下宣扬也超过一个半世纪。我们与其跟着拜伦和德拉克洛瓦去猜测这悲剧人物的心情，倒不如质问何以他的心情会引起后人如斯的注意。这题材既为舞台上的脚本，又是沙龙中的名画，则作剧作画的已经准备将此情此景永远保留，吟咏观摩。难道这1355年4月17日的一段往事真有如是魅力？

我的答案则是引人入胜的不仅在于当时一段事实，而是牵涉着这事实的背景。拜伦说得好："统领华立罗的阴谋，是现代历史中一个最奇特的政府、城市和人民的年鉴中最值得注意的事件之一。"接着他又说："凡事涉及威尼斯就是不平凡。她的容貌像一个梦，她的历史像一段传奇。"[7]

关于威尼斯的外形和面貌，已有两位现今的作家指出："威尼斯世间无匹。有理智的人不会在这地方建造一座城市。"[8] 时至今日，这城市内历史上有名的建筑物，都有继续沉浸在水中的危险。国际间援救的组织，正设法将软泥注入这些建筑的地基内，希望将之抬高[9]。

其所以如此，乃因威尼斯向来就不是计划中的城市。西元500年前后，几批日耳曼民族的部落侵入意大利半岛，此城乃在仓猝之中创设。一部19世纪的历史如是说:"他们都是难民,为数四万余,在5世纪被蛮族逐出他们的故乡,在这海沼之中避难。此处土地经常移动,处于咸水的沼泽之中,难民发现无土可耕,无石可采,无铁可铸,无木材可作房舍,甚至无清水可饮。他们(仍然)在此创立了黎多(Rialto)的港口。"[10]

所谓黎多原来泛指威尼斯各岛,今日则为两个主岛之一,在西边,与东边的圣马可(San Marco)毗邻,中间只有一条大运河分隔。历来的安排,商场都在黎多,政府官邸及群众的广场则在圣马可。此外尚有环绕的诸岛,已属次要。这威尼斯城处亚德里亚(Adriatic)海之北端,也算是东西海岸的分歧点。两岛去大陆只有2.5英里的距离,其中大部分可以徒涉,可是内中却又有很多深水的水道,非本地人莫识,所以易于防御。在她1000多年的历史中,威尼斯曾数度濒于被侵犯的危险,可是直到1797年拿破仑将她拨给奥国之前,未曾为外国军队占领,其受大陆农业的影响也至微。

拜伦所说,威尼斯的历史可以当作一段传奇看待,虽然容易体会,却无法直接的形容,现在容我作如是的解释:

过去约2000年来,我们在历史上看到的政府,大体都是君权政府。君权的根据,总是"君权神授"。既有宗教上的意义,也有道德上的附带条件。要是神启示于人,作之君,当然责成他率领臣民为善,否则就没有逻辑上的意义了。我们尚在它阴影之下,不容易遽尔体会到这种观念的源远流长。中国到20世纪的初年,才取消帝制。即英国在17世纪初年詹姆士一世也还在提倡君权神授,他自己著书不算,还一再口授政教合一的宗旨，曾亲自说："没有主教就没有国王。"（no bishop, no King）其要义也就是要不让他派出僧侣管制臣民的心灵生活，就用不着由他出面做国家之首长。

在这时候如果有人出面说：我偏不信你这一套。人生的目的，最初无非丰衣足食，既能温饱，则求繁富。然后得陇望蜀，更憧憬于权力与幻想间的各种欲念，只要我能达到目的，也不关你事。至于我的善恶，也有我自己的良心作主。我与神的关系，更非你与你的主教所能干预。

这种意见，也可以算是资本主义的原始思想。说来容易，做去却行不通。即杨朱为我（第一章）也有这种倾向，已经被孟子与墨翟一并骂为"无父无君，是禽兽也"，显示历史上的既成因素阻塞着"自由的构造"（free construction）。然在西元之前，东西的哲学家能够提出上述意见时，各种权力的组织早已画疆分土把世界分割得干净。社会制度也与这权力的系统为表里。又直到最近代，经济的展开也非常的迟缓，更不容各个人或者一个集团的人设想他们的私人财富可以继续扩充，终身没有限制。

威尼斯则在这不可能的条件内产生了一段例外，无须将上述意见特别标榜，却已经在事实上证明，"自由的构造"事属可行。她最起初的历史，约略的概述如上，有如陶渊明的《桃花源记》。威尼斯对意大利大陆上的政争，不涉足加入，也真有"不知有汉无论魏晋"的态度。可是当初的40000难民经过几个世纪的移民和繁殖达到10万左右，早已超过"不足为外人道"的打算。威尼斯首先以鱼盐之利在波

威尼斯的商业贸易执地中海牛耳,马可·波罗《东方见闻录》中的这幅插画就是描绘 14 世纪时威尼斯的繁荣景象。1204 年运至圣马克大教堂的四只铜马,在图的左上方清楚可见。

河(Po River)及亚德里亚近海立下了一个商业上的基础,以后向东发展,执地中海商业之牛耳,可以说是在缺乏政治、宗教、社会上的各种限制与障碍,得以将其组织,全部适用于经济上最合理的规范上去,以资金之活用(wide extension of credit)、经理雇用(impersonal management)和技术上的支持因素共通使用(pooling of service facilities)的原则,使所有权(ownership)与雇佣(employment)结为一元（详第一章）。其国家势力既膨胀，个人活动的范围也扩大，有野心和志气的年轻人，起先在蜈蚣船（galley）上作弓箭手，参加海外旅行，开始带货，次之参加股份贸易（colleganza），将资本愈积愈大，以后在海外建农场，在大陆造别墅，和在大运河河岸盖房舍都不是不可能的事。

固然威尼斯的重要位置，包括海军将领的地位，常为贵族垄断。但是13世纪之前社会流动性大。直到1323年后，才规定贵族及其家属（经常1000至2000人，代表200家以上）代表"大会议"（Grand Council）的会员，而威尼斯的贵族仍只有少数拥有地产，大多数还是城中绅商。同时贵族只是一种身份，不一定富裕；富裕的绅商却也不一定是贵族[11]。

从一个历史家的眼光来看，赚钱不是唯一的要事，只是这个城市国家人口一经固定在10万左右，经商给了他们一个共通的目的，而且紧凑的居住在海岛上，他们也感到休戚相关。再加以威尼斯有了好几个世纪不断的发展，在这经济生活中，经常产生一种生活上的动态，富于打破环境的经验，与众不同。和欧洲中世纪大部分尚在一成不变的情形下比较，愈显示资本主义社会的生动活泼。所以拜伦一方面嫉视威尼斯的贵族，一方面仍觉得威尼斯传奇性的不平凡，有令人寻味之处。

布罗代尔说："资本主义之发展中，一个重要的因素乃是愿意冒险，愿意投机。"他又认为"欺骗"也是因素之一。"这竞赛的规则乃是发明一种新规则——去针对市场的现行规律和手段，使它做不同的运转。"[12] 为什么另外一位经济学家，在他的书里强调"浮士德眼界"(Faustian outlook)(浮士德是一位传奇人物，可算作不安本分，一心要打开现局的代表)，是现代经济的哲学基础[13]？得陇望蜀乃人之常情。目前的问题既已解决，则企图百尺竿头再进一步。单调的目的既已达成，则开始制造繁复的问题。以前不合法不敢尝试的事项现在则使之合法且毅然尝试。这种突出环境进入新领域的精神使威尼斯的历史成为一段传奇。人家能如是想，只有此城能如此做。

中古时代威尼斯的造船厂，制造了商船和武装舰，进而使威尼斯在商业组织和造船业的成就，在世界史上独树一帜。

威尼斯和她10万左右人口，有似中国明朝的偏僻小县。她在1000多年的历史中，也做过一些不仁不义之事。可是她的成功并不是使全部公民都成市侩。她曾防止土耳其人势力西侵，成为文艺复兴的中流砥柱。她的建筑和几个世纪以来收集的美术品，至今仍是传世之宝。她的印刷业，也一度是西欧文物的先驱。而她在商业组织与造船业的成就，当然更在世界历史里树立了一座里程碑。

威尼斯之成为一座自由城市，大部分由于历史上各种因素的不期汇集。她紧靠着意大利半岛，原属西罗马帝国。自从日耳曼民族在5世纪席卷意大利半岛之后，东罗马帝国（国都在君士坦丁堡，也称拜占庭帝国，实系希腊人经营的一个王朝）的查士丁尼（Justinian）皇帝曾于6世纪中叶一度派兵恢复半岛上的大部疆土。可是日耳曼民族的问题还未解决，回教徒的势力又伸张，查士丁尼死后，拜占庭帝国仅能保持意大利半岛靴形的疆域中的靴尖及足跟的小部分。威尼斯及今日之南斯拉夫海岸，名义上仍为拜占庭帝国的领土，实际上则为独立。

意大利半岛也迭经其他民族与王朝的侵占。西元800年教皇李奥三世（Leo III）加冕了查理曼，使他成为"神圣罗马帝国"的皇帝，也是在名义上恢复西方帝国的办法。其实查理曼所控制的土地在北方，其居民以操德法语的为多。此例一开，只引起以后近1000年教皇与查理曼之继承人在各处争权。神圣罗马帝国始终在今日之德奥，但是她的势力又侵入意大利。威尼斯除了极少数情形之下，对各方都不得罪，只保持她实质上的独立。同时她以外交手腕，获得各处通商和免税减税的权利。

威尼斯扩张的经过，可以最简单的几个整数日期概况之：西元1000年前，她的经营大致不出波河两岸及附近沿海。1000年后才伸张到亚德里亚海里去，并且参加近东（Levent）的贸易。1200年后经过第四次十字军东征，威城大为扩张海外殖民地，连接一连串的领土、港湾和重要城市里的居留地造成一座商业王国。1400年后，才在意大利大陆拓土，可是这"朝西的发展"也象征着朝东及海外的发展已趋尽头。1500年后她虽然以精力和财富对文艺复兴有实质上的贡献，在其他方面的成就则大不如前，虽想保持几百年来经营的海上王国，事实上已不可能[14]。如此粗线条的纲要不免为专家所笑，在此却符合我们的需要。

15世纪刻画威尼斯的木板画。十字军东征扩大了东西交易的商圈，威尼斯的繁荣盛极一时。（现藏威尼斯）

初期资本主义的成功，端在专利，专利则要消灭竞争者。威尼斯首先制盐，她又有船只，通行附近各口岸，于是早期即为波河各处食盐的供给者。但是威城自己所产的食盐不够供应，即由政府出面，定购其他产盐处的全部生产，同时也向消费的城镇订约，供应他们全部需要。虽然有时也通融产盐的市镇，少量的直接供给邻近的地区，但是一般的原则，不让买方和卖方直接碰头，威尼斯做中间人。这种办法也为其他市镇所乐于接受，因为这些城镇也有他们自己的食盐专利，批发的来源和出路一固定，这些市镇也可以对民间专买或专卖。同时威尼斯也派有警卫和船只巡行波河。

从食盐的供应推广到食粮。小麦的供应不能全部管制，无法专利。但是威尼斯首先鼓励各处剩余的食粮发送到她城中发卖。在一定时间之内，她担保最低价格，如果找不到主顾，由本地政府承包收买，逐渐的指定威尼斯为亚德里亚海的特定市场（staple city）。她派船只将亚德里亚海的海盗肃清，勒令所有的运粮船一律都要到威尼斯卸货。威尼斯商人私自将粮食直接运往其他港口将遭严罚。各处来港购粮的船只当然也不是全部空舱而来，于是木材、蔬菜、猪肉、薪炭，都集中于威城海沼之中[15]。在今日之南斯拉夫沿岸的两个港口城市，一为查拉（Zara），一为拉固沙（Ragusa），也有相当多的船舶想在商业上出头。威尼斯派兵占领这地区，于是土人不服，叛变的情事在历史连亘的发生。可见得自始至终威尼斯的政府要不是商人的发言人和主持人，就是他们的武装和后盾。

地理位置上的优势，对威尼斯历史的发展有决定性的影响。近代作家汤普森说："只要看地图，我们也可一目了然，威尼斯是距欧洲中心点最近的港口。日耳曼的商人在此地先与海岸接触，中东的商人也是由此地将他们的货物赍运到距市场最近的地方。"[16] 其实此优势还不限于直线上的短距离。意大利半岛的北端与大陆的主体相接之处，只有几个为数不多的要隘。在东部与德奥相通的为布仑纳隘道（Brenner Pass），从这高地到海上是一段没有障碍的大斜坡，直达威尼斯。西部则以圣伯纳隘道（St. Bernard Pass）通日内瓦及法国之香槟省（Champagne），后者在中世纪的市集经常引起国际商人注意。而当地的货物一经圣伯纳南运之后，也可以循波河东流而入海，与威尼斯也是近在咫尺。

威尼斯在亚德里亚海的另外一个好处，则是避免了海上的侵犯者。意大利曾被称为"世界上被外人侵占最厉害的国家"[17]。我们剔除陆上的来犯者不说，海上的来犯者，通常来自西南海岸，如法国之诺曼人（Normans）、西班牙之亚拉冈人（Aragons）、北非之撒拉生人（Saracens）等是，而不及于北岸。这样威尼斯将达尔马希亚（Dalmatia）（即前述之南斯拉夫海岸）控制之后，比其他自由城市有了最初几百年没有被间断发展的优势。而达尔马希亚之森林，也成为威尼斯日后造船不可少的材料。

威尼斯的船只向地中海东部发展之际，十字军东征应时而发生。初期的东征采取陆路，但是不能缺乏海运的支援，同时十字军既在中东获得立足之地，跟随着军人的各色商人也向圣地进发，而天主教徒对圣地的膜拜，更支持一种新生的旅游业。而这些事情的背景则有西欧的经济，经过漫长迟缓的发展，在11世纪后表现突然开朗起来。于是对威尼斯经商有利的条件一时汇集。她向东方输出之货品有毛巾、木材、金属，内中尤以铜、银在中东最受欢迎。从东方输入的物资包括丝绸、食糖、香水、木棉和调味香料。后者包括胡椒、肉桂、豆蔻等，来自远东，通常容积小，不多占船舱位置，所以每一容积内价格高，为冷冻尚未发明之前储制肉食之必需品，西方又无其他来源，所以最为重要。

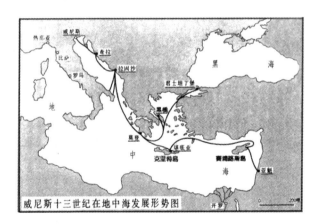

威尼斯十三世纪在地中海发展形势图

谷物的供应也是威尼斯商业中重要的一环。迄至15世纪之前，威尼斯无意作食物之生产者。她的食粮来自意大利南部、西西里岛，甚至远至小亚细亚及黑海之滨。威尼斯宁愿做食粮的转口商，乘着各处气候不同、收成有盈短、粮价有波动时赢利，而不愿自己经营农业。

这和中国官僚处处筹谋食物之自给自足,不鼓励各地专业发展其所长,忽视分配与运输的组织有绝大的不同。威尼斯的态度影响西方的社会心理至大。

贩卖奴隶是初期商业链条的一个重要环节,威尼斯参与其事,视作当然,也没有在各种记录中留下在良心上责备的痕迹。基督教徒的一个观念,则是信徒不使同教人做奴隶(因为根据他们的信念,一个人要受洗礼,才真是神前的苍生赤子,否则仍是野蛮人,让他们服役于无酬给的劳动,也不为过)。即算这种信条,也是规避的办法,例如拜占庭帝国的人民属于希腊正教,名义上属于天主教之威尼斯即可以强辞的说他们都是异教徒。俘虏只是奴隶来源之一,大部分奴隶出于本地人之绑架,在希腊境内尚有特别组织的公司专营此业,他们将捕获的人口贩卖与他种人。再有则中世纪以来,海军、海商与海盗,难有实质上的区别。有些武装商船突然出现于无防备的海岸,掳获女人和幼童亦常有之。非洲的黑人可以北运,斯拉夫人可以南运,希腊人和鞑靼人可以西运,并没有一定的型式,也没有一贯的主持人。奴隶在意大利多为家中仆婢,有的也为妾媵。在中东有的为宦官,在埃及收入军队里。土耳其各部落的习惯则专门收集年幼的奴隶,训练成为特种干部,储备为日后的高级将领。看样子也是当时奴隶来源充裕,于是土耳其人利用这种环境,使这些没有家庭关系的年轻人为他们舍死亡命,日后也收到种族通婚的成效。不过,大多数的奴隶则被发放于克里特及塞浦路斯(Cyprus)岛种田割甘蔗。迄至1000年左右,威尼斯是欧洲最大的奴隶市场。至1366年威城才禁止公开拍卖人口。不过零星贩卖奴隶之事,仍常有之[18]。这类事情以及威尼斯在亚德里亚海发展之经过,只显示资本主义国家之初兴起时其积存资本不择手段,有时难以避免中国人所谓"为富不仁为仁不富"之说法。

十字军一开始就把资本主义的冒险精神与宗教上的虔诚混为一谈。参与者固然是和回教徒作战奋不顾身,一方面也在趁火打劫,顺便侵略拜占庭帝国,觊觎希腊人在中东的属地,包括今日在叙利亚及以色列沿海各城镇。意大利沿海的三个城市国家,即威尼斯、热那亚和比萨(Pisa),又经常内讧。他们的争执,尚牵涉到爱琴海及黑海各处之发展与在拜占庭帝国经商的优先权。简略言之,即是在地中海制海权这题目上争霸。

这些事迹已经很复杂。而内中情节之传奇性接近荒唐者,无过于十字军之第四次东征。其荒诞不经,一位历史学家称之为"可耻的光荣"(shameful glory)[19]。

第四次东征之领导者为香槟之元帅威哈陶因(Geoffrey de Villehardouin)。香槟省的伯爵,同时为英国、法国两国王之侄子,所以由他发动组织第四次东征,欧洲各地的武士响应热烈。威哈陶因与威尼斯的统领丹多罗(Enrico Dandolo)签定合同,预定参与东征的有骑士4500人,侍骑9000人及所有的马匹、步卒20000人,于1202年6月24日在威尼斯集合,后者供备船只筹备给养一年,为价84000银马克。威尼斯本身再配备武装船只50艘,无代价,但是东征获得领土,威城得分享其一半。

在预定集合之前,这种协定已有相当的蹊跷。参加十字军的人物鉴于前次的经验，认为要彻底解决回教徒的势力，只有继续南进，彻底打击埃及。而威尼斯则因为商业的利益，和埃及订有密约，不打算南犯[20]。威尼斯的眼光针对北方，并且怀疑拜占庭帝国和回教徒也有秘密的协议，而事实也确如此，他们已经在背面接头[21]。

可是在表面上讲威尼斯已经履行了她的合约，在1202年各事都已准备妥当。运输船舰200多艘，有的尚系特别新造，船头有舱门专供马匹上下。此外武装船只之蜈蚣船，因一船有100多名划桨手，当船桨伸出时状似多足的爬虫，其所谓武装，则系近敌时，此100多名桨手都可以投入战斗。威尼斯整备蜈蚣船50只，最低限度即需划桨手6000人，虽说部分可以在亚德里亚海北岸斯拉夫人的地区招募，以一座只有10万人口的城市国家，如时完成这样的整备，也可谓已经竭尽其力。

可是威哈陶因不能履行他的合约。东征人马预定33500，届时只有10000人凑集停当，同时他们没有办法筹集84000银马克之供应费。领导人再三请赞助人捐输，也只凑得50000银马克。威尼斯则坚持合同里的条款，不能减半的或部分的执行。这10000远征军驻扎于威尼斯一座外围岛上，进退不得。

统领丹多罗年已80多岁，双目失明，在各种记录之中，也是一位传奇人物，有些历史家臆度他早已预料威哈陶因无法履约，于是胸有成竹。然而这时的查拉，在匈牙利国王援助与怂恿之下，又叛变威尼斯，势为一个新对头，也可能为亚德里亚海商业间的竞争者。况且地处于威尼斯船舰往东途中，也是今后安全的威胁。

丹多罗即建议，如果东征的武士会同他剿灭查拉的叛变，获得的战利品不难抵作合同内的供应费计算。西欧的武士无意将对土耳其人及埃及人作战的计划用在斯拉夫人身上，同时这一改变计划要他们攻击基督教徒的同教人，只是船只与供养都在威尼斯人手里，他们驻地和威尼斯也有海沼之隔，总之无可奈何，只好听丹多罗摆布。

十字军不费气力的攻占查拉，已是1202年的11月，而且这地方一被占领，拉丁的武士即与威尼斯海军队伍因争夺战利品发生冲突，双方经过制压之下，没有酿成大变，但是严冬快要降临，于是决定在查拉过冬，明春再向圣地进发。

此时即有所谓阿鲁修士皇子（Young Alexius）出现。阿鲁修士皇子是现下拜占庭皇帝阿鲁修士三世的侄子。据他称叔父篡位，并且又对十字军的运动毫无贡献。如果威哈陶因的10000人和威尼斯的海军帮他进军君士坦丁堡，赶走篡位的叔父，他自己登上拜占庭大宝之后，当立即打开国库，尽量的支援东征，甚至还派兵10000人参加战役。十字军的武士既已在查拉有了一次的改变路线，再迁回一次，也无碍大局，况且他们也早闻名于君士坦丁堡之富裕，所以除少数的武士不同意而中途退出，大部分船舰人马，放弃了东征的路线，而移戈北向。

经过一场战斗，君士坦丁堡被十字军占领，但是在纷乱期间阿鲁修士三世出走之前，已将国库金银及珍宝携走一空。阿鲁修士皇子虽登极为阿鲁修士四世，他的政令还不能奉行，他颁布的新税也为人民反抗。他自己率兵企图擒获在逃的叔父，也没有结果。此时十字军已退出城外驻扎，他们向阿鲁修士四世讨账，从夏至冬毫无结果，有一次还几乎为拜占庭人设伏所害。

1204年年初拜占庭帝国里的希腊人发生政变，他们将阿鲁修士四世处死，又立了一个新皇帝，称阿鲁修士五世。新皇帝对西方联军毫无负担债务的表示，却一心着手修理君士坦丁堡的防御工事，于是丹多罗和威哈陶因商量，决心推翻整个拜占庭希腊人的政府，另推选西方来的一个贵族作皇帝，也另派一个威尼斯人做君士坦丁堡的主教。事成之后新皇帝管辖国都与国境1/4的地方，其余3/4，由威尼斯和十字军的统率人对分。这就是日后威尼斯占领君士坦丁堡3/8面积的由来。

第二次攻城战发动于1204年4月，以威尼斯战舰出力最多，这些战舰上面装设着攻城工具如掷石机和云梯。其桅杆上则装有平台，当船舰行驶至靠海的城墙边上时，平台上的战士缘着绳索跳上女墙，又再援引其他的战士登城。第一座碉堡被占领，其他的工事也望风瓦解。城破之后战胜者执行传统的奸淫掳掠三日[22]。联军统帅命令所有的物品缴纳集中均分，据称财物值40万银马克，又有甲胄一万副。十字军人的回忆录都认为威尼斯统领丹多罗为全部经过之主宰。他的筹谋不见诸文字。很可能他认为契约与债务必须严格信守，如果国家的首长不负责，可以责成全民负责。

可是如此一来，十字军恢复圣地的目的全部置之脑后。将希腊瓜分只能在纸面上为之，然则事实上除了君士坦丁堡之外，西方的武士也在重要区域及据点布置了不少的藩属地带。而以威城占领的地区最为广泛。在君士坦丁堡，所辖包括码头和港口。她又付出一部分现金，获得克里特岛全岛的所有权。在爱琴海则取得一座叫黑桥（Negroponte）的港口，在希腊半岛的东南则又控制了莫登（Modon）及柯仑（Coron）。这些据点再加以威尼斯原已控制的查拉和拉固沙，和中东海岸基督教徒原已据有的亚魁（Acre），内中也有威尼斯的居留地，就造成了地中海上商业王国的立足点，与近代英国之控制直布罗陀、马耳他岛、亚力山大港及苏伊士的情形类似，只是威尼斯先动手了600年。同时她又与拜占庭的拉丁皇帝订有条约，凡与威尼斯作战国之人民不得来帝国经商。直到1261年拉丁皇帝被推翻，威尼斯实际上独霸着东地中海的领海权56年。但是东罗马帝国成为一个被分割的殖民地，有些历史家认为是不出200年后土耳其人占领君士坦丁堡的先声。

罗马尼亚一处修道院的壁画，描绘1204年第四次十字军东征，君士坦丁堡遭受包围的情景，威尼斯战舰在战役中出力最多。

读者看到这里也可充分的了解威尼斯的政府不是我们平常心目中的政府。它凡事都以威城商业兴趣为转移。有人曾说历史上的威尼斯是"一个没有领域的城市"和"一个商人共和国"。"它的政府即是一个股份公司。它的统领就是它的总经理。而参议院,就是它的董事会。它的人口,就是它的股份持有人。"[23]虽过于简化事实,却给一般读者一段直接的概念。

从丹多罗的事迹看来,威尼斯的统领出将入相,可能掌握相当的权力,不过这权力逐渐地被检束,否则一个半世纪之后,华立罗就用不着采取兵变方式夺取政权了。这后面的背景,也是人文发达,商业组织日趋繁复,大凡有技术性的问题,委员会的处置比寡头政治来得有效。在此条件下,威尼斯的贵族逐渐抬头,他们一方面凌驾于一般平民之上,一方面也就减缩统领的职权。

威尼斯的统领系终身制。最初的统领由拜占庭帝国任命,从11世纪以来,都由本地人士选举产生。自西元726年至威尼斯1797年灭亡,全部统领的名单仍在,共119人,所以在1071年的历史里,平均任期为九年。这统领的职务也是世界上依选举制而产生之最久者[24]。

统领名单也表现威尼斯初期政治中大家巨阀的力量显著。例如西元811年至942年之131年中,帕底西巴扎(Participazio)家任统领的7人,西元887年至979年之92年中堪定诺(Candiano)家任统领者5人。自1096年至1172年之76年间,有62年之内统领的职务不出于麦其尔(Michiel)及其女婿之家里。以后遗传的力量仍是雄厚,例如康大黎尼(Contarini)家有统领8人,摩洛西尼(Morosini)家出统领4人,即丹多罗家也有4人任统领。不过同一家的统领,不集中于一段紧凑的时间内,表示威尼斯这些有声望的家庭始终在岛上保持他们的门第，只是最高的权力不为任何一家垄断而已。

统领虽为终身制，但被弹劾的情事亦经常有之，像华立罗被判死刑虽算特殊，但是威尼斯的统领被暗杀、被罢免和被流放者重见迭出，不足为奇[25]。吊诡（paradox）的是在此种情形之下，威尼斯政局只历经极短时间的颠簸，仍能保持长期的稳定。像华立罗事件之迅速而有决定性的处理，即未产生任何余波，其后面之背景是：威尼斯之贵族（大约200家），代表着1000多人的大会议，始终不放弃对局势之掌握。

防制统领大权独揽，威尼斯采取种种办法，有些甚为离奇。

《统领登位图》，瓜地（F. Guardi）绘，背景即为统领官邸。（巴黎卢浮宫藏）

统领之选择以秘密投票方式由41个选举人决定之。但是这41个选举人自身却经过一个极为复杂而又琐碎的办法产生[26]。自1268年之后，首先在扩大会议有资格的会员内抽签而产生30人，次在此30人内抽签淘汰而为9人，此9人即开始选举40人。此40人又不是选举人，再用抽签的方法淘汰为12人，此12人又选举25人。再用抽签的方法淘汰至9人，此9人再选举45人。此45人经过第三次抽签淘汰为11人，这11人才选举出来上述的41个统领选举人。全部程序一共抽签5次，提名投票4次，有如"三跪九叩首"，还只产生了41个选举人。

另外一个防制统领擅权的办法，叫做"统领的誓辞"（promissione）。这种誓辞由来已久。最初不过是一种形式，由就职的统领自己拟稿，表示他愿意尽力履行他的职责。可是后来越来越复杂，11世纪之后，新统领就职前，由一个特别委员会草拟誓辞，另外一个委员会检阅前任统领的记录，如果发现以前没有防范得周到，使前任统领得以自由行动的地方，可以在此时提醒草拟委员会注意，将防制的办法添入誓辞之内。于是誓辞等于一件合同。在1229年威尼斯责成统领翟波罗（Giacomo Tiepolo）的誓辞，新统领除了他的薪水和附近城市所进贡他份下所得苹果、樱桃和螃蟹之外不得在职务内有法外之收入，他主持自由捐款，尊重国家秘密。不能单独与教皇、东西罗马帝国的皇帝或其他国王有私人文书来往。他接收的礼物有极严格的限制。他不能提出统领的继承人。1275年统领康大黎尼（Jacopo Contarini）的誓辞，则禁止新统领（时年81岁）未得扩大会议同意与外国人结婚、他和他的儿辈不能在威尼斯所辖地域之外购买地产、不得承购政府的公债、他们在威尼斯殖民地内的地产限于统领就职一年内转让与人。他的儿辈除任驻外大使或船长外不得在政府内接受任何职务[27]。

威尼斯之成为一个城市国家,初时接受希腊罗马传统,最低限度在外表上,政府的权力由全民大会(general assembly)产生。全民大会本来就没有严格的形式,不过在产生新统领和宣布重要国策时,群众聚集于圣马可广场,有些则栖身船上。通常一声吆喝,算是在民意上获得表决。在社会进化、政府组织越趋向技术化的条件之下,扩大会议(great council, Maggior Consiglio)在13世纪成为真正权力的基础。这会议囊括威尼斯所有重要的家庭,当初也包含着在大陆上领有土地,可追溯到以前家世的贵族和城中重要的绅商。可是其间的界限,越来越含糊。1297年后,扩大会议固定其会员资格,限于以前曾任会员。1323年会员之资格可以世袭。不久之后所有会员及其婚姻子孙记入"金谱"(Golden Book)。其中男性之成年人,通常1200人至2000余人,为扩大会议之会员,凡是威城政府之重要职务,无不被他们揽纳。因为扩大会议最重要的职务为选举,通过选举权,此机构也是全市权力的基础。我们所说威城的贵族,在13世纪之后,也纯粹指金谱上有名之人士,很多专靠祖先经商起家。不过这并没有完全截斩社会的流动性,金谱之世袭由父系决定,没有不能与平民结婚的限制。平民也仍能经商致富,超过金谱有名的人士。以后少数的贵族,有些沦落到极为穷困,目不识丁,靠救济金生活[28]。亦间有平民也被升迁为贵族。例如1381年威尼斯击败热那亚来犯之后,有平民30家包括一些小商人和工匠因军功升为贵族。

大会议人数太多,不能主持经常性的事务,于是授权于参议院（senate）及四十人委员会（council of forty）。这两个机构有司法及立法权，有时也合并开会，四十人委员会对刑事案件有复审权，有时像最高法院，有时又起草重要的法案，也像一个委员会。此外统领也有统领委员会，似同内阁。前述的十人委员会，则完全是一个公安机构，所辖如国家保密局。不过威尼斯1000多年的历史内，这些机构的性质常有变动，并且很多政治上的问题以幕后征集意见解决。各种临时委员会（zonta）也多得不可胜数，如判决华立罗死刑之法庭，即系一个临时委员会。通常一个带活动性的政客，同时兼摄好几处的职务，如海军高级将领也出席参议院的会议，舰队的司令官则由统领和四十人委员会的头目商询后委派。总之各种任务互相牵连重叠，没有一个机构能独行其是。一般各机构的任职为一年，连选得连任，被选人一定要服务，不许推辞。

以今日看来，我们可以觉得威尼斯的体制，让人口内6%至7%的贵族去垄断政治经济社会各方面的活动，无乃专制之甚。可是这在中世纪即算没有十分的民主，也已算开明。因为全民自治事实上不可想象。在几个小岛上，以一两千人主持国政，也包括了大致上应该缕列的人物。欧洲在中世纪趋向近代时，占有土地之贵族（landed nobility）和新兴的绅商常发生冲突。威尼斯没有封建的传统，也不设陆军，在大陆上作战通常以雇佣军（condottieri）为之，抽税则以间接税（如关税、货物转口税、食盐公卖等）为主[29]。在这种条件之下，避免了上述的冲突，即在15世纪之后，在大陆上拥有相当多的领土，威城人士经营的农场仍只以收入为主[30]，其财富不特别造成一种政治上的势力。

威尼斯名义上信奉天主教,但是她不受教皇约束,是另外一种独特的现象。威城有60个到70个教区,每个教区的神父由区内房产所有人推举,然后由主教任命。主教及其他高级的僧侣,由参议院提名后由统领通知教皇,教皇可以不同意,但不能自推候选人。威尼斯有她的圣主(patron saint),此人即是圣马可,其意义有如中国之城隍。威尼斯圣马可教堂与统领之官邸毗连,等于统领的附属教堂。于是全城的宗教事宜也带有独立的气派,一般僧侣受贵族监视,有如各种文官组织。于是引起一位现代学者说:"威尼斯之处置教会事宜,好像罗马简直就不存在。"[31]

威尼斯圣马可教堂广场前的祈祷游行。圣马可教堂与统领官邸毗连。贝里尼(Gentile Bellini)绘于1496年。(Venezia Accademia)

当神圣罗马帝国与教廷长期斗争之际,威尼斯能够在两方之间左右逢源,由来已久。1177年她曾以和事佬的身份邀请神圣罗马皇帝及教皇亚历山大三世在城中会面。中世纪以来,教廷与各处侯王及国王冲突时,教皇执有一种可怕的武器,即是"开除教籍",此处分加于国家首领及于全国全城。当施行时,对被处分者之从属关系及所作誓辞与契约及义务,一律取消无效。天主教的神父也不得为他们主持养生送死的仪式。凡婚姻关系遗产转让等之受教规决定者,也失去凭借。被开除教籍的人旅行于异域,即可以被本地人拘捕,他们的船只和货物也可以听由掠取没收。历史上有名的事例,曾牵涉到神圣罗马帝国之亨利四世及英王约翰,均在这种处分下不得已向教廷屈服。威尼斯受开除教籍的处分不止一次,前已述及。1308年威城干涉费瓦瓦(Ferrara)王子之继承,而后者是教廷利益所在,因此被开除教籍。一时费瓦瓦附近的城镇联合抵抗威尼斯。威城不支,最后向教皇道歉赔款了事。但是如此事情只产生外界的困难,没有引发内部真正的危机,也仍归功于威尼斯之有力管制域内长老僧侣。

自12世纪以来,在今日德国境内之王室贵族,分为两个党派,其影响所及也波及于意大利。保皇党(Ghibellines)支持神圣罗马帝国之中央集权,其幕后多为各地之大地主及有历史地位的贵族。亲教廷派(Guelphs)多数赞成本地公民自治,通常代表新兴之社会经济势力[32]。这种争执酝酿至13及14世纪,使无数的意大利城市陷于分裂的局面,而威尼斯始终没有介入,这也仍是由于此地地主型的贵族不足构成独特的政治势力,而宗教方面之人员都已归并于城市中薪水阶级之故。

威尼斯之属于资本主义的体制,大部分由于商业资本垄断了政府的功能,有如"提供资本的人操纵了工业的很多部门,而主要提供资本的人则是经商的贵族"[33]。而这体制,也是由于此城市特殊环境及特别机缘而产生。韦伯所谓资本主义的精神出诸清教徒,宋巴特谓之出诸犹太教(详第一章),与威尼斯的情形都不符合。说到宗教,我们还可以提出自中世纪以来,天主教对于"高利贷"(usury)有极广泛的解释,甚至一般的贷款收息,也属于usury,不仅禁之于僧侣,也及于一般信徒。威尼斯首先不顾这种禁例,后来教堂的申饬比较严格,威城表面服从,也颁布了一些防制高利贷的法令,实际则留下技术上的漏洞,放贷收息进行如故[34]。

这城市国家的人民,曾被称为"文艺复兴期间最唯利是图、顶贪婪而特别注重物质生活的人民"[35]。不论其公平与否,只是这种气氛与其追究于任何宗派,不如说是人类的共通性格。通过一种特殊的机缘,才表现发挥无余,也更显示其卑劣的一面而已。威尼斯的犹太人,划住在大陆的禁区,只准业医,他们放贷给一般市民,禁不胜禁,这城市国家对付他们也有左右不定的形势。有时候让他们来岛上居住,过一时候又全部驱逐。后来又让他们来城中,更定下规则,每次逗留不过15天,胸前要缝缀黄色的圆圈,而且他们不得在岛上置地产开学校[36]。所以犹太人纵在不同的时间内给了这城市不同的影响,却始终无法取得主动的地位。威尼斯社会上的商业性格,还是要追究于本身的历史与地理。

天主教对高利贷虽有禁例,但威尼斯首先不顾这种禁例。这幅画描绘的是修道士借钱给银行家。(威尼斯大司教神学图书馆藏)

只是其社会的上层已有清一色的形态,而且统治阶级的经济力量又和他们的经理能力互为表里,其管制下层的条件也比较容易得心应手。在此条件下,她处于海沼之特殊地位仍属重要,否则即不能确切的掌握人口。这城市曾经历传染病严重的灾害,1348年全城约一半人口死于黑死病。以后经移民填补,大部分来自意大利大陆。这些移民既为威城的工资吸引而来,初来时一定小心翼翼的希望被接受,就没有蠢动生事的趋向与动机了。

威城本身没有农业人口，这城市里的工业生产也比较简单。除了造船之外，她不能算作一座重要的工业中心。她出口的毛织品大部分来自西欧及意大利之路卡（Lucca）及米兰[37]。16世纪之后她的纺织业曾一度抬头，以漂染丝织品为盛，其生产方式大部分依赖"外放分工办法"（putting-out system），经理人将工作分派于海沼内外及大陆边缘各地，并无集中之工厂[38]。其他如玻璃、镜子、肥皂、金属装饰品之制造，当日半属奢侈品，也无从大量的生产。造船和制币用人较多，则经过政府人员密切的监视。

　　各种作业，另有他们的同业公会。威尼斯一共有百余家同业公会。同业公会除了维持制造的标准，厘定学徒的经历出身外，还有周济本行孤寡穷困的义务，会长由同业推举，并向政府特派的三位法官负责[39]。威尼斯最大的行业是海员，但是海员不许组织公会。此外我们认为是自由职业者（professionals），如律师及公证人（notaries），也没有公会。对外贸易的商人更无需组织公会，因为整个威尼斯的政府就像他们的一个大公会。

　　威尼斯被历史家一致认为效率高、长期稳定的主要原因，还是内部的结构，自然而然的近于一元化。商业并没有被少数人全部把持，平民仍可参与[40]。即匠工寡妇，稍有储蓄，也可以参加股份（colleganza）的投资。此城市行征兵制。征兵的方法为预先将壮龄男子组成12人的集团，各人派有自1至12的次序，有需要时按次序征召入伍。但是征兵不作陆战之用（陆战用雇佣兵，前已提及），而全部用于海军。在长期间内，威尼斯又常采取战时体制，商船组织护航队，有些尚为

威尼斯的商业并未被少数人把持,即连匠工寡妇也可参与投资。上图左上方即是一位文书正在提醒一位寡妇,应该重视自己应得的权益。右边是出纳。下图则是民众排队,等候账簿文书核对记账的情形。取自14世纪的书本插画。(大英图书馆藏)

政府所有，因此商业舰队与海军之间，出入甚微。总之，他们的活动即为全城安全与生计之所在。这些条件都足以养成上下人心团结。专政的贵族，既没有留给一般平民必须生事造反之动机，又能确切的管制各公会，因之能造成一个长期稳定的局面[41]。但是这方面的成功不能掩饰威城强调特务政治的缺点。密探活动频繁，对劳工谋反的处置过度的严厉。也不能掩饰她的强硬对外政策引起反感的另二缺点，局势不利的时候，便使自己陷于困窘。而特别在这种尴尬的局面之下，统治阶级猜疑满腹，也就在这种时期之中，可能发生华立罗事件之类疑案与阴谋。

从上面的缕叙看来，我们认为威尼斯属于资本主义的体制，已经不容疑议。可是这种论断，仍不能推翻当前的一个问题：资本主义是19世纪创用的名词，我们将之施用于13世纪和14世纪的局面上去，是否在一出一进之间，还没有把疑难之处解释得很清楚，却又产生了新的疑难和误解？

这也就是缕叙至此，我们还不能决定何者是资本主义的共通性格，何者则是威尼斯岛国特殊的情形。除非将其他带有资本主义体制的国家或其代表作过一番类似详尽的缕叙，我们无法用归纳法将以往的事迹归并于现用名词之下，使之解答现有问题。资本主义首先出现于意大利，可以算为多数的学者和作家所公认[42]。以威尼斯作意大利城市的代表，因为她的记录最详尽，局势最显然，发展不仅不遭挫折而且历时最长久。至于其他意大利城市国家的情形也应该有一两段的概述，才能使读者相信威尼斯的发展已经一马当先，在初期资本主义形成时,确是个中翘楚。

先说佛罗伦萨(Florence)[43]:这城市跨越亚诺(Arno)河上,曾先后被日耳曼民族和拜占庭帝国占领,在12世纪成为一座自治的市镇。此间商人力量之雄厚,早有历史根据。有些历史家相信最早的同业公会可能远在1100年或稍后的期间已开始活动,虽说现存文献只能推证到1182年。佛罗伦萨以纺织业和银行业著名。这城市起先输入英国及法兰德斯(Flanders,比利时及法国荷兰之一部分)之毛织品,加工染色之后卖出,以后径自输入羊毛,自织自造。在14世纪初期,年产毛布80000匹,雇用劳工30000人,是世界上最大工业中心之一。佛罗伦萨的银行业与路卡及塞纳(Siena)齐名。他们一部分的业务,是将各国的基督教徒什一捐汇给教会。其实各地早有包税人(tax farmers)包办,银行家接收他们的汇款后并不直接缴解。如英国各寺院的承包人,各银行即通过他们大批收买羊毛,再转送欧洲大陆其他国家或意大利本国发卖。银行之总行则先垫款与教廷销账。于是出进之间获收大利。佛罗伦萨的银行以高利贷著名。普通借款年利30%至40%,有特别风险之利息可至每年266%,所以也有借款倒账,银行关闭影响全城生计之事情。

前述保皇党和亲教皇派的冲突,由德国传入意大利,也使佛罗伦萨大受影响。1282年亲教皇派得势,立刻引起城中7个高级同业公会专政。这7个公会有两个代表毛织业(一个主持进口呢织品之加工,一个主持本地之织造),一个主持丝织品,一个主持银行业,一个主持医药及制肉香料之进口,一个代表法庭之裁判官及公证人,一个主持皮货之贩卖。其中前4个同业公会最为重要，他们挟有雄厚的资本，重要的公会，有私人组织的军队护送商业交往，在沿途设有栈居，能与外国当局协定关税，解决彼此争执，也备有法庭法警和监狱。

佛罗伦萨图。市中心尖塔建筑即为大教堂。麦迪奇家族在此以银行业致富，并且支持艺术家从事创作。这是1490年的木版印刷图。（佛罗伦萨美术馆藏）

原来前述保皇党和亲教皇派的冲突，所谓保皇党代表乡镇封建制度里遗下的贵族（欧洲的封建制度本来就是一种农业社会的组织），亲教皇派代表城市中的重要绅商，此为一种粗枝大叶的解释，实际情形各时各地不同。佛罗伦萨在遭日耳曼民族和希腊的拜占庭帝国进攻后，神圣罗马帝国及教皇企图掌握这地方，两方都从封建制度的组织着手。当日风气败坏，主要的僧侣都私自成婚生子，于是也可能在各处拥有地产，遗传子孙。城市中的贵族则也多在封建制度之下获得不同的附属位置，所以也不算是白手起家。他们力量充实之后，就强迫近郊的骑士在城中备置房舍，最低限度一年之内，必有一部分时间居住于城市之内。这种低级贵族与城中绅商通婚的情形相当多。况且意大利人的家族都用大公司（corporation）的原则组成。有势力之豪族则在城中建立高塔，俯视下面的房舍。于是一段街市成为一座特别的塔垒社区（tower association）。

1282年佛罗伦萨人口有45000。过去同业公会的情形很少提及，我们只知道她于西元1000年前后，随着沿海城市如比萨及路卡发展商业，只因为据在亚诺河中游，又是陆路上的南北孔道，所以不久即成为工业中心。如果她的社会组织也算是资本主义体制，则此种体制也和封建制度结下不解缘，绅商与贵族不分。她的同业公会力量最充裕时，代表着"工业资本主义最紧张也最无忌惮的形式"[44]。他们派出大批探员，对少数与他们作对的劳工，动辄拘捕，轻则不发工资、不给工作，稍重则放逐。而且工人常被这些公会私自鞭笞，甚至被砍手和丧失生命，这时候政府对各公会的处置则一味支持。

这7个高级同业公会觉得他们过于孤立，以后也曾邀请5个中级同业公会及其余的9个下级同业参加政府。其实这中下之间没有严格的区别，他们都是小商店的老板，和工匠自己经营业务的小门户，包括屠户、泥水匠、面包烤户等等。有时候他们对无产阶级的，即对大多数纺织劳工，刻毒超过高级同业公会，并且他们自己蒙高级同业公会的青睐，也不便辜负他们的好意。参加政府的方式，通常只有象征的意义。佛罗伦萨的政府由几个市政代表叫做prior的主持，中下级公会可以好几个合推一个市政代表，或者轮流交接一个市政代表的职位。这些中下级的公会也参加市区里的民兵。佛罗伦萨的民兵组织为20个连。每个连有它一定的地区，各有不同的旗帜，后面都由同业公会主持。无产阶级则不准组织公会。凡是10个以上的工人集会就算违法。1345年，已经算是佛罗伦萨的民主时代（详下段），有一个纺织工人叫做白兰定尼（Cinto Brandini）的企图组织工会，半夜从床上被抓出来，虽然激起同行工人罢工，此人终被判吊刑，不久绞死。

资产阶级纵掌握全局，他们自己也不能和衷共济。读者务必明了佛罗伦萨之公会，所辖并非个人的会员，而是很多小单位。从这些小单位里又影响到很多家族间的恩怨。1301年后这城市里的亲教皇派又分成"黑""白"两系，而且两方都从甘塞利黎（Cancellieri）的家族中首先出现，很少人能了解黑白争执的原委，只知牵涉极为广泛，甚至同一家庭之内兄弟也为之生隙。

从西元1343年到1382年约40年的时间，佛罗伦萨进入一段称为"民主化"的时期。原因是佛罗伦萨的银行借贷给英国国王，被爱德华三世赖债，引起经济危机，同时黑死病使城中人口减少一半以上，使得民意有了一些伸张的机会。但出头者仍是小资产阶级。城中的9个市政代表，高级公会只占2个，中级公会倒占了3个，下级公会也占了3个，其他一个则在三个等级里轮流充派。1378年佛罗伦萨城发生前所未有的市民运动，工人示威，政府为之垮台，以前不许组织公会之无产者，至此又组织了3个公会，将佛罗伦萨长期历史上的21个公会扩充为24个。他们并且对市政府的财政税收政策提出了很多过激的要求。这城市里的高层人士,也虚与周旋。直到下层民众的组织者以为目的已达而开始松懈时,资产阶级才开始全面反攻,以后反革命的潮流继续扩张,1378年的群众领袖被囚禁放逐,有些也被判死刑。三年之后,连原本已有的民主化也被反革命的势力淹没无余,佛罗伦萨恢复以前资本家专政的形态。

叙述如是之事迹时,历史家曾说佛罗伦萨是一个"政治上的试验管"。她曾经体验过"贵族主政、暴权政治、中产阶级与无产阶级的冲突、有限制与无限制的民主、假民主、一家专政、沙弗那罗拉(Savonarola)的政教合一、混合政府,终至于麦迪奇(Medici)的独裁"[45]。

沙弗那罗拉是15世纪末期的一个神秘主义者,他一面攻击教皇及佛罗伦萨上级人士的糜烂生活,一方面以预言和自创的奇迹吸引下层民众,一时整个城市被他领导,成为实际上的政治主导者。不过他对信徒的要求过于严格,由于群众对他的激情支援不能持久,最后于1498年为他的政敌所乘,被控倡导邪说,受绞刑后尸体焚毁。

麦迪奇一家也是由银行业致富,他们在16世纪提倡自由主义,不明显地控制政府内任何固定的位置,只是用他们的财力和权势操纵佛罗伦萨的政治。在他们领导之下,佛罗伦萨的领域大为扩张,1569年后称突斯坎大公国(Grand Duchy of Tuscany),麦迪奇其家人相继为大公爵。

沙弗那罗拉于 1498 年被控倡导邪说，被处绞刑后，连同两位同伴的尸体在圣马可广场前被焚毁。

米兰有很多地方与佛罗伦萨相似，也是纺织中心，所出锦缎及天鹅绒，驰名内外，也是国际贸易来往的孔道，与附近农业地域毗连，也是冶铁和制造兵器的重镇，因此受大陆政治的影响也愈浓厚。前述城中筑塔，公会与贵族相通的情形也发生于米兰。12 世纪的城市自治运动传遍于意大利北部，不仅城市如此，即乡镇与村庄也纷纷出面组织类似地方自治的机构。米兰则因为利害冲突，出兵吞并邻近的地方，引起神圣罗马帝国的腓特烈一世干涉。1162 年腓特烈围城 9 个月，攻陷米兰，将全城纵火焚毁。这城市重建之后又经过 12 世纪之后半期,及 13 世纪之前半期继续抵抗腓特烈二世,才真正取得独立的地位,同时成为北意大利许多市镇之盟主。

威斯康堤于 1395 年受封为米兰公爵。(米兰 St. Ambroise 教堂图书馆藏)

米兰的小商人及工匠以地下组织的方式构成一种宗教式的会社,在 13 世纪开始露面,渐有能力推举城内的重要官吏,后来被少数贵族支持,成为亲教皇派。和他们相抗的,大概以低级贵族和大商人为主体,受城中大主教的支持,成为保皇党。其中情节之复杂,虽专家不敢作确切的论断。只是政争结果,保皇党获胜。曾任大主教之威斯康堤(Visconti)一家即以此为本钱,起先取得米兰主政的地位,其次将之固定于家族内世袭,在 14 世纪末期更得到神圣罗马帝国的承诺,称米兰公爵(Duke of Milan)。15 世纪威斯康堤一家断嗣,他家一位私生女的丈夫史伏查（Sforza）又接着为米兰公爵。1535年此城及所辖地区为西班牙吞并。西班牙治理米兰几近200年，终在国际战争中转割与奥地利。

热那亚与威尼斯有很多相像的地方，她也是一座海上的港口，人口也保持在10万左右，也以造船业和对外贸易著称。并且因为经营近东商业，和威尼斯长时间作对。她于1298年海战打败威尼斯，1380年又几乎大获全胜，舰队已经逼近威尼斯的海沼，直到最后威尼斯东巡的舰队回航，才将她打败，热那亚自此一蹶不振。

威尼斯由一个海沼与大陆悬隔，热那亚背海的部分则三面环山。后者的权贵多在大陆控置地产，因之热那亚的政治不能脱离意大利大陆上保皇党及亲教皇派的纠纷。拥有地产的贵族在城中竞争失败被放逐，纵避居林下，仍近在咫尺，也可以随时卷土重来。因此热那亚的政治经常不稳定。商业的政治力量需要农业势力扶植，政争时两方都向外界乞援，成为长期以来的习惯。1396年乞援于法国，兹后法国在此地派有总督，热那亚实际上失去了她独立的地位，再也不能在意大利或海上成为第一流的城市国家[46]。

意大利历史向来以繁琐令人视为畏途，其中无数的末枝细节，无从一一缕列，也无法整理。可是从研究资本主义起源的立场，对其中的夹杂啰嗦却不难给予一个笼统的概说。当资本主义的一些因素在意大利初现时，和封建制度没有一个可以一刀两断的界限（但是我仍主张不用资本主义萌芽等字样，以免发生误解）。封建制度的三个基本条件，即威权粉碎、公众事务变成私人产业和武士传统（详第一章），在前述佛罗伦萨和米兰的情形下,都可以被新兴的城市国家和同业公会相沿引用。不过封建制度发展的地盘在乡村,以农业为基础,新兴的工商业出现于大城市之间,以金钱为媒介而已。原来封建制度的地方分权精神,对经济的发展有很大的裨益。资本主义旨在存积资本,不能与利润分离,而利润的由来,则是各地区间经济条件的不平衡。地方分权,才能使各地区充分发挥他们个别的优势条件。所以意大利的自由城市对进入资本主义的体制,在这一方面讲,具备有利的背景。

热那亚三面环山,一面向海,因为权贵们多在大陆控制地产,所以热那亚的政治无法脱离内陆保皇党和亲教皇派的纠纷。(意大利海洋博物馆藏)

可是城市国家像佛罗伦萨、米兰和热那亚不能摒弃封建制度中内在的因素,因她不能维持一个社会中各种事物都可以公平的互相交换（interchangeable）之原则。资本主义的商业体制，其功能通过金钱，使各种事物都能在数目字上管理（mathematically manageable）。另一方面，封建制度里的从属关系不便押赎转卖，土地不能自由易手，其中的义务与特权尤不能按时价调整。布罗代尔曾说："任何一个依古代结构组成的社会一开金钱使用之门，就会失去已经获得的平衡。没有合适掌握着力量就会被放纵，新的交换方式对少数人有利，对其他人则否，使各种事物处于淆乱状态。"[47] 这些城市里起先出现君主专制（despotism），其次央请外强干涉，都是由于这种情形发生，内外的专制皇权以强硬手段使不能合理管理的事物勉强就范。

所以在这些城市国家内出现的新兴工业，虽有由"外放分工办法"转进到工厂制的趋势[48]，其资本主义的体制不能算已成熟。马克思说及这些地区的"资本家生产方式"，只"或断或续的出现"（详注[42]），不为无因。

给劳工低于生活费的工资，迫害劳工，值得有正义感的人士口诛笔伐，但是这种种不仁不义之事，只要它们没有使整个组织垮台，或其运动停滞，就不能算是初期资本主义发展中的致命伤。资本主义之成为一种理性的系统（rational system），端在其能继续发展。在这需要的条件之下，不能没有国家法治的维持。意大利大陆上各城市国家的经验，则是无从产生一种政治体系，来继续培养资本主义之成长。米兰在西班牙统治时代，政府组织抄袭西班牙的贵族型式，工业衰退，人口外移。在奥国统治期间的最后一段时期，经济已有复兴的趋向。政府收入增加，于是将以前典卖承包与人的税收及产业赎回，资本家及商人得到大批现金回笼,但是这批资金多用于购买公债及土地,投资于国际贸易。城中虽有纺织及冶金的基础,却没有得到投资和扩张的机会。针对这种情形,布罗代尔特别指出,存积资本不仅是个数量上的问题,而且需要继续成长的机会和环境[49]。

有了以上各种背景,使我们觉得研究初期资本主义的形成时,专门注重工业资本是不够的。即算考察得彻底,仍只成为资本主义的病理家。在这种情形下,我们可以回头再检阅威尼斯的情形。她既没有农业基础又缺乏雄厚的工业,反能保持在商业资本上不断的成长,而且在海外开拓殖民地,在内部造成有限制性的代议政治(parliamentarianism of limited franchise)(不过,用"议会"〔parlamento〕这个字称呼立法机构,始自米兰),都替以后较成熟的资本主义国家创设了新例。

检讨威尼斯的资本主义体制,我们还是从资金流通、经理雇聘和服务性质的事业一体使用的三个原则(详第一章)比较容易着手。

在构成资本主义的体制时,威尼斯常不是各种方法与工具的首创者,但是她能使各种方法与技术适用于本身的环境。即如在银行业开始活动的时间和活动地区的范围上讲,威尼斯远不如佛罗伦萨,即较小的市镇如路卡和塞纳也较威城占先。可是威尼斯的资金用于本地的商业,不在外国做投资生意,尤其不借款与外国王室,在财政上支持他们的对外战争。这种稳健政策也与威城外交政策相始终。迄至15世纪初年,威尼斯仍避免在大陆拓土,她只以各种方式保障商业道路的安全,向有关各国获得贸易的特权和最惠待遇,与她在海上发展的侵略性和积极性截然不同。

欧洲中世纪以来，国王私人对国家财政负责，一到紧要关头，需要押当珍宝首饰，向臣民借债又常有借无还，最妨碍信用之展开，威城无此种毛病。1171年因为准备与拜占庭帝国交战，威尼斯曾向人民强迫借款，但是所欠15万银马克，代之以公债、证券得以买卖[50]。1262年又将所有公债归并整理，对证券付年利5%，这利息虽低，但是百余年未曾间断[51]。

威尼斯没有产生过巴底（Bardi）、帕露齐（Peruzzi）和麦迪奇式的银行家兼财阀。她的新式银行如黎多银行（Banco di Rialto）和信用通汇银行（Banco Giro of Venice）出现时，已分别是1587年和1619年，比之银行界先进，已经算迟。其他小银行之产生，有如中国之钱庄，起先在黎多桥畔摆摊子，主要的业务不是放债，而是转账。银行家持有大型的账簿，主顾口头传示，将存款转拨给交易的账户，免于现款出进。照理主顾不能透支，银行不得记浮账，发空头借款，可是事实上如此圆通周转的情事经常有之[52]。威尼斯的好处是地方小，重要批发商和银行家也屈指可数，所以很多事能以非正式的办法对付。如果有人做得过分，只要法庭禁止他到黎多岛，就等于叫他歇业。

并且威尼斯的信用贷款不集中，更可以使私人借贷普遍展开。天主教不许高利贷的禁令，也可以用汇票规避，如果银行或钱铺将应该接受汇款的日期提前或推后，也可以同时将应付的数目减低或增高，次之则汇票可以买卖转让，因之也可以利用为一种短期贷款的工具，通常为120天[53]。一般威尼斯的借款，年利20%，有风险的借款利息更高,但是由货方承受风险。

合伙经商之称 colleganza 者开始最早,以后虽不重要,也没有完全断绝。其原则是各投资者将货物信托与一个随船旅行的经纪,此人也可能是船员,凡获利他都抽取 1/4。一次的商运经常代表 100 以上的投资人,他们的股份可大可小。随船的经纪也可能在 10 个以上。富裕的商人,也可以同时投资于很多个如此的合同,于是足不出户,坐收多方辗转牟利之效。1255 年威尼斯颁行的航海法规定,凡是商船总要有一个货主或其代表为全船首长。熟悉航海技术的船长反成为首长的大副。船上又有一个书记,带有公务人员的身份,对政府的商务委员会(Consoli dei Mercanti)负责。他对船上货物有极详尽的记载,必要时能拿出作证,凡是船上有违例的情事,即使涉及船长也要提出报告[54]。

随着时代的进展,这些组织也有不同的改革。以前合伙经商多是家人兄弟,通常一个驻屯海外,掌管近东埃及希腊和黑海间的买卖,一个留守在威尼斯。1300 年后,商人已经无须随船来往,无亲属关系的人合伙经商的情形渐多,海外经纪也多用雇聘,或者以抽佣金报酬,或付固定的薪水。合伙经商组织似有限公司者,所订合同有时间限制,通常有效期为 3 年至 5 年。亦有组织一个集团包船或承包整个护航队的船舱,接受其他商客的运费者。威尼斯政府在一般情形下不支持独占,总希望商业的利益让全体公民均沾,但在特殊情形之下,尤其是对方的外国已有政府专利,例如在埃及购买香料,或在亚魁采办棉花,威尼斯商人遵令必须组织经营的财团(cartels)[55],集体和对方讲价钱。

复式簿记起先以为为威尼斯首创,现在看来热那亚出现更早。但是威尼斯商人作了很多改进,如用阿拉伯数字记账,将借方列在左端,贷方列在右端互相平行的格式。14世纪威尼斯已经开始有海上保险,并及于船货。大概十字军东征之后,朝圣的船只经常带信,威尼斯与各地商业消息之来往已无问题。14世纪以来威尼斯商人又经常得到大批关于海外贸易的消息与价格。大概在15世纪之初,威城与西欧国家密切接触之后,参议院每月派一个邮差由陆路传送公文,商人也可以付费托带信件[56]。

威尼斯参议院有监督造船厂工作之职权,即使船只在厂外建造的,也规定它们的尺寸,因为有时候政府需要出价收买。在多数情形下,参议院组织商船护航队。各船出航入港有一定的季节。护航队的海军提督由统领会同四十人委员会委派。因为其中有些商船尚为政府所有(货舱则已租赁与一般商人),所有船上的划桨手又战时即参加战斗,所以商船队与海军船并没有实质上的区别。1300年前后威尼斯的造船技术有了显著的进步,有杆之船尾舵代替了舷舵,蜈蚣船上的划桨手,三人成为一个小单位,行动较前更为便利。威尼斯的护航队,一般官有民用,开始进出于英伦海峡,往来于伦敦、南开普顿和布鲁兹(Bruges)等处。这些船只带来生丝、棉花、樟脑、硼砂、麝香、食糖等物,而从西欧运回地中海则为羊毛、皮革、锡、白蜡、钵碟、纺织品、黄铜器等等[57]。史料显示,从北欧到南欧,水运费用和陆运费用的比较,是 $1:20$ [58],可以想见这种航行利润之富,不过后来受英法百年战争的扰乱而长期停顿。

《账簿前的威尼斯商人》。复式簿记在威尼斯商人手里作了很多改进。版画，Quentin Masys 作。

威尼斯对其公民的管制可算严格，可是其种种规定无一不是替她的商业繁荣和前途着想。和其他政治组织比较，她制度里官僚主义的作风不能算浓厚。这也就是说，她不以创造程序、注重形式、满足官僚自尊心为目的。参议院以下各种执行机构，大部分以委员会主持，也有很多政府方面的律师从中协助解答各种问题。

威尼斯的民法和航海法是狄波罗（Giacomo Tiepolo）为统领时，在13世纪前期编纂的，后来根据商业习惯和社会环境的改变，又经过多次修正[59]。从时间上看，这创始仍在很多意大利大小城市之后[60]。

西方近代的商法和航海法虽说可以溯源于罗马法，其中大多数条文是由于在意大利大小城市中经过实际的运用，于11、12和13世纪之后成为各地的习惯法，又透过法国，才被北欧各国接受[61]。我们现在看来，这些法律对树立现代商业的信用制度有极大贡献。汇票、提货单和信用状能够协商、转让、流通，在法律面前生效，已经用不着说了。像"海损"（averaging loss），"海难救助之求酬权"（salvage claims），"以船作抵押的借款"（bottomry，借方承担船的海上损失）和"船货一起抵押的借款"（respondentia）等等条例，迟至17世纪在英国仍认为是"神秘"，可是在意大利已经通行好几百年了。这后面几项措施在12世纪以来即成为"间接保险"的工具。如此商人、船主、银行家和保险家都能预先计算损失，对于借钱与贷款，既能衡量自己的能力，也能估计对方冒险的程度，于是经商成为一种有结构、能协定的活动。在这种情形之下信用才能展开，于是剩余的资金此来彼往，互相活用。皮永恩说欧洲信用制度起先完全是西南欧罗曼司语言国家的功劳，看样子也是在意大利构造成功之后，才传到法国的香槟省[62]。

不仅是中国的作家，连很多西方学者，直到最近才能彻底体会到，商业大规模展开，所依赖的不是货币，而是信用。很多大宗商业之进出，不一定要货币亲自登场。而最初信用之能遂行，有赖于以农起家的资本家和商人间的鸿沟逐渐消失，社会之间产生一种"架构上通贯的力量"（structural coherence）[63]。这也就是我们所说的社会中之内在物资都能公平合理的交换，于是可以开始在数目字上管理。韦伯所说资本主义的经济体系，必须是一种"能供计算的法治系统"（calculable legal system）[64]。虽说这系统也可以通过立法的程序在纸面上产生，它到底要与社会体系符合，不能完全闭门造车。我们看到中世纪结束时英国尚且瞠乎其后的情形，也可以推想几百年后，像中国这样一个大陆型国家，要树立一个类似的体系之艰难了。

我们纵不能和其他城市比较，去衡量威尼斯对信用制度所作技术上贡献之程度，其成为此间中流砥柱，应毋庸置疑。因为意大利的城市国家中没有一个如威尼斯牵动如此多的商人，经营如此之久，而其组织设备如此之完善。威城被称为"科学统计之出生地"。政府对稍重要商人的资本都加以调查，见于官方记录[65]。接受商业诉讼之法庭为curia di Petizion。即是外来的商人与本地人订有合同，发生争执，也可以提交此商业法庭判断。律师由官方指派，但是当事人自雇律师的也各听其便，所有账簿和通讯都可以传送到法庭核阅[66]。威尼斯旅外的商人则享有治外法权[67]。

一个衡量威尼斯富裕的尺度，则是15世纪初年她的财政收入，已超过每年150万金达卡（ducats，每达卡含纯金3.55格兰姆，近于

1/8 盎司）之数。以现代的价值计，约近于美金 8500 万元。当时中国的人口，为威尼斯的 500 倍到 1000 倍之间。明朝人所谓"天下税粮二千七百余石"，虽然无法折成今日的价格，也和 150 万金达卡处于一个相类似的范畴之内。

关于威尼斯之衰亡，历史家至今还有各种不同的争执。传统的解释是 1453 年土耳其攻陷君士坦丁堡，使基督徒在地中海东部失去了凭借。1488 年葡萄牙人又通航经过好望角，兹后截断红海间制肉香料的交通，使远东的产品环绕非洲进入西欧。也有些历史家认为这种过于简化事实的说法都有毛病。地中海的贸易并没有因这两件事情而枯竭。葡萄牙人也没有完全截断红海间的来往。16 世纪末期，威尼斯的商业有一段回光返照的局面，与埃及之间的贸易只有增加，没有减退。中欧的矿产也增加生产，通过威尼斯去换取东南的物资。威城的银行也替北欧及意大利各城市转账。威尼斯的商人更出现于很多前未履足的地方，如瑞典及波兰。

还有些人埋怨威尼斯不应当于 1400 年之后在大陆拓地，陆上的发展就是海上的撤退，顾西则不能顾东。还有作家认为亚德里亚海岸的森林砍伐过度，影响以后威尼斯的造船业。也有人认为威尼斯不应当让雇佣军作战。16 世纪之后威尼斯的工业虽有片面的发展，其主权则在外国人手里，威尼斯则因公债和军费累积过多，文艺复兴期间，大量资金用于建筑，没有在产业上投资。也还有人责备威尼斯不能远瞻整个欧洲和整个世界改变的局面，没有用她的力量作未来统一意大利的打算。

这些情形都有所称叙的理由，也代表凡作历史，必有个别的见解。但是我们今日在20世纪的末期，以长时间、远距离的姿态，重新检阅威城发展之经过，以考察资本主义的形成重心，则认为关于威尼斯的衰退很可以用地缘政治（geopolitics）的观念解释。威尼斯之效率高是由于内部和谐，其能如此，也是由于地方小，结构简单，所以她用商业组织的方式将10多万人的财产所有权（ownership）和雇佣（employment）结成一个罗网，将公私各部门一并笼罩，于是私人资本能继续增积，政府也成为资本家的代言人和经理，在这种情形下，威尼斯完成资本主义制度。

可是她的特殊优势，用不着等到1500年，即在1400年前后，已发挥尽致。以后纵能扩展疆域，即使富庶的程度仍能在数目字上增进，又在文艺复兴的时代里有过实质上的贡献，威尼斯的想象力、冒险精神和组织能力——这些因素，为有些学者称为资本主义精神——都已经历过最高峰时代的改变，是其衰落的主因。昔日人口少，商法即民法，海军与商业舰队不分，转口的利润超过制造，在新世界里或不适用，或陷于不利。很多新兴国家赶上时代，今昔之不同越加显然。在十字军东征时代，威尼斯成为东西之间的枢纽。可是在远洋探险的时代，她即被东西的新兴海上势力所阻塞。纵使16世纪和17世纪间常仍有片面的繁荣，也还是由于其他海上国家有了特别的发展，暂时将红海与直布罗陀间的一段事业搁置，并非长久的趋势。很显然的，1571年西欧天主教的联合舰队在勒潘托（Lepanto，希腊西部）打败土耳其舰队，威尼斯虽然参加，已不能采取领导的地位，她的船只也分割配置于各分队。这和几个世纪之前称霸地中海的情形，真不可同日而语。

为什么威尼斯不积极开拓远洋，在科技上突破环境？16世纪的造船业又有了继续的改进，勒潘托海战已有火器出现（虽然战事仍由白刃决定），威尼斯尚是发明戴眼镜的地方和出版业的中心。如果这些条件与她的财富结合起来，发为一种积极的运动，威尼斯似乎应当能突破环境，继续为西方文化的杰出城市，在文治和武功上站在历史的前端。为什么这样的事情没有发生？

如此的问题永远不会有一个为众所公认的完美解答。只是提出类似的问题时，我们即逼近于地缘政治内对付同一问题，各地区必会呈现不同之效率或无效率（comparative efficiency or deficiency）的一个原则。这样的事情没有发生，并不是威尼斯必不能如此，而是其他国家以远洋为近邻，又有更多人力和资源，必定要较一个人口只10多万，蹙居于堂奥里的城市容易做得成功。威尼斯失去行动自由之后，她的保守性格愈为明显。我们的目的，在研究资本主义之展开，在此可以看出威尼斯之衰亡并非前述三个技术上的条件逆转，而是这座自由城市不能加速维持其所创造的一种运动。除此之外，我们与其绞尽脑汁去猜测何以没有发生的事情竟没有发生，不如节省精力，去观测已经发生的事情在何种情况之下发生。所以我们叙述威尼斯的情形，就此结束。下面两章介绍资本主义在荷兰和英国展开的经过，当中也不乏这些国家打破现状创造新局面的经验。

注 释

〔1〕德拉克洛瓦之《华立罗之死刑》Execution of Marino Faliero 作于 1826 年，见 Lee Johnson, *Delacroix: Masters and Movements* (New York, 1963), pp. 1, 13, 29。

〔2〕此五幕剧见《拜伦诗集》*Poetic Works of Lord Byron*, ed. by Earnest Fartley Coleridge (London & New York, 1905), vol. IV. 内中有编者及剧作者在背景上的叙述。

〔3〕以上关于华立罗事件之概要，见于写威尼斯之各种历史之中，我曾见到 10 余种，自极严肃的著作到通俗读物，无实质上的区别。

〔4〕我在作此章时经常参考的两部有普及性的读物；一为莱恩《威尼斯，一个滨海共和国》Frederick C. Lane, *Venice, A Maritime Republic* (Baltimore, 1973)，一为诺维奇《威尼斯历史》John Julius Norwich, *A History of Venice* (New York, 1982)。两书都指出以上色情的故事在事变多年之后才开始流传。Lane, p. 183; Norwich, p. 225。

〔5〕《剑桥欧洲经济史》*The Cambridge Economic History of Europe*, new ed., vol. II, ed. M. M. Postan and Edward Miller (Cambridge, 1979), p. 390。

〔6〕莱恩《威尼斯，一个滨海共和国》；《剑桥中世纪史》。Lane, *Maritime Republic*, p. 183. *Cambridge Medieval History*, Vol. VII. ed. by J. R. Tanner et al. (Cambridge, 1958), p. 61 有类似的记载。作者说华立罗之判死刑等于威尼斯打了一个败仗。

〔7〕拜伦在五幕剧前的介绍，见注〔2〕。

〔8〕费和奈特雷《威尼斯之死》。Stephen Fay and Philip Knightley, *The Death of*

Venice（New York），p. 11.

［9］同上，p. 162。

［10］伊里阿特《威尼斯》。Charles Yriarte, *Venice*, 2 vols. trans. by E. F. Sitwell（New York & London, 1898），Vol. I, p. 14。

［11］《威尼斯，一个滨海共和国》*Maritime Republic*，p. 151. 关于贵族，见同书 pp. 20, 89, 101, 114。

［12］布罗代尔《商业之轮》Braudel, *The Wheels of Commerce*. p. 578。

［13］罗斯透《这一切如何开始：现代经济起源》。Walter W. Rostow, *How It All Began: Origins of the Modern Economy*（New York, 1975）。

［14］关于西元1000年前，海上发展有限，我根据莱恩《威尼斯，一个滨海共和国》。Lane, *Maritime Republic*, p. 6. 可是专家意见不尽相同，可参见《剑桥欧洲经济史》。*Cambridge Economic History of Europe*, vol. II, ed. by M. M. Postan & E. R. Rich（Cambridge, 1952），pp. 277—278. 后者说明在此日期之前威尼斯船只已活跃于地中海。

［15］威尼斯享有特定市场权利 staple rights，见《威尼斯，一个滨海共和国》*Maritime Republic*, pp. 58—63，和陶蒲《资本主义发展之研究》Dobb, *The development of Capitalism*, pp. 96, 206。

［16］汤普逊《中世纪晚期欧洲经济社会史》。James Westfall Thompson, *Economic and Social History of Europe in the later Middle Ages*（New York, 1966），p. 244。

［17］史密斯《意大利：一部现代史》。Denis Mack Smith, *Italy: A Modern History*（Ann Arbor, Michigan, 1969），p. 6. 作者没有想到罗马侵占旁人的国家。

［18］莱恩《威尼斯，一个滨海共和国》。Lane, *Maritime Republic*, pp. 7, 35, 132—133。

〔19〕此词句见于 Norwich, p.122. 诺维奇 Norwich 和莱恩 Lane 叙述第四次十字军东征时文字上有出入，但无基本的冲突，两人都用过原始资料，但是前者有时节译一小部分，较为详尽。

〔20〕这密约无法证明，但历史家相信它存在。见诺维奇 Norwich, p.128n。

〔21〕莱恩《威尼斯，一个滨海共和国》。Lane, *Maritime Republic*, p.38。

〔22〕同上，p.41; Norwich, p.139。

〔23〕这种譬如曾一再的提出，见切尼《新纪元的曙光》。Edward P. Cheyney, *The Dawn of a Modern Era*（New York, 1936），p.11；汤普逊《中世纪晚期欧洲经济社会史》。James Westfall Thompson, *Economic and Social History*, p.243. 但是莱恩 Frederick Lane 认为这种结论忽视各个商人仍有他们经营的自由，见巴巴里各《威尼斯商人》。*Andrea Barbarigo, Merchant of Venice*（New York, 1967 reprint），p.48。

〔24〕此119个统领的名单见诺维奇 Norwich, pp.641—642。

〔25〕缕述此数事迹者，为一部想不到的著作。见《拜伦诗集》，柯勒律治。*Poeric Works of Lord Byron, Poetry*, vol. IV, p.459n. 似为 Coleridge 添入，见以上注〔2〕。

〔26〕这程序依据称为一个托钵僧侣所发明，见诺维奇 Norwich, p.166n。

〔27〕诺维奇 Norwich, pp.151, 182n。

〔28〕《威尼斯，一个滨海共和国》*Maritime Republic*, pp.334, 429—430. 布尔克哈特《意大利文艺复兴之文明》。Jacob Burckhardt, *The Civilization of Renaissance in Italy*, trans. by S. G. C. Iddlemare（New York, 1958），vol. I, p.86. 但是年轻有为的贵族，也受政府鼓励到商船上当弓箭手，获得海外的经验，重振家业。见莱恩，巴巴里各 Lane, *Andrta Barbarigo*。

〔29〕《新剑桥现代史》。*The New Cambridge Modern History*, vol. I, The Renaissance

(1493—1520), ed. by G. R. Potter (Cambridge, 1957), p.345.《剑桥中世纪史》。*Cambridge Medieval History*, vol.VIII (Cambridge, 1959), p.231。

〔30〕马丁斯《权力与想象：意大利文艺复兴时期的城邦》。Lauro Martines, *Power and Imagination: City-States in Renaissance Italy* (N.Y., 1979), p.164; *Wheels of Commerce*, p.284。

〔31〕博斯马《威尼斯与公共自由的保护》,《威尼斯，一个滨海共和国》。J. Bouwsma, *Venice and the Defense of Public liberty* (Berkeley, Calif., 1968), pp.75—76; *Maritime Republic*, pp.98, 394.

〔32〕这两派的争执，内容复杂，又羼和了各城市内部特殊的情形，此处的概述，纯就威尼斯不介入的立场而言。

〔33〕《威尼斯，一个滨海共和国》。*Maritime Republic*, pp.107, 144。

〔34〕同上，pp.52, 146。

〔35〕汤普逊 Thompson, p.245.虽然此书作者本人并不同意这种说法。

〔36〕诺维奇 Norwich, p.273。

〔37〕《剑桥欧洲经济史》。*The Cambridge Economic History of Europe*, vol.II, pp.351, 393; Thompson, p.241.15 世纪之后这种情形有相当的变动。

〔38〕《威尼斯，一个滨海共和国》。*Maritime Republic*, p.161。

〔39〕同上，pp.104—105。

〔40〕马丁斯《权力与想象》。Martines, *Power and Imagination*, p.131.威尼斯平时防制专利，在某种情形下又容许专利的情形，见《威尼斯，一个滨海共和国》。*Maritime Republic*, pp.144—145。

〔41〕莱恩《威尼斯，一个滨海共和国》，马丁斯《权力与想象》。Lane, *Maritime Republic*, p, 104; Martines, *Power and Imagination*, pp.40, 60.两书都指出 13

世纪后期,意大利各城市中,市民运动(il popolo)兴起,威尼斯独能避免此种骚扰,但是不能完全无戒于中。

〔42〕马克思说:"虽然我们从14世纪和15世纪的地中海区域的某些市镇之中首先看到资本生产方式或断或续出现,资本家时代始自16世纪。"见《资本论》卷1。(以上本文作者据英文翻译。马克思从未使用"资本主义"这一名词,详第1章。)

宋巴特说:"资本主义的精神首先呈现于意大利,至13世纪以降普及于朗巴底(Lombardy)境内之各商业市镇。在14世纪中已经在这些地方发展完成。"《资本主义之精萃》*The Quintessence of Capitalism: A Study of the History and Psychology of the Modern Businessman*, trans. and ed. by M. Epstein(NY, 1967 reprint), p.132。

皮永恩说:"13世纪前期,佛罗伦萨的布匹已输往东方各处,这城市中的商人也向英国输入羊毛。"紧接着这一段,他就说这是"新生的资本主义"(nascent capitalism)。以上见皮尔雷尼《欧洲史》。Henri Pierenne, *A History of Europe*, trans. by Bernard Niall(NY 1958 paperback), vol, II, p.21。

柯克斯书中的叙述,以威尼斯和佛罗伦萨开卷。见奥利弗·C. 考克斯《资本主义的建立》。Oliver C. Cox, *The Foundation of Capitalism* (London, 1959)。

关于资本主义首先产生的日期,布罗代尔认为在1400至1800年间。克拉克说:"初期资本主义首先在中世纪末期出现,一直延长到19世纪充分发展成熟的资本主义登场为止。"见克拉克《17世纪》G. N. Clark, *The Seventeenth Century*, p.10. 其日期如是,则不可能不包括意大利之城市国家。

〔43〕佛罗伦萨的一般历史,可参考谢斐尔《佛罗伦萨建城及文艺复兴时期的历史》。Ferdinand Schevill, *History of Florence from the Founding of the City Through Renaissance* (NY. 1961)。

关于此期间之经济史参见《剑桥欧洲经济史》。*The Cambridge Economic*

History of Europe, 2nd ed. (Cambridge, 1987), 内中二章 "The Trade of Medieval Europe, the South" 及 "The Woolen Industry"。

[44]《剑桥欧洲经济史》。The Cambridge Economic History of Europe, 2nd ed. vol. II, p.657。

[45] 切尼《新纪元的曙光》。Cheyney, Modern Era, p.42；布尔克哈特 Buckhardt, pp.99, 102；考克斯, Cox, pp.143—144；奥尔史基 Leonardo Olschki, The Cenius of Italy (Oxford, 1949), p.169。

[46] 汤普逊 Thompson, p.241. 但是也有与此相反的意见。见《商业之轮》The Wheels of Commerce, pp.393—394。

[47] 布罗代尔《15 至 18 世纪的物质文明、经济和资本主义》。Braudel, Capitalism and Material Life, p.326。

[48] 例如在佛罗伦萨，洗刷梳打羊毛，都在工厂里执行，纺毛线和织毛布的工作虽在家中做出，有些工人已不能保有自己的工具。见《剑桥欧洲经济史》Cambridge Economic History of Europe, 2nd ed. Vol. II, pp.654—655。

[49]《商业之轮》The Wheels of Commerce, pp.399—400。

[50] 关于此事背景见诺维奇 Norwich, p.105. 关于公债见考克斯 Cox, p.81；考南特《现代银行史》Charles A. Conant, A History of Modern Banks, 4th ed. (N. Y. and London, 1909), p.10。

[51]《威尼斯，一个滨海共和国》。Maritime Republic, p.150. 但是以后也有因战事失利，停付利息，影响证券暴跌情事，见同书 pp.196, 324—325. 另见《商业之轮》The Wheels of Commerce, pp.100, 103。

[52]《威尼斯，一个滨海共和国》、《商业之轮》Maritime Republic, p.147；The Wheels of Commerce, p.392. 关于威尼斯后期银行业替各地划账情事见 Maritime Republic, p.330。

〔53〕《威尼斯，一个滨海共和国》Maritime Republic，pp.146—147。

〔54〕同上，pp.52—53，138—140。

〔55〕同上，p.140。

〔56〕同上，p.140；巴巴里各Andrea Barbarigo，p.98；切尼《新纪元的曙光》Cheyney, The Dawn of a New Era，p.16。

〔57〕汤普逊 Thompson, pp.244—245。

〔58〕麦克奈尔《威尼斯，欧洲的转机，1081—1797》。William H. McNeill, Venice, the Hinge of Europe, 1081—1797 (Chicago, 1974), p.253n。

〔59〕《威尼斯，一个滨海共和国》Maritime Republic，pp.50, 53, 94, 166。

〔60〕类似的成文法已于1056年见于热那亚，1161年见于比萨，和1216年见于米兰。以上列举于伯曼《法律与革命：西方法制传统的形成》。Harold Joseph Berman, Law and Revolution: The Formation of the Western Legal Tradition (Cambridge, Mass., 1983), p.355. 也在相同的时期出现于次要的市镇，如Trani, Amalfi，及Acona 见《新纪元的曙光》The Dawn of a New Era，p.32。

〔61〕同上，pp.31—33. 参见詹克斯《中世纪的法律与政治》。Edward Jenks, Law and Politics in the Middle Ages (New York, 1913), p.30。

〔62〕詹克斯《论英国法律》。Edward Jenks, The Book of English Law (Athens, Ohio, 1967 reprint), p.22；伯曼《欧洲史》。Berman, p.355; A History of Europe, vol.I, p.192。

〔63〕洛佩兹《中世纪的商业革命》。Robert S. Lopez, The Commercial Revolution of Middle Ages, 950—1350 (Englewood Cliff, N.J., 1971), p.72; Berman, p.354。

〔64〕韦伯《新教伦理与资本主义精神》。Weber, Protestant Ethic, "Author's Introduction", p.25。

〔65〕布尔克哈特 Burckhardt, vol. I, pp. 90—93;《威尼斯,一个滨海共和国》。Maritime Republic , pp. 140, 151;《剑桥欧洲经济史》。Cambridge Economic History of Europe , 2nd ed. vol. II, p.392。

〔66〕巴巴里各 Andrea Barbarigo , pp. 18, 98。

〔67〕《剑桥欧洲经济史》Cambridge Economic History of Europe , vol. III (Cambridge, 1963), pp. 102, 117;《新纪元的曙光》The Dawn of a New Era , pp. 16, 29. 但是领事裁判权两方互用,英国领事也在意大利裁判案件。详里普逊《英国经济史》。E. P. Lipson, Economic History of England , 11th ed. (London, 1956), vol. I, p.590。

第三章 荷 兰

我住的地方，隔赫德逊河不到10英里。大家都知道这条河流因17世纪探险家亨利·赫德逊（Henry Hudson）而得名，可是很少人知道当日赫德逊受荷兰东印度公司之聘，来纽约探险，其目的不是在北美洲拓土，而是希望找到一条"西北路线"进入远东与中国通商。原来17世纪初年，欧洲人的地理知识简陋，也不知道加拿大和太平洋的宽度与纵深，满以为循着西北路线不断前进，不久即可以到达中国。而当日中国也是众所传闻世界上最富庶的国家之一。17世纪初年，荷兰正为了独立而发动独立战争。此时南方的海洋又为很多国家竞争的区域，若反其道而行，可能会有意外的收获。荷兰已经发现不少富国强兵的秘诀，如果此道一通，定可百尺竿头更进一步。

用不着说，这个梦想没有成为事实。荷兰虽在赫德逊河畔开拓了一些土地，著名的荷兰人如罗斯福一家也在此落地生根。但在第二次英荷战争之后，这一地区割予英国，新阿姆斯特丹改名纽约，亦即新约克，以向约克公爵示敬（约克公爵以后承袭皇位，为英王詹姆士二世，因为不孚人望，被驱逐失国，此是后话。在与荷兰作战时则为海上英雄，得到议会褒谢，是以今日世界最大的港口仍以约克名号，纪念其战功）。

荷兰在西半球的发展，没有得到实际的效果。但是荷兰人绕非洲海岸进航远东，却收获甚丰，也曾一度占据台湾。了解中国并不如传闻中富庶，以后西欧国家宰割中国，荷人参与不深。荷兰在南洋开拓的殖民地，则为爪哇、苏门答腊、婆罗洲等地，也是世界上资源盈溢的地方。17 世纪初年，荷兰人口不过 150 万，竟将这一个广大的地区占据了好几百年。这殖民大帝国在第二次世界大战之后被重整，固然是新时代民族自决潮流的影响，而促进这潮流展开的一主要因素，则是中国抵抗日本之成功。所以荷兰之向外拓土，直接间接的仍与中国有相当关联。

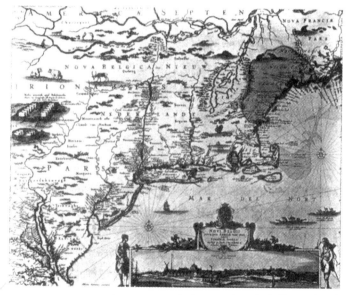

荷兰的北美殖民地地图。下方方框中的海港是新阿姆斯特丹（今日纽约）。1656 年绘。（阿姆斯特丹海洋博物馆藏）

以上一段文字,概括了好几个世纪的事迹,提及了不少国家,也把本书编者、作者和读者所在的地区,牵扯在一起。骤看起来,好像这故事缺乏结构,内中各事的发生,全凭机遇,其过程既无从逆睹,当事人也只好各听命运之安排。可是我们把这些事迹重新综合起来,再度考虑,则可以看出因为交通通信的进步,东西两半球、新旧两世界业已结合为一。开始时,各方不平衡的因素必有一段冲突与摩擦,同时以强凌弱的形态也不可避免。长期发展之后,局面则趋于平衡。而最先使这庞大运动发轫的则是所谓的资本主义。

第二次英荷战争图。这次海战,英国损伤较重,却赢得胜利,获取赫德逊河畔的土地。(伦敦海洋博物馆藏)

本书以上两章,已断断续续的提及资本主义的精神。荷兰人向外发展,即不能与这种精神分离。"唯利是图"的野心促使荷兰人敢作敢为。一方面也倚靠这精神，荷兰才胆敢以蕞尔小国，前后与西班牙、英国、法国和瑞典交战。荷兰人甩脱君权和神权的束缚，趋利务实，因之整个国家在资本主义领导下发展成为一种组织和一种运动。这时候其主政者随着社会与经济之潮流，必多少倾向于唯物主义、个人主义与自由主义，否则无从产生上述的一种赌博与冒险性格。这种不受约束的性格，也终必与种族主义与帝国主义结不解缘。以前荷兰人企图独占治肉香料的生产，不惜戕害东南亚土人，又在西半球大规模贩卖人口，亦仍就追随"唯利是图"的宗旨，不受人道主义约束之故。

在这种情形下，我们研究资本主义，就无法划出一定的界限，将资本主义说成一种孤立的和抽象的因素。也不能因为资本主义之成为一种组织与一种运动的过程中产生了某些好与坏的事迹，就凭着这些事迹来臧否资本主义。

站在20世纪的末期，我们承认资本主义是推进现代社会的一种工具，在这种发展之中，荷兰曾提供实质上的贡献。除非先站在技术的立场，将荷兰独立的沿革和背景作较详尽的叙述，我们无法确定哪些因素可以在长期历史之发展中算作资本主义之特质，而哪些因素只能算作个别和偶然的背景。

我们今日泛称的荷兰，正式的国名应为尼德兰王国（Koninkrijk der Nederlanden），她在16世纪独立时，则为尼德兰联邦（United Provinces），或称荷兰共和国（Dutch Republic），荷兰（Holland）不过是7个省（今则11省）当中之一。

这个国家与比利时、卢森堡在中世纪统称"低地国家"（Low

Countries)。其全部地区里虽有民族语言之不同,在荷兰独立之前却未曾在历史上以如上三个单位的政治体系出现。荷民过去也缺乏组织自主国家的经验,或因欧洲中世纪封建影响浓厚,各处地域成为公爵、伯爵世袭的产业及公主、郡主的嫁妆。其有效的政府,总在最下端。即在 1500 年前后,西欧之民族国家(national states)只有英国、法国和西班牙算是粗具胚胎。以上各国疆域完整,界限明显,境内人民语言一致,历史上又为强有力的王室控制,才能规模粗具的表现一些现代国家的形态[1]。但这种表现仍极有限度,因为过去政府功能简单,财政权与警察权多为下级威权所操纵(详第一章)。今后由于新时代的需要,王室准备向全国国民抽税,成立常备军,创设文官组织(bureaucracy),厘定司法制度,势必与新兴的和旧有的势力发生龃龉。又因主教(bishop)权责涉及宗教与信仰,更容易引起全国的骚动。西欧近代史里的好几个世纪,都在这种冲突中度过。英国的内战、法国大革命,即是这种改组的高潮及尾声。本章要指出的是:低地国家历史上缺乏一个有力的王室,不能参照以上各国的情形,进入中央集权体制。此地刻不容缓地需要一个有效率的政府,在这种双重条件之下,才有荷兰共和国之登场。

另外还有一个妨碍低地国家实行中央集权的因素,则是其中市镇林立。根据中世纪的习惯,每个市镇,获得封建诸侯的特许状(charter)而有豁免权(immunity),封建法律只行于乡间,城墙之内概不适用。自治的市民(burgher)有权自行立法,各诸侯不能直接向市民全面抽税,即使情势需要,封建诸侯向各市镇有所需求时,也要以磋商及自动捐助的名义承办[2]。大批的市民当初多是稽夫（serf 或 villein，一般译为"农奴"易生误解，本书统称为稽夫），或是稽夫之子孙。西欧一般的习惯法，只要在城市里居留一年零一天，即成为市民，有些地方只要 101 天。但是在低地国家里，有时只要 40 天即可以算数[3]。

中古法兰德斯地区的染织工人工作的情形。13 世纪以来，法兰德斯的市镇随着毛织工业的发展而繁荣起来。

地产的贬值，也是市民力量抬头、封建力量江河日下的一种象征及推动的力量。城镇之内虽然市民自治，其地产仍为封建领主所有，当初按裂土分茅（subinfeudation）的方式，由下层掌管不得买卖（如果可以自由买卖，则整个封建制度无法维持）。可是市民在地产上筑有房舍,他们向封建领主所付地租不能因时价而调整。所有房屋,根据习惯法为动产。所以在新时代货币流通物价大涨之际,地租已不复成为一个值得考虑的因素,房租则随着物价而高涨,市民拥有房屋者,逐渐漠视地主之存在,有喧宾夺主之势[4]。

低地国家经济的发展,也拜地利之赐。阿姆斯特丹已北通波罗的海(其中通过丹麦与瑞典间之海峡路线为荷兰人首先创用),这整个地区之内又有三条主要河流来自德、法之腹地,经此而入北海。内中斯克尔特河(Scheldt)与英国之泰晤士河隔英伦海峡正对,总管这河流入海之安特卫普(Antwerp)与布鲁日(Bruges)(今日同属比利时)同时成为中世纪以来欧洲之重要港口。低地国家内之法兰德斯(Flanders,今日大部分属比利时,各有一部分属于法国及荷兰),13世纪以来已成为毛织品生产中心,其中无数市镇随着这种手工业之发展而繁荣。本地羊毛供应不及,则向英国输入,织成的毛布输出远近各地,南至地中海。同时传统的鱼盐之利也没有被忽视。14世纪以来,随时腌制鲱鱼的方法有了改进,能使北海的水产维持较长的时间,推销到远地。渔船和渔网的设计也全面革新,引起采捕运销之集中。低地国家北部今日称为荷兰地区的整个经济结构为之改观[5]。

此时整个低地国家分成10个内外的政治单位,布拉班特(Brabant)、格德司(Guelders)为公国(dukedoms);荷兰与法兰德斯则为郡(counties);尤特列克特(Utrecht)为主教区(bishopric)。因为社会经济的变化,各诸侯亲王提升一些贵族,使他们主持内部的经理,由此打破了封建的平衡,使贵族间发生纠葛,而使低地国家内部的政治复杂化。各诸侯最大的困难是入不敷出,所以又只好向各市镇让步,以便扩展财源。即如尤特列克特的主教,一方面在尤城加紧管制,一方面又在四郊支持新兴的市镇。此时各城镇所获得的特权,可以阿姆斯特丹1400年的新特许状作代表。这特许状承认市政理事会的理事可以各以选举选出他们的继任[6],如此当然增加了新兴资产阶级的政治力量。

15世纪时法兰德斯的内河航运已经很发达,西欧的货物包括毛织品、水产……等,运输赖此甚多。

本书根据欧洲历史学家的作法,概称以上各政治单位为"省"(provincial states)。14世纪一个重要的发展则是省议会(state assemblies)的抬头。这些省议会的来源仍是专家们争辩的一个题目,似乎无人能作定论,只是在各省享国的诸侯王子,因财政的需要,不得不时或召集下属的首长,自己的幕僚,和各市镇内炙手可热的人士,检讨内政外交政策，已成为 13 世纪以来的一种趋势[7]。

低地国家的经济发展当然引起四周王国觊觎。英、法、德（德国这时没有统一，但神圣罗马帝国实质上代表德奥，成为一个较为松疏的组织，而且低地地区很多省名义上尚是帝国一部分）都曾有吞并这地区的野心。一则由于彼此间的嫉视，二则由于无人能满足低地国家内部的需要，此谋无法实现。其另外一种手段，则是这些王室支裔经常与低地国家境内 10 余个省之诸侯亲王联姻。但所缔婚姻立有合同，清楚规定承继的各种情事。各省的有力人士，即在此时强调他们无意参加诸侯亲王间的朝代战争，也没有捐输支持这种战争的义务。这种局外中立的立场见诸文字。

15 世纪初年，低地国家之十余省，除了东北角之外，全部为勃艮第（Burgundy）所得，其发展极为曲折，也有浪漫史及传奇性的情调，至今尚有历史家称之为命运的安排。勃艮第公爵原为法国王室的支裔，所辖之勃艮第在今日法国东北。其获得低地国家的办法，首先由菲力普公爵与法兰德斯的继承人（后来成为女伯爵的玛伽莉达）联姻。他遗有三子一女，也透过联姻与这区域内的诸侯亲王结为姻亲。这些诸侯亲王本来就有不少借婚姻来维持彼此关系，而布拉班特的女公爵也是玛伽莉达的姑母，女公爵无后，故将所属地传于侄女，因之此地区也落入勃艮第手中。若照正常关系发展，此三子一女各立门户，以后也各有千秋，数代之后，与宗主的关系必日趋淡漠，各支裔与地方的关系加深。但勃艮第这四个房系之中有三个支裔各自向外发展，其继承人或死于英法百年战争，或死于法国内战，或在低地国家之内争中参与败方而被放逐,多绝嗣而无后,他们所承继的省份,透过兄终弟及的办法汇归勃艮第之正宗。

所以菲力普之长子绰号为"约翰无畏"(John the Fearless)及孙子并号为"菲力普好人"(Philip the Good)继承大统时,勃艮第已将低地国家内各诸侯亲王一扫而光(其中仍有一些统治不及的地区则在政治上并不重要),尤特列克特及列日(Liege)主教区之主教则派亲戚家人充任(尤城主教大卫为菲力普好人之私生子)。这样一来,勃艮第的领域在瑞士至北海之间连成一片,有在今日德法之间造成第三个大王国的形势[8]。

勃艮第竭力使安特卫普成为世上一流的港口和都市。图中的安特卫普市政官署就是16世纪的建筑样式,显示当时繁荣并具国际性的都市特色。

菲力普好人之子"查理冒失"(Charies the Bold)于1466年嗣位。他们祖孙三代统治低地国家约50年,极力支持这地区经济的发展。14世纪及15世纪,德国北部的自由城市联结而成汉撒同盟(Hanseatic League),有垄断波罗的海至英伦海峡商业的趋势,并且以武力作商业的后盾。勃艮第的公爵支持荷兰及齐兰(Zeeland,与荷兰为邻的另一滨海省)的海员,鼓励他们向汉撒同盟的城市作战。勃艮第也竭力使安特卫普成为世界上第一流的港口与国际城市[9]。如此一来低地国家国民实受其惠,也乐于有这样一个保障其安全的王室。

勃艮第既开拓了一个纵长500英里横宽300英里的王国,即必须对全境的统御经理作筹谋一致的打算。于是在每一个省,派出总督(stadhouder或stadtholder),以代替原来的诸侯皇子(后来荷兰独立时,其主政者仍用这官衔发难)。召开一个全国议会(states-general),决定低地国家内的税收,以便支持勃艮第公爵的军费。这已经是超过前例,因为过去每省自为一单位,要募兵筹饷时也只临时磋商于各省。而查理冒失所创设的司法,与当地人提倡的地方自治有很大的抵触。在他督导之下,低地国家开设了一所最高法院,规定以后各地的公文全要用拉丁文或法文,而且法律是以罗马法为根据(因为低地国家的人民,尤其荷兰人,向来使用习惯法和不成文法)。这种政策一公布就引起普遍反对,列日农民反叛,打死境内的法官律师。荷兰的一个乡镇更自行创造一个条例,"凡有引用外国或冷僻法律名词而不译为通用荷兰文者",一律罚款两镑。1476年全国议会否决了查理征税筹饷的要求[10]。

要是这种僵局继续下去,以后的发展将无法逆料,但是翌年(1477)查理冒失战死,继承者为20岁的女公爵玛丽。勃艮第公国在战后失掉了勃艮第(此地从此成为法国领土),只成为低地国家的王室。一时各省重要人士聚会于更特(Ghent),草拟一份文件叫做"大特权"(Groot Privilegie)。内中说明最高法院不能复核各地法庭本身足能解决的案件,各地产业所有人及市镇不能被传答复他们境域之外的问题,所有公文一律用低地国家内之语言;除非产业所有人同意,女公爵不得对外宣战、在境内抽税或铸币。所有官员都要由本地人充任,即是女公爵本人的婚姻,也要经过各市镇同意[11]。

当时低地国家正遭逢内部叛乱及法国入侵的威胁,玛丽迫于无奈,只好接受。"大特权"有如大宪章,本身无强迫执行的力量,只是彰显低地国家构成时的内向性格。此后1579年的尤特列克特联盟(Union of Utrecht)是荷兰独立的先声。盟内宣言即申明各省城镇原有的特权不因同盟而失效,同盟对重要事件的行动,必须获得所有各省全体一致同意[12]。

玛丽之婚姻使低地国家刚脱离勃艮第的掌握,又陷入哈布斯堡(Hapsburg)皇室彀中。玛丽与奥国大公爵麦西米林(Maximilian)联婚,原有低地国家人士赞助。15世纪末年法国强邻压境,有了一个德奥血统的皇子作驸马,也可以借此将力量稍微平衡。不料哈布斯堡朝也在利用联姻扩展地盘,较勃艮第更胜一筹。所并吞的不止是公国、郡国的小地盘,一来就并吞一个现代型欧洲国家。麦西米林本人则被选为神圣罗马帝国的皇帝(当日神圣罗马皇帝还由七个国王主教等推举，16世纪以后就由哈布斯堡家世袭），至他孙子查理五世时，低地国家的首长不仅是神圣罗马帝国的皇帝，而且拥有奥地利。又通过奥地利掌握匈牙利和波希米亚（今日捷克），同时还兼西班牙国王，更因后者的关系，控制了意大利半岛和美洲一些领域。哈布斯堡家族囊括半个欧洲，引起英国和法国的反应。尤以法国眼看自己的领域被哈布斯堡王朝三面包围，亟思抵制。于是以远交近攻的办法，纠结欧洲更外围的盟友如土耳其、苏格兰及瑞典、丹麦进行一种更大规模的反包围。

德国画家杜勒所画的麦西米林一世的肖像。

马丁·路德像。（左图）1517年10月，马丁·路德反对教皇发行赎罪券，提出"九十五条论题"，张贴在日耳曼萨克逊选侯的威腾堡万圣教堂大门上，揭开了宗教改革的序幕。（右图）

低地国家包括今日之荷兰、比利时和卢森堡，原来希望在一个国王之下，有一点安全保障，其立国之政策则为局外中立、地方分权，以便各城镇各自发展本身的经济利益。而此时（16世纪）眼看局势之发展与他们的愿望愈来愈远。

16世纪也是宗教改革的时期。

马丁·路德于1517年10月31日公布他的"九十五条论题"，原来不过是由他自己良心的驱使，从神学的角度对当日宗教的设施发表一些意见。（他将95条论题钉在威腾堡〔Wittemberg〕教堂门上，符合当时行事的办法。因为他虽身为僧侣，仍在威腾堡大学拥有教授的职位，教堂大门则是神学系的公告牌。）此一行动在历史上掀动的大波澜，为其本人始料未及。欧洲社会经济条件本来已和中世纪所定制度相去甚远，宗教改革的呼声在这时候被提出，只有使其他各种需要改革的运动更能借题发挥，其范围也更扩大、趋向也更显明。事后看来，这也是必然之事。

新教的宗旨在信教自由，"凡信徒即可以做长老"（priesthood of believers）风气的倡导之下，西欧和北欧产生了很多宗派。其中路德派尚是其中较保守者，马丁·路德主张革除罗马教廷若干陋习，可是他对社会秩序仍保持传统的看法。因此路德派容易在德国被接收。很多诸侯亲王在支持路德后，就脱离罗马和维也纳的束缚，而他们在自己领域里的威权并未受减损。（德国这时为约300个单位组成，诸侯亲王和各主教的属区各百余，自由城市也约百余。）新教的"左翼"则可以再洗礼派（Anabaptists）为代表。此派无意在神学上和哲学上钻研。他们只希望将圣经上所叙述的基督教原始性格重现于人间。他们的教堂是一种受苦受难的组织。因之他们也创出一种不务家人生产事业，只在情绪上求发泄的趋向。以此作为标榜，他们容易打进下层社会，如荷兰的缝工和面包烤匠即成为再洗礼派的领袖。法兰德斯的织工也组织不少小单位。其中有些人走上无政府主义和原始共产主义道路。他们的弱点则是不能在体制上作为新社会制度的精神支柱。最后在低地国家内产生决定性影响的，仍是保守派与过激派之间的加尔文派（Calvinists）。

加尔文，法国人，他的神学立场以"命定论"（predestination）为核心。简单的来说则是人不论贤愚不肖，将来或入天堂，或入地狱，早为神所预定。然则如此，命定论仍有各种问题，如：这种命定是一种绝对的、或相对的因素？难道人之为恶真是神之主谋，而不仅是他自己违背神的意旨？如果真有命定，则一个人要在是非可否之间下决心，又如何能确定他之选择即是神的安排？诸如此类问题，固可以逻辑答复，也可视作人类经验以外，非逻辑所能解释的一种神秘现象，本书以下各节还有机会叙及。其不坠入一个机械式的解说之中，反可以被多方接受，也使新时代高层社会的领袖及思想家对之感到兴趣。当赋命定论以坚定的解释时，则有"我个人之命运非人间其他威权可以左右"的气概，而抱持此种观念的人也有倾心于事业成功的趋向，如此才能证明他自己确有神佑。这些气概与趋向使命定论被公认为有助长唯物主义、个人主义和自由主义的功效，为推进资本主义的有力工具。

16世纪低地国家的经济又有了新的发展，毛织工业以外放分工办法（详第一、二章）进出于今日比利时南部和法国北部各小市镇和村庄，由于脱离了城市同业公会的束缚，范围日益广大，也更具有资本主义的性格[13]。同时荷兰与齐兰的船舶也在扩充，至16世纪中期之后通过丹麦、瑞典海峡，出入波罗的海之船只1/2到2/3为低地国家所有，每年超过2000艘，其中大部分属于荷兰。这些船只每年以一半的时间捕鱼，其他时间为商船载货，北至波罗的海，南及于西班牙和葡萄牙。他们虽然仅出入于沿海无数的市镇与村庄，可是经营的资本浩大，背后财务之支持者多为大城市的商人，而以阿姆斯特丹的商人为主[14]。

低地国家之内，本已产生各种利害冲突，如经外放分工办法织成的毛布的价格低于城镇里同业公会所公订。有些地方寺院林立，僧侣持有某些商业税收的特权，又不免与信民冲突。乡间的士绅在城市势力发展后，否定僧侣有对他们抽税的权力，这些市镇出钱收买附郭封建领主的特权,包括路税、渔猎特权等,而用这些特权作基础,支持他们在经济上管制的力量[15]。

加尔文的神学立场以命定论为核心。Balestrini 绘。(伯恩州立图书馆藏)

低地国家南北不同，也引起猜忌。北方荷语通行地区，不承认哈布斯堡属于日耳曼系统，此王朝与勃艮第的渊源，加上以布鲁塞尔（今日比利时首都）为政府中心，及引用很多律师法官造成官僚政治，使其"法国势力"和"外来因素"色彩较浓。低地国家的东北角，曾多年联合反抗查理五世，他们所用的东荷兰语和低地德语接近，再洗礼派因着语言的接近，很容易从德国渗透入这地区。至1543年查理五世将这地区全部占领，从此统率了低地国家的17个省区，成为神圣罗马帝国的皇帝。但低地国家内的很多省区仍不承认他是国

查理曼大帝跪在教宗李奥三世面前接受加冕。

王,只不过是一个身兼领17个区域首长职务的亲王而已。所以他必须依照成例,以个别不同的方式在各该省区执行其权责。如果变更体制,各省区仍可拒绝承应[16]。

所以16世纪中期,低地国家享受短时间的和平和统一,各自享有境内五花八门的各种既得权益(vested interests)。查理五世本来可以实际领有这块领域,但因又分身做神圣罗马帝国的皇帝,忙于在德国应付马丁·路德,又要主持抵抗土耳其人及在意大利半岛的战事。他忙碌了半生,总希望创造一个名副其实的大帝国,削平各种异端邪说而重新以天主教广布于他所管辖的领域与人民之间,但事与愿违,于1556年自愿退位。治下的帝国分为两部分:德奥与神圣罗马帝国之部分,传于皇弟斐迪南;西班牙王位及意大利半岛之领域及低地国家则传予其子菲力普二世。后者在位60年,也是低地国家变乱的开始,以后终于演发至荷兰独立。其中原因甚多,但是中世纪以来欧洲人所崇奉的价值以宗教为首要(最低限度在表面上要超过民族国家和社会经济地位),所以1566年,约有300多个低级贵族在布鲁塞尔提出要求,请终止对宗教异端的迫害,荷兰独立战争因此而展开。

荷兰之独立,肇始于1566年的请愿活动,其实哈布斯堡王室惩办异教徒,历来已久。1550年查理五世曾颁发严峻的命令。内称:凡印刷、抄写和传播路德、加尔文、兹文利(Zwingli)等离经叛道文件的人,一律处死。未经批准私阅圣经或在公开及私人场合下讲解圣经的也处死。如果触犯这罪条的表示忏悔,则男子斩首,女子活埋,不忏悔的即绑在木桩上烧死[17]。在查理五世退位之前,低地国家内因新教异端被处死者，数目已多，有人曾说以万计，最低限度也以千计[18]。

各教派的发展也有不同的命运，如再洗礼派在哈布斯堡王朝时曾受迫害，在独立战争时却很少被提起，而战事几乎完全由加尔文派来领导。加尔文派原由法国北部渗入低地国家，盛行于法兰德斯，而今日比利时南部经过80年战争，这些地区则仍为天主教盛行地区，又仍属西班牙统治（而成为日后之比利时）。加尔文派盛行北方，成为昔日之荷兰共和国（今日之尼德兰国）全国通行的信仰。可见得宗教触及人类之生活与思想，两者间之关系非常微妙。所以信民在膜拜时固然可以无限虔诚，也可以混入不少俗念，多时尚非当事人所可洞悉。莫特里（John Lothrop Motley）研究荷兰独立运动及独立战争多年，他曾写出："关于对上天问题之解释，很多人可能因威迫利诱而放弃了他们的宗旨。宗教上的事，人性经常是可以揉转混合的。一到物质上财政上的事，抵抗强权，才会众心一致。"[19] 这说法即指出当日宗教之争端实为其表，而其他很多社会经济特权等问题则为其里。倘非后者，也不会有前者。

现在历史家已经公认查理五世生长于低地国家，深悉民情，他虽惩办异教徒，仍不愿惊动这区域内其他的复杂因素。其子菲力普二世，则被认是西班牙人。他排斥异端，借着宗教问题整饬低地国家内部管理权之情事。他一方面计划在全境创设新主教区（bishoprics），一方面又维持常备军。以宗教驯服信民，带着一种政教合一的趋势，而以武力作后盾，其军费亦取给于当地人民，间接又多了一个增税之威胁。1566年初的请愿没有得到满意的答复，各地示威运动蜂起。有些

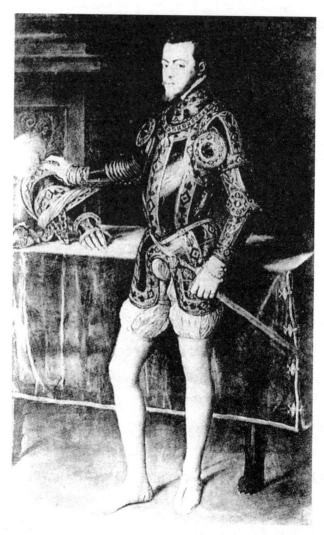

西班牙国王菲力普二世像。Rizzoli 绘。(马德里普拉多美术馆藏)

城市将各天主教堂里的圣像等标帜捣毁，同时也有不少下层民众，对几次大洪水没有适当的救济而使食物价格高涨，表示愤慨。对征收什一税的教堂及蛮横的法庭不满。低地国家的高层社会，则看穿菲力普的种种做法是在克制他们历史上的特权[20]。

菲力普此时人在西班牙，于1567年派阿尔瓦（Duke of Alva）带领10000精兵越过阿尔卑斯山而来，这些队伍穿着精良的甲胄，携带前所未有的滑膛枪，并且决定以战养战。1569年菲力普根据阿尔瓦的建议，公布了低地国家的新税制，内中以营业税值百抽十最为苛刻。当日民间经济不像今日社会，每样物品转手一次就要增价10%，是全民一个极重的负担，于是市民停止交易，各地骚动不可收拾。

低地国家的武装抵抗开始于1569年左右，到1648年三十年战争（Thirty Years War）（是役欧洲多数国家都被卷入）和会时，各国（包括西班牙）承认荷兰共和国之独立。其中尤特列克特联盟订于1579年，已于上述。荷兰共和国宣布独立，则在1581年，其实1609年共和国与西班牙曾签订12年的休战公约，这时荷兰已在事实上被承认，但是历史家综合前后，统称荷兰的独立运动历时80年之久。此中发展之详情非本书所能或应缕述，以下只对与我们之题材有切要的地方扼要提及：

领导独立战争的奥伦治皇子（Prince of Orange 此人又名"威廉寡言"〔William the Silent〕）承袭了法国南部奥伦治和德国西部纳绍（Nassau）的采邑，又在荷兰、齐兰、布拉班特和格德司拥有庄园，是低地国家首富之一，也是高级贵族，向来与哈布斯堡王室接近,但到举兵造反前夕,仍未显露意图,所以有此名号。他原来为天主教徒,后改为路德派,又于战事期间成为加尔文派信徒。作战16年,后于1584年被西班牙主使刺死。荷兰独立之后,他的子孙继嗣。但是他们只用总督(stadtholder)名号,其职务虽世袭,仍称通过各省之选举,其中虽有间断,但如此直至拿破仑时为止。也可以说是替立宪君主制(constitutionalmonarchy)打开了一条出路。(拿破仑败后奥伦治家的继承人则复辟为王,也是现今荷兰的王室。)

战争期间,控制城镇成为两方的主要战略,所以攻城战极为重要,1578年帕玛公爵(Duke of Parma, Alexander Farnese西班牙国王菲力普之侄)取得军权后,改变战略,重点在截断斯克尔特河下游的交通,使依赖此河与内外交通的城镇不战而降(也有实效),所以其目的仍是掌握人口中心,而非消灭对方的野战军。作战方式趋向职业化,火炮与筑城同属重要。除了被围时全城人民因为生命财产攸关而集体加入外,通常两方交战员都是外籍募兵,西班牙的兵员曾到60000至80000人,使军费与财政成为决定战事发展的主要的因素。独立军除在各地派捐之外,初期高级贵族如威廉寡言等人毁家纾难,没收天主教堂资产,以及邻国如英、法、德各处之接济,都属重要。其长期的影响,则是战后低地国家内之贵族更形没落,荷兰城镇中之资产阶级愈加抬头[21]。

菲力普以战养战的计划完全失败,营业税值百抽十无法达到预期之目的,反要从马德里以大量金银(首先来自南美洲)输送到低地国家[22]。如此长期以现款使用于这个狭小的地区,促使此间金融经济加速展开。即在战时的荷兰，其港口的贸易也大增[23]。变乱开始时，南方各地新教徒及反西班牙人士包括不少技术员工。犹太人和资本家，纷纷避地他邦，直到1588年英国女王出面援荷，各界人士重返大陆麇集于北部，助长荷兰工商业之发展。菲力普不能有效处置低地国家，与西班牙全面战略有密切关系。他这时要防备土耳其西侵（勒潘托〔Lepanto〕之海战，已于第二章言及，即发生于1571年，西方之联军由西班牙领导），又要干预法国之内争，且要制止英国介入低地国家之事。最后，则有大舰队（Armada）之征英，都是极为耗费，很多行动没有成功，反而重重牵制菲力普的发展。对荷战事旷日持久，形成南北对峙的局面，当初一个宗教问题演变为荷兰人的民族战争，西班牙只能控制低地国家的南部，而此地日后也终于演变为今日之比利时。

威廉寡言又以"海上乞丐"（Sea Beggars）为机动部队。原来1566年低级贵族请愿时，一位权臣曾轻蔑的称他们为"叫化子"（gueux），造反的人偏以此名号自荣，曾编制叫化子歌谣传颂，设计叫化子的图样自相标榜。所以经威廉发给特许状（letters of marque）的武装民船有交战员之身份，通称"海上乞丐"。他们出没无常，也给独立军助威不少。不过他们肆无忌惮，有时趁火打劫，杀人掠货之际，不严格区分敌友[24]。就历史发展而言，他们助长了荷兰人日后在海上的发展，而他们所表现"海上无骑士精神"的侵略性格也成为16、17世纪的一般风气。

"海上乞丐"表现的"海上无骑士精神"的侵略性格成为16、17世纪海上发展的一般风气。图中17世纪的荷兰战舰在两舷装备了大炮。(瓦伦西亚美术博物馆藏)

从以上各种发展综合看来,新时代的趋向符合克拉克所说的"战争是一种国营事业"(War became a business of the state)[25]。荷兰立国之后,没有更好的逻辑去支持她的存在,只好纵容此种趋向继续发展,而在其过程中表现出一种资本主义的性格。

荷兰共和国之立国可以说是发挥了自由的精神,但仍不能算作民主。而所谓的自由,也只是容许了社会上能说话的人物继续保全他们的权益,并不鼓励所有人各抒所见。在1600年前后,7个省的省议会约有代表2000人,称为"摄政阶级"(regent class),是一切威权与财富之精萃,因之每一个城镇里的政治可能为极少的特殊阶级垄断,有些家族彼此照顾,他们的地方势力也等于世袭[26]。

独立之初,全国的加尔文派只占1／10人口,至1619年后,已有未皈依此派的新教信徒不能在市政府里任职之规定。只是这种限制并未强制执行,随着时间之进展,其要求反更松懈[27]。为此,有所谓控诉派(Remonstrants)及反控诉派(Contraremonstrants)的争执。这两派同称为加尔文信徒,也同时有神学威权的支持。他们的争执在于对命定论的解释。前者要求对命定论不作过于严格的定法。有人批评他们根本不承认命定论。这时荷兰省(荷兰共和国内7省之一省)的权要,以奥登巴内佛(Johan Van Oldenbarneveldt)为领袖,坚决提倡荷兰联邦,为一种邦联,权在各省,本身可以编组军队,军士效忠于本省。他在全国会议里有多数支持的力量,1609年与西班牙停战的协定12年,大部分应归功于奥登巴内佛。

他站在控诉派的一边,和他们的发言人接近,又把宗教问题与政治问题甚至宪法问题混在一起。控诉派站在人本主义的立场,把命定论解释得比较自由化,但因他们要求荷兰省政府的保护,又重启政权阐释教义之门,使政府有决定教义的权力。

于是反控诉派(由大多数牧师组成,也算是加尔文的正规派),站在慕黎斯王子(Maurice of Nassau)之后,举他为领导。慕黎斯王子乃威廉寡言之子,此时为7个省中5个省之总督(另外二省则推他的从兄弟为总督)。他对宗教问题并无兴趣,他本人的政策,则和奥登巴内佛格格不入。因为他兼联邦陆海军总司令,当然不乐意各省在他麾下之外自组军队。这时荷兰一省占全国之大半，可能多至2/3，又是首富，如果再提倡更强化的地方分权，也等于以一省的力量凌驾于全国之上了。总之，他认为新共和国如果不继续向西班牙抗战，就不能维持内部之统一，因此更不赞成奥登巴内佛所谈判的12年停战。除此之外，他对奥伦治一家朝代之利益也相当有兴趣。

在此冲突之中，奥登巴内佛与阿姆斯特丹的商人及莱登（Leiden）大学的智囊团接近。慕黎斯则代表当时各省的贵族，也有下级的支持，他本人则为有力量的军事领袖。他对付奥登巴内佛的办法半系合法的部署，半系政变。首先解散各省组织的军队，又将奥登巴内佛及其亲信拘捕，更将控诉派之人士逐出各省议会之外，然后组织特别法庭以叛国罪名义于1619年将政敌奥登巴内佛处死刑[28]。一方面全国改革教堂集会，六个月后，于1619年闭幕，正式宣布控诉派为异端，自此确定了狭义加尔文派之立场。

局势急转直下，以奥伦治家为核心，组织皇室，中央集权，注重军事力量，为必然趋势，况且后面又有一个带保守性标榜正规的教廷。但这些现象正是几十年独立运动要扫荡的对象，战时社会经济的发展也和这些条件背道而驰，加之荷兰一省担负联邦大量经费，有时多至3/4，历史与现实都不容许如此全面开倒车。慕黎斯将以前的盟友以罪犯处死，已是骇人听闻。奥登巴内佛死后，慕黎斯自己也只有6年寿命，以后他的继承人被称为奥伦治派（Orangists），有时对共和国体制是一种威胁，然则他们代表了内地各省的利益，与荷兰省之水上及外向的发展相对，又不可少，历史上两者因冲突产生危机的情况并不常见，即使有，也仍能在最后关头化干戈为玉帛。各省曾主张不设总督，只是不久又因为事实之需要，仍请奥伦治家出马，可见得威廉寡言及其后人对荷兰之实行资本主义，虽不直接参与，仍有一种支持的效用，他们保持着荷兰共和国为一个民族国家，若非如此，鹿特丹及阿姆斯特丹之经营仍是一两个自由城市的体制，其发展必受限制[29]。

荷兰改革教会（Dutch Reformed Church）也没有成为一个排斥异己的团体，正规派虽被承认是正宗，可是控诉派的异端不过对命定论有不同的解释，也禁无可禁，全国会议后之 10 年，他们已经公开露面。改革教会自 1618—1619 年的全国会议之后，也未再召开。自此天主教、犹太教及再洗礼派也在荷兰共和国中活动，当日之信教自由在欧洲国家之中尚属首见。其中还有一个值得注意的因素是加尔文派的教会，其每一个单位由本身的牧师、教士、长老和执事组成，本来就带着一种地方自治的性格，也与荷兰共和国的政治体系平行，不复在政争中增加纠葛[30]。

在这些条件之下，全国的组织集地方分权之大成，原则上承袭了封建时代的体制，不过时代的进步，交通通信发达，金钱的使用展开，以摄政阶级为主体组成的城镇，只有随着他们本身的性格去发展工商业，尽量存积资本。我们也可以说荷兰共和国在 1600 年前后已整个的进入资本主义时代。如此一个新型的民族国家，在此时有了这样的一段表现，为世界史中的创举。

17 世纪的旅游者一进入荷兰，就发觉这个国家不仅上端是 7 个各自保有独立主权的小国家拼合而成，而且下面每一个小单位之内仍有不少市镇保留着若干独立自主的性格[31]。所以这新国家的体制曾被批评为"胡乱"、"陈旧"和"复杂"[32]。她的海军由5个不同的海军枢密院（admiralty colleges）掌握，阿姆斯特丹城自组邮局，向海外通邮，直到1752年才由全国邮政接收[33]。共和国无外交部或外务首长。国家如有全国性的事件，只能向全国议会接洽。1654年荷兰省竟宣称她在某种范围之内有单独与外国定约之权，不待联邦政府批准[34]。

在组织方面讲，荷兰共和国纵横分割，成为无数小单位。横向分割的界限为宗教及社会阶级，纵的方面则是各省镇地区。如此的体制，可以说是和传统中国的衙门政治完全相反。传统中国注重外表上的整齐划一，下层机构根据上层机构的政令组成，其不合实际的地方存积在下端，由官僚粉饰掩盖。尼德兰的新国家，由下层机构自己作主，所以能够全部存真。国家的政策只有一种从属的关系，而不是主宰。其重点在保护私人的及商业上的利益。在此前提之下，提倡自由，成为一时风气，而所谓自由，也仍以商业上的放任政策（laissez faire）为主[35]。并且荷兰共和国的对外战争如1652年及1665年之对英战争及1672年之对法战争，虽说牵涉了很多其他原因，其中商业上和经济上的冲突总是一个带决定性的因素。

当日四周邻国仍保持以农业为主的经济体制，既有工业的制造，也以本地的资源为主，而荷兰独特地采取了商业体制。于是阿姆斯特丹不仅是船舶进出的中心，也是国际银行业与保险业的中心。阿姆斯特丹的银行创始于1609年，亦即与西班牙停战的初年。它不发行货币，而以存款为主要业务。当日各地不同的货币良莠不齐，商人无法找到大量又合标准的货币汇票,为国际贸易中的一大缺陷,阿姆斯特丹银行接受各种成色不同的货币存款后,给存款人以它自身所定的一种等于荷币的信用货币,登记于账簿之上,存款人即以此信用与人交易,因为所存货币储蓄于保险库内,查核稽严,又由阿姆斯特丹的市政府出面作保障,所以这银行信用昭著。而且阿姆斯特丹立法,凡转手在600荷兰盾(guilders)以上的交易,一律用这银行的信用货币支付。不久之后,这银行的信用货币价值高于外间通行的货币。于是得款人也不要求兑现,安心长期的倚靠银行掌管其收支,使阿姆斯特丹银行的业务越做越大。

之后,这银行又展开接受金银条块存款的业务。银行给予存款人之信用货币的数目,低于存入金银之市价的5%,存款人在所得信用货币之外,银行也另给存入金银之收据,在6个月之内存款人或其利益转让人,若能将银行所给予之信用货币数目还清,并付少许手续费,仍可凭收据取回其存入之金银,所以银行之信用货币及储存金银之收据,同时可以在市场买卖,只是赎取金银时两者都不可缺。而用荷币购买信用货币之贴水(agio)通常也是5%,因之赎回金银无利可图,反要付手续费,故在一般情形下,收据无转让价值,通常令其逾期作废,存入之金银归银行所有,其发行的信用货币,等于支票存户之存款。如此积年累月的经营,银行的资本愈积愈多[36]。同时贵金属被银行收买,不复为使市价大幅波动的工具,它们所代表的信用,也经常被使用着,不像传统中国,财主以金银窖藏,或者制成首饰器皿,消极地和闭门自守地保存其购买力。

1648 至 1655 年建筑的市政官署,现为荷兰王宫,是荷兰商业全盛期最具代表性的建筑。

17 世纪的阿姆斯特丹是世界贸易、金融和船舶的进出中心,商船云集,盛极一时,1686 年一位画家留下了这张见证。(阿姆斯特丹国立美术馆藏)

以上的情形，显示着欧洲初期信用货币开创前后的情形，也呈现着当日所谓"重商主义"（mercantilism）以确实掌握金银为保持国家财富之根源。此时若非直接控制金银，则无法展开其信用（今日则以外汇存储数为衡量经济力度之尺度）。

1668 年的阿姆斯特丹证券交易所。Job Berckheyde 绘。（阿姆斯特丹 Stedelijk 美术馆藏）

阿姆斯特丹的交易所据说创始于 1530 年。这不是交易所之最先发轫者。意大利、西班牙和法国很多城市里的交易所都比这时期早，有的竟早了几百年。不过阿姆斯特丹的交易所首先将现代商业的组织与技术渗入，也可以说是首先带有资本主义特性。现在看来，至17世纪中期，阿姆斯特丹的交易所仍不过是一般商人汇集之处，通过交易所可以买卖转手的物品达300多种，包括农产、矿产及制成品，胡椒则有五种。可是有组织的将政府公债以价转手和将公司股票公开竞争的出卖，要到17世纪后期方才成熟。征之以上阿姆斯特丹银行业务展开情形，也可以见得货币市场有赖于长时间的经营，才能使资金愈为集中，运转也愈显定型，而世纪后期之买空卖空（荷语为windhandel直译为"风中成交"，其所谓"出卖尚未捕获之鲱鱼，发售尚未开采之矿产"都出此门径），起先有了"预期交货"（futurity）的型态，次之则公司股票也可以"抛空"（selling short，卖者先以借来之公司股票高价卖出，以后趁跌价时购进弥补以从中牟利），都由阿姆斯特丹首创，于1689年光荣革命（Glorious Revolution）后传入伦敦[37]。

　　买空卖空的投机事业为人以道德的名义诟病。可是行之几百年之后，在今日有条理之市场中，被认为有其社会功能与效用。出卖尚未捕获之鲱鱼及发售尚未开采之矿产，也可以说是让资本家投资于待展开之事业，也向推销商保证货物来源及可以预为筹备之价格。买方也通知了卖方，即使生产过剩预定出卖之商品已有被指定的市场和被保证的价格。大凡投机商将各种风险事业及吸收大幅盈亏作为他们的专长，则一般商人更能作较安稳的经营。甚至生产者也可以付少数之价款，以购买权（option，涨价时卖方仍有照预定价格出售之义务，跌价时则买方只放弃定款，不被强迫购买）的方式预定本人生产之商品，作为一种间接局部的保险，因此更可以大量投资，冒更大之险，去采用以前未曾采用之生产方式，而涉猎于以前未曾涉猎的地区，使生产成本愈低、利润愈高。本书前已说及，资本主义带有试验与赌博的性格，而不安于按部就班的平淡经营。买空卖空使这种放宽领域的行动成为可能。这中间可能发生的弊端极多，也可能影响公众的安全。一个为政府监督的商场能使如此种种经营有秩序地继续下去，无疑的这国家已进入资本主义体制。

布罗代尔曾说，资本主义端在它与国家互为一体，它"本身"即成了国家（第一章）。荷兰共和国透过司法和立法，使各种冒险与赌博的行动合理化，当初必迁就于资本家，否则不可能突破传统道德观念之约束。事实上共和国初成立时，传统的道德观念并未消失。改革教会仍有不许放高利贷者参加圣餐的情事，各大学也不发给他们学位，尤特列克特大学神学系更以传单制止之。后来由荷兰省及菲斯兰省（Friesland）出面申明教堂不能干预银行之事，这些阻拦才告平息[38]。能如此急转直下，实因荷兰地方小，历史情形特殊；阿姆斯特丹占着商业战略重要的位置，而加尔文派也始终没有一个机会坚持其立场，才使地方分权政教分离的精神排除众议，发挥得尽致。因此我们考虑到资本主义之形成，不能忽略这许多因素错综的关系，也更能体会到地理因素在历史上的重要。

经济史学家熊彼德说及荷兰共和国成立之前一般利息之高，是基于三个条件：一是朝代国家向商人强迫借贷而通常有借无还，二是货币市场缺乏组织，三是通货膨胀的可能性，因为美洲之金银尚在不断的输入，无法扼止。荷兰共和国本身已将前两个条件消除，第三条件虽没有完全逆转，到17世纪下半期金银的输入已降低[39]。于是阿姆斯特丹的商业利息由12%跌至10%而更跌至6%，有一段时间内更低至4%，已低于一般新教领袖认为非高利贷的数额。利率既低，以前无利可图的事业此时转为有利。由于荷兰的利率经常低于英国约2%及3%，阿姆斯特丹银行家与保险业的经营，遂得以超过国界，向英国和其他国家发展，而表现一种国际性质[40]。

荷兰共和国此时还有一种较西欧其他国家占优势的条件，为造船业之突出。其标准之商船称"弗罗伊德"（fluyd），它的特点不在设计之复杂，而是简单。通常船长125英尺，载重300吨，因此与战舰及大型商船分为两途。"弗罗伊德"船长为其宽之5倍至6倍，船头直截下水，船尾为圆形，没有一般战舰及大型商船之重楼叠阁，脱离了中世纪以来的设计，开始表现近代船只之直线型。由于桅杆之间距离大，又节省船员舱房，因此载货多，可节省脚水30%至50%。其他各国商船不仅难望其项背，即制造技术亦不及荷兰之价廉工精[41]。"弗罗伊德"只用于西欧地区，其他远洋航船另有其设计。

16世纪末，荷兰船开始航行于远洋，1590年后航行于西印度群岛，1595年进入远东，也在这同时进入地中海，1601年各国船只进入伦敦的共714艘，英船为207艘，荷船则有360艘。此时据估计，荷兰共和国共有各式商船2000艘，总吨数在50万吨以上。其国民经常有20000人捕鱼，20000人参与西葡贸易[42]。这在一个人口只100多万的国家是一个很大的比例。

17世纪初期，荷兰共和国实际掌握着瑞典的经济，又因三十年战争,汉撒同盟的力量衰微,英国则因内争而引发内战,荷兰经营之航海业及国际贸易一时世无其匹。远东运来的治肉香料,仍为大宗。此外瑞典之铜、铁、柏油及沥青,波兰及俄国之麻及亚麻绳索(均用于造船),挪威之木材,波罗的海各处所产之谷物,全部西南运。西班牙与葡萄牙经常感到食粮短缺,全赖北方剩余的国家供应,此时又全赖荷兰的船运解决交通问题,即在独立战争,荷兰共和国与菲力普交战之际,亦未停止。法国食盐为腌制鱼类之必需品,为北运物产之大宗。法国之酒大批由荷兰人预先购买,荷兰共和国商人在法国派有长驻经纪,专营此业。此时欧洲的毛织品有几个生产中心,各有专长的产品也由荷兰商人作中间交换人。此外,德国出产的兵器推销至远东,英国与法国的食粮不足或过剩时,亦是由荷兰人为之截长补短。至17世纪,荷兰人已发明一面捕鱼,一面在船上腌制装桶的办法,所以其水产能以较低廉的价格行销各国,甚至在英国附近水上所捕之鱼行销英伦,此最为英国人指责。此外经荷船转运的货物尚有皮毛、皮革和钾碱[43]。总之,欧洲经过长时间的人口增加,城市兴起,产生了一种国际市场物资全面供应的形势。以上所述大都是国家经济及一般市民之必需品。荷兰人的经营,端在"以低廉的价格造船,而将之彻底使用尽致"(build ships cheaply and drive them to death)。其能运载不同而又笨重的货物,而无其他国家能与之竞争[44],所以前述市场投机的事业,也要有如此下层的坚韧耐久的工作支持,否则无从有组织的展开一种有秩序的商业经济。

中外学者有时提及,中国北宋期间、明清之际,有商业资本活跃的情形,并提出一个全国市场的形貌。乍看起来,好像与欧洲的国际市场不相上下。但是仔细比较以后,则可以指出中国从未产生一个如此各地区各就所长,分工合作到如此程度的局面。同时荷兰人已经在西欧和北欧有了相当的制海权,中国历史里更无此事例。至于阿姆斯特丹,10万人口中特权阶级执国家经济各前进部门之牛耳,又通过共和国之特殊体制,左右其内政与外交的情形,更不是山西商人或徽州商人可以梦想之事,即本书最粗浅的解释,也可以说明两方有天渊之别。

过去有很多学者强调荷兰商人是靠剥削掠夺殖民地来累积资本。20世纪后一般的看法则重视历史上的小商人刻苦成家,如莫特里所说的,"渔人和河上的筏夫成为海上的冒险家和商业的皇子",以及"穷困的法兰德斯织工变成雄厚的制造家"[45]。这种情形诚然有之,阿姆斯特丹和鹿特丹的绅商,并非在17世纪初期突然发富。即如我们列举以上银行、股票市场、造船和国际贸易的展开,也隐约可以推断其后面必有一段艰难创造的背景。但这也不是说剥削掠夺并未发生,这一点即荷兰本国的历史家也不隐讳。

荷兰东印度公司成立于1602年,资本650万荷币(英国东印度公司成立于1600年,只有资本30000镑)。这公司由不同之"厅"(chambers)组成,阿姆斯特丹厅即承担公司一半的债务。在10年之内,公司只发放一次红利,然其数额为股本之162%。世纪中期,这公司在东印度积存储币金即达2000万荷币,为当初投资之三倍[46]。原来东印度公司经过全国议会立案的时候,荷兰尚在战时,这公司被赋予在它武力能克服的地区执行国家最高权力的任命[47]，所以公司的海外执行人等于大帝国殖民地的开拓者，早有立法的根据。

　　荷兰人独霸远东治肉香料专利权的经过，早经以前的作家一再详细叙述。过去葡萄牙人首先进入东方，只控制着印度至红海间的水道，使印度洋运来的香料都落入他们手中（详第二章）。荷兰人的办法是摈弃所有中间人，直接进入产地，故舍亚洲大陆而进入印尼。在当地的政策，也非常的简单，凡出产香料的主要岛屿，即以武力占领，不能占领或其他出产较少的地方则将其作物破坏，甚至将其岛上人口杀戮迁移。荷兰人能较葡萄牙人及英、法人占优势者，端在其资本组织雄厚，如每三四年即装备能战斗之商船 50 艘进入此地区，所以有足够的力量将对方封锁困住，或使用武力，在某些场合，不待交涉即开火。1619 年以巴达维亚（Batavia）为设防的根据地，禁止他国商人履足香料群岛（spice islands，西塞蒲斯与新几内亚间的岛屿），几乎完全垄断了肉豆蔻和丁香的生产，也掌握了胡椒与肉桂的供应，欧洲香料市场的价格可以一次陡涨二倍半，即是此故。印尼的土人也受他们统制，酋领被任为摄政阶级（regents），以封建方式受荷兰东印度公司管制。荷兰人控制的生产以后也延伸到其他物质，如咖啡、靛青、奎宁。土著的供应某时候甚至成为一种上贡制度。荷属东印度的农业自此世纪后受国际市场支配[48]。

　　西印度公司组织于 1621 年，当时与西班牙的停战协定已失效。西印度公司也以拦截西、葡越洋的商业，夺取他们在美洲的殖民地（如巴西）和贩卖人口为要事。宋巴特曾指出，此公司在 1623 到 1636 年间制造船只800余艘,可是同时期却截得敌船540艘,其船货价格已两倍于造船时投入的资本。1628年一次截获西班牙船只上的白银总值荷币800万元[49]。种种的发展使我们只好相信克拉克所说:"资本主义不仅是一种商业的事体,一半是征服占领,也可以说一半是对缺乏抵抗能力的土著所加的一种抢劫。"[50] 阿姆斯特丹保险公司本身拥有战舰60艘巡游各地[51],也只有在这情形下获得确切的解释。

万丹(Bantam)城的一位中国商人(中)正与他爪哇籍的妻子(左边执扇者)说话,右边是商人的代理人,正在秤胡椒。这是1598年一位荷兰人在印尼目睹的景象。17世纪时,荷兰人几乎已经控制了东印度的农业供应。

荷兰独立战争期间,很多企业家与技术人员和工匠北移,其影响以纺织业和金属与机件的制作最为显著。一般来说,提及荷兰共和国的书籍大多会提及莱登的毛织品。其生产额在1584年至1619年的35年之内增加了四倍。还有一件脍炙人口的事,则是阿姆斯特丹的资本家基尔(Louis de Geer)原来有低地国家南部的背景,17世纪上半期又在瑞典置有地产,从此掌瑞典矿产之牛耳。又在荷兰替瑞典承造整队的战舰,全部装配妥当才开往瑞典交货。独立战争之前,低地国家北部之工商业远不如南部。阿尔瓦征营业税时,曾组织委员会估计各省工业出产品的总价格,这数字至今独在,从中可以看出迟至1570年,荷兰省及尤特列克特尚不能与法兰德斯及布拉班特相比[52]。战后形势全殊,原因并不是工业本身条件改进,而是由于政府体制和社会条件全面支持重商政策。在此种商业的组织系统之下,工业资本也得到特殊待遇和鼓励。荷兰在17世纪之初的工业制造仍受同业公会过去习惯的束缚,随着时代进展,这种种束缚才逐渐解除[53],使我们体会到资本主义之形成,牵涉千头万绪。在荷兰的历史中,连上述外交海战及殖民地政策,都有直接与间接的关系。工厂与工厂制度实为其果,而非其因。也就是说,物品的分配交换超过其制造,为构成这国家资本主义体制的导因。

在资本主义展开为一种组织与一种运动之际,荷兰的农业始终只居被动。还好荷兰共和国的农业、畜牧发展较谷物生产重要。人口增加商业交往频繁之际,由外输入谷物,使农业无法像其他国家一样维持经济和社会上的主导地位。这也可以算作资本主义比较容易在荷兰落地生根的一大主因,而且荷兰的经济和财政情况继续增进。剩余的商业资本立即投资于农业。海堤和河堤的修筑、风力抽水机的放置、牲畜的种育、人工培植的草场、精密的工作和沼泽地排水等等新设施和新技术，也确使乡村受惠[54]，使农业与国家经济最前进的部门不致脱节。而这国家内部的交通也得水运之利，不致和一般大陆国家一样产生一国内地与滨海间无可弥补的大距离。

荷兰共和国不设职业警察，由陆军和城市里的自卫队协助维持秩序[55]。城市里的陪审员（jurors）由市政会推举，乡村间各地区的行政官和司法官由省议会派遣。所以摄政阶级将他们在城市里的权力延伸至乡村；政府里的司法立法和行政权也由同一阶级包办[56]。低地国家过去的经验是刑法处分严厉，民法对私人财产的处置详尽周密。荷兰共和国独立之后，甚至各省的法庭也无权复审各市镇裁定的刑事案件，但有权接受民事上诉[57]。此中更可以看出资本家和私人财产权的力量巩固。

16世纪荷兰的市场，蔬果一应俱全；虽然国际商业已经很发达，但是欧洲的蔬果和一般商品价格并不高。

17世纪的通货膨胀，使工资降低，荷兰的资本主义体制也使劳动阶级的生活更为苦楚，再加上失业成为周期性的现象，所以一般民众的生活反有倒退趋势。当日的旅游者指出阿姆斯特丹乞丐触目皆是。童工6岁开始工作，夜以继日，终年累月，既无假期也无星期日的休息。工人的集会则有严禁，1692年的禁令甚至以死刑相威胁。改革的要求虽见诸文字，但还没有人能提出具体可行的方案[58]。

在以上各种情形之下，荷兰共和国成为西欧资本主义国家之先进。她在国际间的地位，以历日上（chronological）的17世纪为最高，亦即1600年到1700年间。此后她的领导地位为英国取代。以今日之眼光，我们可以很容易指出这国家所开创的财富无从流通到下层社会里去，因此无法使生产与消费同时作超时代的扩大。此外，还有诸种问题，如科技之待展开、教育之待普及、交通通信之待继续增进等。此类问题若得不到满足，任何国家也无法创造一个合理的社会体制来支持这个理想。（伊朗在20世纪尚不能如此，遑论及17世纪之荷兰。）

荷兰之成就，端在重新组织民族国家之关头，摆脱了朝代政治及宗教的束缚，又吸收了大量有企划能力的移民，使其能将历史上市镇自治的特色充分发挥到货币银行、水上交通和远洋冒险诸方面去。可是如此特创体制，也在国际关系中产生了一个不平衡的局面。17世纪很多国际战事的发生，多少和这不平衡的局面有关。荷兰已经在陆战时证明她攻虽不足，防则有余，所以尚不致在欧洲大陆产生大问题。她在海上的发展，却是历史上的一种新因素。当时所产生的反响，在英国超过西葡。英国本身为海上国家，对外输出以羊毛为大宗，经常占总数75%至90%之间，如此农业又与国际贸易不可分割。17世纪英国之内战及混乱，大体由于欧洲局势剧烈的变化影响到军事政治社会经济宗教各种问题。一时诸事纷至沓来，其处置也谈不上合理。一到17世纪后期，则有如若干英国历史家所提及，这国家已"看穿了本身之陈旧落伍"，而"有意识的模仿荷兰"[59]。英国之改造，却比荷兰更彻底，因此也把资本主义的体制向前更推进一步。这里我们可以引用很多历史家所说，一到1700年，欧洲最重要的商业城市已是伦敦，而不是阿姆斯特丹了。

注 释

[1] 关于英、法、西班牙在1500年前后具有民族国家之形态，详各种专著。格林《改革时代》。Harold J. Grimm, *The Reformation Era*, 1500—1650 (N.Y., 1954), pp. 21—25有一段简短叙述。

[2] 皮尔雷尼《低地国家的早期民主》。Henri Pirenne, *Early Democracies in the Low Countries* (N.Y., 1963 reprint), p.36；斯蒂文森《中世纪组织结构与制度》。Garl Stephenson, *Medieval Institutions* (Ithaca, N.Y., 1967 reprint), pp.120, 125。

[3] 赫第《低地国家的经济史》。J. A. Houtte, *The Economic History of the Low Countries*, 800—1800 (London, 1977), p.29。

[4] 《低地国家的早期民主》。*Early Democracies in the Low Countries*, pp.43—44. 作者指出最初的房屋可以从一市镇迁移至另一市镇。

[5] 弗莱克《荷兰民族的发展》。Bernard H. M. Vlekke, *Evolution of the Dutch Nation*

(N.Y., 1945), p.58; 巴诺《现代荷兰的形成》。A. J. Barnouw, *The Making of Modern Holland* (N.Y., 1944), p.51。

〔6〕弗莱克 Vlekke, p.640。

〔7〕同上, pp.63—65。

〔8〕以上朝代历史根据弗莱克 Vlekke, pp.71—76 及巴诺 Barnouw, pp.29—34 综合。

〔9〕莫特里《荷兰共和国的兴起》。John Lothrop Motley, *The Rise of the Dutch Republic* (London: the Chandos Classics ed.), Vol.I, p.44;《剑桥欧洲经济史》*Cambridge Economic History of Europe* (1952), vol, II, pp.253—256; vol.IV, p.170。

〔10〕弗莱克, Vlekke, p.79; 巴诺 Barnouw, p.36。

〔11〕莫特里 Motley, vol.I, p.51。

〔12〕同上, vol.III, pp.400—401. 这联盟宣言全文见罗恩《现代早期的低地国家》。Herbert H. Rowen, *The Low Countries in Early Modern Times* (N.Y., 1972), pp.69—74。

〔13〕这种发展似首为皮永恩提出,见皮尔雷尼《低地国家的早期民主》。Pirenne, *Early Democracies*, p.207. 以后对此发展的报道也极普遍,例如奈福《文艺复兴以来的西方文明:和平、战争和艺术》。John U. Nef, *Western Civilization Since the Renaissance: Peace, War, and the Arts* (N.Y., 1963 reprint), p.74. 陶蒲将之发挥,载陶蒲《资本主义的发展》。Dobb, *Development of Capitalism*, p.156。经过陶蒲渲染之后,此种外放分工办法被若干学者指出为欧洲资本主义萌芽的一个例证。读者须注意皮永恩对资本主义的看法着重经济发展之放任 (*laissez faire*)。本书注重资本主义为一种组织和一种运动,所以虽撷取这些专家提出之事实,不一定仿效其结论。

〔14〕弗莱克 Vlekke, pp.89—90, 109—110。

〔15〕同上，pp. 112—113。

〔16〕同上，pp. 100—101，104，112；派克《荷兰起义》。Geoffrey Parker, *The Dutch Revolt* (Ithaca, N.Y., 1977), p. 30。

〔17〕莫特里 Motley, vol. I, pp. 254—255. 参照列奥纳德《新教史》。Emile G. Leonard, *A History of Protestantism*, trans. by Joyce M. H. Reid (London, 1965—1967), vol. II, pp. 77—78. 后者说明查理五世已于1829年发出类似的敕令，惟时尚未任皇帝。

〔18〕Motley, vol. I, pp. 113—114, 不过莫特里 Motley 引用当时资料过于偏激, 见弗莱克 Vlekke, p. 125, 最少被处死者2000人, 见 Parker, p. 37。

〔19〕莫特里 Motley, vol. II, p. 277. 相似的解释见于弗莱克 Vlekke, pp. 150—151。

〔20〕派克 Parker, pp. 73, 80。

〔21〕罗恩 Rowen, pp. 121—122。

〔22〕1570 至 1571 年，布鲁塞尔中央财库之收入以本地筹措的数额与西班牙的接济对比约为 9:2。而 1572 至 1573 年此比例约为 1:7。见派克 Parker, p. 162。1575 年西班牙因收入不敷，停付公债利息，也无法付款于低地国家，引起士兵叛变，但 1580 年吞并葡萄牙后，再向低地国家付款，见同书 pp. 168—169, 213。

〔23〕弗莱克 Vlekke, p. 154。内中提到海关税收之增加，其中也有由于安特卫普 (Antwerp) 被封锁成为死港，船货转入阿姆斯特丹之故。

〔24〕莫特里 Motley, vol. II, p. 339。作者曾引用威廉寡言的缄件。

〔25〕克拉克《17世纪》。George Clark, *The Seventeenth Century* (N.Y., 1961 reprint), p. 42。

〔26〕派克 Parker, p. 244。

〔27〕普莱斯《17世纪荷兰共和国的文化与社会》。J. L. Price, *Culture and Society in* the Dutch Republic During the 17th Century（N. Y., 1974），p. 244. Parker, p. 153。

〔28〕慕黎斯与奥登巴内佛的冲突，包含着无数复杂的因素，也因为控诉派与反控诉派的争执，又牵扯上神学上微妙的问题，后者曾请英王詹姆士一世评判，如此其情形特殊，不容易简述，详：列奥纳德《新教史》。Emile G. Leonard, *A History of Protesanism*, trans. Joyce M. H. Reid (London, 1965—1967). vol. II, pp. 254—259；格尔《17 世纪的荷兰》。Pieter Geyl, *The Netherlands in the Seventeenth Century*（N. Y., 1961），vol. I, pp. 38—63；普莱斯《17 世纪荷兰共和国的文化与社会》。Price, *Culture and Society*. pp. 16—24。

〔29〕以上的事迹当然可以给历史家作不同的解释，有人指出荷兰内部的冲突，为共和国不能获得尼德兰南部（今日之比利时）之一大主因，见派克 Parker, p. 253。在长期历史上的发展看来，则奥伦治派与共和国派之对峙不失为荷兰共和国成长中--种"健康"的现象，见普莱斯 Price, p. 28。

〔30〕陶尼曾说，加尔文的教义，开始时总是代表着 种威权统治的灵魂，结果则成为一种推进实用的个人主义之工具。这种转变曾发生于加尔文派最有影响之任何地区，包括荷兰、美国及苏格兰，以及加尔文自己传教的日内瓦。以上见陶尼《宗教与资本主义的兴起》。Richard H. Tawney, *Religion and the Rise of Capitalism*, Pelican ed., p. 226. 关于荷兰情形见《新教史》*A History of Protestanism*, vol. II, pp. 254—259；Rowen, pp. 114—115。

〔31〕罗恩 Rowen, p. 214。

〔32〕《17 世纪》*The Seventeenth Century*, pp. 88, 92。

〔33〕同上，pp. 55, 119。

〔34〕弗莱克 Vlekke, p. 165。

〔35〕《剑桥欧洲经济史》*Cambridge Economic History of Europe*, vol. IV（1967），pp.

531—538. 罗恩 Rowen, pp. 191—197. 这时荷兰省与英国之克伦威尔接触，准备定约不任命奥伦治家人为总督，秘密的消息被传出时，荷兰作此强硬的申辩。然则这种态度并没有成为事实，只是表示当日要求地方公权的程度已到极端。

〔36〕亚当·斯密对阿姆斯特丹银行之成立及初期业务有详尽的解释。见《原富》Wealth of Nations, Book IV, Chapter III, Part I。

〔37〕布罗代尔《商业之轮》。Braudel, The Wheels of Commerce, pp. 99—103; 克拉克《17 世纪》。Clark, The Seventeenth Century, p. 46。

〔38〕《宗教与资本主义的兴起》Religion and the Rise of Capitalism, p. 237。

〔39〕熊彼得《经济分析史》。Joseph Schumpeter, History of Economic Analysis (N. Y., 1954), p. 651; 纳斯包姆《现代欧洲经济制度史》。Frederick L. Nassbaum, A History of Economic Institutions of Modern Europe (N. Y., 1968 reprint), pp. 92—93。

〔40〕《17 世纪》The Seventeenth Century, pp. 14—15; 《商业之轮》Wheels of Commerce, pp. 366, 527—528; 弗莱克 Velkke, p. 179。阿姆斯特丹有政府机构登记保险排解争端，见哈利 K. H. Haley, 《17 世纪的荷兰》The Dutch in the Seventeenth Century (N. Y., 1972), pp. 40—41。

〔41〕《剑桥欧洲经济史》Cambridge Economic History of Europe, vol. IV, pp. 211—213; 弗莱克 Vlekke, p. 170。

〔42〕同上, vol. IV, p. 171 之附注数字计算。弗莱克 Vlekke, p. 176。

〔43〕以上情形可参阅《剑桥欧洲经济史》Cambridge Economic History of Europe, vol. IV, pp. 167—181, 185。

〔44〕同上, pp. 172, 177。

〔45〕莫特里 Motley, vol. I, pp. 30—31。

〔46〕弗莱克 Vlekke, p. 176。

〔47〕同上，pp.175，183。

〔48〕梅利林克—诺洛福茨《亚洲贸易与欧洲的影响：1500年至约1630年间的印尼群岛》。M. A. P. Melilink-Noelofsz, *Asian Trade and European Influence : In the Indonesian Archipelago Between 1500 and About 1630* (The Hague, 1962), p.22；赫第 J. A. Houtte, p.199；《剑桥欧洲经济史》*Cambridge Economic History of Europe*, vol. IV, pp.195—197；370—371；布罗代尔《15至18世纪的物质文明、经济和资本主义》。Braudel, *Capitalism and Material Life*, pp.154—155。

〔49〕宋巴特《资本主义之精萃》。Sombart, *Quintessence of Capitalism*, p.73。

〔50〕克拉克 Clark, p.32。

〔51〕纳斯包姆《现代欧洲经济制度史》。Nassbaum, *Economic Institutions*, p.175. 第二次英荷战争时英国商船仍在阿姆斯特丹保险，见 Haley, p.40。

〔52〕莫特里。Motley, vol. II, pp.278—279，不过当日各省疆界与今不尽相同。

〔53〕《低地国家》*Low Countries*, p.236；克拉克《17世纪》。Clark, *The Seventeenth Century*, pp.74—75；《资本主义的发展》*Development of Capitalism*, p.156。

〔54〕《17世纪》*The Seventeenth Century* .p.51；纳斯包姆 Nassbaum, p.84，修理运河及河堤，在战争期间即进行，荷兰各种水利工程是长期历史上的产物，17世纪工作特多，但是没有被认作新奇的创作，详上克拉克 Clark 的说明。

〔55〕弗莱克 Vlekke, p.164。

〔56〕同上，p.164；《低地国家的早期民主》*Early Democracies*, p.235。

〔57〕罗恩 Rowen, pp.214—215。

〔58〕弗莱克 Vlekke, p.178；《17世纪》*The Seventeenth Century*, pp.79—80。

〔59〕《17世纪》*The Seventeenth Century*, p.15。

第四章　英　国

英国17世纪的内战，是历史上一个令人百读不厌的题目。也因其事迹牵涉广泛，各种机遇错综重叠，多方面的记载细腻详尽，所以极不容易分析处理。譬如说变乱前后各种扰攘与清教徒所提倡的教义有密切关系，清教徒的思想和行动早已被公认为推进资本主义的一种力量。既然如此，我们是否可以直接说内战的起因是由于英国资本主义之勃兴，而圆头党人也在直接或间接中成了资本家的工具？

查理一世上断头台前夕，和他两个年轻的儿女诀别（王后和两个年长的王子已避难他邦）。我们至今还能想象他10岁小儿在哭泣中对他的答辞。1649年1月30日伦敦溶浴在冬日的阳光里，断头台上的准备却延迟了一段时间。因为查理在特别法庭审判的时候，不承认法庭有此威权。执行死刑的人也怕他最后抗拒，于是在断头台上加钉卡钉，内穿绳索，准备必要时将国王绑缚。而这种准备全属多虑，临刑前查理表现相当合作，他甚至拿出一顶丝织睡帽，将自己的长发拢括进去。他又对刽子手说，他头伏在木块上的时候不要立即动手，他还要默祷。一到祈祷完毕，他会将两手伸出，这才是用斧的时候。于是过程全照其安排，于午后二时零四分完成。

这个被命运遗弃的国王，临刑还说了宽恕他仇人的话，希望英国国民享有他们的自由，并且嘱咐生者，应当召开一个全国宗教会议，这些情节，即是 300 多年之后读来，还不免令人心折。

查理·斯图亚特极为刚愎，在政治上缺乏诚信，又受法国王后的影响。他曾在内战时战败被俘，看穿了反对党人不能团结。希望在议会被长老会的一派操纵，而圆头党军为独立教派（independents，后为公理会派〔congregationalists〕）掌握的这种敌对阵容中造成分裂，坐收渔人之利。其王后则在外国买马招兵，他自己也对爱尔兰的保皇党另有安排。这种伎俩被克伦威尔识破，查理因此下台。

《查理一世受刑图》。临刑前，查理一世冷静地对刽子手说："你动作务必干净利落。"

可是另一方面查理一世也是标准丈夫、好父亲，他信仰虔诚，他的君权神授观念也使他坚持己念，最后关头也不乞一死，只有以身殉教才能上报天神，下无负臣民。历史人物和行迹就有这些令人感动又矛盾冲突之处，也可以使以后的历史家随着感情上的取舍而左右其文笔。而读史之人又因所处的环境而有取舍，如有时提倡自由，有时又尊重传统与纪律，也可以使对同一史迹的看法发生差异。我现在举的一个例子，是当今英国历史家艾诗立（Maurice Ashley），研究克伦威尔的权威。他年轻时曾著《克伦威尔：保守的独裁者》（*Oliver Cromwell：The Conservative Dictator*），内中对克伦威尔全无好话，甚至他的私生活也在书中被批评，譬如说他嫁女用费奢靡，其他行止政策也有类似严苛的批评。20年后，艾诗立又著一新传记，书题为《克伦威尔之伟大》（*The Greatness of Oliver Cromwell*）。前书是在墨索里尼、希特勒的阴影下写成，不免把自己憎恨独裁政治的心情推及到历史人物身上。我们钦慕艾诗立坦白之余，不免在今后读史时更存戒心。

英国历史材料汗牛充栋，容易使外行的我们望而却步。各种公告记录早有图书馆档案室保全，私人的日记、信札又可以大批托出，于是信史、野史、回忆录、地方史可以个别的或整套的出版。近百年来，又分析为思想史、经济史、法制史等等类目。而新资料仍不断发现，例如纳米亚（Lewis B. Namier）从过去政客的文件中寻出家庭开支账单等，而从这批资料中根据其数字及交往的关系，断定其党同利害，自成一家之言，也引起很多年轻学者争起效法。古奇（G. P. Gooch）作《英国17世纪的民主观念》（*English Democratic Ideas in the Seventeenth Century*）一书，即在一处参阅当日发行的政治传单，多至30000件。

詹姆士一世开启了英国的斯图亚特王朝。Juan de Critz 约绘于 1605 年。

因为有了以上各种错综复杂的因素，英国历史家多注重分析而不注重综合。在学术上因专长而产生门派，古今中外一律，也无足怪。英国作家既已考证精微，不耐烦旁人作粗浅的解释更是常情。可是今日我们研究资本主义，却不能不将英国的17世纪历史作一种高度的压缩，才能看出今日公认的资本主义在国际上的一般性格，以及新旧交替之际英格兰王国及不列颠民族所表现的特征。资本主义在17世纪的英国有长足的发展，这种发展不彰显于当中任何特别的事迹，而显现于世纪前端（以1603年詹姆士一世从苏格兰来英兼英王为始）和世纪后端（可以用1689年作最高点）之间的大幅度差异。这个国家的组织在世纪的前端还没有赶上时代，未有一个众所公信的方案，各种争执多集中在一种原则和一种抽象的观念上，而以宗教为表里。世纪之后期，以上的问题并没有完全解决，但已逐渐澄清。所以英格兰教会（Church of England）以主教管辖圣公会（episcopacy）体制，对其他各种宗派不加取缔，已成为公认的原则，现代政党之雏形也于此时产生。如果资本主义在此中有所贡献，其本身必为通过全社会之很多体与面，成为一种带有综合性的改革，而不是"资本主义的精神"，或"资本主义的生产方式"一种粗枝大叶的观念可能交代得清楚。

在这种情形之下，我们非英国史专家，反能旁观者清。况且中国20世纪也面临一个大幅度的转变。英国17世纪的人口，据估计约增加50%，大约从400万进到600万。有宗教上的争执，但仍保全为一个基督教徒的国家。表面看来，这不能与中国在20世纪的变化相比。可是两方的改变都牵涉到思想、信仰、内政、外交、社会、经济与法制——总而言之，彼此都包括整体彻头彻尾的脱胎换骨，在历史中都无前例可循。又因为经历时间长久，虽局内人也无法将全部经历详细叙述。在这些方面，两者的经验应当可以互相印证。

都铎王朝的最后统治者伊莉莎白一世。17 世纪初，Issac Oliver 绘。

中国 100 多年来的颠簸始自鸦片战争。历史家溯本归源追究西方给予中国的影响，很可能对英国史有不同的看法。这也就是说，彼方的改革与设施，短处和长处大凡能对中国此后发展有长期性推进的功效之处,已应视作中国历史之一部分,不妨编辑采用,研究中国的历史家(不一定是中国人)或能继续朝这方面进展。并且中国历史规模之大,其赋予历史家之广幅胸襟,最能与西方历史家注重精微相平衡。本人不过以客观的立场在既定题材内重新安排众所周知的事迹,以适合于本书之体制,并融出前后一贯的看法,还谈不上重写历史。

1603年英女王伊莉莎白一世去世,都铎(Tudor)王朝断嗣,王位由詹姆士一世接继,是为斯图亚特(Stuart)王朝之始。詹姆士系伊莉莎白之侄孙,依西方习惯通称堂表弟(cousin),自兼苏格兰国王。这也是朝代国家的办法,英、苏两国此时尚未合并,各有其司法立法行政机构。

英王约翰于1215年6月15日承认的大宪章。(大英博物馆藏)

詹姆士以学者自居，曾御制《自由君主之真正法律》(True Law of Free Monarchies)，极度的宣扬君权神授。书中阐释君权产生于尊卑上下的等级之前，也高于私人财产，所以自由君主不受外界帝王之干预，也不受臣下的要挟约束。他这专制独裁的作风，与很多希望自由与解放的国民冲突，使斯图亚特王朝在大众关系之中陷于不利的地位。

概略说来，以后内战弑君和成立民国之各种远因，在詹姆士一朝都已埋下伏笔，有些因素，尚可追溯到几个世纪以前。英国社会本来是一种混合性的封建体制（全国划分为县〔shire〕，也有民兵〔militia〕）。这种封建是中国历史里所没有的。有些欧洲学者认为这是日耳曼民族侵入欧洲西南时，与罗马帝国的残骸重叠组合而成。所以其下端显示着部落组织的型态，其上端却又隐约表现着若干全国性的中央结构[1]。这种制度的最大特征，为带有契约性质的从属关系，例如陪臣（vassal）之对领主（lord）的骑士勤务（knight service），每年有40日的义役。13世纪的大宪章（Magna Carta）又将国王的权利详细规定，也是基于这种契约关系之精神。

可是到詹姆士嗣位时，以上情形早已改变。骑士勤务原来是因为陪臣有采邑（fief或fee），可以以土养士。这也只能行于中古战事带着竞技性质，动员简单后勤的马虎条件下，最迟在英法百年战争之前已失去作用，否则爱德华三世用不着向意大利人大量借债（详第二章佛罗伦萨部分）支持他的军事。

大宪章自1215年公布之后曾经嗣位的君主稍加修正，依例颁布，不下40次，可是一到都铎王朝，即未再提起[2]。原来都铎王朝两位有力量之君主，亨利八世及伊莉莎白一世，父女在位83年，占16世纪之大部分，他们深得民心，亨利在宗教改革时没收了很多寺院的田产，在位时已卖出一部分[3]，伊莉莎白又继续卖出。她个人采取稳健的政策，以机智圆滑的态度对付议会，因此都铎王朝从未发生皇冠与立法机关的冲突，延至斯图亚特王朝冲突才爆发，而伊莉莎白死时尚负债40万镑。

英国的议会，本来不能算是立法机关。中世纪的习惯，法律统有过去之成例，凡是以前未曾做过之事，现在有人提出质问，则不能做，也无需立法机关。国王召集议会，全系由于特殊问题发生，需要各界代表参与磋商，有时也倚之判决特殊案件。召集也不定期，议员到会也只算是一种义务。上议院为贵族院，为有爵位及高级僧侣之集会。过去全国土地大部分在他们名下，所以地位重要，现在则爵禄名位由国王颁赐，也可以出钱购买，总之上院控制的财富日削，其威望也因之陵夷。下院为平民院，成员为各县乡绅，每县二人，称为县之骑士（knights of the shire）及各自治市之市民（burgesses）。他们地位日高，是因为全国财富逐渐落入他们手中。内战前夕，传说下议院的议员论及上议院曾说："我们可以拿三倍的价格把他们买过来！"[4]所以以后国王与议会的冲突多起于下议院。

格罗孚（Glover）作品 Nobilitae Politica，描绘伊莉莎白女王时期，1584 年 11 月间的议会会场。

14 世纪初玛丽皇后诗集装饰画,描绘一群稽夫在封邑管理员指挥下辛勤收割的情形。

既为封建制度,其政权与裂土分茅的形式及土地占有平行存在,地产也不能随意变卖。但在中世纪,很多人利用技术上的漏洞,脱离此种束缚。名义上不出售,卖方仍自称领主,而将土地"封"给买方,约为陪臣,得价之后,只责成他供奉一点名义上的义务,就完成了应有的契约关系,甚至"每个夏天采办一朵蔷薇花",也可以算数。一位法制家曾说,英国习惯法(common law)的法庭"用虚构的事体堆在虚构的事体之上,以规避历史上的负担"[5],由来已久。

一到 16 世纪,封邑(manor 也可以译为庄园,可是与中国庄园的性质截然不同)已可自由典买抵当,可是内中又有无限的复杂情形,其症结则是封建制度虽早崩溃,但很多封建习惯并未消除。所谓"终身产业持有人"(freeholder)，情形尚属简单，直率说来他们即是占有土地之业主，得以自由买卖，也可以自由继承（按理如直系亲属死尽，应将土地退回封邑之主人，但是事实上无法执行）。即使如此，土地仍配有对封邑应纳之地租，但为数之微已不值得过问[6]。最成问题的是"副本产业持有人"(copyholder)，他们大都是稽夫（villein，本书不称农奴，而从 serf 音译，详第三章）的子孙，因为过去封邑记录内有他们的名字，他们持有抄本，或称某人某处有此抄本，即以为根据，占用土地。封邑所有人可能否定其根据，将之驱逐，或科之以佃费，称为"罚款"(entry fine)，要不则强迫他们径改为佃赁，又将佃赁期间缩短，到期加租或不再续佃。可是在封建时代，稽夫虽没有领有土地，但他们祖孙有耕耘斯土的权利，亦非改成佃赁即可驱逐之。虽然他们对封邑承派有义务，这种义务有大有小，各处千差万别，即在封邑之中，也可能不同。他们一般缺乏安全感，是内战前后一个相当严重的社会问题[7]。

这还有一个重要的因素，是英国农作物价格自1500年至1600年上涨4倍至6倍，而且上涨趋势尚未遏止[8]。加以上述土地主权与租赁关系复杂，此时地产之经营产生极大差别，有些农场百年之内佃金增加了10倍，有些则全未增加[9]。总而言之，在封建社会里，农业生产除了耕作人食用之外，大部分维持了有关人物各别的社会地位，很少的人用商业交换的方式谋利。这种情形在都铎王朝已经改变，至斯图亚特王朝变化更大。因为这国家已逐渐从自然经济进展为金融经济。

圈地（enclosure）在过去被认为是使小农流离失所，成为社会骚动的主因。因为圈地取消公地(common),小民失去牧场,而分得的私地小而不便经营,只好低价卖与大地主,所圈之地全部改为牧场,又减少劳力之需要,引起失业问题。但据最近的研究,则事不尽然,圈地有利有害,各地情形不一,有些圈地尚为农民自动发起,从农场改为牧场和从牧场改为农场的情形都有。还有圈地之后,用灌木构成树篱,增加排水沟,改变地形,并不减少工作,还需要更多劳力[10]。总之圈地开始于16世纪之前,经过17、18、19世纪,到本世纪初期才完成,为人口增加,土地使用合理化必须之步骤。17世纪的问题大都由于封邑拆散分割买卖,所买卖的特权含糊不清,佃户又将土地分割遗传,而习惯法庭只承认现今占有人的使用权(seizin),无法澄清所有权。这样一来,一般农民惶惶不可终日,有些也被退佃。有些封邑之主则不知地产究在何处,也找不到承佃人。按固定收入生活之地主早已入不敷出。此时尚有投机的地主和做官经商的地主在混乱之中得利,成为新的乡绅阶级(gentry)。

农村经济不能与新兴商业合流,也是社会陷于混乱的一个原因。习惯法的成例,农作物只能通过设定的市场以"公平价格"出卖,不得私自交易,市场的组织不能重复。此时城市人口激增,如伦敦自1500年至1600年自60000增至20余万,40年后再增一倍,其供应关系与以前已大不相同,16、17世纪的流动商人(wayward merchants)对各地区间经济的沟通有相当贡献,只是他们的生活极不安定,生活也没有保障[11]。习惯法原为封建社会的产物,没有应付现代商业的经验。没有适当的程序处置动产,在继承人典当后则将产业交付贷方（mortgagee），借方（mortgagor）即失去使用权。破产与保险当然都谈不上，即是控诉对方违约，也须证明本身实际亏本，因违约而丧失的机缘则不能算数，而且诉讼的时期往往很长，动辄10年[12]。另外，社会对流动商人仍相当歧视。

以上各种迹象显示，英国在17世纪初期所遇的困难固然可以视作一种法制问题，也就是说，社会已进化，法制未能赶上，引起脱序现象。可是实际上的发展，早已经超过这样的概说。其牵涉的不仅是法律和制度，而且是法律和制度所辖社会体型的本质。在这种情形之下，英国之16、17世纪与中国之19、20世纪有其相似之处。上层人物尚在争辩如何对付这问题，下层组织早已脱颖而出，其发展超出当事人之历史经验，才有内战之爆发，而且其争端还掺杂着很多宗教色彩。

詹姆士一世和查理一世因财政困难而召开议会，待议会批准新的税法。根据中世纪的习惯，平时国王以他自身的收入支付费用。历来英王皆是全国最大的地主，直接操纵1/6的地产，都铎王朝没收寺院产业时，尚可能多至1/5。但经过近百年的变卖、损耗，加以残存的土田多分散，此时复难发生租赁之功效，大概国王传统性质之收入，每年不过20万镑，再加上关税，即所谓的"吨税和磅税"（tonnage and poundage），亦即船钞以吨计，进口货物以磅计，每年约可征收20万镑之数。但国王之开销，在17世纪初年之平时，也需50至60万镑。如果爆发国际战争，则军费一项动辄100万镑。英国此时仍无常备军，海军之组织才刚有头绪，所以王室的财政主管捉襟见肘，经常负债100万镑以上。也有人说国王生活奢侈，对宠信的人赏赐过度，不过这些指责不能否定其背后的一个事实，即：财政组织过于陈旧，无法融合于政府的功能亟待展开的时势。

伊莉莎白在位之日，只授权议会讨论财政税收，大凡宗教与外交事宜由其全权处理。一到斯图亚特王朝，国王权力大减，国王因财政问题召开会议时，议会往往在答复国王财政需要之前，质问其行政方针，而在争辩时提出宗教与外交事宜。这一方面固然是詹姆士父子不得人缘，一方面也显示时代已变，17世纪英国已处于一个内忧外患的环境里，其臣民已不再漠视这关系全国人民生活的事体。

17世纪也是清教徒活动的时代，世纪一开始，英国的国王、英格兰教会和各大学站在一边，议会与清教徒在另一边形成对立[13]。可是一提到这题目，历史家就感到困难，因为清教（puritanism）本身是一个不容易捉摸的名词，即专家亦称其"靠不住，无从证实"，有些人又认为它是"高利贷的资本主义与企业的泉源，其潮流则可以领导进步之民主及社会之骚乱"[14]。诚然以上情形都在英国之17世纪发生，可是说者却不知如何将这些互不牵连的因素综合在一起。陶尼曾说，欧洲中世纪的思想是以人类各种活动与利害构成一种价值上的层级系统（hierarchy of values），经济只是当中的一个因素，而在这系统之最高端，则为宗教[15]。读者仍不免感到茫然。

在这情形之下，最好把视界放宽，首先承认人类是一种宗教的动物。这里所说的宗教，是广义的宗教，包括有形与无形的组织，人世与出世的思想，只要它笼括着人生最后之目的，直接的或间接的导引出来一个与旁人关系之要领,不妨以宗教视之。即是一种高尚的革命思想或一种显而易见的迷信,只要它凝聚于一个"最高的"和"最后的"宗旨,有吸引一部分民众的力量,即不失其为广义之宗教。我自己年轻的时候忽视中国人的宗教性格,后来读书做事的时候和西方的宗教生活接近,反求诸己,才领略中国的儒家思想和习惯也是一种宗教。我也记起中国内地,民间在房屋阶檐上供奉着"天地君亲师之神位",即已是民国二十多年,祀奉未绝。成婚时男方仍用红纸大书"文王典礼",丧事虽用佛教仪节,其"披麻戴孝",仍是按专制时代的规定。这时候我再读明史里面考察地方官的条例,就轻易地察觉他们注重各官移风易俗的能力。嘉靖帝朱厚熜因不承认自己承继于弘治,尊奉本身亲生父母,而引起群臣反对,几乎酿成宪法危机。而明清的刑法仍沿袭汉唐,以"五服"之亲疏,作判断的标准。民国初年军阀通电全国,其文辞仍以"全国各父老"开始,鲁迅和陈独秀反对的即是儒家思想的滥用。即使新加坡李光耀政府与西方新闻界发生冲突时,也仍有儒家的"来百工柔远人"的集体观念和基督教所表彰的个人主义两不相让的形势。即是西方人描写中国人的小说如《大地》(*Good Earth*)及《夏威夷》(*Hawaii*),也仍以子承父业的习惯在血缘关系之中得到永生的不朽作题材。曾子所说"慎终追远,民德归厚"就在以上各种事迹中不断重现。尼克松曾说:中国人动辄设想千多年,西方人只顾及几十年,实有其道理。

这后面的一个原则,是世界上任何国家不能全凭铁掌操纵。即算兴文字狱、主持特务政治,也要主持裁判的法官和特务的爪牙相信他们自己的工作具有社会价值。大部分人民的日常生活也不可能随时鞭策、到处监视。其所遵循的法则,必有幕后之协调。这种力量,即是我们所述的广义宗教。

欧洲中世纪的封建制度,严格言之,不外各分等级之土地占有人因袭其社会地位,长期保持其经理的体制。下层政府与各封邑领主之家室不可区分。而朝代国家的办法,是领土可以远隔而不相关联,其人民包括不同种族,使用不同语言(百年战争即是由于英王爱德华三世企图掌握法国之诺曼底;迄拿破仑崛起时,英王仍自称兼法国国王)。于是宗教更形重要。当时全民属于教区(parish),向教堂付什一税,教堂有养生送死、登记各人之出生与婚姻、遗产继承及其他民事之凭藉,也可以惩戒信民。礼拜缺席的信民尤要被罚。所以教堂不仅为变相的政府,其功效尚超过一般之政府。

17世纪英国之内忧外患,宗教事宜没有着落,也是其中因素之一。一个世纪之前路德提出宗教改革,已经将罗马教廷之信用戳穿。可是路德所提信民即是长老说以及加尔文之命定论破坏了整个基督教1000多年来的组织系统。基督教凭的不是中国人在血缘关系里获得永生,而注重个人的赎身超度(redemption)。也可以说是通过一种神秘解释,在个人与神的关系中获得精神上之永生。可是良心之自由(freedom of conscience)全系个人之事,没有外形的协定,是故宗教失去其一般性和社会性,也难成为协定全民生活习惯的一种力量。比如圣餐(the lord's supper)是基督教中一个重要的瞻拜仪式。历史上的基督曾与他的门徒举行最后一次晚餐,他曾将面包与酒给予门徒，又说："吃吧，这是我的身体！"和"喝吧！这是我的血！"中世纪的神学家曾创"变质说"（transubstantiation）。此中 trans 为改变，substance 则是物质。变质说认为僧侣将面包与酒给予信徒，这些物质实际是基督之血肉。路德不承认这种说法，可是仍相信举行圣餐时基督确实来临，所以信民必须有信心（faith），也就是要打开自己的心怀，接受神之恩惠。可是圣餐也可以完全当作一种纪念仪式，不涉及基督之来临。因为这些观点之不同，礼拜时产生仪式上的差别。甚至面包与酒应由神父亲自一一授与信徒，或由长老传递；餐桌应横摆或直放，都能产生严重争执。

一个世纪之前亨利八世的宗教改革，更将复杂的因素加入微妙的关系中。亨利曾有志做神圣罗马帝国皇帝，此志未遂，又想以亲信红衣主教伍尔西（Thomas Wolsey）做教皇，亦失败，才以离婚为理由和罗马决裂。他又在事前停缴教皇之年例，事后没收教堂之财产。凡此财政算盘和民族主义之考虑超过神学领域中之取舍。亨利又自称是英格兰教会之首长，更把他自己和继位人视为半个教皇。以后英国的国王即是想不干预教堂之事，亦不可得。

亨利身后都铎王朝之宗教政策经过激烈而反复的波动，不少信徒被杀或亡命海外。1588 年西班牙舰队之来犯，与宗教问题有关（另一方面则由于伊莉莎白出兵援助荷兰，详第三章）。最后伊莉莎白朝的妥协，也仍是不了了之。英格兰教会颁布的三十九信条（Thirty-nine Articles）和祈祷书（Book of Common Prayer），仍是在命定论及自由意志之间模棱两可。仍希望在天主教及加尔文派之间采取中立。只是宗教上的事体很难中立，并且各人对神学解释之反应往往不可预知。如果一个人能否被拯救，全系预定，则信仰之事确系个人之事，主教也是多余。反之如随自由意志而转移，则教会纪律仍极重要，僧侣也有他们的用途。詹姆士一世所说"没有主教也无需国王"即针对后说着眼。

荷兰佚名画家作品，描绘英国和西班牙海军舰队会战情形。（伦敦国立海洋博物馆藏）

以后这教会组织问题由三种派系交互作主：（一）主教团（episcopacy）保持现制，承袭罗马传统，旧主教传位于新主教一脉相承，主教对国王负责，有如詹姆士之期望。（二）长老会（presbytery）采取加尔文派组织，教堂由长老及执事等构成，各人由信民推举，也仍有全国机构，却不受国王干涉。(三) 独立派 (independents，日后发展为公理会〔congregationalists〕) 将命定论之作风更推进一步，各教堂主持人由各地信民推举，不设全国组织，各地都有独立的小教堂。克伦威尔即为此派，其军队将士以此派为多。

清教徒不限于以上各派。独立派固为其中坚，即较温和之英格兰教会僧侣，不坚持取消主教团，只运动在其他方面求改革，仍是清教徒的一支。此外教友会 (Quakers)、浸礼派 (Baptists) 等各宗派更是清教徒。总而言之，清教运动开始于伊莉莎白时代，又传入美洲，至17世纪内战时达到最高峰。他们大体相信命定论，但清教徒却不能以神学而成为一个独特的集团，他们注重净化教堂，革除各种伪饰，不相信圣餐可能产生奇迹，尽量保存圣经上所述的体制，也严格禁止星期天内的娱乐（詹姆士倒在此时提倡信民在行礼拜之后，应使他们以各种竞技自娱）。

以上各种经验均为中国历史所缺乏。今日我们批阅其记录，在某些方面不免说其小题大做。举一个反面的例子：一般西洋人士读中国历史，也惊讶于明朝嘉靖帝之"大礼议"。嘉靖不称弘治为"皇考"而称之为"皇伯考"，引起群臣力争，翰林院官员前往请愿时尚说"国家养士之用端在今日"，以致百多人被廷杖，十余人死于非命。这件事虽未如清教运动之长期扰攘，却也争论了好几年，在外人眼里，也是小题大做。其原因则是宗教包括了各种最高的价值和最后的观点，这些因素无法分割，也无分大小，总之就是不能妥协。

克伦威尔早先并不同意内战起于宗教问题的说法，以后才逐渐接受[16]。从这里我们也可以想见 17 世纪英国的宗教是一个牵涉广泛而又不可捉摸之事物。倘非如此,一位主要的领导人决不会轻率的加入战斗,更不会在几年之后,还要由旁人告诉他其动作之真意义。此时另一个说法是,"任何物品一经霉烂,总因主教之脚牵扯在内"[17]。可是有正则有反,如果宗教的范围广,也可以说当日人文因素单纯,所以稍微调整安排就牵涉上一个宗教问题。清教徒的作为虽多,不外保持他们自己与神之直接联系。所以他们始终反对国王和主教插足其间,也不容任何人将雕刻物、美术品替代称数,如果此时他们反应激烈,则是因为过去假借威权,各种赞拜之仪节早已歪曲滥用。

荷兰印刷品中的插画。克伦威尔正向一群清教徒传说教义,窗上穿插着英国内战的画面,讲坛侧面持剑拿书者则为查理一世的灵魂。(大英博物馆藏)

在这情形之下，可以预见日后的发展：即清教运动对詹姆士一世的君权神授说一再驳斥，所以内战尚未爆发之前，英王已处于被动的地位，甚至在精神动员的成算上已经未战先败。

外交关系也与宗教问题牵连在一起。

17世纪西欧三个主要国家——荷兰、法国和西班牙——彼此之间长期处于敌对和作战之气氛下。英国此时和他们的交往，更处于一个奇特的境域之内，任何时间都要找上一个或两个为敌国，也可以随时攀为盟友。此中主要的原因，还是由于王朝国家的习俗不合时宜，而民族国家之组织又未就绪。王朝国家的办法是各王室之间约为婚姻，其间经济的援助以嫁妆方式承办，纠纷也以家事方式调解，亲戚间的关系代替同盟，亦可在国际场合中影响第三者。而民族国家的外交，以国家之利害为前提，以金钱与武力为后盾，使节及间谍的活动频繁，全民参加，用费至多。斯图亚特王朝与议会冲突之日，虽未明言，国王可以说议会责成他办事，却又吝于付费。议会亦可言说王室以国事为家事，在国际场合中的措施动违众意，反要百姓出钱。

17世纪很多英国人不仅怕国王坚持由英格兰教会派设主教的体制，还怕恢复天主教。16世纪末期，天主教人士发动了不少改革，曾替罗马教廷收复不少失地，在历史中称为"反宗教改革"（Counter-Reformation）。英王在此时提倡君权神授，有将英国重新归纳于天主教羽翼下的趋向。根据过去的经验，这种运动如果成功，很多人的身家性命资财都将受影响，因此17世纪谣言纷起。而英王詹姆士停止对西班牙的战事，为查理向西班牙王室征婚未能成功，又替查理娶了一位法国公主,都是不孚众望、引起怀疑的行动。他的德国女婿以新教徒身份被推戴为波希米亚国王,虽有瑞典和荷兰精神上的支持,却敌不过神圣罗马帝国实力干涉,导致三十年战争。但英王詹姆士并未出兵救援。英国与荷兰的关系则更为特殊。虽然彼此都属新教,但在渔业和航海业以及海外殖民地的经营上却是敌手,终17世纪,英国也与荷兰大战了三次。在这情形之下,任何主持国政的都难免遭遇尴尬的局面,而斯图亚特王朝之不得人望,使这种局面更加恶化。

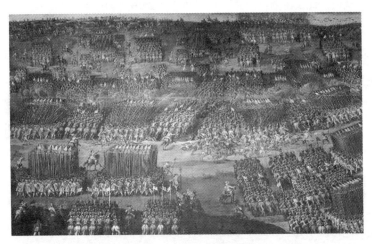

三十年战争期间,1620年11月8日的一场战役,画面中神圣罗马帝国和波希米亚两军交战,战况激烈,结果波军不幸落败。(罗马维多利亚圣母堂藏)

查理在1625年继位,声望更为低下,他虽与法国联姻,却因支持西格诺派(Huguenots,法国的新教徒),在法国两方都不能讨好,使其联法抗西的政策无法实行,只好于1630年结束对西班牙的战争。当时议会里的反对派,也算是清教宗,很多人在西印度群岛投有重资,西班牙军队在此登陆,等于打击了他们苦心经营的成果。他们在查理不召集议会的11年间,经常借公司营业会商的机会讨论政治,于是又把各人在商业上的损失与国王迫害清教徒的事实连成一气[18]。

这几十年英国为向大陆进军,在各地强迫征调兵员,而其衣服粮秣未备,政府又长期欠饷,以致作战时缺乏纪律,有时将士抗命,在国内又驻扎于民间,百般骚扰[19],与中国军阀时代的情形有很多相似之处。

如果与苏格兰及爱尔兰之间的问题可以算作外交,则英国的内战也可以说是终因外交上的问题而发难。詹姆士一世在位22年,他和议会的冲突已经快要决裂。查理一世又因为议会不合作,一味评议他的政策,而于1629年解散议会,之后11年间未召集议会。他用罚款方式,向各人单独的"劝捐"及收取"造船费"等等办法搜集经费。这些办法虽犯众论,但只要他不借议会之助而能应付财政上的需求,大家痛恨他却又无可奈何。最后这种局面则为苏格兰的问题所打破。

查理受大主教劳德(William Laud)主使,对苏格兰教会加紧管制。因为国王既相信君权神授,"作之君,作之师",而且兼为两国之国王,不能在两国作法不同。可是苏格兰教会向来以长老会的形式存在,詹姆士虽派有主教,也未变更其实质。查理的改革则牵动了很多仪式及组织,也间接妨碍了不少苏格兰地主的利益[20]。这种行动所引起的反抗,演成一种签"誓约"(Covenant)的运动,参加的人立誓保全苏格兰教会及长老会的组织,一时如火燎原。查理派兵讨伐,反被苏格兰军队打入英格兰境内。苏格兰人对国王的要求为每日军费850镑,直到"主教战争"(bishops's War)获得解决之日为止。因此查理在1640年召集两次议会。5月初的议会称短期议会(Short Parliament)。国王原来希望议会为他筹饷,批准战费,但事与愿违,议会反攻击查理对国事的措施,所以查理将之解散。11月再召集之议会,则称长期议会(Long Parliament)。因为苏格兰的问题未能解决,国王只能再度召开议会。长期议会经过不少波折,可是概言之即是日后与国王对立发生内战、弑君,被克伦威尔整肃解散,却又在1660年再度召开,宣告本身应当解散,而召集下一届(复辟议会)之议会,前后经过20年。

就在长期议会召集之次年,即1641年,爱尔兰发生变乱,查理一世准备征讨。1642年议会通过"民兵法案"(Militia Ordinance),军事权完全掌握在国王手中。于是查理北行,在诺丁汉(Nottingham)成立行营,内战由此展开。

英国内战前夕,各种事迹穿插曲折,牵涉的人物,脾气性格复杂,容易引起读者猜想,是否事实之展开一定要如历史所决定之程序。其中也好像千头万绪,稍微安排之不同,即可以使以后之结果发生至大之差异。

可是300多年以后的今天,我们回头检阅这些事迹,就会领会到历史之戏剧性与历史逻辑不同。也就是革命之浪漫史不一定与革命之结局相符合。放在个人经历的立场,其事实千变万化。可是从长时间、远距离、大视界的眼光看来,虽然各事时机仍不可预测,也有其神秘性,可是其中瞻前至后贯穿纵深的因果关系,则又似乎可以一目了然。

查理一世在苏格兰接受誓约时曾说:要是此事他尚不能干预,则英国国王之地位将与威尼斯之统领无异[21]。而以后之发展也确实如此。立宪君主制,国王只是仪式上的领袖。而且政教分离,也是宗教独立派之始祖布朗(Robert Browne)所提倡的宗旨。可是很难想象17世纪一个以农立国的国家可以像一个自由城市一样的管理。英格兰国王成为英格兰教会之首长,至查理也已100年,要是此时说他应当置祈祷膜拜之事于不顾,只要安心做富贵闲人,也未免不近人情。同时英国又极端的羡慕荷兰共和国,书刊常叙述荷兰的富丽繁华、人民勤奋、自由风气弥漫,甚至霍布斯(Thomas Hobbes)也认为英国人艳羡荷兰城市是英国革命的原因之一[22]。然则荷兰由于过去无统一之政府及法制,向来各省自主,才可能由城市领导乡村。而英国企图效法,反有无处着手之感。

这种种不可能之事日后逐渐成真,当中经过内战、弑君、革新为民国、复辟和第二次革命彼此牵连的各种大事,英国社会之本质也在动荡中改组,这种改组,不能说与资本主义无关。

在这种情形下,我们无法以个人之贤愚不肖解释历史。只能将英国17世纪的经验看作一种极大规模的组织与运动,而在其发展中窥见历史长期的合理性。

查理·斯图亚特缺乏诚信,可是他对民瘼之关心又很难否定。同时，不少为他尽忠的人士虽冤死而不辞，如前爱尔兰总督斯椎夫德伯爵（Earl of Strafford），更可见得国王之作为，也不是毫无原则。查理的宗教政策大都受大主教劳德影响[23]。劳德关心小民之生计，反对圈地。对宗教之事，注重纪律，认为英格兰教会应保持其全国一致之仪式，并且主教的组织万不可缺。从这些条件上讲，我们纵然评判他们不合潮流，也不能遽尔说他们的保守立场即是居心叵测。

法律不能畅行，实是内战无法避免的最大原因。英国的法律和中国的不同，他们没有每个朝代各自立法的习惯；法律是自古至今一脉相承的。但是他们也没有将社会各部门统一归并的法庭，而是教会有教规法庭，封建有领主法庭，商人有市长法庭，国际贸易有海事法庭等。迄至16世纪已有不少整顿，都铎王朝将司法权集中。可是一般来说，全国性之法庭仍分两大类，执行习惯法之法庭有民事法庭（Court of Common Pleas）、王座法庭（King's Bench）（这两者之间区别微妙，也在长时间不断改变，有时同一案件可能由当事人挑选其一投入诉讼），和财政大臣的法庭（Court of Exchequer，专受理与国王收入有关之案件）。习惯法根据封建组织里的农村习惯，成例较僵化，各法庭动作较为迟缓。补救的办法，是在国王名下另设几个职责不同的法庭。内有皇廷大臣的法庭（Court of Chancery，皇廷大臣〔Chancellor〕主持国王的礼拜，他掌握此法庭，表示以国王之良心作主，接受特殊的案件），高级委员会的法庭（Court of High Commission，专管宗教上的事宜），和星房法庭（Star Chamber，专管政治犯）等，以及其他几个关系较轻的法庭。

这群组织统称特权法庭（prerogative courts）。它们审判案件，一般脱离习惯法而根据平衡法（equity）。平衡法本身非法律，只代表一种法律观念，简概的可以"以天理良心行事"综括其宗旨。这中间的分野则是习惯法根据过去成例堆砌而成，凡事都要合法（legal，合法则是有过去之事例可援，合理与否，不再计较），平衡法则须要合理（equitable）。

表面看来习惯法的程序与内容已不合时宜，特权法庭乃为弥补其缺失而设。在斯图亚特王朝之前，皇廷大臣之法庭已邀请习惯法之律师参加合作，财政大臣的法庭也有接受平衡法的趋向[24]。可是17世纪的纠纷一开，只因"特权"这个字，也可以使两方分手对立[25]。星房和高级委员会也可以说是平衡法的刑事法庭。它们之成立，是由于习惯法缺乏对付煽动变乱（sedition）和惩戒诽谤（libel）等处置。可是在查理一世的时代，这些法庭惩罚政治犯及宗教犯，尤其是惩罚擅印挑拨性的传单之作者，惨极人寰。判无期徒刑的不说，带枷和鞭挞割耳黥面等刑的大有人在。虽说这些刑法也曾行于都铎王朝（所以它们并非不合法），但时代已变，至此引起极大的反感。所以争端一展开，很多习惯法的律师（包括法官书记等）站在议会派的一边，与清教徒为盟友。况且他们长期受着习惯法的影响，认为法律不能在政治的压力下低头，也使他们易于同情反对派[26]。

这样一来，议会派和国王争执尖锐化的时候，一方企图酝酿在多方求改革时打开局面，却因袭了一种过了时的法制系统。另一方掌握了能修正法制的工具，却用这工具维持君权神授说，又用以保障赞助极权政治之宗教仪式。而且它之施用肉刑,更是在英国文化史里开倒车。

17世纪初期的经济恐慌,当然只增加了内战的可能性。西欧大陆国际战争之展开,在羊毛没有出路。荷兰商船业兴起,英国倍感压力,英伦海峡之间又多海盗出没。在失业威胁之下,很少人能对国王表示感激。长期议会开会之日,裁决斯椎夫德死刑,伦敦和西敏寺群众麇集,各行业的学徒乘机鼓噪,空气更加紧张。加以谣言纷起,这时候纵有一分将两方冲突性和缓化的可能,也在这动乱的气氛中一扫而光了。

长期议会在这种环境之下开会,对立的形态已成定局,于是反对派以一连串行动通过很多法规,以过去国王之抽吨税与磅税为违法,将好几个特权法庭取消,星房和高级委员会的法庭更不用说,连皇廷大臣法庭亦被提及讨论。只因为这法庭仍有它的用途,才被幸免[27]。前爱尔兰总督斯椎夫德之判死刑,则是长期议会反对国王调爱尔兰军队前来英国镇压反对派,算是给国王及其亲信一个严重的警告。一般刑事程序既不能达到目的,斯椎夫德之死刑采用了"褫夺公民权法案"(Bill of Attainder)来执行,也就是他的叛国罪只要议会多数同意,毋须缕列证据。此举曾有前例,也算合法。大主教劳德则被监禁5年,终在内战时期处死。议会还怕国王下令终止他们集议,于是通过法案,非经本身同意不能解散议会。

综合这些行动,长期议会已经走上革命的途径。它已经无法利用它目前的威权继续以前的议事程序,也就是以前的议事程序无法容纳现在议会给自己揽纳的威权。爱尔兰变乱再起,议会只有再通过法案将全国的军事性城楼仓库以及军官的派任权收归自身掌管。国王只好离开伦敦,在北边招兵买马,内战于是揭幕。

300多年之后的今日,有关英国之内战可综述如下:

大凡一个国家,必定要有一个上层结构(superstructure)和一个下层结构(infrastructure),当中的联系,有关宗教信仰、社会习惯和经济利害,统以法律贯穿之。总要做得上下合节,首尾一致。要是当中联系不应命,政局必不稳定。补救的办法或改组上层结构,或修正下层结构,再次之则调中层组织,如重订税制,颁行新法律。只是英国17世纪有如中国之20世纪,上层结构(国王、议会和英格兰教会以及军事外交等机构)与下层结构(土地占有、农业生产与分配、商人之权利义务等)同时与时代脱节,中层的社会、宗教、经济、法律各种因素都要重新改组。内战只是这长期改造中颠簸得最厉害的一个阶段。

在这里我们也可以重新考虑以上曾提出的一个问题:什么是清教徒?

中文"清"字,很容易产生误解。英文的purify,实为纯洁化。清教徒有一种将教会洗刷干净的宏愿,他们的运动是一种带着战斗性的群众运动。所以当初因宗教信仰被迫害的清教徒,宁可离开家乡,在北美洲披荆斩棘,另开天地,表现一种双手万能的气概。因之这清教运动必然是一种以"成功"为宗旨的道门(cult of success),也有一种独立的性格。尤其坚信加尔文命定论的人士,他们既划分世人为预

1641 年爱尔兰叛变时所发生的清教徒大屠杀事件。

先被选得获拯救和被遗弃而遭谴罚的两类,逻辑上他们只能相信自己属于前者,而与他们作对的属于后者。只要他们自己在神前忏悔接受神的慈悲,即为已被选获救的象征。他们自己身后之事既已毋庸顾虑，可以专心一致的去证实自己确已获救。严格的来讲，他们的生活并没有另外一种更高尚的目的。清教徒既有了如此心理上的准备，作战时必一鼓作气，做生意也必表彰其赤手致富的精神。离开基督教神学的立场，我们也可以说，在需要强化民族国家，开拓殖民地，成立资本主义社会的 17 世纪，清教运动适时而生。清教徒摆脱了中古以来一般人在养生送死的程序中，没有选择性的成为教徒的习惯，而在这有机转性的时期中各人经过一段宗教上的灵感和经验，容易将他们的一股信心主动的放在正在他们眼前展开的新世界潮流之中，将各人的冒险性格和独立精神发扬无遗。他们所要求的自由，大致也就是这主动权。

英国内战，不能用阶级斗争的笼统观念概述。照理推论，有家世声望的贵族大地主必较趋向保皇党，新兴的绅士阶级，尤其中级地主和商人，则有倾向于议会派的理由。可是实际的发展不尽如是，长期议会会员站在两方的，并不显示就带着以上不同的社会色彩。有些家庭的成员甚至参与敌对的阵容。虽说英国东南沿海一带，尤其接近伦敦的地区，以同情议会派者居多，西北与新型商业接触少的地方则大致同情国王，这样的对立仍只是一般印象，内中还有无数例外的情事。即是在其中某一方面控制的地区，内中也有不少敌对的人士[28]。所以以后野战和攻城战同时展开。长期议会集会初时一般反抗国王的情绪高涨，可是后来过激派做得太过分，引起反感，也激得不少初时同情议会派的人反而支持国王[29]。所以其取舍并不全由经济利害。

战事初起时双方都无常备军，彼此都以"召列状"（Commissions

of Array）招募军队。一般的情形是地主将他们邻舍佃农武装，给养与马匹也由召集人捐助，议会军则另有统筹的津贴。双方都不缺乏军官，因为很多人曾在大陆参与战事。勤王军最大的损失则是海军不发一矢，全部投效议会军。国王靠外界接济的机缘本来已很渺茫，失去海军之后更为无望。勤王军受英国地主生活影响，善于驰骋狩猎，因此在骑兵战术上占优势。但是他们的资源不充分。战事持久，议会军又逐渐占上风。

战事展开两年仍胜败不分，双方开始寻觅外援。查理一世从爱尔兰人获得的援助至为有限，而且他与天主教人士周旋，引起国内英格兰人的反感。议会则和苏格兰接洽，苏格兰的条件是议会派的人士签字于誓约，承认长老会的宗教组织。协议成功后苏军入境，使北部的勤王军两面受敌，极收牵制之效。但是南部的勤王军仍能采取攻势，也曾数次击败敌军。兵饷没有着落、部队缺乏纪律是两方的通病。很多部队只愿保护家乡，不愿远征，还有很多为部队长一手招募经营，一旦部队长战死，部队即瓦解。

直到1644年冬尽，议会才组织新模范军（New Model Army）。以后，兵饷的发给比较正规化。后勤部队也渐有头绪。普通的士兵都穿制服，严禁向民间劫掠。议会的会员不得兼军职。克伦威尔时则例外。他以中将统率新模范军的骑兵，部下大率由剑桥一带称为"东镇集团"（Eastern Association）之地区募来，将士历经征战，宗教上的信仰则属独立派。因此，他们日后尚要在英国历史上留名。此时则因他们以清教徒的精神施用于战场，获得成果。1645年纳士比（Naseby）

一役，他们将查理一世亲自指挥的主力击溃，战后又追奔逐北十多英里，以致对方全部辎重以及国王之书信文件均被俘获。勤王军自此解体。新模范军之出现，显示军队已非私人构成之组织。英国高层机构已有蜕变之势，只是内中仍有问题。

1644年Lostwithiel战役中，亲上战场的查理一世（左），正在野地里口述一封信。

纳士比之后，议会军只从事肃清勤王军残存的城市和碉堡，但是战事仍延至1646年夏天。5月，大势已去，查理化装出走。先南向伦敦行，半途又折向东北，至此他还想觅船航海，未果，最后北行，自投于参加内战的苏格兰军[30]。这时他还以为苏格兰人对他的处置会比较契合。但是苏人留他半年，因为谈判不得要领，将他交给英国议会以换取40万镑之欠饷，然后撤退回国。

国王成为俘虏之后，和他敌对的苏格兰人、英格兰议会和新模范军也开始彼此之间的斗争，前二者在宗教上为长老会所左右；后者则为独立派之中坚。这时候绝大多数英国人仍相信国王是不可或缺的，问题只是立宪君主制的详细内容。查理曾说："平时治理国家不在刀剑，而在讲道坛。"可见得他深信当日宗教在政治上的重要。他的书牍和行动，也显示他一直没有放弃以主教治国的希望，唯迫于环境，不得不与对方周旋。一到时机好转，他仍准备以主教团支持他的君权神授说。议会里的多数派属于长老会。他们既签有誓约，也觉得虽不用主教，到底也要有一个全国性的宗教组织，如此英格兰与苏格兰教会的事才有彼此交融的可能。

在独立派看来，实行誓约，采取长老会的制度，对他们一样不利。要是因此禁锢他们的教坛和活动，或让他们在全国体制之外自行瞻拜，都是难以接受的。此时全国仍有供奉教会的什一捐。独立派被迫以1/10的收入供全国教会，还要另外自费组织教会，另外出钱请牧师。既有全国教会，则有教区，因此人民之行动也仍受其管制。英国议会虽有一部分由于信仰自由而对国王作战，此时仍下令不许普通人讲解圣经；怀疑基督神性的人，仍会被判死刑[31]。所以宗教的独立派对长老会的多数派也是心存戒惧，也相信他们是想干预人与神之关系。

当这些纠纷尚未解决时，议会提出裁军。各部队开始集中悉听遣散，但对欠饷并没有适当的处置，应募前往爱尔兰服役的士兵少，以独立派为主的军中将士决定自行其是。1647年5月他们派兵强行接收国王查理一世。其次，他们组织军人参政会（Council of the Army），以将级军官及每团其他军官二人士兵二人组成。他们声称除了出入锋镝，既为自由的公民，最低也有对国事说话的权力。于是推克伦威尔为领袖。他们既和议会做到两不相容的地步，回头想与国王交涉可能较为容易。查理则认为陆军与议会意见分歧正是他得利的机缘，果然为其料中，所谓第二次内战于 1648 年展开。

克伦威尔像。（巴黎凡尔赛美术馆藏）

但是在 1647 年年终之前，国王查理一世又做了两件失却民心之事。11 月间，他从被扣押的地方逃出，出奔威特岛（Isle of Wight），他满以为岛上总督会听其摆布，不料后者仍将之拘禁。12 月，他又与苏格兰人签定密约，同意全国实行长老会制 3 年，且积极压制独立派的信仰。在签订此约之前,他曾致书议会,要他们考虑陆军提出的方案[32]。他不仅出尔反尔,而且暗中央结苏格兰人进兵,对和他交涉的人讲,则是阳用缓兵之计,阴图克害。所以查理日后之被弑,既有历史家誉之为烈士,也有的说他是自食苦果。

然则查理在历史上的地位还算固定。他的一生以君权神授始终。从这出发点,他以马基雅弗利(Machiavelli)的方式(详第五章)和人身关系(personal)的方式维护一种非人身关系的制度(impersonal institution),因之他既为烈士,也系自招其咎。最难的还是阐释克伦威尔的历史地位。他和圆头党以及宗教上的独立派提倡良心自由,在历史上成为一种过渡时期的产物。从长期历史上讲,信教自由开启政治自由之门,而政治上的自由也开经济上放任政策之门,因后者才能实现资本主义,可是这连串的关系,却只能理解,而无法在一人一时一事上找着痕迹。个人的经历受时间和空间的限制,克伦威尔本人行事,有时候尚在前述关系之中表现矛盾状态。

所以克伦威尔对西方物质文明的贡献,还是以间接的在精神方面发生启发作用为主。他的共和(Commonwealth)和护国(Protectorate)都是由环境造成,也不能在历史上长久立足。但是他以自由(liberty)的名义参战,战胜论功,总是归于神之光荣。圆头党军队在战场上唱赞美诗。此中即包涵了一个宗旨:只要各人认为良心无亏,任何应做的事都可以做。但是克伦威尔又不像当日的均平主义者(Levellers)那样完全以理想支配现实。17世纪人文因素尚属简单,在中世纪凡事一成不变的习惯尚未革除之际,他的断然处置和大刀阔斧的胸襟打破了历史上的一个死结。经过他的试验,英国决不能再回复都铎王朝的旧局面了。

如果这种说法过于抽象和空洞,我们不妨在相反方向找出一两个例子,作为较实际的证据。劳德任大主教时,约克大主教曾写信给他:"我发现各处的牧师都在砍伐、更变、修正、节略和增添。"有些荷兰员工受雇在剑桥以北的沼泽地(the fens)做排水的工作。大主教看到这些工人用他们习用的仪式做礼拜,立刻命令他们参加附近的英格兰教会[33]。在这新旧交替之际所谓宗教仪式,代表着不同的社会习惯,也代表着不同的人生观。英格兰教会更怕变更,自己也拒绝对新时代作调整。又根据可靠的来源,克伦威尔于1647年和查理谈判的时候,他曾说出要是荷兰的政治体系能移植于英国,英国人民必蒙其惠[34]。这种话里表示他念念不忘良心自由,而非关怀一种抽象和空洞的观念。尤其与英格兰教会大主教之态度相比,克伦威尔的信仰是他思想的主宰。它既可渗透到政治里,也可以贯穿到商业政策和经济生活中。他和其他的清教徒一样,都以为自己的积极性格概系神赐。在同时代一切都在转变之际,这种信仰也可以发挥于其他的地方。韦伯(Max Weber)说出清教徒之成为资本家,他们不复以赚钱为坏事,而认为是好事。积蓄财富不复受传统道德观念束缚,也不按现今的生活程度适可而止,因为赚钱已成为目的,而不是达到其他目的的一种手段[35]。如此看来,克伦威尔虽没有出面推行资本主义,资本主义却在他的领导下发育成长,而不在国王及劳德大主教领导下一成不变的环境里发育成长。

现在再追叙 1648 年的事迹。第二次内战较前次单纯得多。当时国王还被拘禁，虽说议会派、苏格兰人和过去的保皇党联合与圆头党对敌，但他们没有统一的军队，起事时也只像没有协定的反叛，此触彼发。新模范军不费气力就将他们一一削平。只有苏格兰军队，曾与敌军进行战斗。可是苏军的行军状态，队伍前后缺乏联系，就给克伦威尔打得落花流水，整个二次内战前后未逾半年，圆头党战无不胜。战局一结束，克伦威尔等人即以"流不应流之血"的罪名，清算国王和议会。

整肃议会很容易执行。长期议会的下议院此时大概还有 200 名议员。圆头党军人派兵站驻门口，属于长老会的议员约 140 人不许入内，只剩下 50 到 60 个议员，史称"尾闾议会"(Rump Parliament)。他们任命了一个 150 人的特别法庭审问查理一世。国王不承认他们有此权力，并且认为自己所代表的不仅是本身，也是全国臣民和他们的自由。但是法庭由过激派为首，仍判他死刑。直到最后仍有很多陪审官不愿在"死刑执行书"(death warrant) 上签名，克伦威尔威胁之后，才有 59 人在行刑书上签名[36]。将国王处死是极不得民心的行动，只是这时以武力为主，反对克伦威尔的力量又都被镇压，英国的公民国家，自此开始。但是昙花一现，1660 年查理二世复辟之后（称当年为查理二世之第 11 年）克伦威尔被剖棺割尸示众，斯图亚特王朝否定公民国家和护国的合法性。

内战前后，英国完成了无数政治文献，有的由议会提出，有些由新模范军的军人提出，有的似临时约法，有时又像议和的条件，内中有限制主教的权力、国王颁布重要任免时议会的同意权。有些文件还提及王室子弟的教育问题。总而言之，都有成文宪法的意义。为什么当中没有一件为众所公信？为什么当中没有一件行得通？我们不禁要问：为什么以英国人的公平守法，竟没有人能提出一个周详的折衷方案，为众人遵循？

这问题似乎可在中国民国初年的无政府形态中找到一个类似的解答：中国军阀时代，也有很多人发出无数通电和宣言，也前后写过不少约法和宪法，而这中间最大的问题，则是撰写者以一种理想的境界为标准，没有认清自己的立场，也就忽略了这时候政府本身是一个社会上的游体（foreign body）。所以问题的症结不在权力如何分配或执权者应受何种监视，而是在上层的理念如何有效的传达于下层。此时除非社会整个改组，否则财政与税收无法合理化，表面上的公平守信并没有实际上的意义。英国之在17世纪，也和中国在20世纪一样，正由一个旧式农业体制转入一个新式的商业体制。除非农村里最基层的结构也能适应商业管理之法制，否则实在无法可遵循，也非单指责执法人员不守法就能解决问题。

克伦威尔在1658年9月去世之前，担任英国之独裁者达9年余，最后5年称"护国公"（Lord Protector）。拥戴他的军人也让他自立继承人，他以自己的儿子理察（Richard）为第二个亦即最后一个护国公。英国有史以来为共和国的时间一共只有11年。其中为护国之5年，实际为变相之君主制。

克伦威尔取得政权之后，找不到一个适当的宪法基础[37]。"尾闾议会"不合作，他亲自率兵去解散议会，他自己召集的议会，也发生查理一世同样的困难。他取消上议院,后来又重新组织了一个上院。克伦威尔也重颁爵禄,很多受封荣衔的人是他的亲戚家人,部曲徒从。护国实质上是军事统治。全国划为11个军区,每个军区派一位少将监理,综揽境内治安收税以及监督民间日常生活之事。均平主义者为提倡全民平等,到处散发传单,克伦威尔将他们逮捕入狱。克伦威尔是有为人诟病处。他的儿子理察未曾建军功,更缺乏威望和驾驭将领的能力,继任为护国公后才8个月就被迫辞职[38]。护国群龙无首,给斯图亚特王朝复辟的机会。查理一世的长子查理二世流亡海外多年,终被央请回国,恢复大统。

17世纪版画,描绘克伦威尔解散"尾闾议会"的情景。

可是如前所叙，强调个人之贤愚不肖，很难将这段历史解释得合理。骤看起来，英国之共和和护国在历史上都没有存在的必要。克伦威尔之良心自由，普及于教友会和犹太人，却不及于英格兰教会及天主教徒，看来也是不合理。可是历史家平心静气的考虑，则又觉得后者之没有列入一视同仁之内，只因为在独立派看来他们自己坚持为国教或唯一之真理，蔑视其他人为邪教，自己起先就不赞成一视同仁[39]。有了克伦威尔的宗教政策，再加上他的军事统制，17世纪的英国才能自一个中世纪的国家，凡事概以抽象的教条主义统治之方式，进入对真人实事负责之形态。历史家无法替护国公或篡位者克伦威尔——解说，况且他之所行，不一定是他之所知（所以他动称天命）。只是在研究资本主义在17世纪英国展开的程序上讲，以陆军少将代替主教和大主教，唯物主义的气氛浓厚，即算军事统治不符人望，也没有产生反动的效果，仍不失为一种大胆的尝试。

克伦威尔专政时期，有将一个新兴现代国家的侵略性格向外发扬到极端的形势。这9年之间，英国几乎无时不在征战之中。克伦威尔自己带兵讨伐爱尔兰和苏格兰。海军则因搜查荷兰的船只与荷兰交战，又攻占西班牙在西印度群岛的殖民地，另外复与瑞典、法国和葡萄牙作战，每次都以签订有利之条约才作罢。1651年的航海法案（Navigation Act）规定英国的对外贸易货物必用英国或对方的船舶载运之原则，不许第三国之商船从中谋利，也是与荷兰交战的原因之一。在共和与护国将英国海军的地位推到极峰。

读者必须注意马克思、恩格斯、宋巴特和陶尼都视远洋贸易为推进资本主义的条件之一[40]（马、恩称"资本家时代"〔capitalist era〕）。在初期聚集资本的时候，商业资本必较工业资本为优先。而迄至克伦威尔时代，英国仍是一个农重于商的国家，这些条件奠定了克伦威尔在划时代的转变中创造突破环境（breakthrough）的功绩，也使日后英国的资本主义与帝国主义结合在一起。克伦威尔与荷兰作战时，他仍以上帝之使命作他行动和思想的根据，而有意将两国合并为一[41]。

从表面上看，1660年查理二世之复辟，是对清教徒革命的一种反动。斯图亚特王朝既恢复它的政治威权，英格兰教会也重新掌握了宗教上的独一地位。可是实际上的发展并未如此顺利。查理二世恢复的不是伊莉莎白式的王位，而是立宪君主制的王位，并且对教会也"不能完全革除清教运动的潜在意识"[42]。查理二世在位的25年，也可以视作一段"司法改革"的时期[43]。

查理尚在荷兰等待回国之际，即发布所谓"白雷达宣言"（Declaration of Breda），说明他登基之后人民仍将享有良心上之自由。他也表示将不念旧恶，除了议会提出内战弑君的罪犯之外，他准备一切赦免。后来约50人被检举，只有13人判死刑。地产在动乱期间易手的复原办法，也由议会制定。原则上前保皇党之地产由原有人申诉取回。但是因筹备罚款不及，仓皇出卖的，则其成交依然算数。所以查理实际上仍承袭不少克伦威尔时期的作为。

查理二世热衷娱乐与竞技，尤其喜爱赛马，曾自任骑师参与竞赛，也拥有不少情妇，以风流出名，称"快活国王"（merry monarch）[44]。宗教上他属于自然神派（deism）[45]，相信上帝创造宇宙之后即不再过问世事。但他从未表明这种态度，世人也无从了解。只因他饱经忧患，养成若干玩世不恭的态度，也能守口如瓶，因此除了一个花花公子之外表，历史家还无法确断他的真性格。他对信教自由的承诺并未兑现。议会仍通过法案，惩罚不照英格兰教会的方式做礼拜的教徒。以后又禁止不奉国教的人士就任各种公私职务，牧师的行止也受检束。又规定伦敦、牛津与剑桥三处之外，不能印刷书籍文件。

詹姆士二世像。（格林威治海洋博物馆藏）（左）
查理二世像，1750年出版乔治·沙威尔所著《查理二世的性格》一书插图。（右）

温莎赛马图,右方架起的看台为查理二世的临时包厢。查理性喜赛马,许多赛马规则是在他任内产生。

国王与议会之融合,只维持了短时间,以后即因对教会的事宜、外交政策和财政问题发生冲突。国王也屡次解散议会。可是查理二世遭遇与查理一世遭遇的困难表面相似,内中有实质上的差别。例如,国王不同意英格兰教会歧视其他宗派,颁发"信教自由令"(indulgence),赦免不奉国教的教徒,包括天主教徒。议会则于国王对外作战而需要征税筹饷之际,强迫国王收回前令,还通过"宣誓法案"(Test Act),强迫文武官员宣誓信奉英格兰教会及其崇拜仪式,不遵行的即行革职。

查理在位期间与荷兰作战两次(史称第二次及第三次英荷战役,以区别于克伦威尔之第一次英荷战役)。这些战事愈发显现欧洲近代国家的真性格。第二次英荷战役发生于1664年底,持续两年半。英国派出战船160艘,装炮5000尊,海军23000人。交战时双方死伤损失严重。英国议会批准战费 250 万镑,是前所未闻的大数目,原拟作三年开销,而实际上一年即已用罄。再加以作战期间英国瘟疫流行,1666 年 9 月伦敦又发生大火,延烧五日。在这种情形之下,商业萎缩,而截获荷兰船货的目的也未能如愿,人民之失望可知。战后荷兰割其在北美洲据有的新尼德兰(New Netherlands)给英国,包括今日之纽约市及纽约州,当时的观察者很难预料此举在以后历史上的重大影响。经过这番战役,两方在国际上的地位从此固定。第三次英荷战役虽也有剧烈战斗,却无第二次战役的深远历史意义。

查理二世认为外交纯系国王之特权。而实际上,议会代表的意见五花八门,也无从采择众议。这时候他的表弟法国国王路易十四正向北扩张领域,左右如意,掌握的钱财又多,查理和他订立密约。英国国王首先答应对荷作战(第三次英荷战役),次之更将英国改为天主教国,一俟时机成熟,就公布执行。在这种条件之下,他前后私自接受法国国王的馈赠。其实他所得至微(每年 10 多万镑),所冒风险则至大。此时想把英国改成天主教的国家,实在不可思议,所以至今历史家仍在猜测查理的真动机[46]。

快活国王于 1685 年 2 月去世。他这时已秘密接受了天主教,临终时也由神父施行天主教涂油膏的仪节。王位则传给三弟詹姆士二世。詹姆士是众所周知的天主教徒。过去好几年,不少政客和社会上领导的人物想阻止他来继承王位,希望查理的新教信徒私生子(有人说查理逃难时曾和此子的母亲结婚,否认他系私生)蒙茅兹公爵(Duke of Monmouth)继承大统。为了这一争端,还曾发生一连串阴谋与命案,好几位知名之士在疑案中牺牲。查理去世前夕,舆情发觉继承争夺一事已被渲染过度而应当稍为收敛,所以詹姆士在1685年登基时没有受到阻碍,泰半由政治风气好转之故。

詹姆士过去曾率领舰队对荷兰作战,以英勇著名,这时候他申明无意于专制威权而决心遵守现行法律,于是众心欢悦,议会也通过他需要的经费。蒙茅兹的叛变亦迅速削平。詹姆士踌躇满志的时候,刚愎自用,缺乏耐性的真性格至此表现出来。防制政府任意逮捕人民的人身保护法案(Habeas Corpus Act),在查理二世末年通过成为法律,新国王则有意将之废除。议会不合作,他则将之解散。最大的问题则是詹姆士滥用豁免权(dispensing power)废除宣誓法案。国王本来有豁免权,可以施用于一人一时一事。詹姆士则将此权力置于信教自由令内颁布,广泛的使不奉英格兰教会膜拜仪式的人,立时释去法律上的限制。在我们今日看来,这种举动良堪钦佩。可是在17世纪,清教徒与主教团争斗的记忆犹新,国王这种举动只使才稍平静的波澜再被掀起。并且他用这种办法来提高天主教徒的地位,更使新教教徒在彼此龃龉冲突之中产生一种外来威胁之感。詹姆士以天主教徒为爱尔兰总督和海军总司令。另外一个不奉英格兰教会崇拜仪式之人物则任伦敦塔(Tower of London)总管,掌握着监狱和兵器。因为商业之展开,国王之税收也有扩充。詹姆士即用这笔财源支持常备军30000人。对反对派来说,这更是一重威胁。

詹姆士有女二人,都信奉新教,长女玛丽嫁于荷兰国家总督(详第三章)威廉三世,威廉的母亲则是被弑英国国王查理一世之女。因之威廉与玛丽都有继承英国王位之可能。1588年英国反对国王之人士邀请威廉来此邦干政。所以光荣革命（Glorious Revolution）即始于女婿推翻岳翁，也是外甥清算舅父。威廉率兵15000人在英国西南端登陆，英军无意抵抗，詹姆士在年底之前仓皇出走，从此流寓海外。1689年初，议会公布国王自动退位，威廉与玛丽为继任之国王与王后。

詹姆士出走之前，众叛亲离。邱吉尔之祖先约翰·邱吉尔年幼时为詹姆士的侍从，因国王一手提拔，壮年建立军功，这时候也归附威廉。国王之次女，则从父亲的势力范围内自动逃入姊夫所占领的地区。国王之出走，经过两次，第一次他已化装乘小船准备出海，但是潮水不济，被沿海渔人拥送登岸回伦敦。他再次出走前夕，宫殿已在威廉之荷兰部队看管之下。最后他乘小渔船出海，曾在港口逗留6日，却没有人留难他。

这些琐碎情事，与资本主义之发展有何关系？

它们没有直接的关系。可是这些事迹证明英国已无法滞留为一个朝代国家，詹姆士在两次出走之间回伦敦，使效忠于他的义务人士感到窘迫。如果国王不决心自动退位，而准备决最后之一战，则他们也不能置身事外，因为非如此则对传统的忠君观念无所交代[47]。但这些人却又无意于国王回宫之日置身家性命于不顾，效命勤王。原因是英国已慢慢成为一个民族国家，他们在情绪上和伦理上都已丧失仿效46年前他们的祖先毁家纾难去追随查理一世的壮志与赤心。这当中的不同，并不是全由资本主义之展开，却又不能与资本主义之展开无关。

格林威治海军医院绘画厅天花板装饰画。詹姆士·桑希尔爵士为纪念光荣革命和新教胜利而作。图上方端坐者为威廉和玛丽,下方的设计图是他们计划修筑的教堂。

事实上,查理二世和詹姆士二世在位期间,英国的政党已开始崭露头角。初时并没有明确的政党宗旨,也没有确定党员的资格与出身,或者表扬他们的权力与义务,而且最初"党"之一字,也真像在中国传统政治里一样,"小人有党",纯粹是骂人的名词。当时既有一些朝臣政客社会名流经常聚首,对一人一时一事有了逐渐较规律的看法，反对他们的人则以党称之。起先，查理末年准备在议会通过法案，不让詹姆士嗣位者，称为辉格党（Whigs）。而维护詹姆士支持国王及教会传统体制者为托利党（Tories）。1688年之革命固然以辉格党为主体，也有托利党人士支持，才能产生一种不流血的革命。1689年以后辉格党更采取主动，在各地区市镇分别增强其实力[48]。时间愈进展，两党的性格愈趋显明。辉格党代表大地主及新兴商业之利益，托利党代表各处乡绅及英格兰教会之利益。前者以伦敦为中心，后者较具内地色彩。再经过几度沧桑，前者成为自由党，后者演化而成保守党。

为什么半个世纪之前类似之争执会演成兵戈相见，而且参加战役的主要人物如克伦威尔最初还不知所为何来，而半个世纪之后，则可以化干戈为玉帛，虽说最先仍搀杂了不少暗杀和疑案的成分，以后才能奠定而为政党政治？

本书已前后约略的讲到社会在大动乱之后变质，现在我们提出历史上的事例作为证据之前，先勾画一个理论上的轮廓：

大凡任何宗教，对个人的经济生活都有一种收束紧缩的作用，如摩西十诫。社会愈单纯，其警戒检束的作用愈直接而有效。陶尼曾说：

> 一个以农民组成的社会，其宗教可能单纯一致，因为它的经济安排简单雷同，它已经有了一个单纯一致的形态。一个多面的商业社会则需要能向不同的源流之中吸收各种因素。这些不同的因素同时也需要自由的朝它们自己的生活方式发展——在这时期

之中（他说的是17世纪的英国）其发展也就是维持它们的宗教方式。倘非如此，这社会就无法避免经常的摩擦与障碍[49]。

既然如此，大主教劳德等早应该适应潮流，对信教自由让步。为什么又有他们的阻挠，使历史的展开延迟了约近50年？

这一方面固然由于劳德等缺乏眼光，另一方面，则是当时社会环境的客观条件使他们仍旧坚持旧时代的体制。我们再看布罗代尔所说的话："任何一个古代结构组成的社会一开金钱使用之门，就会失去已经获得的平衡。迄今没有合适掌握着的力量就会被放纵，新的交换方式，对少数的人有利，对其他的否定，使各种事物处于混淆状态。"[50]

我们综合这两种观点，即可以看出旧社会拒绝改造，大部分是由于内部之因素不能公平而合理的与外界新因素自由互动（金钱总是交换之媒介）。这种缺乏互动（interchangeability）的弱点迫使它用宗教的名义，施展一种对经济生活紧束性的限制，构成对本身的掩护。因为它借道德上最高的和最后的名义作主，不容辩驳。只要能达到抗拒新经济力量于门外之目的，这种自卫的手段不一定要彰明较著。对命定论作不同的解释，或强迫荷兰工人到英国教堂做礼拜，又像荷兰的教堂一度拒绝供给放贷者圣餐，或不给予他们大学学位（详第三章），都可收同样的功效。总之，这些因素与趋向出入于是非黑白之间，心理与现实成分参半，虽当事人也不一定能彻底了解其间奥妙。只有靠时日及事迹的累积，其前后之痕迹才容易在历史上呈现出来。

前面已经说过，经过内战而有复辟，教会已不能完全去除清教运动的潜在意识,查理二世在位 25 年,英国也经过一段司法改革。这也就是说,当其上层机构还只以为复辟是不承认克伦威尔者的一切作为,以为 1660 年可以上与 1649 年衔接之际,其下层机构却因这 11 年之打开局面而在不断继续调整。

查理二世和詹姆士二世因为他们切身的经验,羡慕表弟路易十四的作风,也无可厚非。法国在 17 世纪以红衣主教为宰相,把天主教当作辅助国家行政的一种工具,国富兵强,用不着开议会,凡尔赛宫阙的规模与仪表为欧洲各国之冠,不到下一个世纪,其弱点尚不致暴露。与之相较,英国呈现的只是长期的吵闹,内部永远纠缠不清,看来提倡天主教为国教未尝不是一种出路。查理已向这路途试探前进,詹姆士则更无忌惮的做。结果,他所标榜的宗教自由以倡导天主教为前提,与这政策相表里的专制皇权也得罪了辉格党。另一方面,托利党人尊重英格兰教会的正规体制,对他以豁免权变更法度也不能同意。而查理与詹姆士都未注意到,在他们统治的 30 几年内,英国内部基层已变质。

英国至 17 世纪内在的冲突,亦可追究于农业与商业方面的利益不能协调。当日很多政治传单大肆渲染这种利害冲突[51]。可是在复辟前后,这些条件已在转变。克伦威尔之航海法案,使他执政时的第一次英荷战役不及查理二世在位时的第二次英荷战役,相继确定了英国是世界上第一流的海上威权商业国家。1660 年及 1689 年之间,英国农业的组织和生产技术都有显著的改进,于是农业已经开始和商业对流,当中很多因素可以开始互相交换。各种利害冲突并不能完全消除,但是可以开始在数目字上折冲。举一个例子：17世纪末期，英国不仅向外输出谷物，而且由政府津贴出口，限于船上大副及2/3水手为英国人的船只[52]。这样一来，这国家的"政治自由和宗教自由已经开始和通商保护政策发生联系"[53]。因为问题由抽象变为实际，国事才可以由政党政治解决，君权神授再没有提出来的必要。所以威廉与玛丽象征着英国在本质上变成一个现代国家，下面我们就可以说明这种体制之构成经过及其与资本主义发展的关系。

英国内战前土地换主的情形，是迭经学者争辩的一个题目。不过他们都承认，迄至1640年间，买卖频繁显示有些地主日趋衰落，有些臻荣日上，日居月储，有些人乘着金融经济展开的局面而发达，有些人则不能适应环境，以至江河日下[54]。

所以有此种局势混淆之机缘，还是由于封建土地之占有未做有系统的现代化。有些土地之占有者，只依昔日成例每个夏天采办一朵蔷薇花，或者贡献一磅胡椒，就完成了对领主的义务。而且副本产业持有人是否对所耕种的土地享有特权，或者即是一般的佃农（前者称customary tenants，后者则称 tenants at will）也含糊不清，还有的义务及于洗领主之羊、为领主养狗等等离奇古怪之规定。至詹姆士一世出卖国王所领的土地时，尚有账簿上之田土在实际地方找不到，总佃户（tenants-inchief）不知何往。此外尚有提议的买价为100年租金（可见得租金之低）的情事，也有让副本产业持有人以7年租金买下，而后者仍不愿承受的情事[55]。这些情形可算特殊，但是社会下层既有此种种现象，其上层无法以数目字管理，当为不争之事实。

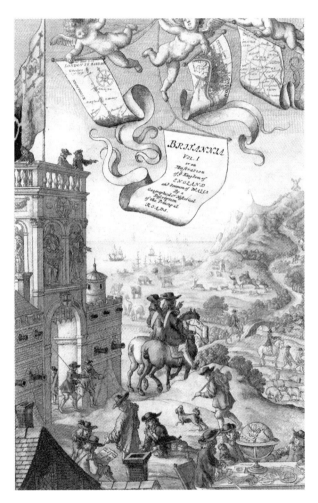

1675 年，John Ogilby 所著《大不列颠》（*Britannia*）一书扉页版画，W.Hollar 绘，显现 17 世纪末叶的英国人已懂得充分利用本土财富，除发展农耕、畜牧、交通事业之外，尚有海上运输和对外贸易。

内战当然也不是一种公平而合理的处置。首先议会查封勤王人士之资产，其次要他们自己出首接受罚款，罚款为土地1/6到1/2或2/3的价格，实际则又有各种折算办法，所以有不少业主只付了一年或两年的租金，即可以销案作数[56]。也有土地确被没收拍卖而业主自行买回之事。而事实仍不如是单纯。战时税率特高，房地产经过破坏，田园也缺乏整顿。还有些佃户趁着业主不在，自行圈地，使以后的产业无从查考。总之，有了各样变态，即专家也说无从将其中详情清查出来作有系统的研究[57]。

可是仔细的分析困难，初步的观察仍是可能。整个17世纪的演化，无从产生个别的公平合理，而在技术的角度上来看，则有将土地占有正规化和系统化的趋势。即在内战爆发之前夕，有心计的地主已将手中的产业收束整备。以上所说封押、罚款、没收、拍卖、还赎诸程序，加以地主率领佃农在战场上使用武力，只利于强者，不利于弱者。利于在现地经营之地主，而不利于离乡背井之地主。利于资源丰富，有现款周转，能与金融界人士交往，能赊借之地主；而不利于手头拮据，孤立无援之地主。于是各项安排等于将土地所有权加以一种约束。过去很多支离破碎的所有权和含糊暧昧的主佃关系，虽不能一扫而光，也已有相当的改进。一般庄园的数目减少，每一单位的面积增多，所辖田地结构较前致密[58]。副本产业并没有全部肃清，但也已显著减少。查理二世复辟时，副本产业引起的争执已不再是重要问题[59]。我们只能想象这些稽夫之子孙，少数运气好的，因为不同的机缘，变成了自由产业人，也就是实际的业主。多数的则成租赁的佃户,还有些则被挤出农业之外,兹后成为城市之劳动阶级。陶尼说内战是一座大熔炉(melting pot),"地归业主,以打仗的方式执行要比法庭告状便宜得多"(foreclosure was cheaper by war than by litigation)。他又说及内战前后各种宗教上的冲突,实有各种非人身的原因,总之就是将农业组织商业化[60]。这种种说法,无非解释从技术的角度(所以非人身关系)来看,以上各种因素汇合而成时代之一大潮流,无可阻挡。内战既为一大熔炉,则经过重整的私人财产权,必较前坚韧。照商业的方式处理,也就符合实际,能够广泛的公平交换。过去以宗教的名义冲突,不外各人坚持己见,动辄引用道德上最高的与最后的观念,拒绝调解与妥协。战后则经济的结构商业化,既能引用数目字管理,也用不着再以一种抽象的观念去支持各项争执。

1660年查理二世复辟时,已经正式放弃土地领主应有的骑士服务,土地领有的规律化也使土地税合理化。可是当时并无人能了解。光荣革命之后的1692年,新颁布的土地税以全国均一的税率征收,也不用包税人(tax farmers),收入即逾200万镑,解入国库,为前所未有的情形[61]。翌年则有皇家矿产法案(Mines Royal Act of 1693)之公布。过去,民间矿产内发现之金银归属国王。其实贵重金属发现的情形不多,只是有了这种规定之牵制,地产交易即受限制。此法案通过,皇室放弃前述权利。于是矿业大兴,英国矿产开拓公司(Mines Adventurers of England)在短时间内募足资本125000镑,在当日是一个很大的企业[62],也刺激其他工商业的全面增长。

有了土地占有之合理化和圈地之继续推行,内地的交通才能展开。关于 17 世纪英国道路修筑的情形，迄今尚缺乏可靠记录，其零星的记述也无法综合。原因是始终没有一个管理全国公路的组织。迄至都铎王朝，英国的内陆交通仍承袭罗马时代的系统。有局部的增添，没有全盘的改进。迟至 1555 年才有全国各教区负责维持境内道路之规定[63]。最初的一条付费公路（turnpike）修筑于 1663 年，因当时剑桥的三个教区无力维持南北孔道之畅通，于是呈请议会向通行的车辆收费作为补助，不料此例一开，日后付费公路成为全国之规模[64]，而在 18 世纪下期构成一个全国性的交通网。

光荣革命之后，各处公路已有增进，驿车与运货马车已将伦敦与各地区中心联系起来。再助之以内河航行与沿海交通之增进，报载价格之出现，农产品的市场因而整体化[65]，并使农业技术之改进及产品专业化成为可能。18 世纪，英国大量向外输出谷物，农业和商业间的距离缩短，更加强了全国经济一元化的趋向。

与道路交通密切相关的是邮政的展开。英国在亨利八世时已经有一个初具胚胎的邮政组织。此后到 1657 年克伦威尔任命第一位邮务总长，而有了全国性的邮政，并且开始与海外大城市经常通邮[66]。复辟之后，邮信用途大增。1661 年夏天的两个星期之内，英国从荷兰收到的信件各为 1435 封和 1545 封[67]。到 1681 年，一便士一封的信件成为常规。到 17 世纪末，任何城市都有一星期三次的邮信投递。东部和西南部则每日投递。[68]

前面已经说过，英国的习惯法，是中世纪的遗物，内中有很多程序不适于新时代与商业发展。例如典当时其产业即交贷方（mortgagee）保管，没有赎当时借方权利（equity of redemption）的处置，对动产缺乏律定遗传的次序（entail）规定，违约时之处罚限于定约人实际之损失，其失误之机缘不能算数，况且尚有一个极长的等待期间，动辄7年，保险与破产当然都谈不上[69]。

在以上纷乱的时代，全靠皇廷大臣的法庭（Court of Chancery）以平衡法判断了一些案件，打破了当中一些僵局。到1660年查理二世复辟之后，这法庭更加紧工作，更有以平衡的原则补救习惯法之不足的趋势。此时牵入的案件涉及典当时死当时借方之权利、女子财产权之保障、破产、合同、股份和船舶所有的支配，以及欺诈内涉及"过分的施用诱导力"（undue influence）的原则[70]。而且引用的原则积少成多。当初平衡法之有弹性，纯在其不顾成例，至此，所判的案件也自创成例，于是平衡法与习惯法对流。1689年光荣革命成功，贺尔特（Sir John Holt）任高等法庭首席法官。他上承柯克（Edward Coke），下为曼斯菲（William Murray Mansfield）铺路，是英国司法史里有名的人物之一。他反对奴隶制度，支持光荣革命的精神，在法律上则看清了习惯法不适于现代商业，于是规定今后高等法庭（King's Bench仍是习惯法庭）受理与商人有关的案子概依商业习惯处理[71]。此中值得注意的是社会上必有相似的变化，否则他这种改革即不遭激烈的反对，也不见得行得通。

光荣革命前后，政治制度已改革，不以立法和行政作主宰，而以司法为主。克拉克爵士综合前后情形，曾作下面的一段观察：

司法衙门和法庭不断的工作，除了几个月之外，用法庭的裁判去树立法规的情形总是在进展之中。相反的,法律改革的呼声虽高,但是危机一发生,纵在最革命的关头,有关土地〔的买卖典当占用等〕及商业合同各事,却连一桩立法也未完成[72]。

立法和行政总不免"通令"的格式,有立即强迫下面照上级命令办事的意味。资本主义牵涉里,凡私人财产权的,务必在真人实事之间批判明白。所以司法权为更有效的评判工具。审判案件虽只对一人一事着眼,其成例积少成多,也能创造制度。

威廉与玛丽虽有承继斯图亚特王朝之资格,他们被邀来英国,还是要经过一个选举的程序。君权既非神授而实由于民授,则国王之权利与义务势必需要新的调整。

过去英国国王以人身对财政负责,公私不分。王后之嫁妆,当作国库收入,国王之情妇,也由公款开销。一到支费短绌,王室即典卖珍宝,或借债不还,有如查理一世提用商人存于铸钱局待铸的金银,查理二世停付借款的利息,甚至克伦威尔也要向东印度公司强迫借款。这种种作风,使朝代国家的本质无法革新。私人财产权之没有保障,尤其是争论之渊薮。1694年英伦银行(Bank of England)成立,对以上各事有了彻底的解决,今后国家财政数字之短绌,属于国债(national debt),并且预先将国债定为一种制度,开"赤字财政"(deficit financing)之门。资本家既成了国家的债权人,则他们直接与间接之间必增加了操纵国事的力量。布罗代尔所说"资本主义之成功,端在它与国家互为一体,它〔本身〕即成为了国家"(见第一章),也在这地方产生效验。

英伦银行（Bank of England）内一景。

英伦银行成立时有股东1267人，由国王威廉和王后为首（因此也更划分了国王及王后与国事间的界限）。其原始资料指出，这股东的成分，"毫无例外"都是伦敦商人，他们的宗教剖面则是"彻底的新教徒"。所凑集的资本不是现金，而是由他们预垫供给政府军需和存在银匠店里的金银，有财政部之筹码（tally）及银匠所发的收据为凭，这批账目，一共120万镑，就算是资本，由股东组织的董事会出面贷与政府，年利八分。只要利息照付，本金可以永远借下去。而且有了这样的保障，英伦银行也可以发行钞票达120万镑之数，政府即以酒税及关税作担保。于是银行将钞票流通于市间时，也以借款的方式施行,至此一举两得,两头生息。这也是信用膨胀(credit inflation)的开始[73]。

1694年9月,银行刚成立不久,政府要它汇款20万镑到法兰德斯对法作战的英军阵营。这不是开一张支票,立即可由约翰·邱吉尔在比利时兑现。当时尚无分行,国际信用也未组织就绪。其办法,是银行的董事会全部到英军里面去,筹款的职员也分往西、葡、荷、瑞士和意大利各处,尤其没有忽略了威尼斯和阿姆斯特丹。欧洲商人听说伦敦商人都已站在英军一边,于是也把他们能控制的资源拨给邱吉尔,这样才完成了所谓的汇款。英国打败法国,实由于南欧及北欧在财政上之支持。邱吉尔所领导的战事,也使国际信用之组织更具体化。而且英国又掌握了主动的地位。两者都对资本主义的发展产生决定性的影响。

信用膨胀持续发展,一方面由于大陆之战事,英国之支出由1702年每年500万镑增到1714年每年800万镑。英国的国债也由1300万镑增至3600万镑,英伦银行的资本也同样在扩充[74]。

农业资本使用现代方式划汇,却经过一段波折。光荣革命之后,英国的土地权已大致固定,又因为平衡法已能与习惯法并行,商业性的法律可以引用到农业社会,引起两种资金的对流。17世纪末期,土地银行(land banks)纷纷组成。很多地主希望一方面保有地产,一方面以其信用作商业上的交易。只是组织不健全,发展过于迅速,尤其是不能协定彼此扩张业务的程序,所以纷纷失败,要等到18世纪后期才逐渐成形。此时土地流动性更大,于是英格兰与苏格兰的地方银行和乡村银行才如雨后春笋一样的出现。至此不仅信用膨胀,农业间与商业间的隔阂更为消失,其资金更能互相支持。全国资源结成了一个庞大的信用网。

保险业之展开只比英伦银行之成立稍迟一步。17 世纪末期,很多较小的公司已经出现。1710 年则有太阳火险公司(Sun Fire Company)开始营业。10 年之后,更有伦敦保险公司(London Assurance)和皇家交换保险公司(Royal Exchange Assurance)[75]。他们的业务象征了英国金融财政组织的成熟。此后英国的经济组织不仅超过荷兰,而且成为世界之最先进,而且执全世界牛耳达好几个世纪之久。

资本主义能在英国成为一种组织与一种运动,而且在 17 世纪末叶落地生根,是世界史里一桩大事。英国的改造,经过时间之长久,情形之复杂,无可形容。很多当事人都以宗教这一名词解释他们所作所为的动机。这也等于说,在这新旧交替之间,他们伦理上最高的与最后的宗旨发生了根本的冲突。我们虽不能在事前说这种冲突无非经济利益作祟,却可以在事后说因为内战与革命的几度颠覆,社会已经重新改造,一种新的经济组织已经成为众所公认的事实。在新组织与新社会之下,君权神授说已失去其凭藉,良心上之自由不复成为问题,所以威廉与玛丽之后,因宗教冲突而产生的政治纠纷愈发减少。王后安妮(Anne)曾指派两个保皇党的主教,引起辉格党人不满,沙史威尔(Dr.Henry Sacheverell)用讲坛评议政治,被罚三年不得讲教。这已经不能和查理一世和劳德主教或甚至克伦威尔当权时以宗教问题发难引起如火如荼的反应相较了,而禁止擅印书籍传单的法案也早已解除。

这百年的历史虽然复杂,从最初不能由数目字管理到用数目字管理的趋势则非常的明显。从技术的角度来看,其中趋向能用数目字管理的方式仍不外从我们前述的三个条件下造成:此即资金广泛的流通,产业所有人雇用经理,和技术上的支持因素共通使用(详第一章)。这三个条件之行得通,全靠信任(trust),而信任不能没有法律在后面作保障。所以防制欺骗(fraud)假冒(forgery)和侵吞挪用钱物(embezzlement)的各种措施,在这时期被重视[76]。

我们再检阅这一章历史,即可以看出像英国这样一个农业基础巩固的国家要进入以严密的商业组织作规范的体制,首先必须重新安排其低层机构。在事实上这已经做到将土地所有权规律化及农场扩大(农场若不扩大,农业生产技术必不易展开,所有人也请不起律师,不能承担法律上的权利与义务)。次之则要重新厘定高层机构与低层机构间之联系。新税制之展开以及平衡法的原则在习惯法庭内施用,可算采取了这种步骤。有了如是的准备,其下端各种经济因素即可以自由交换。以后要更革其上层机构就轻而易举。因为一切都可以从数目字上排布,神权已丧失其权威地位。从此政教分离成了公认的原则。光荣革命算是承先启后的一大分水岭。18 世纪的英国已不同于 17 世纪的英国。

可是本书的主题为资本主义,却不能只将斯图亚特王朝 100 多年的历史拿出来交卷。如何将这一朝断代史与研究的专题分隔,仍是主要问题。

我们必须看清:资本主义以一个现今的名词去囊括相当长时间的

历史产物（即算英国资本主义奠定于光荣革命，至今也有300年），它繁复众多的内涵（connotation）我们不能不加解释即赋予一个简单明晰的意义（denotation）。比如说17世纪英国为立宪君主制、两党政治和内阁制度都在光荣革命前后产生，也与以上所述有密切的关系，却不能一并归纳于资本主义。另一方面，贩卖人口是初期存积资本的方式之一，既实行于威尼斯与荷兰，也为英国所采用（英国以 the Asiento 的名义有向南美洲输入奴隶的专利）。可是今日我们即不能随便将奴隶之买卖牵扯过去。以上国家都曾将国家权力授与开拓殖民地之私人资本和它们的经纪人。荷兰与英国授与海外公司的专利权，是因为这些公司不仅自备战舰，也在各处筑有炮台[77]，如何处置这类问题，也待斟酌。

将各种条件综合融和之后，我建议给资本主义以下的定义：**资本主义是一种经济的组织与制度，内中物品之生产与分配，以私人资本出面主持。大凡一个国家采取这种制度以扩充国民资本为当前主要任务之一，所以私人资本也在其政治生活中占有特殊的比重。**

这样一个定义，已经将经济生活、社会生活与政治生活联成一气。其中各种因素相连结而发展到最高潮时，势必又涉及宗教。在我看来，资本主义必须有法制维持，因为如此一个庞大的机构不可能凭空存在。英国国王与清教徒冲突最激烈的时候，双方即开始争夺立法权。如果说资本主义纯粹是一种民间的组织，与政治无关，就忽视了历史发展之程序。所以我也相信研究资本主义必先从每一国界内着手。

有些学者注重资本家的生产方式。他们认为资本家首先进入制造，次又垄断制造，自外放分工办法开始设置工厂。本章一字未提，却已替这程序安摆上了一段历史的背景。也就是说，这不过是资本主义产生的后果之一。有些作家过度重视劳工出卖劳动力，实在是站在人本主义的立场。其中较极端的，甚至认为凡人一被人雇佣即为被剥削，即为受凌辱。带现实性的历史家无从对如此的绝对平等观念立说。

从中国历史看来，雇用劳工从未在经济史上产生划时代的后果。在这里我也更要申明：历史家铺陈往事，注重将已经发生的事体带着因果关系敷说，间常提到将来的趋势。他不能放弃这项主要的任务，而沉湎于他自己认为应当发生却在历史上从未发生之事物，或甚至从这应当的一个观念将主题牵扯到现实之外。

还有些学者注重资本主义的精神，我认为这不过是构成资本主义的因素之一。本章已约略提及，现在不妨再重复的解说一次。所谓资本主义的精神，可以说是凝集于两个思想上的重点，两者也是互为关联。一为成功，一为赌博与冒险（参照第二章注[12]）。前者可以从清教徒的态度看出。他们认为人类不因丰功伟业而得救，但得救者必有功业。克伦威尔在第一次英荷战役之后，对荷兰的议和使者说："你们诉诸上天，现在神已经给你们不利的判断。"[78] 如此将一个商业战争的成果归因于上天，可见经济上的经营也必带着宗教式之虔诚，因此力量庞大。凡是资本主义之展开，首先必有赌博与冒险性质，这东西在克伦威尔之弑君表现无遗。中世纪以来欧洲之君权神授说是一种强有力的信仰。很多人相信国王是神在人世间的经纪。他的决心，表现着神之旨意。所以后来查理一世虽战败而坚决不接受立宪君主制,克伦威尔觉得只能以弑君这办法打开僵局,这行动带着极大的冒险性格。对英国而言,这是一种前所未有的赌博。克伦威尔纵无意提倡资本主义,资本主义在英国潜在的因素却因这个环境突破而发扬。一个海上的国家在国际竞争激烈的场合中既已将神权推翻,并且将朝代国家的性格革除,她还靠什么作她存在之理由(raison d'être)?岂不只有在经济上发展,在内加紧商业性质的组织,在外增强国际贸易,开拓殖民地?17世纪前期因为经济组织缺乏条理,失业者多,有些人以为英国人口业已过剩[79]。17世纪后半期局势打开,其追求经济合理性的动量只有继续加强。于是"政治自由和宗教自由开始和通商保护政策发生联系"(详上注[53])。当初国王强迫向人民借款,最后则资本家自动要求作为国家之债权人。这一串事迹,也都汇集于上述提议的定义之内。

只是国家既进入资本家时代,资本家则为国家之主人,一切以他们为本位。贩卖人口还只是此间不仁不义的事件之一,此外还有以救济穷困的名目,揽截着失业的小民禁闭窄室,强迫工作,处之如罪犯(英国自伊莉莎白朝的法律,规定每一教区有救济境内穷人的义务)。幼童每天工作10多小时以上,有的在煤坑里拖煤。法律上只有最高工资的上限规定,没有最低工资的保障。工人集会讨论他们的福利,即触犯刑法。保护私人财产做到如此程度,偷窃一件零星的物品即可以判死刑,妇女幼童亦无可幸免,而加之以绞吊。这些事实,都因建立一个民族国家之经济体系而产生,也都出现于英国,也都成为众所周知的事实,已经详载于书刊,至今摘录于一般大学教科书内，毋庸详加释注。我们又岂能在提及资本主义，将之忽略不提？

我们不能为资本主义掩饰，也用不着替资本主义辩护。只是从一个历史家的眼光看来，这些事迹既产生于资本主义的社会，也揭举暴露于资本主义社会之书刊。但最后，将如此不仁不义的行动革除，仍是由资本主义的政府执行。这只表现我们在定义中所说私人资本在政治生活中占有特殊的比重，其目的在扩充国民资本而已。倘非如此，这种组织与制度即不能在历史上的长期合理性之条件下存在。也就是说资本主义能够亘世纪的存在，端在它能在发育成长时，及时更正本身之错误。要是我们不承认这种事实，则只好说资本主义自始至终代表一种卖贵买贱狭窄的利己主义，因此它已在美国独立战争和法国大革命前发展到最高度。可是很少历史家愿意接受如此一种说法。

从英国 17 世纪的历史看来，因为清教运动的关系，资本主义之发展牵涉到一个良心（conscience）上的主题。过去什么是"合于良心"（conscionable），只有国王能作最后决定，这也就是特权法庭理论上的根据。经过弑君、复辟与光荣革命之后，习惯法庭广泛接受了一个平衡的原则。起先是否合于良心的观念，至此代之以是否公平（equitable）的考虑。一个绝对的道德问题，可以蜕变而为相对的技术因素。在我看来，这社会素质上的进化，超过其他一切特征。

注 释

〔1〕这种见解是布罗奇《封建社会》Marc Bloch, *Feudal Society*, trans. by 曼扬 L. A. Manyon（London, 1961）书中的重点，作者也指出英国之封建特殊之处，见 University of Chicago 纸面本 pp.429—431。

〔2〕这种宪法上之没有着落，也引起以后的争执，查理一世被议会组织的特别法庭审问时，法庭曾提出国王的权利是有限的而查理将之扩充为无限制，详加第纳《内战史》S. R. Gardiner, *History of the Great Civil War*, *1642—1649*（N. Y., 1965 reprint）, vol. IV, pp.299—301. 法庭的主席甚至提出国王由选举产生，这完全是日耳曼民族的习惯，行于封建制度之前。

〔3〕过去一般以为亨利赐予群臣，最近研究的结果，发现其田地系以20年收入之价格出售，并非白送，见瑟斯克《英格兰与威尔士的土地史》。Joan Thirsk, ed. *The Agrarian History of England and Wales*, vol. IV, *1500—1640*（Cambridge, 1967）, p.263。

〔4〕艾诗立《17世纪的英国》。Maurice Ashley, *England in the Seventeenth Century*（Pelican ed., 1952）, pp.65, 81。

〔5〕普卢克内特《普通法简史》, Theodore Plucknett, *A Concise History of Common Law*, 5th ed.（London, 1956）, pp.159, 539。

〔6〕陶尼《16世纪土地问题》。R. H. Tawney, *Agrarian Problem in the Sixteenth Century*（London, 1912）, pp.28—30；《英格兰与威尔士的土地史》*Agrarian History*, vol. IV, p.684。

〔7〕陶尼之著作，代表20世纪初期历史家对此种发展的看法，见《16世纪土地问题》*Agrarian Problem*, pp.49—51；403—409. 亦见陶尼《宗教与资本主义的兴起》Tawney, *Religion and the Rise of Capitalism*, p.152。

〔8〕见科尔曼《英国经济》。D. C. Coleman, *The Economy of England*, *1450—1750*（London, 1977）, p.77 及《英格兰与威尔士的土地史》*Agrarian History* vol. IV, pp.819—820 之图表。不过1600年为特殊之一年。

〔9〕同上，p.294。

〔10〕同上,pp. 235—238。

〔11〕同上,pp. 504—506,562—563。

〔12〕普卢克内特 Plucknett, pp. 607—608, 667;詹克斯《论英国法》Edward Jenks, *The Book of English Law*, 6th revised ed.(Athens, Ohio, 1967), pp. 267—268, 285。

〔13〕古奇《英国 17 世纪的民主观念》。G. P. Gooch, *English Democratic Ideas in the Seventeenth Century*(Torchbook ed., 1959), p. 54. 原文称 universities, 应指牛津和剑桥, 虽然剑桥有些人士战前即同情清教徒。

〔14〕列奥纳德《宗教史》。Emile G. Leonard, *A History of Protestantism*, trans. by R. M. Bethell(London, 1967), vol. II, pp. 290—291。

〔15〕《宗教与资本主义的兴起》*Religion and the Rise of Capitalism*, p. 158。

〔16〕《17 世纪的英国》*England in the Seventeenth Century*, p. 80。

〔17〕《英国 17 世纪的民主观念》*English Democratic Ideas*, p. 89. 注释称原文出自 Smectymuus, 这是当时很多人集体的笔名, 见 C. V. Wedgwood, *The King's War 1641—1647*(London, 1958), p. 40。

〔18〕威奇沃德《国王的战争》。C. V. Wedgwood, *The King's War, 1641—1647*(London, 1958), p. 28。

〔19〕戴维斯《早期斯图亚特王朝》Godfrey Davies, *The Early Stuarts, 1603—1660*(Oxford, 1949), pp. 57—65。

〔20〕同上,pp. 84—87。

〔21〕同上,p. 86。

〔22〕《英国 17 世纪的民主观念》*English Democratic Ideas*, pp. 45—46.

〔23〕当日劳德一派被称为亚敏流派, 从荷兰神学家 Jacobus Arminius, 不过他们根

本否定加尔文的宗旨，所以这种名称不确，见格林《改革时代》Grimm, The Reformation Era, p.545。

[24] 普卢克内特 Plucknett, pp.181, 185。

[25] 同上, p.193。

[26] 斯通《英国革命的起因》。Stone, Causes of the English Revolution, pp.97, 105. 参见威奇沃德 Wedgwood, p.615。

[27] 普卢克内特 Plucknett, p.195。

[28] 伍尔里奇《英国内战之战役》。Austin Woolrych, Battles of English Civil War (New York, 1961), pp.38—43;《英国，17 世纪》English, Seventeenth Century, pp.82—83; 威奇沃德 Wedgwood, pp.102—107.

[29] 长期议会在1642年9月宣言帮助国王的为"不逞之徒"（delinquents），他们的家产将被没充战费。在当时因尚未展开，此举只生反感。见《早期斯图亚特王朝》The Early Stuarts, pp.127—128。

[30] 威奇沃德 Wedgwood, pp.554—555。

[31] 同上, pp.587, 612。

[32] 艾诗立《奥利弗·克伦威尔的伟业》。Maurice Ashley, The Creatness of Oliver Cromwell (Collier Books ed., 1962), p.191。

[33]《英国17世纪的民主观念》English Democratic Ideas, p.81。

[34]《奥利弗·克伦威尔的伟业》The Greatness of Oliver Cromwell, p.192。

[35] 这是韦伯在《新教伦理与资本主义精神》Protestant Ethic 书中要旨，可参考 C. K. Yang 在韦伯《中国之宗教》Weber, The Religion of China (New York, 1964) 所作摘要介绍, p. xvi. 陶尼不同意韦伯所说清教运动即产生资本主义的精神。他认为清教徒曾在社会上发生不同而且有时彼此相反的作用，见《宗教与资本主义的兴

起》*Religion and the Rise of Capitalism*,p.313。

〔36〕《早期斯图亚特王朝》*The Early Stuarts*,p.155,此文件存上议院图书馆,其上面的痕迹看来,有些人于判刑之前签字,详加第纳《内战史》Gardiner, *Creat Civil War*, vol.IV, p.310n。

〔37〕《17世纪的英国》*England in the Seventeenth Century*,p.99.

〔38〕理察因陆军不受节制被迫辞职,见戴维斯《查理二世的复辟》。Godfrey Devies, *The Restoration of Charles II, 1658—1660* (Sam Marino, Calif., 1955), pp.86—90, 96—100;《早期斯图亚特王朝》*The Early Stuarts*, pp.236—239。

〔39〕克伦威尔的宗教政策,由政治立场而决定,见同上,pp.208—211。

〔40〕陶尼说:"资本主义推行于16及17世纪之荷兰及英国,并不由于它们是新教的国家,而是海外探险及其引起的结果。"见《宗教与资本主义的兴起》*Religion and the Rise of Capitalism*, p.312n。

〔41〕《早期斯图亚特王朝》*The Early Stuarts*, pp.221—222。

〔42〕《17世纪》*Seventeenth Century*, pp.121—122。

〔43〕普卢克内特 Plucknett, p.55。

〔44〕最近有一部书驳斥这观点,见弗雷瑟《查理王:查理二世与王政复辟》。Antonia Fraser, *Royal Charles: Charles II and the Restoration* (New York, 1979)。

〔45〕克拉克《晚期斯图亚特王朝》。G.N.Clark, *The Later Stuarts*, 1660—1714 (Oxford, 1940), p.18.

〔46〕这串安排也可以视作法国分化英国的办法,也可以视作国王查理二世故意借路易十四的援助向他自己臣民的一种要挟。见克拉克《晚期斯图亚特王朝》Clark, *Later Stuarts*, pp.98, 105.可是也可以作其他不同的解释。

〔47〕同上,pp.137—138。

〔48〕琼斯《英国1688年革命》。James Rees Jones, *The Revolution of 1688 in England* (N.Y., 1972), p.323。

〔49〕《宗教与资本主义的兴起》*Religion and the Rise of Capitalism*, p.205。

〔50〕布罗代尔《15至18世纪的物质文明、经济和资本主义》。Braudel, *Capitalism and Material Life*, p.326. 此一段曾在第二章转录。

〔51〕《晚期斯图亚特王朝》*The Later Stuarts*, p.35。

〔52〕瑟斯克《英格兰与威尔士的土地史》。Joan Thirsk, ed. *The Agrarian History of England and Wales*, vol.V, pt.II, (Cambridge, 1985), p.449。

〔53〕《晚期斯图亚特王朝》*The Later Stuarts*, p.86。

〔54〕陶尼《绅士阶级的兴起》,《经济史评论集》。R. H. Tawney, *The Rise of Gentry, 1558—1640*, Economic History Riview, XI (1941); 特雷弗洛普《绅士阶级》。H. R. Trevor-Roper, *The Gentry, 1540—1640*, Economic History Riview, Supplement, I (1953);《英国革命的起因》*Causes of the English Revolution*, pp.26—31; Thirsk, ed. *Agrarian History*, vol.IV, pp.280—285。

〔55〕同上, pp.269—271。

〔56〕瑟斯克《英格兰与威尔士的土地史》。Thirsk, *Agrarian History*, vol.V, pt.II., pp.135—142。

〔57〕同上, p.172。

〔58〕瑟斯克 Thirsk, ed.; Vol.IV, pp.285, 297; vol.V, pt.II, pp.144—145, 147, 149, 153, 163, 171, 198。

〔59〕同上, p.199。

〔60〕前二说见陶尼《中上阶层的兴起》。Tawney, "The Rise of the Gentry", 后说见《宗教与资本主义的兴起》*Religion and The Rise of Capitalism*, p.151。

〔61〕布罗姆《剑桥现代史》。J. S. Bromley, ed., *Cambridge Modern History* (Cambridge, 1970), vol. VI, pp. 285—286;《晚期斯图亚特王朝》*The Later Stuarts*, p. 169。

〔62〕关于16与17世纪英国王室阻碍工矿投资,见萨普《英国商业危机与变化,1600—1642:商业经济研究》。B. E. Supple, *Commercial Crisis and Change in England, 1600—1642: A Study of Mercantile Economy* (Cambridge, 1964), p. 227;里斯《工业革命前的工业》。William Rees, *Industry Before Industrial Revolution* (Cardiff, 1968), P. 386. 关于英国矿产开拓公司之组成,见同上, pp. 526—530。

〔63〕里普逊《英国经济史》。E. Lipson, *Eeonomic History of England* (London, 1956 reprint), vol. II, pp. 440—441;克拉克《1496至1760年英国的财富》。G. N. Clark, *The Wealth of England from 1496 to 1760* (London, 1946), p. 45;阿尔伯特 William Albert,《英国付费公路制》*The Turnpike Road System of England, 1663—1840* (Cambridge, 1972), pp. 8—14. 关于17世纪道路情形见《17世纪》*The Seventeenth Century*, p. 52;《英国革命的起因》*Causes of the English Revolution*, p. 69;莫费特《工业革命前夜的英国》*Louis Moffit, England on the Eve of the Industrial Revolution* (London, 1963), pp. 97—101;瑟斯克 Thirsk, ed., vol. IV, p. 611。

〔64〕里普逊《英国经济史》Lipson, *Economic History of England*, vol. II, pp. 443—444;《英国付费公路制》*Turnpike Road System of England*, pp. 15—17。

〔65〕同上, p. 12;瑟斯克 Thirsk, ed., vol. V, pt. II, pp. 465—466。

〔66〕瑟斯克,库柏《17世纪经济文件》Joan Thirsk and J. P. Cooper, eds., *Seventeenth Century Economic Documents* (Oxford, 1972), pp. 367—368;莫费特《工业革命前夜的英国》Moffit, *On the Eve of Industrial Revolution*, p. 243。

〔67〕《17世纪》*The Seventeenth Century*, pp. 55—57。

〔68〕同上，p.51；莫费特 Moffit, pp.243—244。

〔69〕普卢克内特《普通法简史》Plucknett, *Concise*, pp.665, 677；詹克斯《英国法》Jenks, *English Law*, pp.268, 285。

〔70〕普卢克内特 Plucknett, pp.690—691。

〔71〕同上，p.246。

〔72〕《1496 至 1760 年的英国财富》*Wealth of England*, p.114。

〔73〕在这题目最有用之参考书乃是齐乌赛比《英伦银行，1694 年建行史》。John Giuseppi, *The Bank of England: A History of Its Founding in 1694* (Chicago, 1966 reprint)。

〔74〕同上，p.35；狄克逊《英国金融革命：公共信用发展研究》P. G. M. Dickson, *The Financial Revolution of England: A Study of the Development of Public Credit, 1688—1756* (London, 1967), pp.42—46；布罗姆利 Bromley, ed., vol. VI, p.285。

〔75〕狄克逊《17 世纪》。Dickson, pp.7, 14; *The Seventeenth Century*, pp.14—15。

〔76〕惩办上述各种罪行起先仍引用平衡法的原则由星房执行。1641 年撤销特权法庭之后，管理习惯法的高等法庭开始处理各案。但是成文法对各罪行的处置出于 1799 年之后。见普卢克内特 Plucknett, pp.450—459。

〔77〕《17 世纪》*The Seventeenth Century*, pp.37—38。

〔78〕《17 世纪的英国》*England in the Seventeenth Century*, p.98。

〔79〕同上，p.217。

第五章 资本主义思想体系之形成

从以上各章节来看，资本主义在一个国家展开时，人文因素势必经过一段剧烈的变化，然后过去农业社会管制的方式才能代以新型商业管制的方式。换句话说，这也就是全国进入以数目字管理的阶段，自此内部各种因素大体受金融操纵。

有了这些例证，我们在赋予资本主义的定义（第四章）之外，仍可以回顾以前（第一章）所作的假说，将资本主义在历史上演进的必有条件，列举于下：

资本主义在历史上展开时，表现为一种组织和一种运动。它要存在于一个国家，务必做到资金广泛的流通，经理人才不分畛域的雇用，和技术上的支持因素（如交通、通讯、保险、律师的聘用等）全盘活用。既打开如是局面，则信用之通行必受法制保障，然后所有权和雇佣才能结成一张大网，而且越编越大，终至民间的社会经济体系与国家互为表里。

这样的一种看法，包括着一个"整体"的观念，资本主义带着整体性，它能在一个国家内畅行而且成为不可改变（irreversible），乃是由于得到司法权的承认，其下层机构里各种因素概能公平而自由的交换。

实际的发展固然如此，思想理论的形成则未必如此。读者务必领略历史上很多大事超过当时人的人身经验,不可能由当时人将全局看清,预为筹谋,构成蓝图然后依计划完成。大部分的时候,是个人仅面对局部产生的问题,因时就势,顺水推舟。只到局势明朗化,才由后人以局外的眼光推断前人之作为,在历史上连缀而成一种庞大的组织与运动。资本主义之形成,绵延持续,在每一个国家内之展开,甚且跨越世纪,又与其他人文因素错综重叠,如此更不容易预先构成一种思想的体系。

所以,探究资本主义思想系统之构成,只能从当时人的文字中寻觅各种原始观念,将它们结联补缀而成。我建议本章从以下的方针着手:

(一)将重点放在17世纪的英国。17世纪英国是西欧最重要国家之一。它已经有了很好的农业基础(为当时威尼斯所无),并有全国性的法制系统(为荷兰共和国所无),因此它进入资本主义的体制,造成一个原型(prototype),此后给其他国家的影响至为深长。即是在侧面造成思想上的根据,也以英国作家最为活跃。不论内战前后或是散发政治传单,或是著作专论,他们的文字都与时局有关。当日并没有被认为是推行资本主义的根据[1]。可是连缀起来,则痕迹显然,可见得这种历史上的组织及运动之称为资本主义者,是有思想界的支持,而且前人领导后人,后人又扩充前人的见解,一脉相承。所以本章以17世纪英国思想界的文字当作主流,以便和这国家的行动配合,但并不摈斥其他言论,其有重要性者仍摘要录入。

(二)将18世纪及以后的理论另行列入,不与主题混淆。根据事实分析，英国在光荣革命前后已经进入资本主义社会（详上第四章）。支持这种组织与运动的思想也已成熟，在人身方面可以以洛克为代表，这是本章之主题。18世纪以降的评论出于资本主义已成熟之后，如亚当·斯密在资本主义范围内强调自由放任政策之重要，抨击英国当日对殖民地的处置。马克思揭露产业革命之后资本主义所留劣迹，又用唯物辩证法重新评判资本主义，已经属于上述主题之外。又因20世纪之初社会学被重视[2]，更引来韦伯及宋巴特等引用新方法检阅资本主义。虽说以上各人的见解可能使我们对资本主义产生与前不同的看法，但他们仅为评议者而非创造者及推进者，这当中有很大的区别。至于东西冷战之后，西方国家内产生了一些维护资本主义的言论，本书开卷时业已提及，以后还要在结论时检讨，更不属于本章之范围。

（三）站在技术的立场将17世纪以前的资料照时间的程序安排，并着重三个阶段。大凡资本主义社会之产生，必先创造一个国家的高层结构和社会上新的低层结构，次之则要重建或改组当中制度性的联系（institutional links）。实际推行资本主义之组织及运动时，其程序不一定如此。谈理论的各种文字也有出入，可是它们对以上三个题目分别发挥的趋向，却极为明显。我们也要注意这三个阶段，作为我们分析检讨之凭借。

马基雅弗利和《君王论》

在上述前提下，我们提到历史上的资本主义，不能不先自16世纪初佛罗伦萨的作者马基雅弗利说起。此人著书立说时,西欧尚未完全脱离中世纪的色彩,马丁·路德还未展开宗教改革的运动,如果我们径说马基雅弗利是资本主义的开山老祖,不免贻笑大方。但他在文艺复兴进入高潮时强调唯物论,并且在他的名著《君王论》(*The Prince*)中以譬喻法,再三指出一个国家的首脑有维护属下人民安全的

马基雅弗利画像。

义务，而人民所注重的安全无非身家性命财产，则他的用意已与上述在新旧交替之际重创高层结构的宗旨相符合。只是这样的一个高层结构的造成，又要维护人民之生命财产，其所产生的社会形象，不可能是 16 世纪初期人士包括马基雅弗利所能预料。

我们有了今日的历史眼光，则可以看出此高层结构对外独立，对内保障自由（liberty）[3]，更经过一段长时间之演进，不可能与日后之代议政治及资本主义无关。

从历史上来看，马基雅弗利是一个惹是生非的人物，批评他的人认为他公开的提倡政治上阴险毒辣不顾天良。现代社会里有一种说法，叫做"为了目的不择手段"（end justifies means），也可以谓由马基雅弗利开其先河。

马基雅弗利生于 1469 年，当日的意大利正"四分五裂"。西北角为威尼斯及其大陆之领域，正北为米兰，中西部为佛罗伦萨，横跨中央将半岛截为南北两部则教皇之领域。更南为西西里王国（Kingdom of the Two Sicilies），包括西西里岛，也包括意大利半岛之南部。但是这五个单位仍未将意大利分割至尽，每一单位内仍有许多小单位。由于政局不稳定，所以常引起德（由神圣罗马帝国出名）、法、西各国及瑞士之雇佣军侵入参与内战，人民深受荼毒。马基雅弗利出身名门，至他已家道中落，但仍以本身能力做到佛罗伦萨的保安秘书，并以外交官的身份出使各国及罗马教廷，1512 年佛罗伦萨又再度政变，马基雅弗利因此去职，并曾一度被拘禁，出狱后乡居著书，《君王论》及《李维十书讲解》（*Discourses of the First Ten Books of Livy*）均于

1513年成书。

所谓"君王"系意大利当中各政治区域之首脑人物，包括教皇在内。马基雅弗利认为他们除了以保障自身之利益外，也应当使治下人民各安所业，同时都能够在行业上各有增进。但是，君主使人爱戴不如使人畏惧。"因为爱戴是由各种义务之链条来维持。人类是自私的，一到合于他们打算的时候，这链条可以随时断坏，但恐惧由于害怕惩罚而存在，永无一失。"[4]

所以此书作者认为上位者在获得并巩固政权时，应当不择手段，如谋杀、欺骗、无德而称功、嫁罪于部属，只要合于时宜，都无所不可。君主应尊重的不是道德，而是谨慎（prudence）；不是光荣，而是权力。重点是君主不要专心一志做好事，应当准备做坏事。"因为不做坏事甚难救护国家。他可能发现有些看来道德上的事，做来只会使他垮台；有些看来是坏事，做来却可以大大的增加他的安全，使他得福。"[5]

马基雅弗利《君王论》之中，很少提及宗教之事，只有一处他说及有些人相信各人的祸福概由上帝安排，人类无法改变处境。他承认"有时候我也局部的趋向这种想法"。但他又认为命运可以决定一半，人类的处境，自由意志决定其另一半[6]。在这方面他表现一种无神论的趋向。他也认为人类无法脱离其劣根性，如将犹太教与基督教所讲人类的"原罪"加以一种宿命论（fatalist）的论断。其症结则由于人类的贪婪。"人容易忘记他父亲之死，而不容易忘记他没拿到的遗产。"[7]这可以说是把唯物论发展至极，也替日后的功利主义（如好坏由利与害而决定）铺路。

《君王论》至今仍为美国有些大学学生必读书之一，其流传之广，不言而喻。可是自莎士比亚（16 至 17 世纪之交）后，很少人再攻击此书作者的隐善扬恶。大多数读者能站在技术的角度，看出《君王论》的积极意义。他们获悉，作者著书时并未预期此书能成为畅销书供大众阅鉴，而是私下写出，准备呈献佛罗伦萨的新首脑，世称"伟大的罗伦佐"（Lorenzo the Magnificent）。进书的目的，则是希望能求得一官半职。从以后的发展看来，马基雅弗利的希望始终没有达成，罗伦佐可能没有看到此书。《君王论》私下被人抄传，1532 年出版，作者已去世 5 年。

马基雅弗利著书的私下目的既成泡影，后人反赏识他在不经意之间真实写出了人类的性格，暴露了政治生活的真意义，有如作者说的，他写的不是"应当"如此，而是实际如此。而且《君王论》与《李维十书讲解》相比较，更可以看出马基雅弗利是一个爱国人士。他痛恨意大利被人宰割，将之归咎于基督教之提倡谦虚、教人为弱、不注重入世的事物[8]。这些言论，也代表宗教改革前夕（马基雅弗利两书完成后 4 年，即 1517 年，路德才公布其九十五条论题〔Ninety-five Theses〕）西欧不少知识分子的怨望。

此人是好是坏，在学术上讲已无关宏旨。马基雅弗利影响后人之深，可以从最近一个美国学者的看法窥见。他强调即使在 20 世纪末期，500 年后的今天，马基雅弗利还是"生存"于人间，"他表现着一种活力，迄今很少其他的政治思想家可以望及"[9]。其所以如此，大部分由于这位佛罗伦萨思想家认为政治生活即人类生活之整体。其实其他学者用不同的言辞，也表达了类似的意见，例如另一位学者盛称马基雅弗利笔下所书凝聚于一个"人同此心的利己主义"（universal egoism）[10]。以前作家动辄以道德的名义压抑个人的私利观，可是现代社会不可能只称公德而不重私利。并且随着社会进化，更不可能在理论上将公德放在私利之前。（即孟子尚称王如好色好货，与百姓同之，于王何有。可见得百姓之欲望产生于王者的标准之前。）

马基雅弗利描写的政治生活羼有很多感情成分，如爱与恨、恐惧与安全感，又如野心与嫉妒、光荣和轻蔑。这些因素已在《君王论》书中一而再、再而三的提出。虽说在政治生活的内涵中这些感情的成分有集体性（如罗马人民毒恨安东尼，米兰人民看不起他们的公爵），但并不能突然集体的产生，即算有领导人物提倡和宣传工具诱导，也终必透过多数人之启迪，才能成为社会上的动机和政治上的力量。17世纪英国的思想家霍布斯（Thomas Hobbes）追究人类所有政治思想，乃得自于感觉（sense），由外间物品刺激而产生（详下）。稍后的洛克则更进一步否定与生俱来的观念（innate ideas）。彼此都认为所谓社会者，是由单独的个人聚集而成。虽说两人的理论之后的发展有很大差别，但二者的理论都带有一种个人主义和利己主义的初衷。也可以说都是继承于马基雅弗利之创见，亦即所有政治生活之原理全部根源于个人对事物的反应。其最初之推动力（first cause）与《君王论》所叙无异。

当然，这样的政治哲学，其出发点来自个人，而个人的政治反应也相同或相似（霍布斯与洛克笔下的初民，都是一般平等，并没有配上一个贵族与平民、君子与小人的分野)。如是则与《君王论》的作者同有一种尊重民权的趋向。我们再仔细阅读《君王论》,更可以看透作者提倡不仁不义之事,乃针对当日的军阀与政客,而未涉及绑架平民、蹂躏百姓的作法。即算政治首领有时利用心理上之权术,获得被治理者的敬畏,其主要目的仍是希望收拾人心。洛克在 17 世纪提出:若政府是由社会契约(social contract)产生的,则其人民至少也要默认(tacit Consent)。用意相同,都着重一个国家的高层组织无法高高在上,单独的存在。

总之,马基雅弗利纵有若干值得评议的地方,他的立场仍着重保卫一般人,尤其中产阶级的生命财产,应当毋庸疑义。《君王论》说:"德国的城市是绝对的自由,它们只有很少的乡土环绕着,它们要服从(神圣罗马帝国的)皇帝时就服从他,也不害怕他或害怕其他在旁的封建领主。它们如此这般的设防,任何人都知道要征服它们,必是相当麻烦而困难的事。它们都有必要的堡垒与壕沟,足够的炮兵,并且在库房里经常储藏足够一年的食物、饮料和燃料。此外它们也使低层阶级满足。在不让社会受损失的条件下,它们经常能让这些人有一年的工作,所作之工又是市镇里的生活及中枢要害之所在,也是低层阶级居处附近的工业。"[11]

虽说作者的主题仍在君主,他写这一段时,指出当地的皇子,亦即各公国侯国的首脑,如在境内有这样的城市即应与这样的城市相依为命,因为敌方和他作对,务必暴师攻坚。他未及说明的,则是未来的军事、政治力量不在教廷,也不在封建领主所控制的乡村,而在城市。中世纪的自由城市不受封建领主直接控制，市民有自治权，内部的管理以工商业的规条作基础，已经具有资本主义的趋向，马基雅弗利强调这些自由城市的理想城市的理想状态，已经替日后资本主义奠立基础，只是他没有料到，这样自由城市的规模日后甚至扩大而为现代国家的组织上的基本原则，不仅发展而行于乡村，更推广而行于神圣罗马帝国的领域中。

将马基雅弗利的思想直接引用于资本主义，有今人之麦克佛逊（C.B.MacPherson）。他的书指出《君王论》的作者已经接受意大利之城市资产阶级为资本主义之主要分子，他们的本钱为动产。麦氏更指出，一到17世纪英国之哈灵顿（James Harrington）（详下），则认为封建体制之外领有土地的乡绅（gentry）也是资本主义的支持者，他们更将不动产带入资本主义体制之内[12]。

前面已经说过，我们认为资本主义在一个国家里行得通，必待其信用制度受到司法权之保障，然后其低层结构里各种事物自由交换的情形才不受影响，所以麦氏之说法仍值得商榷。站在历史学的角度，我们深怕这名词广泛的使用，不能保全其为一种组织和一种运动之特性。如果这名词失去其整体性，势必在中外古今间牵扯上更多不相关联之事物，既不容易在其本身上检讨，也难能与中国历史作有意义的衔接。但是诚有如麦克佛逊所提示，马基雅弗利和哈灵顿的著作都有归纳于资本主义的趋向，前者着重于工商业之财富，后者将农业上之财富一并牵入。

十七世纪的英国——百家争鸣之背景

哈灵顿所著《海洋国家》(The Commonwealth of Oceana）出现于1656年，较《君王论》晚134年，其间西欧的封建制度早已崩溃，而资本主义的社会体制尚未组织就绪。其所以如此，是因为两者之间对私人财产的处置完全相反。前者盛时，土地完全不能买卖，后者则人类所有足以称为资产者（包括动产与不动产）及劳动者（包括劳心及劳力），都可以金钱为媒介互相交换。其社会之组织既如此，则其国家之高层机构也必有剧烈的改变。在英国，国王及议会和法庭掌握这些原则，则他们不可能不受冲击。同时，宗教改革之前，天主教堂掌握大批地产，又向人民收什一税。都铎王朝甚至没收寺院之财产，又将之出卖，国王仍掌握国家大部分财富，也仍由他以个人关系，对财政负责。至此这些现象仍存在，也无人能够保证这个国家的全部财富都能公平而自由的交换。逮至斯图亚特王朝时，国王的收入已靡不足道，英国进入资本主义的客观条件才算成熟。可是这时候仍必须等到对国王名分（kingship）这一问题作法制性的检讨后，才谈得上"实行新体制"。

考诸史实，西欧的国君在中世纪之前都可以算是由日耳曼酋领蜕变而成，也都经过选举程序，所以理论上也受各部落习惯法限制。可是当中经过无数征战与世袭，以上的程序只能算做民俗的传统（folk custom）。封建制度展开之初，国王与其他领主并没有实质上的区别，不过他们辖区四周有边区（marches）为衬托，所以地形较为固定，其独立的性格也较为明显[13]。他们和手下陪臣仍保有契约关系。可是在封建后期，他们的领域已缩小许多。如11世纪法国国王之领域不及今日法国1／10。西班牙亚拉冈（Aragon）国王之领域不及今日西班牙1／5。英国国王领域虽较为广阔，在名义上又是法国国王之陪臣，但也缩减许多。今日德国境内则有五个公爵乘神圣罗马帝国衰退之际自立为王，其辖境至此亦更为窄隘。在这四分五裂的局面之下，基督教成为团结西方的一种外在力量。难怪教皇和教皇派的理论家大力提倡教堂也掌握着一部分世俗权力，甚至鼓吹上帝将一切权力授予教皇，教堂的法律高于世俗的法律。人世间的权威，因为他们都是基督教徒，也应当受教廷的整饬。

这种理论虽在中世纪后期可以在短时间内使教皇占上风，却无法构成永远的体制。以后货币之使用广泛展开，职业军人替代传统武士，巡回审案的法官与其随员都成了有薪给的官僚，各国国王拓土愈大，朝代国家反而逐渐转型为民族国家。14世纪意大利人马西里奥（Marsillio of Padua）已经在他所著的小册子里勾画一个全能现代国家的轮廓。他所谓的政教分离，是提倡一种新体制，推翻中世纪的作风。他以为，僧侣只有传教的功用，只算是国家内的成员，各种权力之根源则为人民[14]。马丁·路德之宗教改革，也带着一些民族主义的性格。如他在1520年印发的小册子，称《致日耳曼贵族书》（英译为 Address to the Christian Nobility of the German Nation），呼吁德国境内宗教之事应由德国人作主。16世纪末季，更有法国理论家波丹（Jean Bodin）。他所想象的现代民族国家是以国家元首的力量作基础，在不违背自然法规和不侵犯私人财产的条件下，可以立法改变社会风俗,以往成例则不足以桎梏新规模。这样,国家元首统率的臣民可以奉不同之宗教,使用不同之语言(迄至路易十四时,法国人不能谓之均操今日之法语)[15]。

从以上的资料来看,在17世纪初年詹姆士一世从苏格兰到英格兰出任英格兰国王的时候,这国王名位的观念已经陷于一个危险的分歧点。理论家可以追溯到约1000年前日耳曼民族的传统,也可以站在中世纪的立场,认为皇权经过教会的庇护,或可效法现代作家的理论,从文艺复兴以后对自然法规的新看法认为民族国家的元首可以本身能力打开局面。詹姆士还享有另一特权,同时也担负着一种特殊负担:他是英格兰王,同时也兼任英格兰教会的最高首长。

霍布斯画像,伦敦国立肖像画廊藏(左图)。哈维画像,伦敦皇家医科大学藏(右图)。

在清教徒酝酿生变之际，詹姆士尚在提倡君权神授说，自称"国王是神在人世间带着呼吸的翻版"，可谓不识时宜。他自己虽得天寿而终，他儿子查理一世终至身首异处。可是17世纪的时代背景使詹姆士相信如此才是克尽厥职。因为他的王位得自祖先的努力和自己的世袭。在当时战胜取得的或血统上的继承都是神授。可是查理战败被俘受审的时候，克伦威尔的特别法庭援引一种完全不同的理论：被告查理·斯图亚特，仍称英格兰王，他的罪名则为叛国，因为他只被"赋以有限的权威"，而径自扩大为"无限制的权威"[16]。看样子，仍是以封建制度的契约关系（contractual relationship）作为理论之根本。

如果完全不理会英国人尊重法制的传统，我们可以说这种判决无非欲加之罪，何患无辞。即算同情特别法庭，读史者也会觉得，弑君派（regicides）采取革命行动时应当公布其革命的立场。有了这样的一段背景，我们再读霍布斯之书，比较能够看出思想界的来龙去脉。

霍布斯《巨灵》

霍布斯生于1588年，亦即西班牙舰队征英失利之年。进入牛津大学后，被聘为贵族家庭子弟的私人教师，因此有机会长期去欧洲大陆旅行，结识了天文学家伽利略（Galileo）。内战爆发前夕，他经常在伦敦与当时的文人和哲学家讨论政治。他著的小册子以抄本的方式流行，内容与国王派及议会派的意见都不相同。内战期间他避祸法国，担任查理二世的数学教师。在流亡政府之中，霍布斯已因他的观点而惹了不少是非。1651年，他的名著《巨灵》（Leviathan）在伦敦出版，查理二世的随从认为此书在替克伦威尔平反，于是他又从巴黎逃回伦敦。此外，霍布斯更因他的无神论，得罪不少保守人士。

回英之后，霍布斯的兴趣趋向于科学及心理学，在这时候，他认识了发现血液循环的哈维（Harvey）。斯图亚特王朝复辟后，查理二世亦恢复他的地位。传说查理二世首先在伦敦街头瞥见霍布斯，曾脱帽为礼，以后霍布斯得以自由出入宫廷，每年并得津贴100镑。终查理之世，霍布斯常受攻击，但国王始终护卫他，一面也劝阻他再出版惹是非的著作。霍布斯1679年去世时已逾91岁，但死前数月仍出版一部关于英国内战的书籍，内中对国王派及议会派都有批评。

霍布斯之书虽多，但无一留传久远如《巨灵》。此书所指的巨灵即是国家，它是一个"虚构之人"（artificial man）。作者从人之生理、心理状态说起。自感觉、想象、判断讲到激情；又从思想、决心、举止讲到宗教。骤看起来，这与中国政治哲学家所标榜的"格物、致知、诚意、正心、修身、齐家、治国、平天下"的层次相似。可是中国哲学家自始就揭扬一个"古之欲明明德于天下者"的"伦理人"的观念，霍布斯则诉诸现实。他说："一件物品运转于人之耳目，产生形态，如果运转是多方的，即产生多方的形态。"又说："好坏出于人之爱憎，相对于使用此等字眼之人而变，并没有它们本身的绝对性。"其实爱与憎也是不同的运动，爱则向之亲近，憎则离避[17]。这样说来，世间没有伦理之好坏，只有接近或远离的运动。如此一来，人类之感觉情绪与思想都产生于物体之移转位置（displacement of bodies relative to one another）。因此政治基于心理，心理基于物理，物理基于几何。这观点表示霍布斯对科学的兴趣,所有的原理都有先一步的原理作基础。另一方面也表示他已看透17世纪中叶的英国,所有过去的政治理论都不合时宜。与其搜索历史的根据,削足适履地自圆其说,不如改弦更张另创天地,先把人当做一个机械。他采取的立场是科学的唯物论,也全用演绎法[18]。

霍布斯认为人都是机械造成的,所以品格相同,容量上也相等。所谓容量相等,乃是适应环境时,其高低上下不足以发生致命伤。他说:"自然把人的身体与头脑构造得如此的相等,那么纵使有时候某个人的身体比另一个人明显地较强健,或者头脑比另一人较敏捷,可是瞻望全局,这差异并不如是的了不得。这不是一个人即可以倚着特殊地位自居,另一个人则无可如何。即算体格不同,其最弱者或用秘密之巧计,或结合其他弱者——他们也同处危境——仍可置最强者于死地。"[19]

这种品格相同、容量相等之人,替日后资本主义社会下层结构中各因素可以自由交换的原则奠立基础。当中没有封建威权独霸,以武装作陪衬,也没有如唯心论者先用人之贤愚不肖作背景。有些历史家认为霍布斯的政治思想适用于"中产阶级自由主义之目的"[20]。

资本主义既要将所有权与雇佣构成一张大网,而且越做越大,势必鼓励一般人在企业上进取的精神。霍布斯书中已经预先设下了这样一种可能性。他说:"在我看来,人类有一种共通的趋向,他们总在无止境而不休歇地追求权力,至死方休。这也不仅是在现有之外,一定要找到更高度的愉快,或是中庸之度的权力必不能使之满足。而是一个人除非掌握更多,就不能确信现有丰衣足食的条件与能力已在自己掌握之中。"[21]

《巨灵》用物理学上"动者恒动静者恒静"的原则解释人类的心理[22]。"寡人有疾,寡人好货"的趋向既已成为一种运动,就不可遏止。霍布斯的理论主动而不主静,这已经和中世纪以来的经济思想认为所有数目字都应当一成不变有巨大的差距。所以霍布斯纵不知资本主义为何物,他笔下已先得资本主义的精神。

因为如此,这样的初民经常处于一个危险不安的状态中。既然所有人都有同等的力量,势必抱着同样的希望,也在追求同样的事物,而都不打算适可而止,如是只能彼此竞争、互相猜忌,有时引起虚荣作祟。他们首先就打算侵犯旁人、使用暴力,达到夺取的目的,使自己成为旁人之主宰,驱使旁人人身、妻子儿女、牲畜。又要掌握既得,又要保卫自己之声名,常因一言不合,一笑不当,一句轻蔑的话触犯他们亲戚朋友,伤害他们的自尊心,而成为死对头。写到这里,霍布斯还不肯指斥以上所述之人为坏人,所做之事为坏事。他还在轻描淡写地提出:"如此以统治权凌驾于旁人之上的作法,既为人继续生存之所必需,那就应当听任之。"[23]

可是这侵略性的后果,也临到侵略者自己头上。"如此,人类发现与旁人交结毫无好处,只有无端的苦恼,因为没有什么权力能使所有人驯服畏惧。"

这种想象中的无政府状态,"所有人和所有人作战",仍谈不上公平与不公平,因为在这种初民的状态里,公众的权力还没有产生,既无政府，则无法律，既无法治，即谈不上公平。在作战的情形下，只有力量和欺诈才能算数。可是其后果是："在此条件之下不能产生工业，因为成果无保障，于是世界上也没有文化，也没有航海交通，也没有海运货品，更没有宽敞的建筑物，也没有运输工具，因为这些东西需要大规模的武力支持。因此也无法产生关于地球上的知识，没有计时的才能，无美术、无文学、无社会。最可怕的则是无边际的恐惧，和凶死的危险，人类的生命只有孤独、穷困、卑龌、粗暴又短暂。"[24]

人类的历史真的经过如此的一个阶段？为什么没有如此的记载？我们如果提出这样的问题，可谓没有掌握霍布斯的用意。他的全盘设计，可以说就是要否定历史经验。17世纪英国的纷乱，归根究底出于社会之进展突出于历史之外，以致无成例可援。国王之作风固然违法，议会里的长老会派和克伦威尔军中的独立派提出的种种办法也缺乏传统习惯之支持。既要再造政治体系之理论，则不妨针对时间，模仿自然科学作社会科学之蓝本。其书之名称为巨灵，虚构之人，可见得他一直以自己的想象力和逻辑作论说的根据。霍布斯写作的最大长处，不在其人本主义（humanist）的情景，而是在其提出改造时要求的贯彻到底。他既以人类的自私作政治生活之基点，其负因素也先要负到极端，然后其积极性才明显而有力量。

《巨灵》中提及人民因要避免惨死和无边的恐惧，才以一种社会契约的方式组织国家与政府。每个公民放弃部分原本的无限自由，所谓国家因此而产生。国家最高主权授予一人或一群人，此即"巨灵"。他（或他们，下同）不是国民公约的签字人，而是执行者。他接受全体人民（只要过半数同意即可）的嘱托，代表他们以集体之性格对付个人。他享受了最高荣誉的头衔，也有无可分割的立法权。他的旨意成为法律，而本身不受法律限制。因为他的任务在于维持治安，所以必须具有判断各事之能力及解释各事之权威。这样的安排一经定妥，即不能更改，而且永远有效[25]。

表面看来，这种说法似乎前后矛盾。这一方面是由于著书人之古怪性格。霍布斯不顾人之出尔反尔、瞬息变化的个性，而在一个局势飘摇国事没有着落之际硬要把国家社会之组织写成科学，所以《巨灵》每字每句都是坚定的毫不妥协。可是仔细看英文 sovereign 一字，原来是最高主权人，经他一说起倒成了一个总经理。"他不可能伤害下属之任何人，下属也不当指斥他为不公平，因为他受兹人之命行事，不可能又伤害兹人。"[26] 这样的一个最高主权人要不是像日后之英皇、英后，在处理公众之事时丝毫不表现各人个性及本身利益，即像代议政治成熟时之议会，它本身即系一切生命财产之集团，于理也不能侵犯其生命财产。作者虽强调国家主权人之意志即成为法律，这却不是说立法可以仓猝为之或恣意为之。他的书中又有一节提及："民法与自然法（natural law）并非二物，它们不外为同一法律之两个部分。其为成文法者为民法，其不成文者为自然法。"他又写出："法律颁布于人间，没有旁的用意，只不过限制某些人原始之自由，使他们不伤害旁人，而能互相合作，对付共同的敌人。"[27] 这句话表示立法总是将一个负因素加诸一个负因素之上，是不得已而为之。如筑堤原为防止河水之泛滥，当然不能随处乱筑。国家最高主权人在人民，授权委托他办事时必早已明了此宗旨。所以他既要防止过度的使用自由，又不能过度的防止。他本人在立法上之自由，乃技术上之自由，他可以在很多细微末节上把规章订好。

国家体制订定之后，不得任意改变，也是基于既称宪法则不得朝令夕改之意。人民有服从最高主权人之义务，后者相对而有保护他们之义务。这保护力量失效之时，也是服从终止之日。如果最高主权人放弃他的政府，也不留下继承人，则国家解散，全民恢复到以前的绝对自由或无政府状态[28]。这样不正常之事当然不能令之经常发生。除了这些条件之外，霍布斯也提出有野心的英雄人物、庞大的专业市镇，和专利铸币也都是国家之虑[29]。所以纵使他书中写下很多绝对而肯定的字语，他政治哲学上的重点仍是放任政策。这一点早经不少有识之士指出。一个现代学者写着："霍布斯轮廓鲜明的个人主义使他的学说成为当日最有革命性的哲学，他之赞成君主制度，不过是表面文章。"[30]

《巨灵》的作者不容许教皇和僧侣与国家最高主权人分权，他指出神权由于人类的迷信，但宗教也不能完全不要，它可以导人为善。只是崇拜的仪式由国家指定，国民在形式上都要依样奉行，他们心目中信与不信，是自己的事。"信心系神之所赐，凡人也无法以赏罚而增益之。"所以霍布斯论宗教时属于"伊拉斯图派"（Erastian），亦即宗教没有本身之价值，教会只替国家服务[31]。

霍布斯是否为资本主义的急先锋和创始者？这也要看我们给资本

主义的定义而定。如果我们认为资本主义纯系一种思想上的系统,其范围不过是一种意识形态,甚至像有些学者的主张,资本主义以存积资本为人生之目的,则霍布斯不能为之。因为他认为,人类的意图乃根据动者恒动的原则,已有一种得陇望蜀之趋势,虽已丰衣足食,仍怕明日衣食之未周,因之才拼命努力,由互相竞争而动手厮杀,以致造成一个"所有人和所有人作战"的局面。则他的学说分明在防止这不合理之趋向,而不是鼓励其继续发展。这也就是说他的立场仍是道德和伦理,而非纯粹之经济[32]。

可是我们认为,历史上的资本主义既有思想,也包括一种组织与运动,而且要通过法制,所存资本才能累积。同时私人资本经过如此之安排,在社会产生服务性质(这也是本书采取之观点),则霍布斯有极大的贡献。只是在确定这观点之前,我们务必看清他著书时英国社会的情势,而且把他时人的见解拿来一并分析。

极端派的理论

表面看来,霍布斯之著作包括《巨灵》及《政府论》(De Cive),纯系私人意见。内中虽提及若干历史例证,也是随性所至,其引用心理学部分,也是初次尝试。倘使当日之人未能重视他的才华,霍布斯即无从树立他在思想史上的地位。而实际上霍氏并未被忽视。一方面《巨灵》一书中,坚持国王的名位在原始时代已是由人民选举,国家最高主权人不会做错事,纵使犯错也只是对神负责而不对臣下负责。所以在议会派看来,他实在是替专制皇权张目。而另一方面他也说及,最高主权可以属于一人,也可以属于一群人,而最高主权人不能保护人民之日,也是人民离弃他之时,又像是赞成清教徒的革命,替克伦威尔捧场,因此也不能讨好保皇党。如此一来他两头生事,倒替自己造成一个在学术上孤独的地位。

按其实,当查理一世被弒,克伦威尔不由自主地做了一个独裁者,而查理二世虽然主持了斯图亚特王朝的复辟,却发觉王位的意义已非昔比。这些情形表现英国国家体制正在激变,没有人能阻止这种改变,甚至没有人能掌握这大规模的更革。霍布斯在这国家没有主宰、人情惶惑的时代创造新论,其功用不在当日,而在未来。他在书中制造了一个全能的大怪物,不仅满足个人的幻想,巨灵更可以解释为一个具有经济性格的现代政府。

据估计,17世纪英国半数以上的男子以当佣工度日,如果将半佣工一并算入,被雇的人可能为全体男子数之2/3。因此社会上对市场经济的变化至为敏感。斯图亚特王朝对工资及物价的干涉,主旨在防止失业[33]。只是当日法制未备,全国性的商业组织尚未就绪,政府所能控制者尤其有限,往往心有余而力不足。而且更可能因干涉而使局势更坏,以致到处失却人心。时人没有历史上的经验,总以为问题可以局部解决。第一次及第二次内战之间,克伦威尔军中已有所谓"均平主义者"(Levellers)出现。他们散布传单提倡自由平等,着重英国人之人身权利(Englishman's birthright),要求开放选举[34]。他们的理论则是一个人纵没有身外的财产,他的人身既为生产者,则此人也应当被当作资产者看待。有些均平主义者着重劳动力也是一种商品[35],与现代马克思主义者所说相同。不过他们又是个人主义者,在政治上主张除了仆役乞丐依人而生存者外,凡人都应有选举权。克伦威尔则以为这种说法和做法,已威胁一般人所谓之资产而严格取缔。全民选举(universal suffrage 或 universal manhood suffrage)是近世纪的一般趋势。它根据一种民主的原则:大凡一个政府统辖全民,虽被辖者为一夫一妇,也应当由这匹夫匹妇出面承认这统辖之体制。可是在17世纪的英国,经济基层的组织尚未就绪,存积资本尚待展开,民智仍为闭塞,交通通信条件又不具备。此时即倡言一个赤裸裸的人体在社会上应享有某种权利,纵在哲学上和人道主义上言之合理,其在代议政

1649年的一幅政治漫画,图中象征王权的橡树,在克伦威尔所领导的反对势力拉扯砍伐下,正日趋倾倒。

治的程序中却难融洽。所以也难怪克伦威尔对这种说法嗤之以鼻[36]。同时我们亦可看出,一种政治思想能否被接受,其本身好坏不说,时机(timing)也是值得注意的因素。

较均平主义者更激进者为"掘地者"(Diggers)。这名词起于1649年,当时有主张全部废止私人财产者,其人数不多,大概只数十或百人,聚集在伦敦之南的塞瑞(Surrey)擅自发掘公地,播种作物,准备经营一年,以收获接济贫民,并且声称,这运动一展开,必会将全部英国土地做得无法私有。掘地者不久即为当地军警和地主人众驱逐,以后也未再生事端,只是他们的文字已广泛流传。其中有一小册子称:"不应当有领主或地主站在旁人之头上。世间应为全人类之男儿女儿而存在,使他们自由而生存。"[37]因之掘地者被称为共产主义者(communists)。他们的思想来源不出自现代经济,而出自圣经。他们的宗旨不仅过激,而且带着乌托邦思想。个人财产权固然足以造成贫富悬殊的现象,也足以沦为弱肉强食的工具,可是国家与社会之管制又无所凭藉来否定它。英国在17世纪中期已有如是过激派出现,并非此等人士带有远见,而只表现封建制度崩溃已久,当中一个青黄不接之时代延续了两三个世纪,至此已山穷水尽。英国之输出大宗为羊毛,与农业攸关,有时也由外输入谷物,因之更受国际性的经济力量激荡,如此不安的局面迫使当日知识分子四处寻觅新途径。可是右派加强宗教力量和提倡君权神授等等说法既已搁浅,而左派之全民平等废止私人财产又不切实际,则历史上之资本主义的来临,已经在客观上具备了一个无可避免的趋势。除非国家与社会都采取一种较坚韧之组织，否则不能产生适时应变的能力，去对付一个千变万化的国际经济力量。这种组织基于内中各种因素，都能公平而自由的交换，前已言之。要使其如此，则不能再放弃私人财产权，只有更加强私人财产权。

《巨灵》出书之日，距查理一世受刑及掘地者滋事才两年。这书中已有这样的倾向。霍布斯提议创造一个在立法上全能的高层机构。以下我要指出这高层机构的功能带着浓厚的经济性格。这两者在当时都是推陈出新，彼此都算是打开局面。

《巨灵》的经济性格

霍布斯书中论及经济的部分，没有他论述政治组织的一部分之爽快利落，而且有前后矛盾之处。这一方面固然表现作者主要兴趣不在此，一方面也由于他过于注重他思想体系之完整，有时将他自己的主见与学理上的必然趋势混为一谈。比如说他早已提到法律只在必要时制订，旨在防止人民彼此侵犯，法律不及处则仍为人民之自由。他在论人民之自由的一章里也写出："下属之自由限于以下各种事物，亦即最高主权人规定他们之行动时预为留下的事物，如买卖、互定合同、选择自己的居处、自己的饮食、自己的职业和他们认为合适的方式教育子女等。"[38] 他在下文又说人民之自由尚包括防卫自己人身之手段。

照字面看来，人民既能自由买卖、互立契约，则必先有财产所有权。可是霍布斯的看法并非如此，财产之所有权也仍是国家所制定。这也就是说在初民时期，尚未产生最高主权人时，并无所谓私人财产。"在没有选出一个强制执行的权力之前,既没有国家,也没有财产,即所有的人都有权领取盈天下的事物。"[39](原文中 propriety 系中古英文,与 property 同,此处称财产。)

这样一来,则前后文发生互相牵制的作用了。人民可以自由买卖、互定契约,只是一种抽象的权力,他们原则上可以以所有易所无,但是何者为其所有,何者为其所无,仍由政府决定。

古今中外学者提到所有权之最初来源,都有一个"天生万物以养人"的说法,霍布斯也不例外。他先把这万物解释为人类的"营养"(nourishment)。"上帝通常或无代价地赐给人类,或收取劳力卖与人类。"[40]所谓上帝收取劳力,将营养卖与人类,显然的即是"劳力价值论"(labor theory of value),这理论为中古以来学者间常提及,也是以后古典派经济学家(classical economists)常用之辞[41]。我们在下节讲到洛克时还要说到。这里要指出的,是霍布斯并没有承认服行劳力之人有立即取得成品的所有权。以上所说人类都是集体性格,也还是初民状态,亦即国家成立之前。此后社会契约一行,最高主权人有一桩首要任务,即为分配资源(distribution of material)。霍布斯认为全民可以三种不同方式分得资源。有些人获得"一部分土地",有的则以"少数的商品"或"在某种技能上的自然财产"(natural property in some useful art)取代,最后一项无非劳动力。但是用以与上帝做生意,耕耘则得麦粟,锻炼则收取铜铁,所以也算"分"得一部分"自然财产"。他在另一段提出:"一个人的劳力也是一种商品,可以和旁的东西一样换取有用之事物。有些国家除了居住地之外再无领土,却不仅能保持其权威,而且扩而大之,一方面由于它们使用劳力在各处贸易,一方面由于将他处资源输入制为成品发卖。"[42]

从这些文字看来,作者有意保持现状,而在现状下固定私人财产权。在提及土地之分配的一段,霍布斯的态度更明显。他说:"最高主权人分配土地时每人一分,他不以任何下属的意见或任何数目之下属的意见认为公平与否而左右。他〔自己〕决定是否公平,以及是否合于全体的利益。"关于英国之土地,他认为"征服者威廉"(William the Conqueror)〔1066 年由法国征服英国〕曾作此分配[43]。

看到这里,读者已不免发问:霍布斯的立案无非"士农工商各安本业",土地所有权则追溯到 11 世纪的根源上去,他为何不照此直说,兜一个大圈子,最后并没有提出任何开创性见解?这一方面固然由于作者拘泥于他的"科学"体裁。他坚持每一项历史事迹都可以用他的公式去"证明"。另一方面则征服者威廉划分的土地原为封建格式,一般不能买卖,执有者为陪臣,对领主负有无偿的义务,至此已近 600 年,当中经过无数合法与不合法的易手,内战前后又有退佃改业没收赎还等等情节(详第四章),所有权在法律上早成问题,很多人已指出当中的不公平为一切问题之渊薮。他们指出威廉夺取人民的耕地赏给他的陪臣,所形成的地主几百年后仍用佃租奴役农夫。内战即为一种革命,则应该在此时将此桎梏除去[44]。霍布斯站在保障私人财产的立场,力争所有权之合法。他提出威廉以征服者的地位,原有权将地产全部没收,他让不少业主保持他们的家庭,也可以算为一种分配。至于公平与否由他作主,也不容旁人置喙。全国所到之处,即产生营养的功效。至此他也引用哈维血液循环之原理，说明国家收入解缴于国库，已由国库外放，经过大动脉，使全身各部分活跃，其功效与血液之循环于人体相似[45]。

英国在光荣革命前后已大致符合上述条件。土地所有权，一般已规律化。土地税虽不能说是"无限制"，但是以面积征收，按国家需要而定，不受过去成例之束缚，是为今后的一般法则。关于财产转手，则采用平衡法补正习惯法之不及，也有成效。1694年英伦银行成立之后，国家赋税之收入也与民间经济相通。而最重要的，此后农业上的财富可以与工商业的财富交流。叙述这一串的情形时，我们不能夸显霍布斯的预言正确，只能说17世纪的英国极需将国家机构合理化（rationalize）。霍布斯是一个"唯理论者"（rationalist），所以他在世纪中叶已掌握这个重点[46]。他虽没有构造一个资本主义社会，但他所想象的国家高层结构已接近其需要。

资本主义的社会亦待司法权来维持。在这一方面的解释，霍布斯着重个人之差异（individual differences）。乍看起来，这和他以前所说所有人品格容量大体相同之说完全相反。其实前面说的是触及人类互相争斗的品性及在生死关头的拼命精神，这样才不相上下。若在平常，人与人之间还是有高低长短之不同。其基本原因，在于个人对外界反应的不同。想象力或敏捷，或迟钝，注视方向可以经恒，也可以短促。这仍是认为人类是一种机械。他对外界事物的关系无非是一种运动。运动则有缓、速，又有久、暂。在不同程度的反应中，产生了圣贤、才智、平庸、愚劣[47]。于是个人有不同的权力。什么是权力？

权力无非是现有的媒介和工具,用以获取未来的好处。霍布斯在此处提及过去之成功、名誉、言辞之流利,以及形式之美好(此处他用form,所指为容貌,因为他说这种品质能使男人得到女人及陌生人偏爱),都是权力[48]。他在另一处又问什么是权力?权力乃是获得所欲物品之工具。但是一个人之权力常为另一个人的权力所阻碍,所以究其实,权力之能算数的是超越于旁人权力之外的一部分[49]。又因为各人的好恶不同,社会上有分工合作的办法[50],于是每个人都有他的价值(worth)。这价值也不是一个绝对的因素,而是旁人要利用他的权力时愿付之代价,所以由旁人之需要及判断而决定[51]。

有了以上各种观念,霍布斯区分司法权之行动为"交换的公平"(commutative iustice)及"分配的公平"(distributive justice)。前者以同等的价值交换,其"比例是算术的",后者将同等的好处分配于有同等功绩的人,其"比例是几何式的"。他又继续解释,分配的公平,亦即是均平(equity)[52]。这样一来,在他所想象的社会,所有价值都是"市场的价值",全部法庭和民法所谓的公平都离不开一个"市场观念"[53]。

哈灵顿和海洋国家

霍布斯的世界没有中庸之道,要不是完全没有秩序,只有人与人互相残杀,就是一体驯服,听命于巨灵,虚构之人。有些作者批评他过于夸大人类的坏性格,未顾及彼此间相互合作相互提携也是一种天性。也有些作家指责他没有看清17世纪社会里的经济冲突并不是一般性的全面冲突，而是社会上某一特殊阶级和另一特殊阶级间之冲突，因之压平这种冲突的全能政权也要在这特殊阶级之间做公正人，而不能笼统地说成是在一个全部纷乱的社会中建立秩序[54]。因为《巨灵》之中有了这些毛病，才引起后人之修正。最先修正者为哈灵顿，他的《海洋国家》出书于1656年，当时克伦威尔尚在人间。

哈灵顿出生于英国贵胄之家，祖先和都铎王朝及斯图亚特王朝都有密切的关系。詹姆士·哈灵顿生于1611年，壮年时遇到内战爆发，英国乾坤颠倒，他之未被卷入漩涡，一方面固然由于他不走极端的个性，一方面也出于命运安排。他在牛津大学未得学位，即决心前往欧洲大陆旅行。初驻足于荷兰，目的在吸收新时代的军事技术，并且一度加入英国人在欧洲的志愿军，而因为英国始终没有在三十年战争中遇到出头的机缘，他从军的目的未遂，倒以空闲之身前往意大利。以后他对威尼斯有相当的景仰，也基于当日旅行的经验[55]。

哈灵顿也曾涉足德、法及丹麦，但是印象不深。他在1638年左右回英国。因为家世背景，被推为英王查理一世之随从，与国王相处极亲密。哈灵顿也曾在英王拟用军事力量削平苏格兰反叛时（详第四章"主教战争"）替查理筹款。可是他在国王与议会冲突时却同情议会，曾两次将款项贷予议会。也有人说他曾希望被提名为议会会员，只是此志未酬[56]。

查理战败，被苏格兰人交给议会派之后，哈灵顿经各方同意，出任被拘禁国王之随从。这样他要经过双方之信任。他很想以这地位在两者之间找到一种妥协方案，却总是事与愿违。哈灵顿虽不在局势暖昧游离之时投机取巧,仍为议会所忌,而且因为他拒绝宣誓不资助国王逃亡,曾被监禁。

虽然他对国王多所维护,而且觉得很多攻击查理之辞与事实不符,可是他自己终身为民国派,无论在何种情形之下,此志不渝。1649年查理被处死之日,哈灵顿一直陪他走到断头台畔诀别,他还说此情此景给他精神上很大打击。可是他亦前后发行不少小册子,其中毫无勤王论调。《海洋国家》未出版时,一度被克伦威尔的政府查禁,由作者往谒独裁者的女儿请她疏通,才与世见面。查理二世复辟,哈灵顿一度入狱,被释之后健康已不如前,虽然晚年结婚,却未再发出任何政治言论。他于1677年逝世。

哈灵顿对马基雅弗利和霍布斯都有批评。比如说马基雅弗利在一个政局运转不周时,动辄斥之为"腐化"。哈灵顿经过一番思考,却指当中之组织可能未如所说。其弊不在一时人事,而可能在整个结构[57]。又如霍布斯所叙,还可以说是替君主专制张目,哈灵顿则张扬共和优于君主。霍布斯所叙之权力牵涉到容貌、语言、过去之成功以及今日之谨慎,总之出入于个人品格之境界。哈灵顿则指出权力出诸刀枪,军事力量又要经济力量支持,因为"军队是一只猛兽,它有硕大无朋的肠胃,经常需要喂养"[58]。他又说:"人依赖富庶之家,不出于选择……而是由于牙齿的需要。人需要面包时,立即成为推食于他们之人的仆从;一个人能如此喂养全民,则他们都为他帝国内之臣属。"[59]

这样看来,他并不是与马基雅弗利及霍布斯对立,而是延长及强化他们的见解。哈灵顿曾谓马基雅弗利为"近代唯一政治家";霍布斯则是"迄今全世界最优秀的作家"[60]。大概马基雅弗利写作时比较注重当事人之权宜,较未考虑到社会经济的力量。霍布斯则大规模地勾画全体人类之政治生活,作文时气概之磅礴,世无其匹,可是也只注意到各个人之行止,而忽略了他们的集体性格。所以在考究资本主义之思想体系的形成过程中,应该看出一个前人开路,指示大概的方向,后人继续前进,脚踏实地,其立论愈为精密,其现实主义更为露骨的一般趋向。前面已经说过,霍布斯通过《巨灵》之笔画,建议创设一个新的社会高层结构。哈灵顿不主张这高层结构全凭理想,最低限度,要切应于下层的一般需要。

他们两人都未能预料以后有所谓资本主义的名目出现。站在17世纪中叶,他们却有澄清当日局势之宏愿。霍布斯讨论一般原则,对现实还只是若即若离。哈灵顿则毫不犹疑地对克伦威尔治下的英国对症下药。只因恐文字犯忌,他的书也以虚构的体裁写成,但"海洋国家"(Commonwealth of Oceana)是不折不扣的英国,无异纪实,并且内中有些建议,作者还期望克伦威尔能采纳。

《海洋国家》之要旨,是政府之权威必与民间之经济力量互为表里。以英国而言,土地之占有为决定性之因素。如果社会上某一阶级占有土地为全国一半(他称之为"平衡力"〔balance〕)或一半以上(他称之为"超平衡力"〔overbalance〕),则政治力量必落在这阶级手中。英国已经有了一段这样的变化。蔷薇战争(Wars of Roses)以来,亨利七世将大桩地产强制分裂,亨利八世又没收寺产,也在拍卖赏赐时化整为零，于是迄至17世纪，英国已产生不少中级地主和小自耕农（yeoman farmers）。本来控制于政府的权力也早应落入他们手中，只因伊莉莎白以她的手腕延迟这种发展。可是这种趋势终不可免，于是17世纪掀动全国内战。

在哈灵顿看来，一个国家的体制可以是绝对皇权，也可为封建皇权，或共和制，依土地在一人掌握之中，少数人掌握之中或多数人领有之中而定。在他的时代，英国已走上了第三途径。并且政局之妥定，也不是完全被动的视经济条件而转移。大势既决，执政者仍可以从中调节，力求均衡。他建议英国行土地法，限制地产，使每一个家庭由地产所得收入每年不逾2000镑。超过此数，即须分配给各个子孙。

哈灵顿的书中仍包含若干乌托邦的性格，例如作者主张重新安排社会的下层结构，将全民组成教区（parishes）、百家集团（hundreds）及部落（tribes），以为选举立法代表之凭藉，再按他们的贫富编成步兵及骑兵。这些建议虽然没有付诸实施，可是组织选举区及普遍征兵，则是现代国家之一般原则。《海洋国家》也主张草拟成文宪法，政府分权，执权者周流轮转（rotation of office）与秘密投票。这当中有很多特点显然受到威尼斯的影响，经过他的传介，这些影响以后也及于美国[61]。

中国的读者务必看清，《海洋国家》虽然主张限制土地所有之最高额，但与中国的均田有天壤之别。中国之均田、占田或限田，使每家分得50亩至百亩之土地，全国之小自耕农不下数百万至数千万户。英国之土地集中于贵族手中时，领有爵衔之贵族通常不出一二百人。即在 17 世纪土地已一再分散，但是与中国土地之零星分割使用仍不能相提并论。例如在斯图亚特王朝下领有 200 至 250 英亩之地主，还只被称为小乡绅（lesser gentry）及中产阶级[62]。计 1 英亩约等于 6 华亩，上开数字在中国已被认为庞大，一班文人即可用"膏腴万顷，田连郡县"的名目随便指责矣。哈灵顿的方案，最高限额每人只能有 2000 镑之收入，然则据估计，当日英国全国之土地收入也只有 1000 万镑，所以只有 5000 个如此之大地主，即可以将整个国家之土地全部霸占，使其他的人户全部成为他们的佃农[63]（英国 17 世纪人口在 400 万至 600 万之间）。从这些条件看来，哈灵顿的建议只是预防唐朝"藩镇之祸"形态的巨家大室危害国家安全，他没有以纯粹经济上的理由禁锢自由的发展。

除了这 2000 镑年收入的限制之外，哈灵顿愿意让现有土地占有维持现状，不加干涉。纵使他提倡平等，也不是数目字上的平等，而是享有平等的经济机缘。他说："勤奋为存积〔资本〕最有效的办法；存积则忌均平。"同时，他理想中的社会是一个流动性的社会，从工商业存积的资本也可以与农业资本对流，以至农村经济与都市经济合为一元[64]。

这种说法，今日的读者不容易产生深刻的印象，因为以后事实既已如此展开，则观察者也觉得不足为奇。所以本书不惮再三提醒读者，务必要想象 17 世纪之英国，封建制度早已崩溃，而资本主义尚未登场，在这青黄不接时期，最后阶段的情景。当日右派之君权神授说，无异提议将历史倒推，回到中世纪。左派之喧嚷自由则没有体会到自由并不是令各人自生自灭，而是要有耕地、有工作、有市场、有交通道路、有生活保障，凡此各事都要代价，并且不能超脱历史的环境，凭空产生。内战之爆发，也可以说是各种不着实际的想法各走极端所至。哈灵顿的著作，继霍布斯学说之后，说明英国面临急遽的变化。这变化却有200年的背景。乡绅兴起[65]，代替了昔日贵族地主，为社会领导的力量，并且已在各人出生数代之前构成了一种澎湃的力量。那么如何应付这局面？这种组织与运动既由金钱发动，则整个社会也只好接受现实，用私人财产作新组织的根本。哈灵顿主张依贫富将人民组成步兵及骑兵，也就是在军备上及社会分工合作上照此原则安排。提倡成文宪法，亦即脱离旧日之习惯法，别开生面。我们今日司空见惯，在当日却为创见，有革命意义。而且《海洋国家》以英格兰的现实情况作背景，与历史衔接，和一般乌托邦的建议不同。

为什么上述社会之蜕化既已经历一两个世纪之久，其间征象要等哈灵顿著书才一语道破？在这里我们要重申，所谓"封建制度"和"资本主义"都是后人创拟的名词，用以概括历史上广泛的组织与运动（虽说资本主义尚未全部成为历史），其本身不可能按计划，有预定进度地依时产生。在英国，这时候农业技术还追随荷兰之后，如引用荷兰式之犁，招用荷兰员工，构成剑桥以北沼地的排水系统。若非圈地运动继续发展，私人土地所有权还不成定局。总而言之，其低层机构中仍有千百头绪，不能由一种体制立即跃入另一种体制。只等到如此庞大的运动临迫到发展之最后阶段，思想家才能领悟到整个的幅度和纵深。而且霍布斯及哈灵顿也由于他们和自然科学家接近，才能产生一种近似社会科学家的眼光。

近代学者常批评哈灵顿的写作富于说教意味，可能由于其中带有阶级斗争意味。查理二世复位前夕，《海洋国家》一度极被伦敦有识之士重视[66]。似此，他在历史上的影响甚可能超过后人之认识。

还有一点，哈灵顿之言论，足为其盛誉之累。17世纪英国作家涉及政治经济情事，通常提到海外殖民地。《海洋国家》更对邻岛爱尔兰有一段建议，主张将之征服后，招募犹太人移民，责成他们在岛上开发农业，除了军事开销之外，其收入尚可以向英国每年进贡200万镑[67]。

光荣革命及洛克

英国1689年光荣革命成功，可以说是在各种主张之间取得妥协。威廉为荷兰人，而由英伦政客邀请入主，实质上是一个被选举的君主。他与玛丽同为斯图亚特王室之直系苗裔，所以又维持了王位世袭的原则。其后在1701年，更由议会通过"继承法案"（Act of Settlement），预定王位属于詹姆士一世之外甥女苏菲亚（Sophia）及她的继承人。同时又表决以后国王或王后必为英格兰教会之一员，国王如为外国人，出国必须经过议会同意。此外，1689年通过"权利清单"（Bill of Rights），1694年成立英伦银行，奠定了国债的地位，使国王不再以人身对国家财政负责，都是宪法史上的大事。经过这些历史上重要的里程之后，光荣革命前之英国已和1689年后之英国截然不同。只是这一串重要的改革,不用宪法会议的程序揭扬铺张,仍保持传统程序。这也表现时人不务虚名,只求实效的性格。约翰·洛克在历史上被称为光荣革命的发言人。他的学说融和常情,缺乏逻辑上之完整,看来也符合时尚风气。

17世纪英国的政治思想家如霍布斯及哈灵顿都曾在牛津上学,到大陆旅行,对新兴的科学感到兴趣,也都在中年之后才发表他们重要的论文。洛克也在这些方面步武他们。他生于1632年,父亲出任地方律师,内战时加入议会派军队。因此洛克有中产家庭的背景。此后在牛津居住约30年,受过希腊拉丁文和古典教育训练。他本身又对医药有兴趣,获有医学博士学位。只是他健康条件欠佳,有时需要长期调养。

1688年英国托利党人联名签署邀请威廉回国继承王位,图为邀请书末尾的署名页部分。

在当学生和教师的时代，洛克已与政治结下不解缘，曾参加英国访问布兰登堡（Brandenburg，德国王室前身）之使节团。他在1666年结识了古柏（Anthony Ashley Cooper），和古柏一家发生密切的联系，对他后半生的生活有很大影响。古柏在内战时首先参加勤王军，后改入议会军，最初支持克伦威尔，以后又反对他的独裁，支持查理二世复辟。复辟成功后，古柏被封为男爵，又进封谢夫兹伯里伯爵（Earl of Shaftesbury），曾在查理二世朝中担任要职，也聘洛克为秘书、顾问及家庭教师。古柏最后的政治行动，则是反对詹姆士二世嗣继王位，这活动不成功，他被控叛国，只好遁迹海外，死在荷兰。洛克也被控支持蒙茅兹公爵的叛变（详第四章），不久也亡命荷兰，直

洛克画像。

到光荣革命成功之后才回英国。他以前虽曾发表过各种文字，重要的著作都在威廉及玛丽时代刊载。洛克晚年曾在威廉朝中担任商业及海外农场公署督办，年薪1000镑，4年之后因健康原因辞职。期间，他继续著作并且修改以前的书刊，1704年逝世。

洛克的文集，排印达9册之多，当中只有三种影响后人最深，都在1690年初次出版。其中一种题为《人类悟性论》(An Essay Concerning Human Understanding)。其主旨在否定所谓与生俱来的观念。如果人类都有与生俱来的观念，那么为什么小孩子不具有这样的观念？洛克并不坚持任何的了解都待人类的感觉而产生，他承认也有外界的事物，其存在并非我们的感觉所能目领耳受，然则也不出于天生的观念。例如$5+7=12$，并不由于一种先天的观念预藏在人的脑里，而是出于经验之推断。而且很多抽象原则出于感觉之后，例如我们必先能辨别红色非白色，以后才能领略色彩相对之理。以这种辩论的方法，洛克替当日的经验主义(empiricism)打开出路，而有意推翻伦理上及宗教上的武断[68]。

其他两种小册子，通常称为《政府论二讲》(Two Treatises of Government)。第一篇为驳斥菲尔玛(Sir Robert Filmer)的论调而作。菲尔玛的著作在身后出版，仍是替君权神授说张目。他从圣经里人类祖先亚当说起。亚当既以祖考的地位管制他的子孙，以后的君权也都产生于同样的方式。国王不用与人民订合约，等于父亲无需与儿辈订立合约。（本书作者按：这与中国传统的君权观念极为接近。）国王加冕的誓辞已经说明他只采用好的法律。至于法律是好是坏，由他作主。人类的自然状态不是平等，而是君主制。所谓天赋人权，人民有选择地组织政府，只是犯上作乱之阶。洛克的驳斥，今日很少被提起。大概由于他著书时，一个国王已因坚持己见而被弑，菲尔玛书出不久，另一国王又因国民拥戴外来的王子而被驱逐，至此君权神授和以宗教领导政治的主张都已不攻自破，也毋须再三辩驳。几个世纪之后的今日，仍旧传颂不绝的乃是洛克的《政府论二讲下编》（*Second Treatise of Government*），因为这篇文字较有积极性，而且把著者多方面的见解汇集于一处[69]。

洛克的小册子也根据圣经，把《创世记》当作历史看待。书中说及亚当和夏娃有养教儿女的天职，可是他们管制的力量是暂时的，只适用于儿女幼弱之时，且仍要合于理性。儿女既已成长，则这种管制的力量已无必要，幼辈可能尊敬长辈，不一定要服从父母。至于父母有时候以遗产为饵希望儿女继续服从他们，则已是生意，有如合同关系，不能谓为天赋父母如此之权力[70]。

在另一段，洛克也把婚姻关系定在主要为繁殖之用。人类的婚姻关系较其他的动物为长，也较坚定，乃因人类之婴孩需要长时间的教养。前儿尚未成年，次子又已出世。自然法则之需要夫妇关系长期继续，无非这种缘故。如果其目的达成，只要夫妇间有适当的经济安排，没有理由不能中断其婚姻。法官判案，只能根据这原则[71]。

虽说洛克所述，纯站在研究政府的立场否定父母和男人有绝对和永久的权力，有时他也说儿女是因感激父母养育之恩而自动扶助他们，或者因为习惯的关系，在小事上对父亲让步，夫妇因一同养育儿女,可能培养共通的兴趣[72],这些情形纯系私人和个别的感情,已与他所说的权力与义务无关。这些议论在今日看来,已属司空见惯。但在17世纪则已将唯物主义和个人主义推上最高峰。其与中国传统社会的法制相比,两方之距离更为明显。即在本世纪初年,中国社会根据"三纲五常"的教条,认为服从长上、孝顺父母、举案齐眉不仅是风气所关,而且也是个人人生的目的(换言之,亦即认为这都属于自然法则)。政府和社会提倡之馀,并以实力强制执行之。我们在评判是好是坏之前,先要看出当中一个绝大的距离。

洛克的宇宙,既不用以支持君臣、父子、夫妇永恒不变的秩序,那么人生目的何在?

他的答案是保持"人身财产",包括生命、自由和赀产[73]。

洛克虽然反对霍布斯,但也引用《巨灵》里的"自然状态"和"社会契约"两个观念。但是他的自然状态不是一个吃人的社会。即在初民时期,人类已经遵照自然法则,各人享有绝对的自由,彼此平等,以己之所欲,施之于人,也完全出于一种互惠的局面。组织政府的目的,无非保持这样的状态。因为人类纵善良,总有不守法的人侵犯旁人,自然法则容许被侵犯者予以膺惩。可是个人自己作主,难免偏袒,所以引用政府为公正人。此时政府所有的职权,纯系一种被信任的职权[74],无异于人民聘用之经理。

从这出发点,《政府论二讲下编》强调君主专制是一种曲解理论、出卖信任的作法。书中提到百姓有权反抗暴君时,带着一种"闻诛一夫纣矣,未闻弑君者也"的语调,作者不怕人民见异思迁,动辄颠倒政府，他只怕他们积习相安，见恶而不除。这种宗旨对光荣革命产生了肯定的作用。此外洛克也用社会契约的名义引入他自己的设计。例如政府必有人民之认可，如无彰名较著的认可，则有含默之认可。民主体制，总是少数服从多数。如果一个公民不满意公众的决议，他有权脱离这国家，另寻出处。政府则三权分立，立法、行政之外，另有"中央政府权力"（federal power，或直译则为联邦权）专管外交。内中立法权及立法机构最为重要。这些建议及所标榜的精神，经过提倡，成为很多民主国家的一般原则，也为不少研究政府的学者所注目。固然资本主义容易在这些条件下产生，可是这些条件与思想的关系不深。我们注重思想体系之转变，还是要认清洛克对私人财产权的阐释。

《政府论二讲下编》接受了欧洲中古以来的观念，认为上帝将世界的资源赐予人类（霍布斯也从这点出发）。这赐予出于一种集体性格，即盈天下之人，享有天下之事物。有待某一个人将他的劳力与物资混合，这物资才成为此人的人身财产，土地草木亦复如此。一个人既于此地耕耘，则有权将所耕之地圈为私地。他若放马吃草，则这草地也成为了他的牧场。在这化公为私的情况下，各人不能过取，亦即必使旁人还有同等机会，也不能浪费，所植苹果、所种小麦必供食用，不能让之霉烂[75]。

在叙述人之劳力时，洛克也步霍布斯之后，认为各人之人身财产包括他自己的身体。他说："虽然地球及所有低级生物属于全人类，但是每个人有他自己，是为其人身财产，除他自己之外旁人无权过问。

我们可以说他的体力和他双手的工作都是他自己的。他从自然所供应及遗留下的条件内取出的任何物品，则已将自己的劳力混合在内，亦即是混入了全属他的私产，所以这物品也成了他的人身财产，于是排除了其他人享有这物品之权利。"[76] 在这拾取占领的时候，无需旁人同意，因为到处征求同意，势必人人挨饿。

以上所说不能过取、不能使物品霉烂的条件不久即被打破。一到货币开始流通，则物品都可以在市场流通，所植苹果、所种小麦，都不至于霉烂。这种安排中，也有公众意识之作用。当众人都承认货币的价值，他们也默认了各人领取物品之范围自此扩大[77]。

洛克更褒扬勤奋之人对社会的贡献。他说："一个人用他的劳力将土地隶属他自己，并不减低人类之所有。反之，他增加人类之所有。因为一英亩私圈之熟地所产生供应人类之物品——让我在现实的范围之内说吧——十倍于同样肥沃而尚未开荒的公地。那么这圈地之人在10英亩里所产生的供应人类方便之处，有等于100英亩尚未开荒之公地。如此，他实际给人类增加了90英亩土地。"[78]

货币更加速土地占有之展开。洛克信口说来，当日之土地至少可供一倍以上的人口使用。只是在货币尚未流通的地方，其土地尚待开发的情形依然如故。在已经开始使用金钱的地方，则很"难如此"[79]。以上的叙述，完成了洛克对现下土地使用之解释的准备。质而言之，以下他的论调总不离"资本家的生产方式"。

土地既已为各人圈画占有，没有土地的人何以为生？洛克的答案则是出卖劳力。在《政府论二讲下编》他已预先写下人类之自由，包括处置本人人身之自由。只要不违犯自然法，各人对本人人身之安排，非旁人可越俎过问[80]。前面已经说过，他认为劳力也是各人人身财产之一部分，如此则没有不能通过金钱当作商品出卖的道理。购买旁人之劳力，不仅可用于生产，而且可用以扩充生产工具。洛克的解释，可以从下面一段看得清楚。他说："我的马所嚼之草，我的仆人所刈之草地，以及我在任何地方，任何与众共有之土地内开出的矿产，都是我的人身财产，用不着任何人授权或同意。"[81] 这当中值得注意的乃是"我的仆人所刈之草地"。可见得仆人出卖劳力，除了工资之外，别无收获，主人则可以坐待其领域之扩大。

初民之平等，至是变为不平等。土地之占用如是，货币之领有亦复如是。"货币根据合约将利润，亦即某人劳力之报酬，运送到他人的口袋里去。其所以如此，乃是货币分配之不平等，其作用与土地占有之不平等相同——因为土地占有之不平等（你可以占有超过你力能施肥之面积，旁人则少有），于是你弄来了一个佃农耕作你的土地；同理，货币之不平等（我拥有的货币超过我能使用的范围，旁人则少有），于是我拉拢来了一个佃家，使用我的金钱。"[82]

以上括号及内中字句都照原文。洛克说我拥有的货币超过我能使用的范围，则是我的购买力远于刻下衣食之所需，于是我可以投资。使用金钱之佃家无非雇来的劳工。他的工资由我预垫。亦即不待制成品之发货出售，已由"我"这资本家先付。因之他使用我的金钱。可是因为今日之方便，必需放弃明日之利润。有如佃农使用东家之土地，必须放弃来日之收获或收获之一部分。

从这不平等的占有土地和不平等的拥有货币，资本家和劳动阶级的区分，只有越来越明显。洛克说及劳工"一般从手到口，除了工资之外，没有旁的资源"[83]。资产阶级则"勤奋而有理智"，使用金钱，给他们一个机会扩大他们的所有[84]。在这些方面，洛克反映着17世纪清教徒的思想。上帝虽然将世界的资源给予人类，"他给予勤奋而有理智者之用，而不给予幻想贪婪争夺好斗之人"[85]。在这种条件之下，资本家之资源不立即用于消费，而继续存积。不仅个人如是，全国亦如此。他说："商业之着眼在财富及权威，两者互为滋长。财富包括大批可以移动之财货，可以向外国人要价，而不在国内消耗，尤其要注重大批之金银。"[86]

洛克既在威廉朝中被任为商业及海外农地公署的督办，他当然知道商业尤其是国际贸易之重要。他在《政府论二讲下编》里曾提出一个问题："假使一个人有10000英亩或者10万英亩之优等土地，既经开发，又储备了各种牲口，只是处于美洲之腹地，毫无希望与外界贸易获取金钱，那他又如何判断这产业之价值？那就不值得圈地占为己有，他就会放弃〔这地产〕而任之复归于原始状态了。"[87]

事实上洛克自己成为英伦银行组织时原始股东之一，认股500镑[88]。后来也被认为是重商主义者（mercantilist）的中坚[89]。重商主义者注重对外输出，以获取金银为国家商业政策之宗旨，其本身不能即认为是资本主义之变称。可是当日信用尚未展开，机器尚未发明，现金为存储资本之媒介，在这条件下提倡重商，获取金银，主旨在增强国家资本。但这国家资本又几乎全由私人资本组成，则重商之过程及其后果，都有由政府授权并鼓励商业资本主持生产及分配之趋向，并且也有将农业组织商业化，促成两种资金对流的效用，所以又无异于提倡资本主义。同时重商主义加速了国际的竞争，增强了殖民地的重要。这些特征在日后也被认为是历史上的资本主义之性格。洛克用不着对这些原则及趋向作有系统的解说（他写作的重点在提倡天赋人权），因为他的地位特殊，只要在这一串发展中抒发己见，他已经表现其为资本主义的发言人了。

洛克的传记说明他是一个性急、容易冲动的人，他也富于友情，性情慷慨，愿意资助有志之士，却不愿施舍于无赖[90]。穷困之人成为社会负担，他主张以最严厉的手段处置，甚至在一处写出，"三岁以上的小儿"都要教之以工作，使他们不成为赘疣。这一方面固然反映着当时一般人对失业者不耐烦的态度，可是这种态度也十足表现资产阶级的心理状态[91]。

他所处的世界里使用货币，虽有社会之不均等，虽有赤贫之人胼手胝足以为生，其长处则是一般生活程度仍较未开发之地域为高。针对这一点洛克写着："有些国家土壤富饶，却贫于生活中的舒适，最明显的例子莫如美洲若干国家。自然已给予富饶的资源，不下于给与任何人民。此即是肥沃的土壤，足以产生丰衣美食和百般娱快的资料。只因为没有用劳力开发，〔这些国家〕没有我们所享方便的1%。那里一个广大而肥沃地区之国王，其衣食住不及英国一个劳工。"[92]

资本主义思想之成熟

经过洛克,资本主义的思想体系已告成熟。从这一章简短的叙述,也可以看到马基雅弗利首倡唯物论,人民所依赖于政府者为安全保障,而不是所谓天堂获救。世间只有能生存的才算数,否则纵使道德高尚,仍是镜花水月。霍布斯的《巨灵》初看奇特,又好像不近人情,实际却勾画出一个新时代全能政府的轮廓。哈灵顿则指出政府的威权出自经济力量。英国的土地既已为乡绅及中级地主所得,这个政府也要由他们作主。洛克则将霍布斯的立论翻了一个面。政府首要的任务固为保护人民的财产,但是这社会契约可以"文"成,而用不着"武"闯。他也指出人类经济上的道德可以分为两大阶段。他虽没有明言,然其衍化符合欧洲从封建社会进展到资本主义社会之层次。前者不用货币,所以每人财物都受限制。后者用货币,则土地之占有及金钱之持有都不平等。但是资本家所操者重;其积蓄资本,开发资源,对社会有实质的贡献。他主张政府的首要任务在于保障人民生命财产,就是在实质上接受了哈灵顿的建议。这思想体系之构成与光荣革命同时。可见得资本主义已于1689年前后在英国立足。这种情形也证实资本主义成为一种体制,必与国家和政府互为表里。否则所谓"资本主义的萌芽"即出于无结构之冲动;或者资本主义的理想没有行动支持,都属于泛言,既难能捉摸,也无法论断。

以上除了哈灵顿比较含蓄之外,他们的学说都注重自我心理学(ego psychology),也都着重个人主义,这些成分也与资本主义结不解缘。

　　从《君王论》之问世至《政府论二讲下编》之印行，中间经过158年，资本主义成为一种有效的社会力量，而且奠立基础，必先提升一个国家的下层机构，虽费日持久，事势必然。陶尼所著书，大致与这段时间符合，其标题为宗教，可是他已说明，中世纪社会上的一切价值按层次摆成一个金字塔，而以宗教为首。所以提到宗教，也牵涉到全国各种事物。他也说，在这时期内，中世纪的社会理论被商业文化之狂澜冲击得不能立足，"传统的界标，一个继一个的都被淹没了"[93]。海蒲洛纳（Robert L. Heilbroner）论资本主义之逻辑，也说资本主义一行，全国人都要采取"求最大的行为"（maximizing behavior），上自资本家，下至劳工，都要体认同业和同等地位的人之强迫性的竞争，无人得以置身事外[94]。彼此都表示随着资本主义之来临，整个社会从上至下都要经过一番洗刷，非如此，其最下层之人员与物资无法公平而自动地互相交换，亦即无从构成一种商业体制。这种准备牵涉广泛，不能突然产生，迅速结束。

　　洛克的社会契约理论属于非历史性（unhistorical）。譬如说在什么时候、什么国家，其人民曾订立如此一个契约（只有威尼斯的全民大会与之近似，详第二章），全无交代。说及货币开始流通，各人土地之占有因此不受限制，也仍是一种理想观念，并无事实之例证。他没有提及征服者威廉区分英国土地的情形、都铎王朝没收寺产的经过，以及最近若干地主以各种不同的办法将残余的封建领有方式强迫改为现代的租赁方式[95]。甚至内战期间地产易手的纠葛也撇开不谈。先树立一个原始社会的状态，半据圣经，半由想象，次将之牵扯到17世纪后期的英国。又以自然法，各人"默认"的程序，将现下的土地占有讲得合理合法。他又动辄提及美洲拓荒的情形，有似寓言。

纵使其方法非历史性，大半采用自我心理学，洛克已创造了历史。《政府论二讲下编》虽非衙门公告，没有法律的力量，但是它在光荣革命前后产生了有似官方宣言的作用。洛克不是深入透彻的思想家，他的理论根基也半由霍布斯造成，但洛克是广博的思想家。他论说没有霍布斯之唐突，也符合时下绅商及新兴地主之胃口。他更以哲学家、心理学家、政治家的地位提倡宗教上的容忍异端，注重儿童教育之德智体兼长，又讲究修辞学。总之，他以社会科学的方法，重新将当日的各种人文因素拿出来检讨。他因不紧随历史车轮的痕迹，而更有将人文因素中不合时的事物一扫而光的气概。因此他的言论带着革命性格。他的社会契约观念大大影响未来的美国和法国。

事既如此，为什么今日一般人论及资本主义之思想体系，多首先提到18世纪的亚当·斯密，而很少人会追溯到17世纪的洛克？

这当中原因很多，最重要的乃因"资本主义"这一名词是后人创拟的字语，初在19世纪间常的使用，在本世纪才普遍使用（详第一章）。也可以说，这一名词刚才提出，资本主义之为刻下的一种社会组织，即已被批判攻击。很多作家将其后端拿出与社会主义相比较。因之这些作家的立场通常带有资本主义的病理家之色彩。本书站在技术的立场，主张以长时间远距离的姿态来看历史，提到历史上之资本主义，因其为中国之所无，不论在其组织程序上或思想结构上，都要把历史倒推回去，追究其前端在西欧封建社会崩溃之后出现的情形。因此我们不能因为马克思（他也没有引用资本主义这一名词，详第一章）经常批驳与他时间上更为接近的斯密而不论及更前之洛克，而仿效他的办法[96]。也不能因为洛克既是倡导民权之圣贤人物，而必须否定他之为资本主义发言人之地位。

况且霍布斯及洛克之劳力价值论经由亚当·斯密承受，马克思一方面修正，也在一方面继承，早经历史家指出。而我们根据历史，更要说明凡在17、18世纪之间提倡民权，都有支持中产以上阶级之趋向，亦即都有推动资本主义之可能性。

人世间常有很多重大情事，好像由领导人物下决心作主，实际上则有其背景存在，成与不成，不能由各个人单方定夺。也有不少发展非当事人良心之向背所能取舍。例如洛克接受当日一般观念，认为奴隶出自战俘，此等人既由战胜者贷之以不死，则供奉无代价工作，也不算过分。可是他呼吁这种处置只应加诸其本人之一身，其子女则应为良民[97]。此种奴隶及于一身说在中国旧社会里行得通，反在欧美近世纪内行不通，因为西方将奴隶投入生产事业，牵涉过大，除非社会下决心彻底废止奴隶制度，否则无改革之可能。洛克这一建议有如废纸。反言之，他的其他建议打动人心，被社会人士奉为经典，并非由于他玲珑心巧，异想天开，而是有客观的社会条件支持。

英国17世纪之人口，一般估计由400万增加至600万，但是失业严重时，通常有100万人需要全面的或短时间的接济，一般已觉得人口过剩[98]。而自伊莉莎白以来的法律，各教区有负责救济本地穷困人口的义务。因之加强生产效率,增进出口[99],在当日情况之下只能由私人企业家主持,法制上也只好加强私人财产权。凡此有系统的做法,其成果迟早与资本主义契合。洛克在此时倡导天赋人权,如果他不顾及刻下这种需要,或者甚至违反这时代的潮流,则他先已辜负了权力的用处。我们也决无在300年后传颂他的书刊的可能。

事实上洛克被称为"辉格党之亚里士多德"(Whig Aristotle)[100]。辉格党起源于谢夫兹伯里伯爵(详上"古柏")之反对詹姆士二世嗣继王位,以后也在光荣革命中产生了领导力量,又为英伦银行成立时之主持者,在17世纪末年及18世纪代表贵族地主及商界利益,在宗教上则主张不干涉各人之自由。1714年汉诺威(Hanover)王朝入主英国,也就是1701年继承法案所推选的斯图亚特王朝支裔。最初两个国王乔治一世及二世在位46年,时称"辉格臻荣时代"(Whig Supremacy)。乔治一世不谙英语,乔治二世乐于亲自带兵在大陆作战,都不干预政治。政党政治和内阁制度至此都有发展的机会。一位叙述这时代的专家写出:"用不着夸大地说,洛克的政治思想无争论的控制着政治圈,是当时团结力量最明显的线索。"[101] 同时,付费公路的修筑正广泛展开[102],商业信用的发展则扩充到地方银行及小规模的商业银行[103],显然英国的农村经济已开始与对外贸易并结为一元,全国可以有如一个城市国家样的以数目字管理,因为其一切因素均由市场力量支配,其状况符合本章开始说及资本主义体制下必有之条件。

如果再有任何疑问的话,我们也可以从英国在海外的发展,看出其十足资本主义的性格。也在这所谓辉格臻荣时代,英国与法国展开了海外争夺战。17世纪后期以来，英国看待海外殖民地的眼光，大致以其主要商品决定其重要性。其一为西印度群岛，所产为蔗糖。二为纽芬兰，所产为鱼类。三为印度，所产为靛青及印花布。四为北美洲，所产为加拿大之木材皮毛及南方之烟草。五为非洲海岸，所贩卖者为人口。向海外进出的时候，英国避免了西、葡等国家所创设的中央机构，而批准组织了很多公司，授予他们在各地区的专利权，而以军事外交的力量为后盾。这些公司在海外建立堆栈，创设炮台[104]。1756年开始的七年战争之

英王乔治一世画像。

中，战费即由伦敦商人垫借，和约则依商人之意向而转移，而东印度公司更组织军队，与印度的王子订立攻守条约，参与征伐。

亚当·斯密：私利可以融合

亚当·斯密之专著《原富》(An Inquiry into the Nature and Causes of the Wealth of Nations) 在1776年出版，去光荣革命，亦即本书称为资本主义已在英国法制上奠立根基之日，将近百年，去上述七年战争爆发之日，也已整20年。亚当·斯密之被尊奉为资本主义发言人，大概由于一般传闻他是"私利观之使徒"(Apostle of self-interest)(《大英百科全书》作如是说法)。其实亚当·斯密和以上所叙述的人士不同，他不是哲学家，也无意创造一种"坚白同异"的理论，推根究源的对各种事物赋予定义。他倒是决心从现局里，站在技术的立场上，推敲各种问题的由来，而考究不同对策之利害。

而且他重视的私利观也是开明的私利观。大概重商主义推行时，政府采取保护政策，商人获得专利。他认为这种种人为的与做作的办法害多利少，不如全面开放，令其自然，则各个人凭己意卖出买进之间，公平的竞争之际，商业才能合理地进展，全国受其裨益。他也认为金钱只是一种交换的工具，不是囤集的对象或是商业之目的。在这些方面，他保持着自由主义和放任政策的态度。此外他对狭义的私利观不仅不维护，而且攻击不遗余力。例如，他对当日英国处置殖民地的办法，有很严厉的批评。东印度公司在孟加拉种植鸦片，与荷兰人在香料群岛之政策，同属于"毁灭"的性格。英国不许北美洲人民在殖民地内炼钢，"明显地侵犯了人类最神圣的权利"[105]。这时候，议会通过最高工资的法律，亚当·斯密指斥其为不公平，这样将"最能干及最勤奋的工人，与平庸的工人一般看待"。他也抗议法庭对工人集会决议不接受最低工资时科以严格的惩罚，而让雇主集议讨论最高工资，显然是对同一事类采取双重标准[106]。

当日资本主义这一名词尚未发明，英国社会却已成为一个实质的资本主义社会。亚当·斯密在他的书中反复检讨这社会的合理性，并提出建议，则他已不期而然地成了一个实质的资本主义发言人。

《原富》在很多地方用比较的方法来写作。他常说荷兰比英国强，英国又比法国强，所有欧洲国家又都比中国强[107]。此中所谓富强和贫弱，有似于我们今日所谓已开发国家及开发中国家之别。从作者的叙述看来，前者所有的各种经济因素都已组织妥当，高速的和广泛的互相交换，后者则无此情景。

亚当·斯密接受了霍布斯及洛克的自然法则和劳力价值论（《原富》书中多次提到霍布斯），认为劳力决定了商品的交换价值，也承认了劳力可以当作商品交换。劳工必须牺牲生活中一部分的"安适、自由和快乐"（ease, liberty, happiness）去换取"生活中之必需品和方便处"[108]。亚当·斯密也相信，在原始状态，劳工控制他自己全部的制成品。以后土地既为地主占有，可以作为工资，先期垫借的制成品又在资本家（他书中称"主人"〔master〕）手中，所以商品的价格由三个因素组成，此即地租、利润和工资[109]。以后提到制造，作者不再提及地租，而代之以利息[110]。

亚当·斯密像。取自 John Kay, *Edinburgh Portraits* (1790)

这决定物价的三个或四个因素，与其他的几个因素如分工之程度、货币数量及流通状态、法制（决定国家的经济系前进、后退或滞留）、人口、国民的总收入（revenue）及全部存货（stock）等条件互为循环。譬如说劳工希望增加工资，资本家则希望压低工资争取利润。但是总收入充裕、存货增集时，也是做生意最好之时，资本家增加制造，人手供不应求，工资随之增高，劳工既有额外之收入，即生儿育女，引起人口增加，有北美洲的情形作例证。人口过剩时，则失业者增多，这时候社会上的高级人士也屈尊降贵的与劳动阶级争饭碗，只有把工资减低，最后终必引起天灾人祸灭杀人口，一到死亡相继时，人口终必返归于其国富所仅能支持的程度,有印度之孟加拉省的情形为例[111]。

写到这里,亚当·斯密将工资与人口的消长树立而为一种定理,指出工资必与维持生活之最低标准接近,不能更低,也不应过高。否则人口的激增与剧降又把局势恢复到以前的状态。可是这样又把国家经济说成一个滞留的状态(这也是中国几百年内的实情),也与《原富》的一个观念相反。亚当·斯密没有朝这方向发挥。他提到18世纪之英国迄至他的时代,工资只有继续上升,如言实际工资(real recompense of labor),亦即货币工资(例如每年30镑,或每日1先令)所能购买之"生活之必需品及方便处"只有较前更多。也就是说,以今较昔,英国一般之生活程度有显然的进步,而且惠及于一般民众,作者深以为幸。

英国凭什么打开这局面?作者支吾其辞。他在下文说及英国工资因季节而异,也因地区而异,所以工资不必与食粮之价格结成一体[112]。然则这仍没有答覆上面的问题。《原富》也再三说到分工合作的重要。分工愈精,生产愈有效率。分工又与市场之大小有关。他指出苏格兰之高地,每个农夫都是屠夫、烤饼夫兼酿酒夫[113]。大凡市场扩大,分工的程度精密,固然可以增加生产效率,但终必待到一个较大的资本为之出面主持,为什么这时候英国能聚集资本,而其他国家不能?

1672年，英法联军与荷兰海战，G.Gosta 绘。（阿姆斯特丹海洋博物馆藏）

18世纪英国之整饬军备，开发殖民地，不能与资本主义无关。《原富》列举17世纪后期以来，伦敦经过大火与瘟疫，英国又有两次对荷战争、光荣革命的骚乱、对爱尔兰的战争，又有1688、1702、1742及1756年四次对法战争（最后一次即七年战争），又有1715及1745年的叛变（詹姆士二世之后人企图复辟），国家发行的公债多至145000000镑（17世纪国家之收支出入仅以百万计，未有及千万者），再加上各时期非常的费用，耗于以上事故的必逾2亿。亚当·斯密是和平主义者、反战派，他不能出面讲战争对积集资本之贡献。相反的，他伤叹着这样一笔国家之大财富用于不事生产的事业、豢养不事生产的人手,要是全部投资于建设,其裨益何堪计料。

但是像亚当·斯密这样一个精明又见闻广博的作家当然知道,英国除接受荷兰之投资外,以上债务大部在国内招募。战事多在海外举行,英国又屡次获胜。克拉克根据当日一般情形说:"战争成为国家的一种产业。"[114]当初对经济的刺激起于战争,其效果则见于平时,以后维持一种新型的海陆军,举凡被服粮秣之供应、船舰之配备、军火之制造,无不对国民经济有积极的效用。即大火后之伦敦,其兴建情形亦是如此。国家既要付公债之利息,只有扩大税收,于是增加生产,又将付税人收入之一部转交于政府债权人手中。财富分配不公平,资金之大规模积聚则有目共睹。一位现代经济史学家针对当日情形写出:"庞大安全而新型的投资门径,支持了城市中多拥地产而生活裕如的中产阶级。"[115]亚当·斯密自己缕列以上的动乱,也接着说,他的时代与复辟及光荣革命时相比,英国用于继续开发土地支持劳工之资本必已大为增加。他说:"在政府榨取的过程中,很多个人以私人节俭和优良的行为挣聚。他们普遍的、继续而无间断的增进自己的地位,使这聚积资本成为可能。"[116]。

亚当·斯密是否有意替当日的资本家关说,置投机及战时发财的种种门径于一边而只说其节俭之美德,值得注意。经过他的圆通,英国自光荣革命以来之积存资金成为既成事实,作者已经将当日之英国经济体制(我们称之为资本主义者),从以上所说之循环式改而说成一种螺旋式。亦即工资不复与人口纠结,永远的在"吃不饱又饿不死"的程度上下兜圈子,而是环境能打破,资金能聚积,工资能增高,一般生活程度也能改进——只要让私人资本为主宰。

印度孟加拉的经济与中国的国民经济之成为滞留状态者，也是因为缺乏新生的购买力，其整个社会的雇佣（employment）有限制。一方面固然缺乏资本来增加生产或提高生产，一方面也缺乏市场。英国既有政府及出口商购买各种物资，也因为经济繁荣，增加了社会内部的购买力。亚当·斯密写着："不到多少时间，富人的房屋、家具和衣饰，低层及中等阶级也派上用场。当高级人士对这套东西发生厌倦的时候，他们就买得起。当有钱的人全部在如此花费的心情状态之中时，迁就全民的办法就有了增进。"亚当·斯密一生提倡节俭，在这一段却特别提出支持生产的消费与自私卑劣的浪费不同[117]。

生活程度增进的时候，工资之增高最为显著，在荷兰如此，在英国也如此。亚当·斯密写道："仆人、劳工（包括农夫）和工人占着任何庞大政治社会之最大部分。对这大部分的境遇作任何增进，不可能对全体反为不便。没有一个社会可能繁荣而快乐，要是其中最大部分的人尚凄惨贫困。"[118]在这些方面亚当·斯密可视为资本主义之生理家。这需要大部分人得到最大快乐之说旨，也是不久之后边沁（Jeremy Bentham）学说的要义。

当国富增高，即国民总收入及存货增多的时候，利息必降低。英国从亨利八世到17世纪初年，利息由超过10%降至5%。荷兰的政府能以2%的利息举债，高级人士信用卓著的付3%的利息。法国企图以政府的命令强迫将利息降低，并无功效，只有使金融市场更混乱。中国则一般利息为12%。利润经常与利息同进退。但是富强的国家，工资高而利润低仍能与落后的国家竞争。只要本钱大,利润虽低,仍能与本钱小而利润高的竞争,并且其成长也较快。勤奋之个人如此,国家亦复如此[119]。

斯氏没有直接讲明此中原因,但是说到资本使用的展开时,其中列有四个步骤,此即掌握原料、制造、交通和零售业[120]。这样看来,经济之扩张不仅在上端活跃,也要透入下端。因之利息与利润俱低,并不是迟滞于一个本小利微的局面,而是以前不能做的生意现在都能做,如此全国的经济因素构成一个大单元。

亚当·斯密的《原富》集25年教学及研究工作写成,当中涉及各国社会政治经济情形,千头万绪极不容易概述。有些学者因他旅行法国,与所谓"重农主义者"(physiocrats)接近,称他受后者影响。重农主义者认为经济之发展有其自然之法则,不应牵强干涉,而只有农业才能产生富裕。亚当·斯密虽大致有这样的趋向,但是他没有倾倒于任何一方面的表现。他说明某一个国家根据"自然的程序",总是先将资本用在农业,次以用在制造,再次之用在对外贸易。可是,他亦说到在现代欧洲有些国家已将这程序完全改变。海外贸易引进了优良的制造,因为工商业的发展,农业也随着增进。他又说,每一个国家可以用"农业的系统"或"商业的系统"去增进人民财富,后者为现代化的系统[121]。

亚当·斯密根据洛克的说法,认为地租之由来,无非地主已投资增进土地之生产力,所以他在投资成果上收利息。这样他已经替李嘉图(David Ricardo)之地租说奠定了基础。可是他也说付地租是对一种"专利权"所付的使用价格[122]。如果由专利而向使用者索取地租,则无须根据任何标准,只要佃农愿意承当,则最高的地租,只要靠市场近,农产品能就近卖出,也会被接受。亚当·斯密类此自相矛盾之处也常为人指责。

总而言之,亚当·斯密出入于社会科学及人本主义(humanism)之间。他从长远的眼光看,这种顾虑属于经济的范畴。譬如他讲到增加工资的好处:"充裕之给养增加了劳工的体力,给他以能够增进自己的地位之希望,使他知道一日终结,他会享到丰富和安适,〔这些条件〕鼓励着他把他的精力用到最大限度。"[123]日后在反对资本主义的作家,尤其在带有教条主义的作家看来,这种态度只是替资本家盘算。

熊彼德说亚当·斯密注重实际,将各种不同的数字与因素一并考虑,对以后作为抽象的理论奠立了基础[124]。在我们看来,亚当·斯密并没有奠定资本主义理论之基础,这项工作已由霍布斯及洛克完成。他倒是给后人留下一个详尽的报道,使我们知道18世纪后期经济体系之被称为资本主义者的运转方式。因为他的乐观,《原富》说各种不同的私利观终能融合,无疑替资本主义产生了新的希望,培植了新的信心。但是他的书完成时,美国的独立战争尚未爆发,产业革命刚才开始,荷兰与英国的发育成长确是史无前例,这些客观条件,可以当作他的乐观侧面之陪衬。曾几何时,法国大革命爆发,其走极端和拿破仑战争带来的扰乱,再加以产业革命所发生的社会问题,使各人对世界局势的看法渗入了阴沉的暗影,所谓自由主义的思想家虽然仍承袭亚当·斯密，有些对经济方面的理论，态度已趋悲观。

古典派经济学家：科学立场和意识形态

亚当·斯密被称为古典派经济学之领导人，约50年后，李嘉图和马尔萨斯（Thomas Malthus）也被称为古典派经济学家，及自由主义的作者。他们的立场和亚当·斯密有显然的不同。

马尔萨斯生于1766年，《原富》出书时他才10岁。早年受着准备当传教士的教育，他后来却成为历史上的第一位经济学家。他的《人口论》（*Essays on the Principles of Population as it Affects the Future Improvement of Society*）初在1798年不具名地出版，内中表示对人类前途悲观。比如他说："人口的力量将无限制的超过世界上能供应给养的力量。"又说："人口不受阻折时，以几何级数〔即1、2、4、8、16、32〕的方式增值，给养则按算术级数〔1、2、3、4、5、6……〕的方式增值。"

以上的理论并无科学根据，所谓算术级数及几何级数也无从证实。单从这样的立场，不能即说马尔萨斯带有资本主义色彩。但是提到人口威胁时，他跟着说："工资尚难维持两个孩子的时候，这人结婚生子，带下来五个或六个孩子。他当然只使自己陷入困境。他控诉工资不足以维持家用，……他抱怨社会上偏袒而不公平的制度，世界上的产品分给他的一份老是不够用。可能他在谴责命运将他摆在现社会里，使他无法逃避穷困与依赖于人的境界。寻觅谴责的对象时，他不曾提及不幸原因之所在。事实上他自己是全部问题之症结，他却尽怪旁人而不责自己。"[125]

这段叙述，其理论之中心不是两个孩子或六个孩子，而是社会制度，及工资之分配。在资本主义的社会里，物资之生产与支配由私人资本作主（详第四章），马尔萨斯的立场已强烈支持这种制度。事实上马尔萨斯反对社会对穷困之人的救济。公私慈善事业都不是办法，因为不能解决穷困之人无远虑而给自己带来的悲惨境界[126]。《人口论》初版时，作者提及只有死亡率之提高及战争与饥荒可以减少人口。1803年马尔萨斯将此书修订出版。熊彼德评说，这实际是另一本新书。内中加入很多统计数字，而且也加入晚婚、道德上的节制生育等[127]。可是其结论仍是尽量保存原书宗旨。例如，作者预计人口每25年增加一倍，200年后（即公元2003年）人口与给养资源的比例将是256∶9，亦即27倍于此书发行时（1803年）的1∶1之基数。

与马尔萨斯齐名为古典派经济学家的李嘉图，一家原为荷兰之犹太人。李嘉图的父亲为证券交易所的经理人，旅英而入英国籍。李嘉图曾在阿姆斯特丹上学，以后随父亲在伦敦证券市场工作，只因与英国女人结婚，放弃犹太教，一时为家庭所不容。李嘉图自创门户，也在证券市场投机起家，拿破仑战争时更因经手公债而致巨富，以后置买大批田产，并以赀财成为议会会员。他生于1772年，比挚友马尔萨斯小6岁。他的名著《政治经济与税收之原理》（Principles of Political Economy and Taxation）于1817年初版，四年之内三版，在当日可算是畅销书。他去世时只51岁，全集却有9册之多。

李嘉图曾写信给马尔萨斯说明他著书之目的在"研究社会阶级共

同生产时每一阶级应得分配之规律"[128]。他虽步亚当·斯密之后，却不因感情和直觉等因素动摇他以数学解决问题的方式。也不因历史上不规律之事情，改变他的信心。他先造成几个极简单的抽象观念，而视之为上天诰命、自然法则。以后的议论全用演绎法，从这些抽象概念推断而成。过去霍布斯也曾如此著书，可是《巨灵》涉及心理及生理，又是上下古今。洛克及亚当·斯密用之尚未彻底。李嘉图在资本主义已成熟，产业革命之功效毕现，社会上贫富悬殊的情况完全暴露，法国大革命的反响犹新之局面下，更彻底地运用此法，而且他所讨论全属经济范围。他个人之家庭关系、社会背景则不着痕迹。以他本身经验，他当然知道资本为用之妙。因此李嘉图所著书不仅成一家之言，也在学术界将政治经济展开为一个新的领域。以后的学者，站在相同或反对的立场，都可以沿用其布局，重履其门径，或甚至抄袭其辞汇。马克思即受他影响至深[129]。

李嘉图继斯密之后，认为土地上的收入，按社会组成可以分作三部：地主所得者为地租、资本家所得为利润、工人所得为工资。地租由于土地之生产率不同及交通情形而异。当人口增加，荒瘠之地被开拓使用的时候，最荒瘠之土地无地租，较之高一级的土地则有少量地租，更肥沃而更方便的田产地租更高。再有更荒瘠之土地投入生产的时候，则原先无地租的土地也升级有地租，其他各处耕耘的熟地的租价也随着增加。总之，劳工之净收入必会如此的牵扯互相拖平。

《政治经济及税收之原理》提到工资部分，最值得注意。作者说："劳力像其他能出售和能购买的物品一样，也像其他有消长的物品一样，有它的自然价格和市场价格。劳力的自然价格乃是能让劳工维持生计，绵延苗裔的代价，刚好够额，既不能多，也不会少。食物和其他必需品涨价的时候，劳力的自然价格随着增高；跌价的时候，劳力的自然价格也随着下跌。"

劳力的市场价格则依供求关系而定：少则价昂，多则价廉。像其他的商品一样，劳力的市场价格纵有与自然价格相背离的可能，迟早它仍有与之趋于一致的倾向。说到这里，李嘉图也像亚当·斯密一样解释：劳力的市场价格超过自然价格的时候，工人得其所哉。可是这种"鼓励"，只有使劳动者繁衍生殖，必至人口增加，劳工人浮于事，工资回跌到它的自然价格，有时尚低于自然价格，亦即胼手胝足，仍不得一家温饱。"这时候劳工的情况最为悲惨。直到匮乏减杀了他们的人数，或者需要劳动力增加的时候，劳力的市场价格才会回到它的自然价格，使他们有生活上低度的慰藉。"[130]"

事实上李嘉图承认工资的市场价格可能长期地高于自然价格。但是这要待资本增多，所以第一次对劳工的需要之增加还没有完成的时候，所增多之资本又产生了第二次的需要，也超过以前数额。如是一波逐一波的，"假使资本的增加是经常而逐渐的，其对劳力的需要可能产生一种增加人口的激励。"这样，他已经把资本主义社会里无限制的存积资本之性格写出。可是这种不断的方式经常很难继续。

接着李嘉图又对资本这一名词下定义："资本乃是某一国家里可能用之于生产的那一部分财富，包括食品、衣物、工具、原料、机械可能产生之劳作等等。"[131] 如此看来，资本主义有国界，同时它把所有权和雇佣结合为一。所以凡是提到劳工福利之前，就先要注意私人资本之存积。李嘉图写作，总注重私人资本之安全及其出路。在他看来，假使没有如此的考虑，则无国民生计与社会福利可言。

他的经济分析，利用农业作剖面，也用一种出产品——小麦——作示例。不少批评者说他对地主抱有成见[132]，骤看起来，这很奇怪，因为李嘉图自己也广置地产。但是他书中的地主不参加生产，坐享其成。经营农产企业的另有其他资本家（这是作者如此设想，也可能为两种人身性格，不一定为两人）。作者著书的时候，英国所临的困难即是所谓"报酬递减律"(law of diminishing returns)。也就是说，在一个国家内，将更多劳力投入农业生产的时候，起初收成成比例地上升，还可能比过去之成额高。可是一到饱和点的时候，因所开垦者为荒瘠之地，所在场所又为偏僻之处，以后则不成比例地上升，而且这种费力不讨好的情形愈来愈厉害。在李嘉图的分析系统里，谷物的自然价格，乃是瘠薄之地不付地租农场所产谷物单位容量所付劳力之数[133]。收成逐渐减少的时候，每一容量之谷物必需投入之劳力增多，即是谷物涨价。根据前说，劳力的自然价格根据日用必需品的价格而定，则工资也因之提高。又因为荒瘠之地也开垦，其他各处的地租都全部上升。至此，资本家一方面要付较高的工资，一方面又要顶较高的地租（如地主自营则他不劳而获的部分多，经营企划的报酬少。总之，使他无意增加投资，也引起资本收缩。此系本书作者根据李嘉图纲领式的解释加注，地主自营的情形不见于原书）。劳工可能在货币工资增加的名目上占便宜，实际上他的收入赶不上付出劳力之自然价格。等于做生意的人继续亏本,越做越穷[134]。

面对这种情形,李嘉图主张开放谷禁、自由贸易,让海外粮食大量输入,以减低物价,一方面加强货币,严格执行金本位制。作者又在一般原则上反对增税,即所得税也会引起资本收缩。他也以同一原因反对遗产税[135]。他对机器的看法,则认为新发明对劳工不利。因为固定资本(fixed capital)增加,即为流动资本(circulating capital)之减少,只有后者才能遣放工资,聘雇人手[136]。

马尔萨斯与李嘉图之被称为"自由主义者"(liberals),当然与前述均平主义者及掘地者所称自由迥然不同(一方面由于英文 freedom 和 liberty 两字有差别)。17 世纪的过激派提倡自由乃是人各为业,不负债纳租,有无政府趋势。19 世纪资本主义发言人所提倡的自由,是主张政府采取放任政策,让私人的资本家雇用劳工,各按供求关系,从全面竞争之中自识指归。可是他们仍倚赖政府保障并扶助他们的私人财产。前者至左,后者极右,马、李二人用科学方法解释社会现象,为文时则趋于悲观,使读者感到窒息,所以时人称之为"沉闷的科学"(the dismal science)。

熊彼德称誉李嘉图,是赞扬他能干。李嘉图对经济之分析,有如在解剖学尚未发明之前,预先讲出人体之运动无非骨骼的各部更换位置。他的示范纵有错误,他的阐释纵举一而略三四,有如提到骨骼,而不顾及血液、肌肉筋腱及神经系统,在当日经济学尚为草昧初开之际,他的原始勾画仍有启蒙之功效。李嘉图的政治经济学至今仍有它有用的地方,例如他曾说,一个国家工资过高,则在国际贸易中处劣势。因为外国商人只能前来贩卖，而无法购买，这种差额的情形，至今仍为经济先进国家之虞。可是本书主旨不在分析资本主义社会内每一个经济学家之成就（这样的学者无虑千百，即我们提及半打十个，也不及专家叙述的内行恰当，同时也仍不能向本书的主题作交代）。我们对李嘉图之重视，乃是他的思想极端右倾，在不经意之间已将资本主义之理论以最保守的线条画出。有了这条界线，我们容易了解社会主义作家攻击资本主义时攻击目标的所在，马克思采取攻势时尤然。

《政治经济及税收之原理》曾提出："人口紧逼着生活资源的时候，解决的办法总不外减少人口和高度加速存积资本。富裕的国家，所有肥沃的土地都已开拓耕耘，后一办法既不合实际，也不理想，因为这办法操之过急，只有使各阶级都同样穷困。"[137] 当日英国最符合他的叙述，而李嘉图也和马尔萨斯一样，主张紧缩人口，第一步办法就是废止社会上对穷困及失业者的救济。英国的"济贫法"（poor laws）开始于伊莉莎白时代，责成每一教区在境内向民间收取捐税，救济本地穷困户口，李嘉图认为这种法律"不能使穷人富，只能使富人穷"，因此主张将这 200 多年来的制度废除。他没有担心受接济之人的困窘；倒是顾虑到这政策之下行政的"安全"，于是指出，必以"小心而技巧的办法处理"[138]。

李嘉图有兄弟姊妹 16 人，他自己也有子女 8 人。他脱离股票市场后每年收入 28000 镑，超过 10000 劳工之总收入[139]，而他书中一再说到私人财产神圣不可侵犯，未提到怜悯之心与人道。他在书中埋怨地写着："在一个慈善机构里，工人受捐助，有资金接济的工作，其制成品不照这优待的环境计价,而系根据一般的、正常的,而困难的环境计价;这种困难的局面,却由其他制造者担当。"[140]其主旨在责备慈善事业津贴穷困劳工,扰乱了正常的竞争。他觉得机器之使用对劳工不利,思索之后却又说,如果资本家收入增多,他们身旁之仆侍的需要也必增加,在这情形之下,对劳工却仍有好处,他们也可以因此沾光[141]。至于自食其力之劳工降格的寄人篱下,服侍当差,心境如何,则全不言及。提到税收时,李嘉图为富人说项,他解说他们虽缴税,但不可使他们降低他们的生活,"因为保持每个人的社会地位,乃人之常情。"[142]有些读者遇到诸如此类的说法,不觉忿怒,也有人在字里行间,将对此人轻蔑的态度以谩骂的方式写出[143]。

可是李嘉图著书时已说明自己带有阶级立场。他的目的是在想象的形式中勾画出经济运转的轮廓。他既觉得"天下熙熙皆为利趋",也只好如此据实直书。他的题材既如此广泛,则读者纵不齿其为人,也无从将他私人生活牵扯进去。

然则话虽如此,李嘉图仍不能避免有识者的责难。本章已提到不少非常之人,如马基雅弗利和霍布斯也都背离了世俗的道德观念,但是他们在社会进化之中将历史引入新境界。李嘉图之所叙和提倡无此征象,他所支持的资本家,不满意于地主,却又替他们收租。他们对社会唯一的贡献是给劳动阶级工作,可是却使劳工生活毫无保障。资本家不能赚钱的时候,也是劳工失业的时候。而作者又主张放弃社会救济的政策。于是任何有思想的读者即会在此发问:留着这样的一个资本阶级有何用处?为什么国家和政府不能取而代之?李嘉图之极右思想已替共产主义开道。

《政治经济及税收之原理》已指出英国耕地面积不宜再继续扩充,可是作者没有想象到现有面积内因技术增进而可能产生的效果。作者已看出英国前途在对外贸易和国际战争[144],却没有像19世纪后期的社会达尔文主义者一样,索性把资本主义与帝国主义联成一体。李嘉图并未完全脱离重农主义的立场,他提到国际贸易对国民经济有更动的地方,一再以英国"每年土地和劳工生产数"去平衡它[145]。更重要的,李嘉图没有想象信用可以人为的产生,他的货币离不开"纯金货币论"(bullion theory of money)(这倒是有钱人的保守态度)。因之他之立场较为窄狭。

英国的人口在19世纪由900万增至3200万,李嘉图在世之日,已感到这人口的压力,他既不愿开垦荒地,降低生活程度,又打不开新局面,因之他的学说不是没有良心,而是没有希望。这种态度也代表当日一般风气。天赋人权说既经法国大革命试验,把一般人吓坏,理性(reason)和自然法又被否定,而自由主义及功利主义尚待达尔文将《物种起源》(On the Origin of Species, 1859)写成,更待哲学家把自然的现象与人类的行为吹搓一起,造成一种"物竞天择,适者生存"之气氛,才能继续发挥。在这当中的一段时间,思想界找不到一种适当的理论去处置人类的物质生活。在研究资本主义形成的过程中,事后看来,当日英国资本主义社会的高层机构与低层机构尚属全套可以保留,但是当中的联系亟待调整,才能适应国家经济中农业比重降低,工商比重抬头的趋势。

马克思画像。

马克思——资本主义的病理家

马克思在李嘉图《政治经济及税收之原理》问世后一年出生。凡是李嘉图所说，他都将之讲成一个反面的对照。事实上李嘉图首先强调社会阶级，我们读李嘉图之《政治经济及税收之原理》，也能更了解马克思。例如李嘉图一再提到私人财产神圣不可侵犯，马克思则继普鲁东（Pierre Proudhon）之后，认为"财产即是盗窃"。在《政治经济及税收之原理》序文，李嘉图一开头就说，关于地租、利润和工资之"自然的进程",前人语焉不详[146]。马克思在《资本论》"原始聚积资本之秘密",则说最初资本之产生,乃由于"征服、奴役、抢劫和谋杀,简言之,以武力行之"[147]。李嘉图在书里面提到工资与利润相克,可是即在"报酬递减律"展开时,劳工与资本家两个阶级仍然继续存在,作者没有提出突破现况的建议。马克思和恩格斯在《共产党宣言》里却直言历史上的阶级斗争实为经常状态,因之才可以打破僵局,与中国人所谓"穷则变,变则通"的立论相同。李嘉图的地租,说明与世俗所称之地租不同,而是每年付与地主为使用"土地原始且不可消灭的力量"之代价[148],半带抽象的性格,似我们所说的"收成",所以和工资与利润相对,就无从免除。同时《政治经济及税收之原理》里面用的地租又是相对的价格(此处收成高于最低收成之数)而不是绝对的价格,为理解之用,也不便罢免,否则他的经济学系统都将不存在。《共产党宣言》提倡,在经济最先进的国家内,第一个步骤要"废除地产,将地租之施用,行于公众之宗旨"。李嘉图认为税收总有减少投资于生产的趋势,即抽遗产税亦如是。

马克思和恩格斯则主张抽累进的所得税,所有产业一律不准遗传。

尚不止此,马克思的"剩余价值"(英文 surplus value,德文 Mehrwert,二者均经马克思写入书中),也是从李嘉图的劳力价值论推演而成。李嘉图认为凡物都可能有使用价值(use value)和交换价值(exchange value),二者不必相等,例如空气与水有使用价值而无交换价值,金银有交换价值而无使用价值。他又根据亚当·斯密之说，认为交换价值由劳力而定。一件物品的交换价值，在它为耕耘收获觅取制造的过程中，所使用劳力之多寡而有上下[149]。即使用工厂的建筑及制造的机器，也不改变这关系，因为建筑及机器等等也无非由劳力制成，它们存储着的一部分劳力，也在制造时渗入了新商品里。而劳力也可以当作商品出卖，它有自然价格和市场价格。除了市场价格系临时按供求关系而定外，劳力的自然价格乃是操作劳动时，劳工需要维持生活扶养家庭的必需品之代价[150]。这样也讲得通，因为既是分工合作，公平交易，则这个劳工既已参加劳动，付出代价，那他所获得的报酬，以生活必需品的方式交换，也是其他劳工胼手胝足之成果。他得的一份不能过多，也不能少。一种商品在制造过程中使用许多劳力，产生了许多价值，这价值也相当于放在其他地方或尚未使用的同量劳力。这也就是说劳力的自然价格即是它的交换价值。

这样的解释只能说明资本主义社会形成以前的生产关系，而不能说明资本主义社会内之情况。长时间内平均计算，资本家以自然价格购买劳力制成商品，他不可能经常以这商品的交换价值出卖，因为交换价值等于他付出之工资时，则经营无利润之可言。如果以制成品为工资，尤为不合理。例如劳工每日能制鞋一双。早上资本家以鞋一双付劳工，算作他的工资，晚上劳工也以鞋一双缴厂主，算是他一日工作之成果，这岂不是双方白费心力？这是李嘉图著书时未能瞻前顾后之处。"他创立了一种价值论，却在最重要的实用场合之中行不通，李嘉图的对方，不久即发现了这当中的矛盾，而用之以打破其整个学说。"[151]

马克思不承认劳力（labor）为一种有交换价值之商品，因为它本身为衡量事物价值之尺度，不能又有价值，等于我们通常无法计算磅中之重量，和尺中之长度。资本家向劳工购买的并非劳力，而是"劳动"（德文 Arbeitskraft，英文译为 labor power；中文译为劳动力都不中肯），此字有服务性质，有如"我替他当差"之"差"。

马克思又认为资本主义社会里的交换，以货币（M）交换商品（C），分作两种形式：一为 C-M-C，亦即先以商品交换货币，再由货币交换商品，其目的在获取后者之使用价值。有如一个工厂将存货批发，得到现金，再购入原料；或者一个皮匠将皮靴卖出，购得食物，这当中的货币只是交易之媒介，无资本之性格。这两种商品的交换价值相等。（事实上也有不相等的，但是以上说法，带集体性，也是无数交易之典型。因所述有高度抽象的性格，可以忽视日常生活中之例外，即卖贵买贱，背巢居奇，都可以闭目不计，马克思即称此等事为"偶然"。）

还有一种交换则为 M-C-M，即货币换成商品，再换成货币，这第一个 M 有资本性格，因为第二个 M 总比第一个 M 大，所以这公式也可写为 M-C-M^1。其中的 C 乃是劳动，亦即服务之"服"，当差之"差"。所谓资本家购买"劳动"，取得其使用价值，亦即出钱雇人佣工，他所付工资亦即是劳工生活必需之资源（仿李嘉图），两者仍是相等。可是"劳动"的使用价值在做工时消耗化为交换价值（由血汗变成制成品），其间过程可能相当的漫长，这也就是说雇人作工，总可以令他多做，劳工答应着为当差之差，无时间限制。资本家如令他工作10 小时，预定 7 小时之劳力所产生之交换价值已抵得所付工资之数，其他 3 小时所产生之交换价值则为剩余价值，根据前列公式可以写作 $M^1 = M + \Delta M$，此中 ΔM 即为剩余价值（也可以超过 10 小时，马克思则指出伦敦烤面包的工人每日作工 16 小时）。利用厂房使用机器不改变上述关系（仿李嘉图），因为它们囤集劳力所产生之价值，在制造时因折旧之故，已逐渐将此价值移交到制成品[152]。

李嘉图之后，继之以马克思，很少人在提到资本主义这一题目时，不会联想到意识形态和阶级斗争，这对中国的读者至为不利。我们瞻顾西方的现代社会，亟想知道他们整个国家进入商业体系，全国都能以数目字管理的情况，这情况乃中国历史中所无，可是还未入门径，已被自然价格和交换价值等等名目混淆。其实这些理论上的技巧（theoretical technique），既非一般读者所能掌握，尤非治学之至要。至于雇人作工，多做少给，在中国已早司空见惯，我们可以在史料中找出无数例证，即要改革，也用不着从读《资本论》开始。

在西方的历史过程中，经过古典派经济学家之后，资本主义显然已进入一个新阶段。我们也可以说原始式的，完全采取放任政策，不顾人本主义之资本主义，亦即李嘉图所提倡的资本主义，已成为历史陈迹。布罗代尔曾说："资本主义之成功，端在它与国家互为一体，它〔本身〕即成了国家。"[153]这句话可以从两方面解释：一方面是资本家掌握政府，一切以他们的利害为依归，这种方法，不能持久。另一方面的解释，则是为资本主义的体制长远着想，私人资本虽仍在政治中占有特殊之比重，这种体制已自动改革，将产业革命以来所发生的各种社会问题逐渐缓和，继之次第消除。英国在《政治经济及税收之原理》出版后两年，已经朝这方向走。1819 年的工厂法案虽然为效极为有限，可是在保障童工、限制工作时间各方面已开立法之先河。1833 年的法案则已非纸上文章，继之以 1844、1847 和 1850 年的法案，其大要已列入《资本论》[154]。虽然马克思仍在说："这还是不够"，他仍在抗议，但情形已不能和改革之前相比。所以 1848 年的革命发生时，惊动了欧洲大陆无数国家，英国则屹然未动。因为在英国"即穷人也分享着这财富，虽说他们在工厂制度里是可怕的牺牲者"[155]。

站在纯粹技术的观点来看（也就是低估意识形态），马克思和《资本论》不失对资本主义为当头棒喝，喻世警钟。这洋洋三巨册的经济论文，再加以另外洋洋三巨册的《剩余价值论》(Theoriem über den Mehrwert)，可以说是把反资本主义的理论写得无可复加，再加以《共产党宣言》指斥小资产阶级不仁不义，对社会人心的影响无可衡量。除了马克思主义者的直接行动外，我们无法否认，以上这些著作总带有挑战性的威胁，对资本主义社会内部自发的改革仍有激励的功效。

19 世纪后期的资本主义和社会主义只有理论上极端的对立，没有真正行动上可能确切分割的界线。责骂资本家剥削劳工的言论依然存在，可是所谓"福利国家"(welfare state) 观念，却也在资本主义的制度下产生。纵使我们承认剩余价值这一观念，在工作时间缩短，和最低工资经过立法限制的情形之下，工人所获得的早已打破马克思著书时绝对的公式。况且 20 世纪的资本主义国家里，劳工又为消费者，他们所产生的消费市场也可以引起新的企业家另行制造新产品。这与李嘉图所坚持增强现有资本家利润才能保障雇佣的看法，有很大的区别。而且在信用扩大,专业经理人才增进,和交通通信条件愈为完备的情形下,资本主义的创造性格更为明显。

19世纪和20世纪初年的资本主义与帝国主义不可划分。英国是最好的例子。她一方面在内部改革,一方面在国外发动侵略,如鸦片战争、英法联军之役、取得苏伊士运河的主权,由维多利亚称印度皇后,进入中东。迄至第一次世界大战,这种帝国主义的作风愈为明显,引起列宁说资本主义国家内部的竞争都已停止,每一个国家内的资本家都已取得专利权,部分劳工已和资本家站在一起,去剥削其余的贫苦大众,所以国际战争也是占有专利的各国资本家间竞争所引起的冲突[156]。他的理论,部分得自恩格斯启示。

这种情形,只表现着用"资本主义"这四个字(capitalism或Kapitalismus)去包括贯穿好几个世纪牵连无数国家的一种政治社会经济组织,因其范围之广,引起视界分歧错叠。本章一方面检讨资本主义思想体系的完成,一方面又要顾及我们给资本主义的定义,不能跟随着所有作家以水银泻地的方式去追究资本主义,漫无限制。如果资本主义是先由威尼斯传入荷兰,次递至英,再由英国及北美洲[157],而迄今尚未停顿的一种组织和运动,则只能以这种长时间在各国发展时的共通性格作为资本主义的性格。为什么以上国家组织资本主义的体制时,都有贩卖人口的事情,而以后的德国和日本却未沾手?何以英国和日本都在资本主义体制之下表现着积极的侵略性,而美国虽然在"命定扩张论"(Manifest Destiny)[158]呼声最高的时候,也一度有走上帝国主义道路的趋势,此后却在各种国际会议中坚强主张民族自决，作为反帝国主义的重要发言人？这些问题使我们理解，资本主义因为引涉之广，无法在其过程中完全避免人类的坏性格。我们无意替资本主义辩护，也不能否认马克思所说，在初期聚集资本时，各先进国家常有使用暴力之情势，可是却不能把这病理家之诊断当作刻下题材的正常生理。今当"强凌弱众暴寡"的作风已逐渐检束之际，我们更应当在积极方面搜索私人资本可能对社会的贡献。也就是说，我们应当能在李嘉图与马克思之间，找到一种折衷的方案。

二十世纪的批判：韦伯与宋巴特

宋巴特与韦伯，或者韦伯与宋巴特有很多相似的地方：他们都是德国人，也都在第一次大战之前完成了他们的主要的研究工作，他们的写作，多在"资本主义"这一名词成立之后。事实上自宋巴特著书，资本主义和社会主义对立的观念才广为传布[159]。他们两人都与闻德国政治。韦伯早岁仰慕俾斯麦，后来改变了心意，希望德国采取美国式民主。他参加了1919年德国代表团出席凡尔赛和会，次年去世。宋巴特年轻时负有盛名，只因他的思想在普鲁士当局的眼中属于过激思想，多年来只能在二流学校里教书，升不到教授的名位，到1917年才被柏林大学聘为教授。第一次世界大战之后，他反马克思主义的态度才较明显，言论也愈为激烈，以后接受了希特勒的国社主义。他于1941年逝世时，第二次大战已进入决战阶段。

魏纳·宋巴特（Werner Sombart）生于1863年，麦克司·韦伯（Max Weber）只比他小一岁。他们两人算是出于同一学派，也经常被一起提起,可是个性方面有很大差异。韦伯的工作比较脚踏实地,曾对罗马帝国的农业作过实切的研究,他对中国的见解,也曾根据当日翻译的资料作过字面上的认识。宋巴特阅读并非不广泛,但是他的立论不能说是透过某一方面的精密考察作成,经常有天南地北,或是天马行空的气概。韦伯的著作原来有一个庞大的计划,他承认除非对欧洲经济史有更深度的了解,他此刻所说不能成为定论。可是他56岁去世,这计划无从实现。宋巴特则在他的三册《现代资本主义》(*Der Moderne Kapitalismus*)出版,又经修订后,再继续以不同的专辑将他的意见接二连三发挥,所以他笔下的铺陈应当被视为斯人最后之见解。

《现代资本主义》初版发行于1902年,两年之后,韦伯之《新教伦理与资本主义精神》才以杂志论文的方式连续刊出。两人相同之处则是他们都不同意英国经济学家以唯物的方式看待资本主义(在这立场上马克思也可以算作英国作家),而希望从德国传统的唯心主义,构成一种"资本主义之精神",以之批判资本主义。

韦伯认为资本主义之精神出自新教。首先即有路德所谓上帝之"呼唤"(calling,也可以译为"天命")。自此之后,"唯一能使上帝接受的生活方式,不是进入寺院,接受戒规,以超过人世的道德标准,而是在现今的社会里将各人按地位完成个别之义务,这才是天命"[160]。次之又有加尔文之命定论,被选获救之人与被谴罚的人,外表并无区别。信徒没有别的办法,只好相信自己之被选,以信心拒绝旁的引诱。"所以有时候人家说,一个加尔文的信徒,创造了他自己的救赎。"他不能像天主教徒那样经常在犯罪、忏悔、被赦和重新犯过之中

麦克司·韦伯,摄于1917年,时年53岁。

打转,因之"一个通常人之道德行为剔除了没有系统、没有计划的性格,而接受一种经常一致的方式"[161]。韦伯在他书上的"作者自序"不断重复提到"合理化"[162],他用这个字眼,着重其中肃清了"不合理性"(irrational)的成分,等于说在宗教上各人自存信心,在行动上则不应当再受迷信及各种传统之限制。这已和本书一再说及在资本主义社会的低层机构里,各事物都要能自由而公平的互相交换(interchangeable)之原则极为接近。惟其如此,信用之展开、经理之雇用、技术之合作,才能透穿整个社会,进入以数目字管理的方式。韦伯则强调资本主义之秘诀在"合理化的组织劳力"(rational organization of labor)[163]。他更强调这是"自由劳力"及"合法的自由劳力"。论中国社会时,他指责宗法社会造成父母威权,宗祠放债收租,各村镇自成一经济单位[164],都有阻碍自由交换的趋势,也都是"不合理",都妨碍"合理化的组织劳力"。

然则所谓自由并不是人人各行其是,更不是每人自私自利,毫无心肠,不知忌惮。资本主义之精神认为赚钱不是坏事,务必有如富兰克林所示模范,有诚恳的态度,以各人良心作主宰,每个人站在本身的岗位上克尽厥职,又不好吃懒做,于是这种精神才能发挥成一种群众现象(mass phenomenon),打破传统,取得最高的地位(supremacy)[165]。简言之,韦伯以为资本主义曾通过"格物致知正心诚意修身齐家治国平天下"的阶段。不过,《大学》之道在明明德;新教之伦理,则在物质方面的成功。因为这种功业固然不能使各人因此得救,却可以增加上帝之光荣[166],也是各人自具信心的象征。

所以陶尼写着:"资本主义被解释为各个人大规模的行动,控制着大量资源,由投机、贷款、商业企划、海盗行为与战争,使主持人收到丰润的收获,这是旧事,与人类历史一样的久远。资本主义被视为一种经济系统,以法律上自由的工资收入者的组织为基础。由资本家及其经理人组成,以赚钱为目的,并且使社会上任何一部分都受它的影响,这是现代新现象。"如此也印证着本章开场白所说,所有权与雇佣凝结为一,在社会里带整体性的一种情景。

韦伯并没有如他人之猜想,认为资本主义进入了"经济发展之福地,进步之最后阶段"[167]。他知道人类的弱点,他也知道禁欲主义没有前途。清教徒的勤俭寡欲没有别的出路,必至发财。一旦钱多,则骄奢淫逸也跟着来,如是"宗教之面目犹在,其精神则丧失殆尽"。事实上这种因果循环的现象,已因英国卫理公会派(Methodists)之出现而坐实,表现着长江后浪推前浪,一个腐化,另一个取而代之,可是在他著书的时候,则连下一个替身也找不到,美国的资本主义发展最盛,内中却全无宗教伦理之意义。韦伯怀疑,在"最后一吨煤烧完的时候"(等于我们今日说及最后一加仑汽油用尽的时候),是否会有预言者出,指示新途径,或是过去的理想和观念又有一度翻新,去迎合新的局面,不然则不能磨洗既往,也不能开拓将来,只有全世界沦为机械式之僵化(mechanized petrification)。在种种未知数之间,作者无从预断[168]。

宋巴特的书中也有类似的结论。他的论文既发行于韦伯之前,而且韦伯批评他的文字多,他却很少提及比他小一岁的同道。照理讲,他是两人中之较富独创性者。可是他于1913年著《资产阶级》(Der Bourgeois,英译为 The Quintessence of Capitalism,即《资本主义之精萃》)时,说此书为他以前著作的一段总结,书中也隐约提到韦伯[169]。我们摘要介绍两人论点时,不妨将他摆在韦伯之后。

宋巴特认为资本主义精神是由两种精神混合而成[170]。先必有企业精神(spirit of enterprise),次则有资产阶级精神(bourgeois spirit),大致与上述陶尼解释资本主义可分为新旧两段相仿。前者使用暴力,渗入各种投机及技巧,利用各种发明及货币之力量,造成庄园制度、国家、文官组织及海外探险与商业公司。后者出于中产阶级品德之发挥，主要的成分为勤苦、节俭、精于计算。分析资本主义之根源时，宋巴特采取种族主义（racism）立场。本来韦伯已有此趋向，他在《新教伦理与资本主义精神》曾说：人类生活分工合作之合理化经常出现于西方，而不出现于他处，"自然地使人怀疑遗传之差异，是其中最重要原因"。接着他又说，他承认自己"倾向着相信生理上之遗传甚为重要"。可是他仍保留的说，以当日人类学研究的成果，尚不容许他在数量上或质量上下结论[171]。宋巴特之种族主义则极端明显。在他看来，所有欧洲民族都有产生资本主义的必要性格，可是程度不同。因为资本主义之企业精神首先来自战胜攻取，所以最初以罗马民族成员（ethnic element）及日耳曼民族最为重要，他们同属于"英雄式"民族（Heroic Peoples）。资产阶级的精神则是"贸易民族"（Trading Peoples）的贡献，当中主要是佛罗伦萨人、苏格兰人及犹太人[172]。

佛罗伦萨人可以列为一种特殊民族，因为他们带有"希腊及埃楚斯卡（Etruscan）血统"。苏格兰虽带有资本家的血缘，但苏格兰高地的人民相反，因为他们属于盖尔特人种（Celts）。这人种只有低度倾向的（under-inclined）资本主义性格。因为同一种族的原因，爱尔兰人也不会做生意。法国人有盖尔特人的混血，这也可以解释资本主义不能高度在法国展开之故。

无可否认，宋巴特深受当时社会达尔文主义影响。他的研究，只要能稍微放弃主见，着重各国地理环境之不同，如强调某种国家的农业社会性格，安土重迁，存积着很多传统的习惯，不容易抛弃去参加韦伯所谓"合理化的组织劳力",即言之成理,可以作为文化人类学(cultural anthropology)的根据。又如他论人类迁殖,提出犹太人之迁徙,基督教异端之被逐放,和欧洲人之移植美洲,都有促进资本主义之功效[173]。此中亟应加入的是这些人脱离了土地的约束,他们又有较高的教育水准,迁徙时也必带着相当的资本与技能,更在新环境内保持了各成员间的互通有无之必要,就已接近资本主义之性格[174],而用不着混入无法证明的"血缘资本主义"(germ-capitalism)。

以上资本主义精神的解释,今日是否仍有其存在的价值?简单来说,其观点已过时,现在虽有若干用途,已出两位作者及20世纪初期读者意料之外。

宋巴特作品除上述不妥处外,其他方面的理论有逐渐修正的趋势[175]。一个作家的学问不能因其人品而动摇,但是如果其见解之本身亦带机会主义成分,则另当别论。

资本主义原为物质生活突飞猛进间的一种组织和一种运动,皇权既因之改变性质,社会阶级与国家观念也受有类似程度的影响。它在17世纪冲击英国时,人类史里无此前例,宗教之教义亦无能避其锋芒。虽说在这种庞大的改组中,重要的因素必有互为因果的可能,可是也免不了正反分合的形势,此时用加尔文的教义来解释这庞大的变化,韦伯即难免"所欲迁移者重,手中掌握者轻"的批判了。加尔文主义在16、17世纪带有流动性质,在荷兰即分裂为控诉派及反控诉派(详第三章),英国也有加尔文教徒之称亚敏林派(Arminians)者,被控与大主教劳德(详第四章)为虎作伥,与议会派作对,也不可能与资本主义同流。韦伯以新教伦理解释资本主义之勃兴,对天主教的国家之进入资本主义,远者如威尼斯,近者如比利时,无所置辞。

总之,韦伯的理论出入于神学及哲学之间,又有心理学与社会学的成分。可是资本主义见诸行动,事实多于理想,其展开又非任何人可能筹谋。陶尼说,不论是荷兰或苏格兰,不论是美洲或日内瓦,加尔文派总是开始于专制与独裁,而终于功利主义及个人主义[176]。提到荷兰,一位历史家也曾写着:"关于对上天问题的解释,很多人可能因胁迫利诱而放弃了他们的宗旨。关于宗教的事,人性总是可以揉转的。一到物质财政上的事,才会众心一致抵抗强权,毫无异议。"[177]这样看来,我们纵然无法证明韦伯所说的不正确,也很难坚信一定是新教伦理产生资本主义而不是资本主义产生新教伦理了。

韦伯是社会学家,他勾画一个资本主义的社会里,尤其在初组成时,必定要有一种共通的思想和伦理的系统,才能协定全体成员之行动,作为立法的基础,否则每个人各行其是,则纵使有优良的立法也无从强迫执行。他又在书中特别指出这是中国和印度的弱点[178]。值得我们深思。最近一二十年来,日本在资本主义的社会里加强神道的精神,新加坡在贯彻资本主义的行动中极力支持儒家思想,尤其不可忽视。

为什么韦伯和宋巴特都企图用一个单独的因素——资本主义的精神——去解释资本主义?这固然是由于当日社会史和经济史的研究还没有登堂入室,他们又不满意马克思的唯物论,才回头寻找德国传统的唯心主义所致。可是另一方面，英国之进入资本主义是经过200年以上的挣扎，德国却在19世纪后半期的50年内完成。德国的作家不期而然地简化历史，有意将历史一元化[179]。话虽如此，韦伯在他书中仍希望以资本主义精神这项名目总揽整个社会，及于家庭关系、生活习惯、国家法制等。宋巴特的种族思想虽不合时，他书中仍创立了一个各国自为单元的观念，可见得资本主义不能被视作一个混沌不清的大体物。

20世纪末期，资本主义在不同国家展开时，时间上和空间上必有至大差异，这牵涉到每一个国家内外人文因素。只因诸事纷至沓来，叙述时极不容易掌握，所以本书以三个先进国家为基础，各找出一段有戏剧性的例子，以"危机近接"（crisis approach）的方式着手，以期与事实吻合。有了以上三个例子，再加以本章对思想体系的交代，我们自信对这问题之本质已有一段较明晰的认识与理解。以下第六章提出三个国家——美国、德国和日本——因为客观条件有利，比较容易进入资本主义的情形。第七章更举出三个国家——法国、俄国和中国——因客观环境困难，而必须经过重重奋斗的情形。就不再将人物与机遇的细节一一扯入，希望以较短的比较与分析，而达成同样的任务。

至于以上两位作家及马克思都带着资本主义已"大限将届"的仓迫情怀，而事实之发展并非如此。由于他们的研究写作都在两次世界大战之前，他们的眼光必受时代之限制。在我们对历史做了纵面剖析后，看来自不相同。以下各章解释得明白，即用不着作理论上的辩驳了。

注 释

〔1〕资本主义这一名词创用于19世纪。见第一章注〔34〕。

〔2〕其实社会学（sociology）和社会心理学（socio-psychology）也都可以算作资本主义社会之产物。当一个国家进入资本主义社会之前，人文因素简单，未引起另行分科研究之必要，也无数目字上的工具作此种检讨。

〔3〕马基雅弗利重视被治理者之自由，《君王论》提及"自由"及"解放"多处，见 The Prince（Mentor Classic ed. 1952），Ch. 5, p. 52; Ch. 7, p. 63; Ch. 9, p. 70; Ch. 12, p. 81; Ch. 13, p. 87。

〔4〕同上，Ch. 16, p. 98。

〔5〕同上，Ch. 15, p. 93。

〔6〕同上，Ch. 25, p. 131。

〔7〕同上，Ch. 16, d. 98。

〔8〕《李维十书讲解》Discourses of the First Ten Books of Livy, Book II, Ch. 2。

〔9〕弗莱彻《马基雅弗利与政治思想的性质》。Martin Fleischer, "A Passion for Politics: The Vital Core of the World of Machiavelli," 见作者编辑之 Machiavelli and the Nature of Political Thought（New York, 1972），pp. 114—147。

〔10〕乔治·萨宾《政治理论史》。George Sabine, A History of Political Theory（New York, 1950），p. 342。

〔11〕《君王论》The Prince, Ch. 10, pp. 74—75. 这一章节里也显示作者的偏见，其实内中所叙情形，意大利之威尼斯无不具有，只是作者著书时威尼斯在大陆拓土，产生内战，引起外强干涉，马基雅弗利对之无好感。

〔12〕麦克佛逊《占有的个人主义的政治理论：从霍布斯到洛克》。Macpherson, The

Political Theory of Possessive Individualism: Hobbes to Locke（Oxford, 1962），pp.192—193。

〔13〕布罗奇《封建社会》。Marc Bloch, *Feudal Society*, trans. by L. A. Manyon（London, 1961），p.382。

〔14〕萨宾 Sabine, p.293。

〔15〕同上，p.406。

〔16〕详第四章注〔2〕。

〔17〕《巨灵》*Leviathan*, Ch.1&6。

〔18〕萨宾 Sabine, pp.458—459。

〔19〕《巨灵》*Leviathan*, Ch.13。

〔20〕萨宾 Sabine, p.456。

〔21〕《巨灵》*Leviathan*, Ch.11。

〔22〕同上，Ch.2。

〔23〕同上，Ch.13。

〔24〕同上，Ch.13。

〔25〕以上节录于《巨灵》*Leviathan*, Ch.17 & 18。

〔26〕同上，Ch.18。

〔27〕同上，Ch.26。

〔28〕同上，Ch.21。

〔29〕同上，Ch.29。

〔30〕萨宾，Sabine, p.467；读者可以比较麦克佛逊 MacPherson 书中之 p.62。

〔31〕《巨灵》*Leviathan*, Ch.42；古奇《英国政治思想：从培根到哈利法克斯》。G. P. Gooch, *Political Thought in England: Bacon to Halifax*（Oxford, 1955），pp.31—32。

[32] 熊彼得《经济分析史》。Joseph A. Schumpeter, *History of Economic Analysis* (New York, 1954), pp.116—118。

[33] 麦克佛逊 MacPherson, pp.61—62。又斯通《英国革命的起因》。Lawrence Stone, *Causes of English Revolution*, p.110 对当日社会不稳定的原因有一段缕述。

[34] 他们的要求,以"军人之要求"(*The Case of the Army*)及"人民公议"(*The Agreement of the People*)之方式提出,大概叙述英国斯图亚特王朝的历史,都有摘录,见古奇《英国17世纪的民主观念》。G.P.Gooch, *English Democratic Ideas*, p.128。

[35] 麦克佛逊 MacPherson, p.148。

[36] 传说克伦威尔在均平主义者生事之日,很轻蔑地说:"有些人在国家中之权利,无非呼吸之权利。"同上,p.126。又他在军人为均平主义者张目的时候,亲自指令枪毙为首之一人,使叛乱平息,见《英国17世纪的民主观念》*English Democratic Ideas*, p.132。

[37] 萨宾 Sabine, p.491。

[38] 《巨灵》*Leviathan*, Ch.21。

[39] 同上,Ch.15。

[40] 同上,Ch.24。

[41] 《经济分析史》*History of Economic Analysis*, pp.91,188。

[42] 《巨灵》*Leviathan*, Ch.24。

[43] 同上,Ch.24。

[44] 萨宾 Sabine, p.492。

[45] 以上均出于《巨灵》*Leviathan*, Ch.24。

〔46〕古奇 G. P. Gooch 认为霍布斯所述全能的最高主权人如所指为议会，则他的理论有价值，见《英国政治思想》Political Thought in England，p. 37. MacPherson 则认为这最高主权人为"国王在议会之中"（king in parliament），但没有霍布斯所主张"使自己永远在位"（self-perpetuating）的权利，见《占有的个人主义的政治理论：从霍布斯到洛克》Possessive Individualism，p. 92。又两书都以光荣革命为转捩点。

〔47〕《巨灵》Leviathan，Ch. 8。

〔48〕同上，Ch. 10。

〔49〕这句话不出于《巨灵》，见麦克佛逊 Macpherson，p. 36。

〔50〕这些观念见《巨灵》Leviathan，Ch. 6 及 Ch. 24。

〔51〕同上，Ch. 10。

〔52〕同上，Ch. 15。

〔53〕麦克佛逊 Macpherson，p. 62。

〔54〕同上，pp. 93—94 有这样的指责，虽说作者也指明霍布斯之立意高于各种特殊冲突。

〔55〕哈灵顿可算将威尼斯历史上的长处介绍给英国读者的作家。见《英国17世纪的民主观念》English Democratic Ideas，p. 244。

〔56〕唐斯《詹姆斯·哈灵顿》Michael Downs, James Harrington （Boston, 1977），p. 45。

〔57〕萨宾 Sabine，p. 501。

〔58〕原文载《海洋国家》Oceana 为各种现代著作摘录，见同上，p. 499。

〔59〕原文载《海洋国家》Oceana 见麦克佛逊 Macpherson，p, 163。

〔60〕同上，p. 192；萨宾 Sabine，p. 497。

〔61〕古奇《英国政治思想：从培根到哈利法克斯》。Gooch, *Political Thought, in England: Bacon to Halifax*, p.92。

〔62〕瑟斯克《英格兰与威尔士的土地史》。Thirsk, *Agrarian History*, Vol. TV, p.152。

〔63〕麦克佛逊 Macpherson, p.185。

〔64〕同上，pp.176—177。注意麦克佛逊引用了哈灵顿在《海洋国家》以外的著述，才发现他有以上论调。

〔65〕哈灵顿使用 gentry 一名词时，视其前后文连接的意义，表示乡绅阶级之功用在不同的条件下前后不同。因此曾引起现代作家争执，见麦克佛逊 Macpherson, pp.162—174，又参照斯通《英国革命的起因》。Stone, *Causes of English Revolution*, pp.26—36。本书采取麦氏意见，认为在经济利益上，乡绅必与贵族地主冲突。

〔66〕《英国政治思想：从培根到哈利法克斯》*Political Thought*, p.91；《英国17世纪的民主观念》*Democratic Ideas*, pp.251—257。

〔67〕摘录于麦克佛逊 Macpherson, p.180。

〔68〕阿伦《约翰·洛克》。Richard Aaron, *John Locke*, 3rd ed. (Oxford, 1971), pp.84—85；萨宾 Sabine, p.530。

〔69〕熊彼得肯定洛克为经济学家，可是也称赞他主张宗教上信仰自由，同时也是哲学家、实验主义者和自由主义者，又注意教育，因此才在历史上占特殊地位，见《经济分析史》*History of Economic Analysis*, p.117n。

〔70〕以上见《政府论二讲下编》*Second Treatise*, sections 55, 66, 72。

〔71〕同上，Sections 79—83。

〔72〕同上，Sections 61.74, 78。

〔73〕同上，Section 87。洛克涉及财产时引用 property 和 estate 两字。英文 property 一

字，含有被说及者本身之所有，其特点与个性一并在内，此处译为"人身财产"。Estate 则纯为身外之物，有时也以集体性及抽象式引用之，如已去世之人之所有权及债务统为此人之 estate，此处译为"赀产"。

〔74〕大概亦同上，Section 87 解释最具体。

〔75〕同上，Sections 28, 31。

〔76〕同上，Section 27。

〔77〕同上，Section 36。

〔78〕同上，Section 37。

〔79〕同上，Section 45。

〔80〕同上，Section 4。

〔81〕同上，Section 28。注意，这句话的解释可以产生不同的观点。见阿伦 Aaron, p.278n。

〔82〕这段见于 1759 年之《洛克全集》Vol. II. p.19；节录见于麦克佛逊 MacPherson, p.206。

〔83〕《洛克全集》Vol. II, pp.13—16。节录见于麦克佛逊 MacPherson, p.217。

〔84〕《政府论二讲下编》Second Treatise, Sections 34, 48。

〔85〕同上，Section 34。

〔86〕麦克佛逊 MacPherson, p.207。

〔87〕《政府论二讲下编》Second Treatise, Section 48。

〔88〕阿伦 Aaron, p.38。

〔89〕《经济分析史》Economic Analysis, p.359。熊彼德着重洛克认识国际间之财富在于相对的价值，所以由对外贸易所赚得之金银，胜过于开矿所得之金银。其他有关洛克在重商主义上的地位的著作，见阿伦 Aaron, p.39n。

〔90〕同上,pp.47—49。

〔91〕麦克佛逊 MacPherson, p.222。

〔92〕《政府论二讲下编》Second Treatise, Section 41。

〔93〕陶尼《宗教与资本主义的兴起》。Tawney, *Religion and the Rise of Capitalism*, pp.155,158。

〔94〕罗伯特·L.海蒲洛纳《资本主义的本性与逻辑》。Robert L. Heilbroner, *The Nature and Logic of Capitalism* (New York, 1985), pp.63—64。

〔95〕《宗教与资本主义的兴起》*Religion and the Rise of Capitalism*, p.152。

〔96〕洛克活动之时在中国为清康熙朝。亚当·斯密出书之日,正值美国宣布独立,事在中国乾隆年间。马克思则成名于鸦片战争之后,在中国之咸丰同治年间著书立说。

〔97〕《政府论二讲下编》Second Treatise, Section 189。

〔98〕艾诗立《17世纪的英国》。Ashley, *England in the Seventeenth Century*, pp.24,217。

〔99〕事实上,英国对外输出自17世纪中期至18世纪中期增加3倍,见科尔曼 Coleman,《英国经济》*The Economy of England, 1450—1750*, pp.133—136。

〔100〕《17世纪的英国》*England in the Seventeenth Century*, p.244。

〔101〕威廉姆斯《辉格臻荣时代》Basil Williams, *The Whig Supremacy, 1714—1760* (Oxford, 1962), p.3。

〔102〕阿尔伯特《英国付费公路制》,莫费特《工业革命前夜的英国》。Albert, *Turnpike Road System*, p.14; Moffit, *On the Eve of Industrial Revolution*, p.99。

〔103〕布罗代尔《15至18世纪的物质文明、经济和资本主义》。Braudel, *Capitalism and Material Life*, p.366; Dickson, *The Financial Revolution*, p.7; 卡米隆《工业化早期的银行业》。Rondo Cameron et al., *Banking in the Early Stage of*

Industrialization（New York，1967），pp.20—24。

［104］艾诗立《17 世纪的英国》。Ashley, *England in the Seventeenth Century*, pp.218—223；科尔曼 Coleman, pp.57—60；克拉克《17 世纪》。Clark, *The Seventeenth Century*, pp.37—38。

［105］《原富》*Wealth of Nations*, Book IV, Chapter 7。

［106］同上，Book I, Chapter 10。

［107］《原富》提到中国的地方很多，有些地方至今还有参考的用场，例如 Book I, Chapter 8. 亚当·斯密与马克思不同，他每提及特殊的情形，都有实际的例证。《资本论》则经常把印度与中国搅在一起，作者并未提供其特殊情形之背景，大都仅泛指这些国家的殖民地性格。

［108］《原富》*Wealth of Nations*, Book I, Chapter 5。

［109］同上，Book I, Chapters 7 & 8。

［110］同上。

［111］同上，Book I, Chapter 8。

［112］这些情节，也见同上，Book I, Chapter 8。

［113］分工合作的重要，见同上，Book I, Chapters 1—3。

［114］《17 世纪》*The Seventeenth Century*, p.42。

［115］科尔曼 Coleman, p.195。

［116］《原富》*Wealth of Nations*, Book II, Chapter 3。

［117］Book II, Chapter 3。亚当·斯密书中还有重视资本与雇佣的关系。详同上，Book IV, Chapter 2。

［118］Book I, Chapter 8.

［119］同上，Book I, Chpater 9。

〔120〕同上, Book II, Chapter 5。

〔121〕同上, Book II, Chapter 1；Book IV, 导论。

〔122〕同上, Book I, Chapter 11。

〔123〕同上, Book I, Chapter 8。

〔124〕《经济分析史》History of Economic Analysis, p.269。

〔125〕《人口论》Essays on the Principles of Population, Book I, Chapter 1；Book IV, Chapter 3。

〔126〕罗尔《经济思想史》。Eric Roll, A History of Economic Thought（London, 1961), pp.196—197。

〔127〕《经济分析》History of Economic Analysis, p.597。

〔128〕两人书信由波纳 James Bonar 整理出版, 此句摘录于 Roll, p.176。

〔129〕熊彼德对他们两人都有相当的仰慕, 也站在经济分析的立场, 替他们两人辩白。他说："李嘉图是马克思视作老师之唯一经济学家。我猜他是从李嘉图学到他的理论。" 见《经济分析史》History of Economic Analysis, p.390。

〔130〕《政治经济与税收之原理》Principles of Political Economy and Taxation, Chapter 5.（Pelican ed.1971), p.116。

〔131〕同上, Chapter 5（Pelican ed.), p.117。

〔132〕罗尔 Roll, p.184。

〔133〕李嘉图 Ricardo, Chapter 2（Pelican ed.), p.98。

〔134〕同上, Chapter 5（Pelican ed.), pp.123—124, 作者列举数字解释着货币工资虽增加而工人仍入不敷出的情形。

〔135〕同上, Chapter 8, pp.170—171。

〔136〕同上, Chapter 13, pp.380—382。

〔137〕同上，Chapter 5，p.121。

〔138〕同上，Chapter 5，pp.126—127。

〔139〕以上根据哈特维尔 Ronald Hartwell 在同上所作介绍辞。

〔140〕同上，Chapter 2，pp.96—97。

〔141〕同上，Chapter 31，p.384。

〔142〕同上，Chapter 8，p.170。

〔143〕虽然罗尔 Roll 反对这样的作风，他书中举出如此之例证，见《经济思想史》A History of Economic Thought，p.174。

〔144〕李嘉图没有说及国际战争是英国的出路，但是他认为战争和军备增加雇佣。见同上，Chapter 31 p.385。

〔145〕同上，Chapter 7，p.148。

〔146〕同上，Preface（Pelican ed.），p.49。

〔147〕《资本论》Capital，trans. by Ben Fowkes，Vol.I（New York，1977），p.874，关于《资本论》之各种版本值得注意，马克思未曾使用"资本主义"（德文 Kaptismus）这一名词。这版本将 Kapitalischer Grundlage（资本家之理由凭藉）径译为资本主义，在理论上无妨碍，可是已将新名词引用到旧著作里去。

〔148〕李嘉图 Ricardo，Chapter 2（Pelican ed.），p.92。

〔149〕同上，Chapter 1，pp.55—57。

〔150〕详上注〔130〕。

〔151〕这评论见 Roll，p.181。

〔152〕熊彼德说马克思是一个"重复而散乱"的作家。他引用了很多专门著作，讨论严格的专门问题，可是也常在书中牵扯上其他事物，又不时以插入幽默与讥讽的篇幅，因之极难节录。以上所述在《资本论》里以"资本一般公式"、"劳动之买

卖"和"剩余价值之比率"等专题写出。见 Capital, Vol.I, pp.178—339。此间之简介根据 Roll, pp.260—268. 而他的节录也是根据原书高度压缩而成。关于对剩余价值这一观念之批评,见 History of Economic Analysis, p.607n. 注意马克思在这些地方称劳力时,指定其为"平均社会劳力"(average social labor),此劳力所产生的价值为"社会价值"。亦即是制成品要符合现代科技标准,因此工资也要容纳劳工之教育费及儿童之养育,是一个广泛的观念,非仅3元2角可比。见 Capital, Vol.I, p.275. 马克思认为机器只能传递价值不能产生价值,见同上,p.509,参见 p.530。此中还有一段奇事,即至今专家仍不能断定《资本论》之真意所在,见《经济分析史》History of Economic Analysis, pp.391—392;萨宾 Sabine, p.788。

〔153〕详第一章注〔8〕。

〔154〕《资本论》Capital, Vol.I, pp.390, 395, 407。

〔155〕罗布森《1848 年革命:一部社会史》。Priscilla Robertson, Revolution of 1848: A Social History (New York, 1952), p.407。

〔156〕萨宾 Sabine, pp.820—821。

〔157〕马克思也有采这观念的趋向,他说,大批资金在国际场合上移动去投资于正在开发组织的国家,是由威尼斯而荷而英而美。见 Capital, Vol.I, p.920。

〔158〕《英华大词典》商务印书馆(北京,1987)的译名,附注称这是"19 世纪为美国向外扩张辩解的资产阶级史观"。

〔159〕《商业之轮》The Wheels of Commerce, p.237。

〔160〕《新教伦理与资本主义精神》The Protestant Ethic, p.80。

〔161〕同上, pp.110—113。

〔162〕譬如说, p.26 用到 "rational", "irrational", "rationalization", "rationalism" 13 次之多。参见同书 p.l(e)陶尼对这字的解释。

〔163〕同上，pp.22—23。

〔164〕韦伯《中国之宗教》。Weber, *Religion of China*, trans. by Hans H. Gerth (New York, 1964), pp.88—100。

〔165〕《新教伦理与资本主义精神》*Protestant Ethic*, pp.52—57。

〔166〕同上，p.108。

〔167〕这是布罗代尔的批判，见《商业之轮》*The Wheels of Commerce*, p.581。

〔168〕《新教伦理与资本主义精神》*Protestant Ethic*, pp.175—182。

〔169〕《资本主义之精萃》*The Quintessence of Capitalism*, p.354. 西格曼 Philip Siegelman 在宋巴特 Sombart 所著《奢华与资本主义》*Luxury and Capitalism* （德文原题 *Luxus und Kapitalismus* ）介绍辞 p. xxvi。

〔170〕《资本主义之精萃》*The Quintessence of Capitalism* p.22。

〔171〕《新教伦理与资本主义精神》*Protestant Ethic*, p.30。

〔172〕《资本主义之精萃》*The Quintessence of Capitalism*, pp.214—215。

〔173〕同上，pp.292—307。

〔174〕布罗代尔说:"犹太人被逐出家乡，驱至各处，这是他们引人注目的富裕之来源，也是他们决意不和其他民族混合的成果。"《商业之轮》*The Wheels of Commerce*, p.157。

〔175〕《经济分析史》*History of Economic Analysis*, p.818。

〔176〕《宗教与资本主义的兴起》*Religion and the Rise of Capitalism*, p.226。

〔177〕详第三章注〔19〕。

〔178〕《新教伦理与资本主义精神》*Protestant Ethic*, p.25。

〔179〕这是陶尼的解释。见同上，pp.3—4。

第六章　美国、日本和德国

自从1689年英国进入资本主义体制之后,世界形势起了很大变化。英国的新体制,使农业上的经济因素与工商业并为一元,公私组织也凝结为一,彼此都受金钱的管制。这是一种优势的组织。于是在公私场合之中、有心与无心的情况下、在平时及战时,英国都以这种优势凌驾邻国未曾改组的体制。首当其冲的是法国。西班牙王位继承战争时,1704年布仑翰(Blenheim)一役,约翰·邱吉尔(John Churchill)即赖英伦银行的经济动员,打败路易十四的部队(第四章)。此后亘18世纪,英法两国又因奥地利王位继承战争、七年战争和美国独立战争,兵戎相见。在财政压力下,法国终于爆发大革命。而法国内部情形复杂,更不容易进入数目字管理的方式,其经过容后(第七章)论及。

长时间内,这样的压力也及于殖民地与尚未构成民族国家的地区。这些地方企图独立创设民族国家的时候,其领袖人物通常以民主自由解放、维新等名目为号召。然则在各人人身经验之外,这些口号及运动要不外在政治体系中树立一个各种经济因素都能公平而自由交换的原则,于是新型的法律,不倚赖人事关系、不低头于社会阶级的权威,即能广泛地推行。在资金全面的流通、人才不分畛域的雇聘,和技术的支持因素全盘活用的三个条件之下,范围只有越做越大,资本也愈积愈多。其间虽有程度之不同，任何一个"维新"的国家，无法完全脱离上述我们认为资本主义这一套技术的安排。倘非如此，其社会的下层结构即无从全面自治，更谈不上自主的成长。苏联与中国的革命，好像已经脱离这种程序。可是因其下层无法固定，只好借教条的禁锢和警察权的督责加强管制。且其下端既为牵强组织而成，由上向下的压力也始终不能放松，其数目字也始终无法累积。现在看来，这种办法仍不外是过渡期间的体制，主要的目的是以战时的姿态存积资本。如欲恢复经常持久的体制，仍要引用以上一般原则，虽说其强调国家资本和社会资本，有社会主义性格，但组织上并没有别开生面另起炉灶。这些情形也待下章缕列。

法国的旧体制（ancien regime）、帝俄和传统中国改造困难，乃因其过去有中央集权的体制，其组织上向来不按上述的安排。反之，一个国家或一个社会过去愈缺乏中央集权的经验，愈有以数目字管理的潜力，改造比较容易，常能捷足先入资本主义体制。其造成内部各因素能自由交换的情形也不一致，而各按其本身在历史上发展的程度为转移。以下是美国、日本和德国不同的例子：

美国——自然地进入资本主义？

美国之成为一个资本主义的国家，似乎比较容易解释。简而言之，不外将一个在英国试验成功的体制推行于一个空旷的地区。因其缺少既成因素的阻碍，所以这运动不受挫折，又富于资源，所以环境上更利于创造。

但事实之发展并不如此简单。第一,北美洲并非英国独占之殖民地,17世纪法国已拥有加拿大,西班牙也占领了佛罗里达(Florida),纽约和赫德逊河畔一带则是荷兰人移殖地,更西南则有瑞典人创立的"新瑞典"。第二,美国独立前的13个州并没有共通的体制,弗吉尼亚(Virginia)和马萨诸塞(Massachusetts)是由已立案的商业公司开拓的殖民地,纽约则是第二次英荷战役后的战利品,为约克公爵的私产。宾夕法尼亚(Pennsylvania)和马里兰(Maryland)虽然也由私人出名领有,却分别用以扶助教友会及天主教徒的被迫害者。乔治亚(Georgia)在18世纪由慈善事业者创建,收容在英国负债而被监禁及其他类似之人,使其有自新之道。如此,不容易使这13个地区共同推行某种体制。

1754年富兰克林所绘的一幅著名漫画。影射在法国及印第安的威胁下,美洲殖民地已趋四分五裂,独立革命中此画广为流传,被视为殖民地对抗英国的象征。(美国国会图书馆藏)

说到资源，大陆领土尚待开辟，需要的资本多而获利遥不可期，不如西印度群岛有蔗糖，新西兰有水产，加拿大有木材，这才是投资者的近途。北美洲也没有南美洲发现的大量金银，更减少了这地区的吸引力。

可是从长远来看，以上条件反使以后的美利坚合众国成为资本主义国家中的台柱。所谓资本主义国家固然需要一个新型商业管制的方式，可是本质上的实力仍有赖于生产，所以农业与工矿仍不可少。其要点则是农业生产组织也能使当中各种因素公平而自由地交换，与商业社会的习惯相通。工矿则不只注重贵金属，首先以煤铁为主，其次则注重煤油。英国在北美洲的殖民地从这些条件上发展，先在低层结构里打下一个稳固的基础，日后飞黄腾达，事半功倍。只是南部以奴隶服劳役，和这公平与自由交换的原则冲突，终要待南北战争来解决，不过这已是19世纪的事了。

纽约一处农场工作情形。（纽约历史协会藏）

最初以商业性质争取急利的拓殖，都遭惨败。以普利茅斯（Plymouth）商人为中心的股份公司，希望在缅因（Maine）觅取金银，忽略了农业的生产,又和印第安人发生冲突,生存者放弃拓殖事业悄然回国,公司失去了特许状。伦敦商人拓殖于弗吉尼亚,3年之内,派往的900人只有450人残存,以后虽再招募股份,终鲜成效,1624年该公司的特许状也被宣布作废[1]。

1620年圣诞节,一群清教徒为了信仰自由而移居北美。图为船长史丹蒂斯(Miles Standish,图右)扶着妻子登陆普利茅斯港的情形。1901年绘。

以后英国在北美洲拓殖成功,而且各处都能各按情形进入资本主义体制,是有几个条件作背景:一是宗教上的宽容。当日英国殖民地对宗教的处置不是绝对的自由,有些地方还有零星排斥非本地正教异端的事情。但是既缺乏一种全国的教会在后主持,则各种不同的信仰都有立足的机会[2]。当时人以他们自己习惯的方式礼拜,以他们自己崇信的教条教育儿女,符合各人人生之宗旨。新大陆的自由使他们感觉宾至如归,各村镇教友的联系也增加了地方自治的力量和地方的各别性格,都与个人主义及民主习惯互为表里[3]。这些因素有助于资本主义之发展。二是社会上的向上流动性(upward social mobility)大。北美洲初开拓时,劳力供不应求,有人曾估计,美国独立之前,一半移民以"契约劳工"(indentured laborer)的方式入境。这期间横渡大西洋的船费大约每人6镑到10镑,是一笔很大的费用,很少人能负担。航行从10星期到12星期,途中病死的几率极高。在特殊情形之下,有时一半到90%的旅客,一入船舱之后,即没有机会再见到陆地。一般劳工男女都有,以自己人身为质,冒险渡洋,抵达美洲之后,由船长将他或她的契约转卖与人,被卖者即为买主无值的做工,通常5年至7年。经过如此艰苦奋斗,这种有期奴隶之契约劳工一朝获释,其勤奋可知。而北美洲也给他们以"英雄不怕出身低"的向上机会,有的成为著名的律师,有的成为大地主。在美国独立宣言上签字的61人中,有两人原来是契约劳工[4]。学徒的成分也与契约劳工相仿,一般由东家供给食宿,学徒无值服务7年。穷苦人家子弟借此得到学习生计之门径。其中也有三人日后成名,签字于独立宣言。三人之一为富兰克林[5]，他的言行已被韦伯及宋巴特视为资本主义之表率（详第五章）。

土地领有权容易取得，可以算为第三个条件。北美各殖民地原无一定之土地政策。各处非商业之殖民地，一般由领主以封建方式，将整个区域裂土分茅的转让与人。原则是所有土地不得买卖，受领者付"代役租金"（quitrent），遗传则经过"长子继承权"（primogeniture）的安排，使地产不致分裂。次之则受"遗传顺序"（entail）的限制，使产业不致落于旁枝侧裔之手，致原有上层领主失去掌握。总之仍想维持社会上一成不变的形态。北卡罗来纳（North Carolina）的宪法由洛克草拟，即写下了一些领主的贵族头衔。马里兰的特许状，也授权领主颁发头衔[6]。可是这种种安排都没有效果。美洲社会的动态不符合封建体制。下一代的年轻人不服从长辈，新来的移民无意迁就原来的定居者，都使传统无法保持。代役租金收集困难。一般土地容易取得，契约劳工合同期满，主人亦有授让田土50英里（约300华亩）的例规[7]，时人谓之"人头权利"（headright）。虽说综合100多年来横跨千余英里的土地所有，势必挂一漏万，我们不妨根据一位专家之理论，他说：

我们可以从这体系内最重要的地方得出相当明确的结论。最重要的一个因素，则是移民取得土地相当容易而不耗费。我们甚至可以说土地等于白送。最低限度，一个农夫只花一笔极小的费用，可以获得足够土地维持生计。而且还有新垦的边地，司法权尚未确立，他至少可以擅自占用，给自己来个开场，等到法律赶上来提到所有权的时候再说。很多情形之下，他日后即因此取得所有权，也用不着再付费。这和西欧人口稠密，土地价昂，所有权又集中于少数人的手里之情况是一个很大的差别。在那边，地主总是要从佃农身上抽取高量的佃金或其他费用和服务[8]。

集科学家、商人、外交家于一身的富兰克林，在四十岁时留下这帧肖像。Robert Feke 绘于1746年。（哈佛大学藏）

土地容易获得或主权不明,并不足以构成资本主义。以上情形之有利于日后资本主义展开者,乃是大多数移民以全部劳力施用于土地耕耘,加以又有剩余,利于初期资本之累积,等到资本凑成,却不受封建体系之限制,又有欧洲移民继续输入,遂利于资本主义之展开。

在美洲领有土地的"贵族",纵然不是白手起家,也是有心计的企划者,富有竞争性。以弗吉尼亚的卡特(Robert Carter)为例:他在18世纪初期拥有土地30万英亩。"卡特经过不同的试验。烟草无利可图时,他改种谷物,特别是小麦,也种麻、亚麻,甚至棉花。他觉得奴工太耗费的时候,则改用雇工和佃农。他不以农业的收入为满足,大量买卖小麦。又自开磨坊,贩卖面粉,自烤面包,做到商业上的程度。他在农场里制造纺织品,投资于巴尔的摩(Baltimore)的纺织厂,执有巴尔的摩铁厂的股份,又经营一个制盐厂好几年,都获利不浅。"[9]。弗吉尼亚还有一个比较保守的地区,北部纽约州一带,地主兼营商业与律师业务的情形更普遍。李文斯顿(Robert Livingston),苏格兰人,在荷兰长大,19岁来美洲,1674年(20岁)在奥本尼(Albany)市镇里当秘书。他以这地位及婚姻关系,和印第安人交易,而拥有赫德逊河畔土地16万英亩。所以"纽约的大地主对农业的注意力少,对土地投资的兴致高"[10]。

北美洲殖民地之农业,不久即因商业组织的关系,在各地区间树立专业。水运费用低,航海法案(Navigation Act,详第四章)亦增强殖民地与母国间的交通关系,对专业农产品的出现都有促进的功效。

南方各殖民地最重要的产品为烟草,其生产使大规模的农场普遍展开,开始兼并小自耕农的产业(不过,失地的小自耕农仍可向腹地发展),又普遍使用白人契约劳工及黑人奴工。次之为稻米,其种植不照中国精耕的办法,而是普遍地种在沼泽地带(有些地区至今仍如此,惟已用飞机撒种)。获利高时可得成本的40%,但有不少奴隶死在沼泽中。再次为靛青,迄至化学染料登场之日,仍为纺织业的必需品,以上各物均为英国所无,也大受英国欢迎。它们的生产需要大规模农场和大量劳工,如此使奴隶制度在南方扩大,也加紧从非洲输入[11]。棉花在南北战争前成为南方的经济命脉,可是在分离棉子的技术尚未发明之前,尚无大规模的生产,到独立战争之后才崭露头角[12]。

中部的殖民地以宾州为盛,以小自耕农为多,主要生产食物。一般传说,迄至独立战争爆发时,宾州粮产可以供应全北美殖民地所需。磨面坊及锯木厂也遍设于中部。因为这区域缺乏其他特产,于是大多从事小规模之制造。起先从修理整补家具农器着手,逐渐制造木器、织机、铁钉、犁耙、链条等,妇女则从事织造,凡麻、亚麻织品及毛织品都以家庭工业的方式生产[13]。

东北之称为"新英格兰"者,玉蜀黍为主要农产品,小麦及麦片只占辅助的地位。于是集中于森林木材的输出,擅长于造船业及渔业[14],也以酿酒著名。纽约之奥本尼则是与印第安人的交易中心,出产皮毛。

1893年克普勒（Keppler）所绘讽刺画。画中一群美国富豪阻挡新移民渡桥，却忘了这桥也是他们和祖先所曾走过的，富豪身后的影子正是他们自己当初的影像。

南方棉田一年至少三获，图中马车上装好的棉花正要经由汽船运往新奥尔良。Currier & Ives 绘。（纽约市立博物馆藏）

英国在北美洲殖民地的布置，自始即与法国和西班牙在殖民地之组织有很大的差别。后二者由国王派遣总督,在海外有绝对的威权。英国的殖民地则根据特许状发给情形,分别由领主、拓殖公司和国王派遣的总督管理。虽然前两种的土地都有趋向于后者的趋势,即变成"皇家属地"(royal province),由总督统辖,但是每一个殖民地都有一个由当地民意选举的州议会,一般选举权都有财产所有数额的限制[15]。这一方面扶植了民主和自治的精神,一方面也支持资本主义的发展,因为这样的体制让私人财产在决定公众事宜的时候占了一个特殊的比重。

威廉和玛丽入统英国之后,曾将殖民地改组。1696年商业及海外农场公署成立,以洛克为督办(详第五章)。议会通过法案,在北美殖民地设立邮政,开设海事法庭,并且给予殖民地生产的某些物品津贴。殖民地州议会通过的法案,则送到枢密院(Privy Council)审核,审核时先由农场公署检阅签议,枢密院有否决权[16]。不过被否决的案件不多,以后母国与殖民地间的冲突,不是由于法案没有通过,而是因前者要以自身之意旨强迫加于后者。

18世纪上半期,北美殖民地一度经济繁荣。这时候大西洋的国际贸易,通过法属西印度群岛,形成了一种三角形交换的方式。西印度所产的蔗糖、糖浆和水果,在欧美都极畅销,北美殖民地则向之输出面粉、鱼类、牲畜和木材。新英格兰的殖民地,则以糖浆酿成甘蔗酒(rum)向欧洲倾销,包括英国。此外北美洲仍以烟草、稻米、靛青、木材、皮毛、粗铁、鱼油等输入英国,换取纺织品和各种铁器。1733年英国议会通过法案,对法属殖民地向英属殖民地输入的蔗糖与糖浆,课以极重的关税[17]。这种征取,所牵涉的不仅为糖与酒,又间接涉及整个大西洋的贸易,结果法令不行,各船长伪造提单,海关人员也睁一只眼,闭一只眼。英国又鼓励殖民地制造生铁,但不许炼钢,这种禁令亦同具文[18]。两方如此之坚持,使美国终因要脱离英国在经济上的统治而宣告独立。

北美洲殖民地的人口,从1700年的30万到1770年的250万,70年之间增加了8倍有余。这二三百万的人口很多集中在城市。独立战争前夕,费城有4万人,是英帝国内仅次于伦敦的城市。波士顿有2万人,纽约可能有3万人,纽波特(Newport)有12000人,查尔斯顿(Charleston)有1万人。[19]以上可以算作第一流城市。此外还有较小的第二流城市,更次则有内河交通枢纽的三等城市。这些市镇构成一个大罗网,不仅是农产品吞吐的场所,也是造船业、磨坊、炼铁厂及其他制造的中心。而且这些殖民地城市的市政不由官方督导,大部分靠绅商自动组织维持。例如街道两旁之设行人道、阴沟之安置、救火器械之采办、街灯之装备,全由市民出面解决。甚至在雇用警察之前,所有及龄男子都有轮流值班、白日巡逻、晚间守夜之义务,否则即需雇用替身,再不然即被罚款[20]。所以美国的城市自治不待封建领主授予特权,而在一开始即受有私人资本的浓重影响,因此国家也容易具备资本主义的性格。

城市中有酒店型的客栈(tavern),不仅是坐商与客商接头的地方,也是律师出入之处。法律公告、选举结果、定期马车行车表,都张贴在这些地方[21]。美洲殖民地起先对律师采取疑惧的态度,但是商业合同、运货单据和产业凭证的处理,又非他们不可。18世纪后期不少在英国学法律的学生回美，加上律师公会设立，这种成见才慢慢消除，迄至独立战争，律师在社会上的地位才告巩固，如此也算资本主义社会不可或缺的一个条件。城市生活逐渐展开的时候，除了律师之外，其他很多的行业也靠商人维持生计，如店主、工匠、机工、劳工、运货人、堆栈小工、水手等。一位美国历史学家写着："自殖民地开始以来，商业即与农业结合为一元。"另一位学者只用了稍微不同的字句。他说："商业和船运移动了社会的福利轮轴。"[22]

18世纪初期，各州及各地区之间固然表现了不同的特色，同时也显示了若干共通一致的地方。各地区的特殊产品，更截长补短地与西印度群岛及欧洲的远洋贸易间利害一致。也是在18世纪初期，报纸出现，迄至独立战争爆发之前夕，北美洲共有期刊32种。各殖民地间之通邮在17世纪末期由民间承办，18世纪初年由英政府接收。经过富兰克林的主持，费城与波士顿之间的交换消息，从3星期缩短到6天。初期的邮信大抵用于商业，很少为私人家务之用[23]。

殖民地初创，少不得要母国军备的保护。英国的重商政策，尤以航海法案的公布，使殖民地获益匪浅，北美洲的造船业因之突飞猛进。可是经过100多年来的组织与成长，两方利害冲突暴露而尖锐化。我们不能忘记英国也是在光荣革命之后，才全面走上资本主义的道路。18世纪的议会当然着重母国资本家的利益，从他们的眼光来看，殖民地的功用无非是为农业产品和工业原料及英国制成品提供市场，无需成为一个独立的经济单元。

1752年巴尔的摩只有25户人家、两家客栈和一间小教堂。图右方是烟草园,种植烟草快速带动此地的人口成长及发展。

1800年费城第二街街景。当时费城为全美第一大城，有"美洲的伦敦"之称。（纽约图书馆藏）

这种漠视殖民地人民之希望与需要的态度，可以从金融货币的政策上看出。北美洲的成长过程中，极企盼有一种较宽容的信用制度与货币政策。对一般农人而言，通货继续膨胀的时候，还债总比借款容易，殖民地的政府税额增加，也不难收回自己发行的公债或信用票据。可是缺乏一个统一的机构，就不免混乱。又像罗德岛（Rhode Island）只有1200平方英里，三面与邻州相接，一面临海，无从扩展，加以各州发行的纸币或票据不能用以向英国的商人抵账，于是海港里的进口商及各地的批发商纷纷请求议会斡旋。母国的执政者总是顺从他们的希望,对殖民地政府发行信用票据,由总督或枢密院否决。这时候殖民地与母国间的贸易经常入超,而英国既不在北美洲铸造货币,

John Trumbull 绘"独立宣言起草后提交国会图"(局部)。图中站立者由左至右为:Adams, Sherman, Livingstone, Jefferson, Franklin。(耶鲁大学藏)

又不许英国货币出口。美洲十三州则不出产金银,各殖民地无力,也不为母国允许输入贵金属以铸货币。所以除了麻省不合法地私铸了一批所谓"松树钱"之外,只有靠西班牙在墨西哥铸的货币,部分货币靠与西印度群岛贸易时赚得。各殖民地又将西班牙的货币按英国货币的比例增值,可是英国商人也把他们的货品同样增价,使西班牙货币的购买力仍与前同。除此之外,殖民地的商人只好以商品如烟草当作货币,在交易中常遭各样损失[24]。

七年战争(1756—1763)决定了美国独立的途径。战争起于两项主要的冲突。一是普鲁士和奥地利争夺在德国的领导权,一是英国与法国争夺海外殖民地。英国的战略,是以津贴支持普鲁士的斐特烈大帝,让他对付欧洲大陆的敌国,英国则注重海外战事。1763年战事结束,巴黎和会中,英国取得加拿大,西班牙也割让佛罗里达,法国在北美洲中部,今日美国称为"中西部"(Middle West)的权利,也尽为英国所有。战争期间固然有母国军队支持,北美殖民地也担负了很大的牺牲。战后英国的领土扩张一倍以上,如何保卫这庞大的帝国,成为一个有争执性的问题。英国方面认为,这军备既为殖民地而设,则十三州也应当接受其财政上的负担,所以印花税、糖税、铅与颜料的进口专税、茶叶交予东印度公司专卖,派海关监督各殖民地;各种法令纷沓而来,其目的是由殖民地养兵。而1776年美洲宣布独立,采取的是历史上的一个口号:依英国的传统,没有纳税人参与磋商,国王不能单方面下令收税。

事实尚不只此。七年战争结束,英国下令阿里干尼山(Alleghenies）以西之地尽为国王所有，各殖民地不得染指。这项处置在北美洲引起极大反弹。殖民地的成长与繁荣大部分依靠向西拓土，通常以波状的形态前进。开路先锋赤手空拳，或只有一牛一马，带着家人向荒野前进，其所开拓的田园，谈不上法律上的所有权，可是他的地产刚一组织就绪，即让与人，自己又继续前进。第二个移民只付出少数代价，但是他修筑道路、架设桥梁、在木房上加玻璃窗、添砖制之烟囱，然后他也将这房地产卖与后来者，这才是"有资本的企业人"。不久这第二人也成为有资本的企业人[25]。1726年宾州无主权而占地者达10万人[26]。这样"原始式的存积资本"，必刺激后方店铺与市镇的发展，而更及于后方的通都大邑、海港与市舶。因为人口增加，出产增多，生活程度日渐提高，必有利于各种供应及服务性质之企业，而以是类推，则必更波及东部及大西洋海岸[27]。所以乔治三世企图掌握中西部之土地，等于阻碍了一种正在发展的经济运动，得罪的不仅是开荒的移民，而是殖民地的全部民众。

在这初期西向移动之中，有好几个未来美国总统之祖先参与其间。七年战争前，杰佛逊之父彼德，华盛顿之长兄，都参加了向中西部开拓土地公司的业务。华盛顿22岁被任为民兵的中校，曾参加对中西部法军之军事行动[28]。这更可见得殖民地之向西扩展具有其群众运动的力量，也与独立战事有密切的关系。

美国独立可以视为民权主义发展的一种现象，也可以视为资本主义伸张过程中的一种产物。美洲殖民地的组织，自始就与资本主义精神相合。除了纽约的地产还保有若干封建的性格，南方的奴隶制度仍与一般体制龃龉之外，十三州低层机构中各种事物都已经能够公平而自由的交换。等到地产权固定，所有权与雇佣也结构成为一个大罗网，经济体制也越来越大。事后看来，其脱离英国而独立，只是迟早的事，因为如此一个较大的经济组织，不能长期受一个幅度小的组织牵制，而牺牲它发展的合理性，迁就后者之利益。何况两者之间尚有一段距离。如果自由与民权是美国宣布独立的理由，则这理由所支持的目的，乃是美利坚合众国的经济体制。如何形容这种经济体制？现用词汇中尚无一个比"资本主义"更切合的字眼[29]。

19世纪30到40年代流行的观念在此画中表露无遗。拓殖行列面对的是野蛮的印第安人，背后则是纽约的文明，随着拓荒者所经的路径，神迹般地架起了电线和铁道，源源向西方输入文明。John Gast 绘。

而且由于美国的诞生，资本主义在世界历史中更向前跨进一步。本书以前各章已提及，威尼斯全城在海岛之上，容易进入资本主义的体制。荷兰城市里人口与商业的比重远过于农村社会，又大量吸收了各种工商业技术和商业资本，才在独立时成为一个资本主义国家。英国在光荣革命前后进入资本主义体制，环境上需要将这国家的农业经济与商业经济归并为一元。美国之成为资本主义国家，则先有资本主义之性格，次构成国家。她的农业早已与工商业配合，经济的展开也与"劳力价值论"（一切价值由劳力产生，详第五章）极为接近。初成立时，还有在各方面构成一个民族国家（nation state）的趋向[30]。可是革命成功之日，虽然 3/4 的白人人口属于英格兰、苏格兰及爱尔兰的苗裔，已经有了近 80 万的人口为德国、荷兰、瑞典、法国的后代，另有 70 万黑人[31]。以后两个世纪又接受了不同国家的移民，招纳华工，终至成为一个多民族和多文化（multi-culture and multi-nationality）的国家。

　　可是 1776 年 7 月 4 日的宣告独立，并没有立即开创日后的美国。1781 年的"邦联法案"（Articles of Confederation）只成立了一个立法议会，并无执行的机构及司法的组织，议会不能征税，邦联的开销全靠各州乐捐，邦联的军队也靠各州供应人员与给养。发行货币的权力亦在各州手里。这种种问题，都待 1789 年的联邦宪法（federal constitution）才得以修正。

　　但这国家的最高主权是在联邦（各州有似行省）或各州（如是则联邦大致有如今日之联合国），仍缺乏公意之决断。含糊之处曾引起

1832年南卡罗来纳州否认联邦法案（nullification）。联邦增加的保护关税政策，有利于工业制造之州，而不利于以输出农产购买制成品为主之州。南卡罗来纳州认为承担这种关税损害人民利益，与本身参加联邦之宗旨相违，于是宣布此关税法则在本州无效，以致联邦政府准备强制执行，几乎动武。最后妥协了事，南州撤销否认法案，联邦也让步，减低关税。可是最高主权问题仍未解决。主张"州权"（state rights）者仍大有人在。1861年内战前夕，南方各州宣布退盟（secession），即坚持联邦为自愿组织，各州有意见相合则留，不合则去的权利。经过4年余的内战后，联邦才被肯定为不可拆散的组织，各州成立联邦时，已经将最高主权之一部分交付联邦政府。

南北战争无疑是美国历史的一大分水岭。奴隶制度不仅是人道与宗教上的问题，也是社会与经济问题，1789年的联邦宪法既不给奴隶选举权，又在选举众议院代表时将他们的人数按3/5计算，无异增加了奴主的政治权力，超过一般公民之上。本来联邦初立之时，已经不合理。中西部继续开辟为州的时候，南部各州容许奴隶制度，北部则只有自由劳动力，两方距离更大，终使这问题诉诸武力，以后奴隶全部解放，但仍未离资本主义体制，低层机构各事物都要能平等自由交换之原则。

今日有不少作者评议美国，不着重合众国历史特殊的背景，或歌颂过度，或责备过苛。

里奇蒙奴隶市场中，一位黑人女性正面临被拍卖的命运。在拍卖场中，奴隶的健康和性情都要受调查，甚至长相也会影响售价。克洛·伊雷绘。（甘乃迪画廊藏）

　　所谓歌颂过度者，他们强调美国社会的自由似乎全系设计精明与公众道德普遍高尚所致，还有些美国内外人士，主张其他国家也应提倡美国式自由。其实美国法律大部分乃根据英国传统。习惯法设立之前，各地区自行立法，即部落法律。习惯法接受了其一般原则，审案时积累了一大堆事例，此后又渗入公平（equity）的原则（详第四章），使各地区间之经济因素，以及商业和农业间的资本与财富，能够公平而自由地交换。北美洲殖民地设立之后，英国政府也让各州自行立法，只要其内容不完全与传统冲突，即不追究其中的差异。合众国联邦之产生，在殖民地开始约 200 年之后。独立战争之后，各州仍以英国法庭传统为司法的基础，惟一般将沿用成例的范围限于 1776 年 7 月 4 日以前所审判的案件[32]。因此有些习惯法的原则日后在英国反而不适用。例如，美国 1890 年反托拉斯之立法，即追溯到几个世纪以前的传统，及于 16、17 世纪之英国，甚至远及于大宪章。于是认为凡以"私交阻滞交易"(combination in restraint of trade) 都违反习惯法精神，也违反英美的传统，可以立法取缔[33]。

这种法治精神诚然可佩，可是也必须有历史及地理优势之条件撑持。简而言之，日后美国的自由，乃因几百年前，海洋国家之社会平日受外界军事的威胁浅，而感受商业的影响程度深，早已将内部各种因素摆在各尽其能互相竞争的体制之下，妨碍自由竞争的潜在力量已在司法立法的行动中尽量铲除。

美国并非得天独厚、毫无阻碍地实行资本主义。否认联邦法案一事，可见行政上的问题仍不可避免，而南北战争更让全国精英献身于疆场，捐躯于原野（很多南方人士参战，志不在保全奴隶制度，而在抵抗高压政治〔coericon〕）。其他的纠纷，如涉及佘家事变（Shays' Rebellion）、威士吉叛变（Whiskey Rebellion）、取缔托拉斯、组织工会、处理货币及银行、协定跨州商业等等，亦是历尽辛苦才换得实行资本主义的基础。只是北美洲空间上较为自由，而且时间发展合宜，如人口之增殖，与科技成长配合。又如 1862 年之"宅地法案"（Homestead Act），让一般人在公地耕作 5 年之后购买土地，每家 160 英亩，价格低廉[34]。日后美国资本主义社会的效率，有赖低层机构内类似的因素为基础。而今日美国人行动自由，也赖经济展开，各种事业有高度分工，个人有很多选择的机会，非其他国家与社会所能仿效。

所谓苛责过度者，是一批左翼作家不顾美洲优厚条件及特长，只因与他们理想的条件不合，动辄漫骂。亚当·斯密曾指出，大凡一个新式的经济机构，与一个落后的经济机构相抗衡的时候，前者必有利用其组织上之优厚条件凌驾后者的趋向。白种人开拓殖民地时，对印第安人之侵害即属于此种性质[35]。美国在19世纪末叶及本世纪初年向外发展之际，某些政策施行已带有帝国主义作风。可是在美利坚合众国的历史上，这种趋向与作风未曾成为一种固定的性格。而且美国因其本身的历史经验，对提倡人权、扶助弱者、保持国际道义，较世界史上任何国家并不逊色。本书之宗旨不在歌颂与谴责，而在说明资本主义可以脱离意识形态的解释，它虽让私人财产权在公众事业中占重要地位，仍可能在开明的私利观条件下，于技术上代表一种紧凑的组织与运动。从这种观点看来，美国之取缔托拉斯、限制使用童工、推行累进税制、提倡义务教育、厘定每周40小时之工作制、规定最低工资、设置失业救济社会福利和养老金等等措施，其后面的推动力量，仍为资本主义。美国之参与第一次及第二次世界大战，虽左翼作家也无法否定其行动带着正义感，后面支持的力量，也是资本主义。也就是说资本主义不一定和社会主义、世界主义或人道主义对抗，如果给予适当的调整，它所代表的开明的私利观可以在多方面适应时代的需要。

日本的例子：创造？模仿？

日本给外界的观感在最近几十年曾经数度变化。抗战之前，我们对日本有一种陈规旧套的看法：日本人不外"短小精悍，长于模仿，勇于进取"。这种偏见当然引起对方反感。及至第二次世界大战结束，日本的地位一落千丈，即日本人也批评他们自己只注重行动，不顾及思考，有如袭击珍珠港，只抱着一个"长期不至战败"的观念，谈不上久远的计划，于是也责备自己眼光短浅。失去自信心之余，1945年以降，在重要之节日，扶桑三岛的城市里很少张扬国旗。民意测验显示，一般年轻人爱慕瑞士及美国。这情况在最近10多年来有激剧的改变。虽说国家主义的重新抬头不失为恢复自信心的一种象征，可是重要行政长官致祭于靖国神社，修改教科书，领袖人物公开谈话提及日本人种优于美国人种，不免使外间对日本战前记忆犹新的人们闻之心悸。

对历史题材重新检讨，可以改正观感，澄清视听，提供一个比较客观而实际的看法。

第一，我们应当承认日本人有他们独特的精神，不能用"长于模仿"四字代之。研究日本的专家指出，史前的日本民族即已表现很多独特的性格，如好洁成癖，宗教信仰缺乏罪咎观念，无意对创世作猜测或崇拜一个滋生万物之神，注重自然现象，甚至敬畏出类拔萃的山川鸟兽[36]。这种种专注于刻下环境之事物，有意受自然力量之感召（亦即在日常生活之中尽量接受自然法则〔law of nature〕），不沉涵于抽象观念的习惯,不可能与日本人经常在技术工作中表现精研独到的能力及各人行动易于协调没有关系。第二,日本因为受外界的军事威胁少,无需中国型的中央集权及庞大无比的官僚组织,而能让封建制度绵延至19世纪后期。一般观念认为凡封建必落后。殊不知封建体制之内,最有效之政府为地方政府。经过长期人文演进之后(如交通通信进步、印刷术广泛推行、识字率增高),日本下层结构之组织日趋绵密紧凑,私人事业中渗入公众道德的精神,这种潜在的力量,与中国官僚主义之注重外表冠冕堂皇,完全相反[37]。第三,吸收外界之专长,为所有民族国家应有之共通性格。中国曾不断地吸收外界宗教思想、建筑设计、食物乐器、战法工具,而最近一个世纪尚及于法律政府、科学技术、服饰言语。即欧美各国何尝不如此。以此类推,我们无法断言模仿是日本人独有之专长。只因日本为重洋遮隔,吸收外界文物时有突然性、有全面性、有时发展而为举国一致的运动,容易被指责而已。

日本在明治维新之后,整个国家与社会进入资本主义体制。其快速的成功,在东亚地区产生了一种组织上及实力上高度的不平衡,这种不平衡终于导致太平洋战争。凡被波及之国家,连日本在内,都已付出相当代价。历史的教训,使我们觉得自负种族优越或无端予人以自卑感,同有导致战祸的危险。而且从日本进入资本主义体制的史实看来,上段所述的三种发展,同有对这运动赋予有利条件的趋势。确实能掌握此种有利的条件而将之发扬光大,是日本人民之成就。但这不足以支持人种优越说。我们与其赞扬日本人生理上之特长,不如归功于日本之地理环境。在检讨日本之进入资本主义体制时，本书采取如是立场。

江户图屏风（局部），描绘日本桥附近商肆林立、游人如织的繁荣景象。17世纪以来江户因商业发展渐成重要大城，此一现象的产生和日本锁国政策下的封建体制运作有着密切关联。（现藏东京）

日本进入资本主义体制，可以1868年作分水岭。可是形成现代资本主义的因素已在几百年前产生。日本三井财系的原始组织，开始于17世纪初期，事在中国明朝末年，最初以酿酒起家，于德川时代开始"吴服店"（绸缎铺），1680年间开始经营银行业，早于英伦银行之成立（1694）约10年[38]。兹后专替幕府担任出纳汇款事务，维新时参加倒幕运动，放贷于帝国之新政府[39]，与三菱、住友、安田同为"财阀"中的台柱。如果我们认为资本主义使私人资本在公众事业中占有特殊比重，则日本财阀在明治维新前后已将这种特性充分发挥；而且源远流长，不待外间示范，早已在历史上长期立足。如果我们认为资本主义是一种组织和一种运动，则日本财团如三井者不能说没有在幕后产生牵制的作用，而且维新志士中的佼佼者，如伊藤博文和井上馨，同出于长州藩，日后被指责代表三井利益[40]。如此说来，要是资本主义可以"萌芽"，则理想上培植嫩苗之暖房不在西欧，尤其不可能在官僚主义充塞的中国，而只有在"锁国"江户时代的日本，才算最为适切。

　　日本的封建时代，经过三个阶段：镰仓时代、室町时代和江户时代。这三个段落之间也各有过渡时期，每一段落由一家系继承"征夷大将军"的名号。其所辖"幕府"，为实际中央政府。幕府之组织，在各世纪中大同小异，只是这三个阶段日本的社会却有大距离之差别。每一阶段历时约两个半世纪，有似中国之朝代。此时日本天皇驻跸于京都，不仅毫无实权，而且与其公卿同样生活艰苦。一位现代学者曾指出："天皇实在是一个贫弱的小大名。"[41]（大名的意义下详。）中国明朝接受室町幕府进贡时，即称其将军足利义满为"日本国王"。后来万历帝拟与丰臣秀吉言和时，也准备封之为"日本国王"（可是秀吉只称"关白"，有摄政之意，而未就将军职），因其为实际的政治首脑。

在所有关于三井越后屋吴服店的绘画中,这是最古老的一幅版画。作于18世纪初。取自《三井文库》。

江户即今日之东京,其幕府创始人及第一任将军为德川家康。他继织田信长及丰臣秀吉之后,以武力统一日本,于1603年任征夷大将军之职,及至明治维新,第15任将军庆喜"大政奉还",德川一家统治日本达265年。

德川氏之封建组织以幕府直接掌握日本中心地带,占全国约1/5的地区,是为"天领",包括所有重要城市如江户、京都、大阪、长崎。其他地区,划分为"藩",配给封建诸侯,其爵禄以境内产米计,凡10000石以上者称为"大名",最大之大名前田氏,领地逾100万石。江户幕府初创时,共有大名295人(以后减至265人),各大名之职位世袭。幕府在其能力所能及的范围内,可以削藩、新增大名、增减领地,也可以命令大名迁徙,但是这种情形只及于中枢之藩。德川家康统一全国时,有一部分大名早已存在,他们迫于环境,称臣纳贡,但是意态犹离,这些持观望态度之藩主，被认为有敌视态度，多配于边区远处。日后倒幕运动展开时，出力最多之藩为长州、萨摩、肥前、土佐，均在西南。

江户幕府对日本历史最大的贡献，为其保持长期和平。自1636年施行"锁国政策"后，日本人不许航海外渡，在海外之日本人不许回国，违者判死刑。外来船只仅限中国及荷兰籍（日本此时禁基督教，荷兰人承允不作传教工作），交易限于长崎，日人在港内筑有人造岛屿，称为"出岛"，荷兰人只许居留岛上。葡萄牙人曾两次派员与幕府交涉，希望稍宽成命，但是使节团61人随即被拘禁斩首，只有少数人被遣返报告经过[42]。

德川家康画像。（东京德川黎明会藏）

长崎是锁国时代日本唯一的贸易港,图右方的"出岛"即专供外人停驻的人工岛。(长崎市立博物馆藏)

幕府成立之后,各藩不得擅自筑城。自1635年实行所谓"参勤交代"。所有藩主都要亲至江户,参加将军近旁的各种仪节,并且在名义上担任防卫工作。基本上各大名分为两批,每年轮流驻扎于江户,并自备府寓,凡随从人员、经行道路、器具装备,都有极详细的规定,而且期满藩主回藩,其家属仍留江户,所以有些历史家指之为一种人质制度。此外也有一批大名,被派半年轮值,而远处之藩主稍有例外,轮值较稀。以经济方面而言,参勤交代制在日后之东京造成大规模的消费市场,使财富集中,刺激金融经济的发展。加以幕府规定各藩剩余之谷米,只许在江户及大阪发卖,更促成都市之繁荣。

江户政权既为封建制,则诸藩财政上自给自足,各大名除有不定期及不定量之"献金"外,不向幕府缴纳赋税,其内部之开支亦由诸藩自理。幕府军事行动或大兴土木时,诸藩供应人员,并且担任后勤。平时则各藩自理其境内治安,自理其诉讼事件。德川幕府只颁布一般法治之原则,如"武家诸法度",各藩各自颁行"家法",大概仿效江户之饬令,法律带有儒家伦理之气息,如奖励向学,严禁骄奢淫佚等等。

"幕藩之关系"至今未有定论。理论上有高度的中央集权,而事实上有相当程度的地方分权。世界史中无相似事例能与之相互印证。又如诸藩内部之管理,亦非全国一律[43]。大凡封建(feudalism)则有"次层封建"(subinfeudation),大名之下,各陪臣(real vassal)本应层层节制,并且各有采邑(fief,日人称为"知行"),土地也不能买卖,封建才与庄园制度(manorial system)互为表里。日本封建制度初创立时,大体也都保持这种形态。武士称"侍"(中国字之"侍",读音samurai,日本人也企图将之与"士农工商"之"士"等量齐观),传统习惯,其髡发与旁人不同,身带二刀,长刀战斗,短刀准备战败自裁,上自将军属下之大名及"大老"(正副首相)、"年寄"(高级顾问)、各种"奉行"(特派经理人员),下至"御家人"(下士官)同属于侍,不得与一般平民通婚,对一般平民有无限权威,可以"斩舍御免"(kirisute gomun,对抗命之平民可以宰割,虽杀人无罪),也都配有土地。

但随着时代的变迁,这种一成不变的制度难于维持。即在德川氏统一全国之前,封建制实已变质,逐渐带有官僚组织成分。江户幕府

尾张德川家的参府行列图。描绘"参勤交代"制下,藩主亲赴江户参加各种仪节时,随从的壮观行伍。(东京德川黎明会藏)

又将各大名移植。各大名率领所辖陪臣履新,所在之藩常有前代遗留之侍,因之武士阶级人员重叠,造成藩内侍之成员与全人口的比例高低不等。有如隆摩及土佐,其侍之人数特高[44]。是以经理上也无法采取同一方式,而只能迁就于各地之习惯法。

17 世纪的趋向,则是各大名将藩内陪臣之采邑废除,将他们调至藩主之守城,付以俸米,派以流动之任务。兹后迄 1800 年,90% 之藩已将下属全部采邑废除。然则这也并不是全面现代化,推演而成一个

流动性的社会。不少中古以来的武士阶级以"乡士"身份出现,他们既是大地主,也是地方上的特殊威权,可能通过继承,亘世纪地掌握着乡村中政治经济的力量。[45]

尤其值得注意的是,日本土地税与中国税制迥然不同。幕府及大名均不向全民直接课税,其税额是集体地课予每一村庄[46],因之地方威权之力量不可忽视。日本土地税额之高,为历史家经常提及。正规之土地税("年贡")通常为收成之40%至50%("四公六民"或"五公五民"),又有其他附加及杂税("口米"、"欠米"、"小物成"、"助乡役"),而且德川中期有土地主权集中之形势,多数小自耕农已沦为佃农,向地主纳租。种田人如何能直接地、间接地承当如此繁重的负担?

实际情形可能与上面粗浅的描绘稍有出入。17世纪中,日本全国耕地增加约80%,稻米生产自1800万石(每石通常为一人一年之消费量,较中国之石为大)增至2500万石,也约近40%。可是一般税额的增高并未照此比例。1700年之后,土地定期测量即未再举行[47]。农业技术却日日增进。只是一般农民生活之艰难痛苦似已无可复加,加以天灾饥馑在德川时代经常有之,农民暴动("百姓一揆")在此时期曾前后发生1600起[48]。日本全国人口,例如1721年,近3000万。以后近一个半世纪,即迄明治维新前夕,仍在3200万左右。有些学者认为赋税与地租多重过取,下层人民生计艰难与此人口总数之消长有关[49]。是以日本进入资本主义体制的过程,一般人民曾付出极大代价。

有了上述背景,我们可以想象明治维新前,商业资本之累积及商业组织之展开,事出必然。德川幕府已经制造了一个庞大的消费市场,又安排了一个庞大的生产力量。其政治与社会之体制又在极紧凑的组织之中留下可资活动之处,使物资在两者之间的交纳不仅合理化,而且带着强迫性。留下来的问题不外分配,亦即收集、交换与运输。其中要通过幕府之直辖地区,又事关200多个表面上合作,实际上竞争的地方单位,也只能由商人出面经手。其经手的组织成立后,必然会在内部调整,以求增进效率。于是资金流通,剩余之利润投资于生产,服务性质之事业也共同活用。日本既无外界力量之侵扰干涉,又有便利的海上交通,于是愈做愈大。

《月次风俗图》屏风。描绘农忙时期,妇女们运送食物到田间供农民进食的和乐景象。实际上17世纪的日本农民生活艰苦,常会起来暴动。(东京国立博物馆藏)

江户的封建体制,将全民按农、工、商的次序排列。法制上的不平等,对资本主义之滋生成长起了负作用。侍可能赖债不还,商人行止阔绰,却可能无端受罚,尚有少数的事例,记载商人欠债到期不能偿还被判死刑的情节[50]。可是另一方面这些苛刻的待遇也强迫商人苦心经营,成为社会上不可或缺的一种服务。三井一家的成功,包含着这样的因素,可以顺便说及:

三井原出于藤原家系,藤原本是日本首屈一指的贵族。至16世纪末期,三井家仍在京都附近以小型封建领主的姿态出现,只因抵抗织田信长的统一运动,兵败之后流落在伊势酿酒为业。日本初期之累积资本,只能从农业产品着手,最初主要的两项商品为日本酒及酱油。家业三传至三井八郎兵卫,此人是经营能手、商业天才。他广泛地使用三井商标,利用广告宣传,提倡不讲价还价,不赊欠只求实。他也告诫子弟,不放债于侍,免除了因高利贷而产生的政治纠纷。三井兄弟间之联系,也替日后日本资本主义的体制别开门面,其中浓厚的血缘关系及家传祖训,被继承人当作世法与宗旨[51]。佣用之经理则忠顺如家臣。

八郎兵卫开的"吴服店",以丝棉织品为主,迎合日本农业产品专业化的趋势。其京都江户二店,开现代百货公司之先河。最重要的则是他所设的"两替屋",经营汇兑银行业务。三井各店在江户收得之现款,经常运至京都大阪采购货物,而江户幕府又在西部收集税款东运,彼此徒劳。于是三井八郎兵卫建议幕府,表示他可以在大阪接受款项,担保于60日内将金银在江户交纳。而实际上他店中的货物只需15日到20日由西东运。因为他信用昭著,幕府允许三井汇兑款项的期间自60日延伸到150日。至此他尚可以将流通的款项作选择性的放债,他所组织传递信息的机构则替官方传递文书[52]。这样的成功,大体由于八郎兵卫做事精确谨慎,而且他活到73岁,有机会把他的事业系统化。

企业与政府一体合作,也使它们立于不败的地位。欧洲的王室在现代法制展开之前,经常对商人赖债。日本之封建政权则惯常以"德政"的名义,一笔勾销侍级人士向商人之借款。只是在江户时代,各种企业既已与政府结不解缘,在体制上不可或缺,因之幕府为了本身利益计,也不愿商业遭受打击。所以德川时代"德政"令只颁布过两次,范围都极窄狭[53]。非如此,初期资本之累积必受挫折。

以上三井企业只是一个特出而显明的例子,当然其业务之展开还待客商友店代理铺户和批发零售各种组织互相支援,才能构成一种运动。其实,这种组织在三井业务发展过程中也已组织就绪。1721年人口调查初举行时,江户已超过50万口,再加幕府各大名府第及其他侍之家属,总数当逾80万,至18世纪末叶,甚可能已突过100万大关[54]。在这尚未现代化的城市,既没有工业基础,其本身也不是海港,缺乏国际贸易的支持,何以生存?所以其背后必有一个庞大的经营机构,牵连着全国政治经济的因素,担任后勤业务。

江户时代承平既久,各大名实际上已成为各地区农业生产的首脑。他们一般在大阪指派商业经理,称为"藏元",其堆栈则称为"藏屋敷",最盛时期藏屋敷超过500处,每年经手出卖之米粮达400万石,其他各地产品如木材、纸张、砂糖、麻布亦是。除供应江户、京都各处之需要外,一部分物产也送至长崎,供应对外贸易[55]。大体上,日本已成了一个全国一体的大市场。

批发商所开店铺称"问屋",通常为一家所有,亲身经营。最初问屋只替卖主代售物品,抽取佣金。经营既久,他们也承购大批货物,主动经营。同业公会的组织则称"仲间",也称"株仲间",因为每一会员单位为一"株",这种权益为一家所有,可以世袭,不能私人转让。株仲间与传统之"座"不同。座为半官方组织,及于重要的商业,如金座、银座。仲间系在幕府禁止专利时,以秘密会社的方式发起组成,即洗澡堂、街头兜卖之负贩,也有其仲间。以后官方逐渐承认其存在,也由他们向幕府交纳年例("冥加金")作为代价。株仲间除了执行一般同业公会的功用,还有互助的义务。商业性的仲间,可以授权会员之间赊欠预买预卖,并且调停彼此之纠纷。幕府更使问屋及仲间构成"组"。江户即有十组问屋,大阪有二十四组问屋[56]。

东京日本桥交易热络的川鱼商社,也是川鱼"问屋"的前身。(日比谷图书馆藏)

银行业务并不自三井始。大阪商人鸿池新六也以酿酒起家，后来成为幕府在大阪的经纪人，同时经理32家大名的财务。鸿池于1663年为幕府指派管束大阪之"十人两替"时，其银行团已有22家，经营金银兑换及贷款业务，汇票早在彼此间流传。约20年之后，三井开始在远距离承兑幕府公款时，幕府为之另组"三人组"[57]。各大名之物产既已储备于藏屋敷，税米又源流不断进出，藏元本人又为商人，并且与银行家来往，则买空卖空，投机生意为幕府严禁，仍照常运行。一般商人贷款于大名及侍则是普遍现象。因此除却贷款立时消耗之外，其资金进入各藩，扩大生产，也为必然趋势。鸿池新六即投资于拓殖土地。此外商业资本投资于渔业、工矿业、手工业及家庭工业，均促进日本经济逐渐多元化[58]。

日本之道路交通网称为"五街道"，包括京都、江户之间的山道，及沿海道路，迄北至仙台、青森，支线达于甲府和日光，是主要藩主参勤交代和瞻拜神祇的孔道。只是幕府着眼于军事，不愿使战略要点摆在四通八达宽敞的道路网上，而有意的将其路线延长到悬崖津渡易守难攻的地方[59]。加以陆运费用高，所以车运在日本难于展开。一般少量的货品用驮运，大宗货品用海运。早在1624年，菱垣回船即在江户及大阪之间举行定期的商运，但是由于海上漂没的损失，效率不高。1694年后，大阪及江户需要海运的问屋各构成"组"，实行包船，并且将漂没损失分摊于组员之间，等于一种海上保险。17世纪，船运载量也由200至400石增至1000石。1772年菱垣回船与其竞争之樽回船（以载酒樽为专长）合并，共有船266艘，并且每年公布其标准的脚费。至此,正规的海上运输已有近于 150 年的历史[60]。至于"东回航线"之及于荒滨及平泻,"西回航线"通周下关包括北海岸之大部分,则在幕府指导之下,于 17 世纪后期由河村瑞贤规划而成。此人苦力出身,终成为日本历史上少数运输专家之一[61]。

担负着江户到大阪间海上运输任务的菱垣回船。"问屋"和"仲间"也借其运送江户所需的消费物资。(冈山县若宫八幡神社藏)

日本历史上之"元禄时代"(1688—1703)与威廉三世为英国国王期间(1689—1702)大致重叠,期间上述商业组织均已成熟,幕府也铸造金银货币、开采矿产。人民生活程度已有明显增进。可是从进入资本主义的程序上讲，日本面临着一种尴尬的局面。从现代西方的眼光看来，以上的表现无疑是莫大的成功，可是日本没有欧洲个人主义和自由主义的思想体系在精神生活上陪衬物质生活的进展。法制上也没有私人财产权与人身自由同样不能侵犯的观念。更缺乏与西方国家接触的机会，无法体会经济结构之紧凑立即可以增加国家实力。从儒家的观点来看，生活奢侈，则必糜烂。商高于农、僧重于仕也是本末颠倒。有了这样的离奇背景，使其无法看清新体制之来临，只认为是现有组织之腐化及政策之失控，无法以封建社会的道德观念完全代替金融经济中法制之不足。而这时候江户最大弱点则是缺乏全面性的对外贸易。专靠幕府大名及其陪臣的消费市场，生产技术无法有突破性的增进，而使发展不能继续。[62]

此后150年，江户幕府治下的日本为政治体制与经济发展拉锯战的时期。大名及侍负债于商人，动摇了封建体制的根本。物价涨跌，也影响一般人民的生活。一意复古的人士，也无从全面推翻商业活动，恢复到理想稳定的社会。另一方面，商业资本虽得势，却没有"取而代之"的野心。于是只能在两个极端中反复。传统历史学家根据儒家思想着笔，通常称"文治"之后又有"恶政"。大概所谓文治总离不开褒扬传统道德，提倡节约，励行财政及通货紧缩，使物价下跌，而恶政通常反是。新时代历史学家对此有一种相反的看法。他们指出：所谓文治并不能解决当前问题；而所谓恶政对日本国民经济的发展可能在长期间尚有裨益[63]。这当中有历史眼光长短之不同，也表示着两种不同的政治哲学。

1769—1786年主持"恶政"的田沼意次，经过很多学者的研究。他的生活与政策，反映着18世纪后期（相当于中国的乾隆年间）的江户幕府状态。田沼并没有放弃传统的重农政策，他也主持开垦新地。不过他的企划注重扩大幕府工商业的收入。在他主持之下，政府控制的矿业大为扩充。他尤其着重铜产的增加，以便连同海味的出产，增强对中国的国际贸易。他发行新银币，大量加铸铜币铁币，促成通货贬值。在他督导之下，株仲间得到政府的承认，只要向幕府交纳年例。田沼也大规模批准商人专利。他希望利用商人的资本，透过幕府，放债于缺乏现款之大名[64]。

田沼意次画像（东京胜林寺藏）（左图）。水野忠邦像。（东京大学藏）（右图）

田沼的经历表现着"侍"这个社会阶级仍有很大的流动性。他以低级之侍（600石）风云际会成为大名，擢升为老中，取得首相的地位，结果又在政治场合中失败，几乎失掉全部所有。可见江户时代之封建，本身已无从保持一成不变的姿态。田沼政策所及，更显示他在对付城市经济时充满活跃性，已非中国传统经济所可比拟。中国清政府也无从控制幕府所能掌握之财政工具[65]。但是封建体制一日未除，低层机构中各种事物就无法公平而自由地交换。私人财产权也不能有确切的保障。而且私人资本在公众事业之中占有特殊比重，也只是若隐若现，根本缺乏法制之支持。这种长时间的昧旦局面，也是世界历史中之所仅有。

至 19 世纪，此中矛盾仍然无法消除，城市经济继续发展，只有使幕府和大名的地位更感到困难，以农村及稻米为本位的组织，在财政上无从应付金融经济所掌握的社会。1830 年到 1843 年中国已领受到鸦片战争和南京条约的经验，在日本则称"天保时代"。天灾迭出、饥馑流行、不仅乡民暴动，城市间的穷人也在捣毁居奇商人的库房，政府除了镇压之外，也在经济方面寻求对策，首先巩固本身的财政地位，这连串的政策，世称"天保改革"。

一个很明显的现象则是天保改革之中，"幕"与"藩"采取的态度截然不同，江户由水野忠邦任"老中首座"，他主持的改革大致不离传统"文治"的风格，例如奖励勤俭、遣返进入城市中之农民、取缔奢侈品及娱乐、强迫降低物价、限制工资、厘定金及铜币之兑换率、执行货币改铸、解散株仲间。由大名作主在各藩颁布的政策，也同称天保改革，则采取比较积极的步骤，有些政策顺着经济发展的自然趋势，不和潮流作对，如执行均田、减轻赋税、整理债务、扩充公卖。长州将赋税作较公平的调整，将藩之债务作长期借款的安排。水户将某些专卖改由藩之会所经营，萨摩广植甘蔗，以砂糖库存为保证，发行票据，得以买卖借垫，藩债则改为 250 年之无利债款，另筹储备金付息。结果因其政策不合时宜,组织也缺乏灵活弹性,而致"幕"之改革缺乏成效。各藩之改革则大抵成功。经过此番改革,日本之中央政府更为软弱,"雄藩抬头"[66]。政治体系之需要改组更为迫切。

以上的发展容易引起读者揣想,要是没有外界的压力,日本前途如何?是否再产生长期的内战,有如16世纪织田与丰臣出现之前,最后产生一个与城市经济互为表里的军政府?或者像中国一样,从农民之间出现一个明太祖式的领导人物,将国民经济的组织向后推,以适应他的政治体系?这样的猜想虽有趣,却不是研究历史的正途。当日事实之发展,是中国鸦片战争的失败给日本有识之士一个很大的教训。所谓雄藩已在提倡"富国强兵"。而且佩里(Commodore Matthew

长崎日兰贸易绘卷(局部)。天保改革后荷舰直入长崎与日人贸易,并传入西洋医学和自然科学,世界历史发展显已要求日本历史与西洋文化汇合。(长崎松浦史料博物馆藏)

Perry）要求开国之前，英法舰队已开至琉球，荷舰已入长崎。北面则早在田沼意次时代，已提议与俄国通商。世界历史的发展已要求日本历史与西洋文化汇合。

将明治维新讲成马克思式阶级斗争，是日本史学历来争辩的题目[67]。本书无意在意识形态中揣测，只从技术的角度来看日本在德川幕府后期构成资本主义体制之原则，如资金流通、经理雇用和支持企业带服务性质之因素，都已大致俱在。而且城市经济的继续发展有利于将以上原则更具体化，使整个国家能在数目字上管理。此时最大之缺陷，即是缺乏一种法律上的系统，合理地支持此种组织与运动。幕府既不愿放弃本身存在之价值，也无力作180度大转变，则将天皇推拥出来主持这样的组织与运动，不失为一种理想的解决方案。皇室过去无权无势，反能因之不受羁绊，符合新体制之需要。何况天皇也有蛰伏的威信。（"天皇"本为唐朝皇帝的尊号，高宗李治与武则天即称天皇天后。）所以即称"王政复古"，"明治维新"，或者"尊王攘夷"，同有促成这样转变的功效。

明治维新可以算作日本进入资本主义的转捩点，因为流动性之私人财产权由此更日趋巩固。

我们今日追叙100多年前明治时代改革之成功，诚是将历史简化，把一个艰苦的局面易化。1860年及1870年间，维新志士应付的问题，是要取消占全国人口6%之特权阶级的特权，包括他们自己本身在内，废除200多个地方政权，放弃传统习惯，创造一个现代化、中央集权的体制。而工作尚未开始，新国家已受外强不平等条约之束缚。日本除了煤及铜之外,又缺乏工业原料,以致开国后对外贸易产生巨额入超[68]。上文一再提及的财阀也并非自始即拥有雄厚财力,能立即应付新政府之需要。三井在德川末期已濒于破产,其冒险参加倒幕运动,有孤注一掷的情势。三菱的创始人岩崎弥太郎,维新前夕才在土佐开始露面[69]。所以日本之进入资本主义体制,并非财阀挟持政府,而系政府竭力扶植私人资本。新政府不愿意接受外间的投资,于是只有加紧对农村的索取。一时农民负担之重,引起若干历史家强调,他们所付的土地税供应了政府的国家资本;他们所付的地租,又供应了企业家的私人资本[70]。

我们所谓日本较容易地进入资本主义体制,乃是与别的国家比较,其历史背景内已有很多因素有利于此种体制之展开。即使其功用不一定能与新时代之需要衔合,其组织上之一般原则仍能迁就适用。即农村能承受"原始累积资本"之负担,也系维新紧接着长时间的封建体制,一般农民同样地被威逼,并不觉得上端的改头换面对他们的生活应当产生剧烈变化。甚至外界的压力也发生了积极的作用。不平等条约无非关税不能自主,和治外法权的羁绊。在企图脱离这些束缚的时候,日本只有竭心尽力地使民法和刑法现代化,因此更加速接受了西方的法律观念和法庭程序[71]。以这些新制度之组织,加诸传统的习惯与纪律,于是明治维新在历史上造成奇迹。

天皇行幸经国会议事堂图。王政复古之后,天皇被推拥出来以符合新体制的需要。

日本进入资本主义时期,也是外间军国主义与社会达尔文主义流行之日。新体制因外界压力而诞生,自此无法避免强度的功利主义和国家主义影响。很多当事人看不清历史上的因果关系,总以为明治维新的成就出于领导人物的行止优越与道德高尚。况且资本主义的效率也容易与日本人传统的长处相混糅。所以不少人物总以为以日本的领导能力加诸近邻各国,不难造成共存共荣的局面。这也就是大东亚主义和大东亚共荣圈种种设想动机之所在。因此从长远来看,江户开户、明治维新、甲午中日战争以迄太平洋战事,都有密切关系。

德国——国家主义支持资本主义,还是新资本支撑国家?

欧洲的民族国家每个历史背景不同,符合着"各有千秋"的概说。当中最奇特之处,无逾日耳曼民族和新兴德国之关系。此二者既非两位一体,又不能分割。虽然互相重叠,可是又不能首尾一致。历史上之日耳曼民族由东向西南迁徙,在意大利则成伦巴底人(Lombards),在法国则为诺曼(Normans)及勃艮第(Burgandians)人,在英国则称盎格鲁-萨克逊人(Anglo-Saxons)。此外瑞典、挪威、丹麦、荷兰的土著也算日耳曼民族。这些在德国以外之人民,各自树立了他们个别的民族性格,事实显然不在话下。可是迄至1871年,留居在今日德国的道地日耳曼人既操德语,又在历史上长期地表现了他们显著的民族性格,并且在文学哲学音乐与艺术各方面树立了他们的专长,却尚没有自己的国家。在地理上提到德国,说的人和听的人都不难臆度其大概境域之所在。可是要画一条确切的国界,则在东西南北都有困难。而且神圣罗马帝国之存在,增加了此中混淆。这帝国之皇

描绘日耳曼民族入侵与罗马军队搏斗情景的浮雕。(罗马国立美术馆藏)

帝名义上由德国境内重要之王子主教选举上任。实际上除了一次例外,亘四个世纪全由哈布斯堡家以遗传方式蝉联王位。哈布斯堡为奥地利王室。本来奥地利人也是道地日耳曼人,也算道地德国人,而哈布斯堡王室经常与外国王室联姻,自己倒带上了外国色彩。被他们视为家产的领域跨地极广,包含着不同的民族,也牵涉到不少的国家。因之神圣罗马帝国也摊上了若干国际性格。

1871年威廉一世于凡尔赛宫发表即位声明。此画原绘者为 Anton von Werner,1882年重绘。画面正中着白衣者即俾斯麦。

如此古怪的局面终在1871年打破。威廉一世在凡尔赛宫即德国皇帝位,幕后全由俾斯麦操纵主持,他在1864年一战而胜丹麦,自此北方疆域成定局。1866年第二战胜奥地利,"大德国"的观念被推翻,奥匈帝国跨地过广,成分过于复杂,自此被摈弃于藩篱之外。"小德国"

以普鲁士为盟主,因之南方疆界也成定局。东部的国界则已在瓜分波兰时成定局。因此待俾斯麦之第三战于1870年打败拿破仑三世,获得阿尔萨斯(Alsace)和洛林(Lorraine),才又将西部的疆界划分妥当。统一的工作在10年之内完成。俾斯麦的外交手段曲折圆滑,军事行动则靠事前准备周到,到头爽快利落,诚为19世纪之奇人。伊藤博文和李鸿章都拜见访问过他,希望从"铁血宰相"的口头之间获得若干兴邦的秘诀。今日之教学欧洲史者一律犹盛道此人满腹经纶、眼光远大、手段谲辣,才能成此奇事。

可是过去100多年来历史所增加之纵深,使我们产生不同的看法。第二帝国(即威廉之德国,有别于神圣罗马帝国之第一帝国及希特勒所倡导的第三帝国)之成立,与德国社会之进入资本主义的体制这一运动相重叠。俾斯麦展开了马基雅弗利的作风,因时就势造成了他个人的丰功伟业,事诚有之。然则在他后面的社会运动与经济力量早已蓬勃进展,无从抑止,其范围超过奇人奇事的尺度。

德国在19世纪初期便于改造,主要由于土地面积与人口数目大小适中,宜于组成一个和英法相埒的民族国家。这时其社会及经济条件虽落后,其中也有性质上之不同,但无剧烈程度上之参差。这国家既无过去之中央集权体制,也不像中国过去之体制在地方上遗留的因素足以成为新组织的障碍。另一方面则新兴民族国家进入资本主义社会,已有英法的历史事例,大势所趋,很少人会在这时候打算从中阻挠,一般人心趋向改革,只有温和派与过激派之不同。即宗教亦未曾在统一过程中产生问题。对外战争不仅使人民同仇敌忾,而且就此发挥了新国家的功能。

汉堡一景，1497年《汉堡市政法典》插图。汉堡为汉撒同盟一员，由此图可见当地海上贸易极为热络。

缺乏一个有效率的中央政府，在德国已有数百年之历史。自宗教改革期间算起，德国的疆域即由王子、公子的国土，主教区与大主教区以及自由城市的辖境并合组成。历来三等不同性质之单位，各在100左右。即在19世纪初年，总数仍为314。此外尚有1475个帝国武士（Reichstritter）也各有封邑。今日之旅游者溯莱茵河而上，仍可以看到两岸的山头留存着断壁颓垣的城堡，每隔5英里、10英里必有一座。河上交通之枢纽则有昔时之关卡。其政权既如此粉碎，其体制必须属于封建,因非如此不能保持如此互不相属之小单位的对称与均衡也(中国只春秋之前有之)。

自17世纪以来,德国又多次成为国际战争之战场。三十年战争(1618—1648)时德国经过高度的破坏,人口与牲畜都曾剧减。汉撒同盟(Hanseatic League)一度执北欧商业之牛耳,有不少德国自由城市加入。可是17世纪以后英荷为海上之威权,早已取而代之,即德境最享盛名之银行家富格氏(Fuggers),也在此期间因西班牙王室赖债(1607)而破产。总之,德国初期经济早熟,各部分早因各种原因而偃旗息鼓。又经过18世纪奥地利皇位继承战争、七年战争与法国大革命战争和接下来的拿破仑战争,外国军队不断进出德境。拿破仑扬威之日,法军占领德国重要城市与海港。普鲁士既被摊赔款1.54亿法郎,还要供应占领军。而最给德国经济打击的无过于拿破仑之"大陆系统"(continental system),此举原为法国报复英国海上封锁而设,而德国向外输出谷物价格大跌,传统上之亚麻布工业失去海外市场,船舶与运输当然也为之锐减[72]。

迄至19世纪初年,德国显然是一个农业国家。其经济一般落后的情形大概可以概述于次:除了莱茵河西岸之外,土地所有大概仍保持封建体制。穑夫缺乏行动自由。地主之产业也受遗传顺序之限制。一般说来,即是私人财产权缺乏现代化的规定,各人都生活于村落之公社中,受习惯法支配,因此土地亦无法有效使用[73]。工业生产受同业公会管制,物品只供应本地的狭窄市场。拿破仑战争之前,对英输出只有输入的1/6。本国所出的丝织品、天鹅绒、金银器具、五金用品及工具与兵器,则限于高级人士之用,数量有限[74]。行政区域分划过小,是其基本弱点。德国虽有自然赋予之优良水道系统,只因为关卡林立,阻挠物品流通,无从发挥最大功能。此外"很多道路不过森

中世纪晚期,撒克逊地区镜面手绘装饰画,描绘封建体制下人民日常畜牧农耕情形。直至19世纪初年,德国仍为一农业国家。

林中开辟的小径"[75]。在日后德国 2000 万至 2500 万人口中,70% 住在乡村。全国只有 5 个城市人口超过 6 万。其中以柏林为最大,在 1820 年有人口 20 万,其他"都会里的人口"也只以居留于数千人至一两万人的市镇为主。一般人民的生活程度较英法为低。主要食品为马铃薯,盐渍鲱鱼已属珍品。19 世纪初期机器已由外间输入,但是大都只有示范作用,"有如实验室和博物馆内之品目"[76]。

1807 年埃劳(Eylau)战役中的拿破仑,格罗(Antoine Jean Gros)绘于 1808 年。(巴黎罗浮宫藏)

可是德国地理环境优越,物产矿藏丰富,文化人士及知识分子思想成熟,纵使工商业没有赶上时代,商业枢纽和制造中心都已存在,可容日后增进与展开。1806 年普鲁士军队被拿破仑败于耶拿(Jena),在多方面讲可谓因祸得福。拿破仑首即"修正地图",使"巴黎成为德国之地产公司"。此不外指其削除帝国武士之封邑、取消僧侣的掌辖、利用迁移归并等办法,大为减少了德国境内行政单位的数目。原有34个宗教人物主持之主教区,经他裁减,只有两个余存。原有51个自由城市经他经划,只有6个余存。112个与时代脱节的亲王公侯藩邑也一并取消。这归并统一的运动打破了传统的惰性,一经发动以后,只进无退,不可遏止。他又废除了神圣罗马帝国。虽说他企图在德国西部树立亲法傀儡政权,可是经过他的主持,凡他控制力量所达之处,到处施行拿破仑法典,原则上全民平等,私人财产权获得保障。即算大陆政策阻碍了国际贸易,也仍扶助了若干工业发展,如日后德国有名的甜菜制糖及其他化学工业,又如萨克逊尼(Saxony)之纺织工业,因为不受英国之竞争,才有了发展的机会。此外两端大军进出,当然引起交通开发,法国工程师在德国修筑公路,尤有实质贡献[77]。

而且不止此也。普鲁士战败之后,面临法国颁布的改革,也趁机会大事更张。即向拿破仑缴纳军费赔款和承应参加征俄之役,也不得不对内有一番体制上的整顿,凡此都替19世纪下半期的德国培植了组织上的条件。所以多难兴邦,有时强邻压境,反是除旧布新的一种机会,可能产生积极效用。

普鲁士原为布兰登堡(Brandenburg)领主,在波兰兼有采邑,也曾一度臣属于波兰。其都城在波茨坦(Potsdam)而不在柏林。只因1701年布兰登堡国王自称普鲁士国王,才产生了如斯一个国家名目。亘18世纪,他和他的继承人又在德国内外沿着波罗的海更西向莱茵河拓土,所创的普鲁士领域,东西左右不相衔接,分割而成半打以上之单位,总面积已达全德1/3,已有抗衡奥地利,自命为德国盟主之势。

普鲁士的传统,国家与社会之间勾连至深,历来的国王开明专制,政府有保全社会体制之义务,同时绝对地注重纪律,军队的数目在人口上占大比例,又有一个坚强的文官集团组织。因之王室竭力支持地主,让他们作为国家之中坚。只是辖地之在奥得河(Oder)及维斯杜拉河(Vistula)之间的一部分(今属波兰),历来以向波罗的海输出谷物出名,因之也受金融经济的影响。腓特烈大帝(1712—1786)在位时,还创立贷款机构,周济地主。以后这些机构以及政府之津贴使不少大地主在农作物价格陡跌时渡过难关,不致被绅商廉价接收[78]。有了这样的一段背景,德国之进入资本主义体制,在有些条件上与以前的封建体制遗绪衔接,而无剧烈冲突。旧的力量能在新社会里适应生存,并且保持其领导地位。

腓特烈大帝像,德人 Georg Wetsch 绘。(德国黑兴根霍亨索伦堡藏)

加以普鲁士国王本身拥有领域内 1/4 土地，享有全国收入之 1/3，又以此数约 80% 供应军需[79]，军国主义与政府之存在不受资本主义影响，相反地，这些因素在德国进入资本主义时发生了领导的力量。普鲁士官营之国际贸易机构 Seehandelung，大部分股份为国王所有，在东普鲁士持有海外贸易之特权，掌握食盐专利，经营木材及铁产。此公司在 1820 年改组，以后更全力主持工商事业，至 19 世纪中期，国营煤矿年产煤 400 万吨，其他五金的产额也相埒，并且制造丝织品和瓷器出口，1840 年间尚扩充到纺织业[80]。国家资本在后作主，是德国进入资本主义之一大特征，与以后之国营铁道，俾斯麦手下德国之带福利国家（welfare state）性格，甚至 20 世纪希特勒之称国家社会主义，都有连带关系，此系后话。

现在再说拿破仑的改革在西部确为一般平民造福。但他的影响甚难及于东部。1807 年普鲁士主持的改革在上端造成了一个内阁式的组织，在下端也让各市政府的市长及市政委员会由选举产生。可是其所谓废除稽夫制，只对地主阶级有利。10 万以上稽夫只得放弃原有耕地成为都市里的劳工，其余又须将原有耕地 1/3 至一半交领主，才能解除封建义务。很多贵族领主成为新型地主，在新社会里产生了投资的功用[81]。今后数十年内，东普鲁士地价一般上涨三四倍，可是农村内劳工的工资不因生产增加而成比例地上升，因此便于农业范围内之存集资本[82]。

拿破仑被放逐之后，维也纳会议对德国之处置有划时代的决定。德国境内各色各样的政治单位组织一个大邦联（German Confederation）。普鲁士和奥地利虽为成员，他们所属非德国之领土（如奥国所辖匈牙利及意大利之领土,及普鲁士所辖波兰之一部分)则不归并在内,如是当中仍有很多不合情理之处。独立自主的单位仍有 39 个之多,虽彼此保证不同外国联盟、不向邦联成员作战,与一个民族国家有一贯军事外交政策的宗旨仍相去甚远。而且邦联内大的王国大于小的公国数十倍,后者可能成为一个孤岛,四境为前者包围,前者也可能在其他区域有飞地。再则英国国王、丹麦国王及荷兰国王各因其祖传在德境之领域,也算是邦联成员。邦联之总理为奥国国王,但是仍没有国旗、国徽,缺乏内阁式行政机构,更没有邦联的军队。其议会并非立法机关,只似今日联合国的安全理事会及会员大会[83]。

维也纳会议中的各国代表,法人 Jean-Baptiste Isabey 绘。

这样的局面仍使各单位藉此在低层机构中促成经济之发育成长。普鲁士废除庄园制度不利于一般农民,引起暴动,亦未酿成剧变。在长期间内,业主的数目仍在增加。又不论他们是过去之封建领主或穑夫或城市内的绅商，自此私人财产权被确定，遗传与典当有着落，而且土地可以自由买卖[84]。其低层机构里非经过如此一段改革，谈不上进入资本主义。新体制之下，土地之使用较前合理化，耕地集中，过去的公地可以圈为私有，也有农田改为牧场，种植甜菜及马铃薯尤为普遍[85]。普鲁士既如此，也引起各处效尤。如此改革之成果不能立现眼前，只在1820及1830年间，各种物产有了大量增进。而且利润也能反馈投资于农场，引起肥料与种子之增进、牲口之繁殖、建筑物之更新，亦即整个农业水准提高[86]。

而再促成19世纪前期德国之经济突破者，莫如1834年开始的"关税同盟"（Zollverein）[87]。

这运动也由普鲁士发起。这王国自废除内地之关卡以后，影响所及，吸引小国申请参加。同盟成熟之日，德国只向进口货物抽一重关税，一般税率，大率为值百抽十。以后内地转口税全部废止，关税所入则照联盟各小国之人口数目分摊，也算得公平合理，于是引起货物大量交流。铁道之修筑，一般由国家作主，也在此时展开。德国初期所筑铁路可谓大部分在1840年到1850年间10年之内完成。迄1840年，全境铁道不过300英里，1850年已超过5000英里[88]。在一个横宽与纵长均只有500英里的国家，这样的里程是一个很大的数目。而且尚不止此也，普鲁士除了修筑铁路，尚通过其他小国遍修公路。内地要镇如法兰克福（Frankfurt-am-Main）及莱比锡（Leipzig）能与重要海港大规模通商的时候，普鲁士主动的经济改革已有无可抵挡的号召力量。纵有中部若干小王国企图阻挠，众望之所趋，很难发生功效[89]。

1839年9月，慕尼黑往奥古斯堡火车通车典礼。石版，德人 G.Kraus 绘。

经济之展开和现代化过速，不能毫不付出代价。手工业及家庭工业突然被摒弃，同业公会失去社会地位及本地的领导力量，新兴工业不能立即与国外商品在质量上抗衡，从技术到管理各部门需要的教育与训练不能立即完善满足。穷困和失业的人群亟需救济。一般人民生活水准尚低，无力购买新兴工业制成品如肥皂、染料和玻璃器皿。此外如工资问题、工作时间、女工和童工的问题在英国已有法律上的安排，在德国尚无着落[90]。各种问题纷至沓来之际，没有空间与时间上的转圜，此为当日德国最大之困难。1848年革命因之发生。

这一年的革命在国际场合有传染性。2月间巴黎市民发生暴动，3月柏林群众随着发难。由学生领导的工人与普军在街头巷战，死者230人，军方亦死20人。有些学者指出这种事变并非偶然，只表现当日社会问题之严重[91]。

1848年10月,杜塞尔多夫(Düsseldorf)一地公会代表,为自身权益向市政厅官员呈交请愿书。德人Johann Peter Hasenclever 绘于1849年。

1848年的革命至今近一个半世纪,可是当日事实之发展在原始资料中遗下不少疑问。3月巷战之后,普王腓特烈·威廉四世已立即表示遗憾,他被德国的爱国人士和自由主义者推戴,他自己也出名提倡召集宪法会议,并且宣扬普鲁士即将"汇合入德国"。随后即有法兰克福的宪法会议,由全德选举而产生,公推腓特烈·威廉为德国皇帝,他却拒不接受,并且轻蔑地说法兰克福宪法为"私生子",而且倡言皇权神授不能由民意产生。果真只因此人性情飘忽好变,如有些历史家所指责?抑或他内心恐怕奥地利作梗可能引起普奥之战,如另一些历史家之猜测?又有些历史家称法兰克福的代表缺乏经验。然则参加这会议之代表586人,内中104人为大学教授、95人为律师、100人为法官、124人为官僚,"差不多知识界知名之士都已罗列在内"[92]。为什么他们决策如此之糊涂,通过的法案无人理睬,甚至只能被普王一顿臭骂之后唾面自干?

1848 年柏林街头暴动后,为死难者举行的哀悼入殓仪式。德人 Adolf von Menzel 绘。(左图)

"呜!那小娃儿不爱我为他精心准备的小皇冠。"1848 年针对威廉四世拒绝宪法会议推举一事而绘的讽刺漫画,绘者不详。(右图)

有了过去一个半世纪历史之纵深,我们对以上的事迹已可作大刀阔斧的解释。19 世纪初期一般人的想法,国家主义和民族主义之抬头必与自由主义同进出,在德国尤有如此之企望[93]。原来在法国大革命之前,德国思想界之领导人物多倾心于世界主义,很少着重于狭义的民族国家利益[94]。历史学家也一致承认国家主义及民族思想以及民主自由等观念在 19 世纪初期的德国勃兴,深受法国大革命及拿破仑战争影响[95]。这一串突如其来的事迹使德国人既艳羡景慕,也猜忌疑惧,终于仿效对抗。西方国家如英、法、荷的现代化,都有一个中产阶级脱颖而出的姿态。况且 19 世纪初期不仅铁道的修筑普遍展开,更有电报的立即传递消息,报纸期刊成为市民每日精神食粮(法兰克福会议时,马克思即任《新莱茵时报》Neue Rheinische Zeitung 编辑)。这种种条件,使当日的知识分子满以为自由民主即可以诱导一个富强康乐的国家,因之忽视了"现实政治"(Realpolitik)之存在。

我们也可以看出,历史上之大规模变动,当时好像是千头万绪,事后以远视界看来,则其整个经历仍在采取最为直截了当之途径。英法进入资本主义体制时,其高层结构妨碍下层经济因素自由交换,所以必藉暴力将之推翻。资本家既得势,市民阶级也因之抬头。在这种程序之下,自由主义在事前事后都已发生了号召力量。德国之进入资本主义体制,则以普鲁士王权作领导力量,其军队与文官组织都可以作为推进此种运动之工具,经过1807年及1816年之土地改革,低层的经济因素已可自由交换,而且初期存积资本,已由政府及"容克"(Junker)[96]地主着手进行,开明专制已能运转乾坤而有余,市民阶级与知识分子只站在附属的地位。而后者在此时提出自由主义,虽未明言,实有效法英、法、荷成例,主张以商业资本作领导力量的趋向,如果必改弦更张另起炉灶,说来就有书生造反的情调。

今日我们提出这种说法,犹怕被人指责。只是150年前历史之发展若是,即没有理由凭我们的好恶,径自指斥历史"应当"如此演进,而且"不该"若是之发展。其实当日明眼人早已看出其中的究竟与关键。马克思终身离开德国,俾斯麦一心做铁血宰相,两人所取途径相反,其基于自由主义无法在德国展开的观点则彼此一致[97]。

很显然的,德境此时使用不同的货币,民法与商法各地也有很大的差异,除非统一,资本主义的发展必受限制。反面说来,资本主义促进生产、集中生产与分配、加强社会生活之标准化及高度的分工合作,无一不有助于柏林政权之实力。况且煤矿、铁矿之展开,铁路与电讯之敷设,亦始终与军备不可分割。所以此时资本主义的抬头与国家主义并肩而行,也不愿民主的呼声在当中另生枝节。

我们也尚可以用霍布斯之"巨灵"的观念(第五章)解释这一段历史。德国迄至9世纪中期是谓"只有灵魂,没有躯壳"[98],想创造躯壳,务必倚赖一个全能的政权,兼有经济性格。此即霍氏所谓巨灵(Leviathan)。环顾内外,也只有普鲁士王室符此条件。当日虎视眈眈足以防止德国统一者东有沙俄,西有法国。普鲁士处于二者之间,差有力量足资应付。它也不像奥地利。后者皈依天主教,对工厂制度尚不能融洽,又因在意大利拥有属地,注重南方发展,对外贸易采取保护政策。普鲁士则主张自由贸易,对英法荷开放[99]。基于这些条件,德境多数小国拥普而不附奥,因之也怪不得腓特烈·威廉自命"天实德予",而不耐烦于前进人士之"劝进"。

可是1848年的革命也不是全无着落。事平之后,以普鲁士为首各公国王国纷纷采取君主立宪制。只有奥地利始终例外。然则所需宪法不由民意产生,而出于御制。普鲁士的宪法将选民按纳税数分作三级,以担保富人在议会的发言权,也护卫了国家之砥柱。并且国王对所有法案保留否决权。政府对工商业的管制有了明显的放松。1848年的法案让全境组织商会。1851年的法案更让私人厘定他们的制造与贩买标准。对被威胁的手工业也仍给以保护。所以1848年的革命在德国产生两种反响:一如中国的五四运动,掀动了民主自由的呼声。全德的知识界都觉得他们与全德的问题利害攸关。一则与五四运动的成果相反。法兰克福会议虎头蛇尾，中产阶级和市民阶级并所属的知识分子也见风转舵，从此臣服于普鲁士军人贵族地主的领导之下[100]，产生一类似日本明治维新（虽说比1848年的革命迟20年）时尊王攘夷的气氛。

1851年至1857年，德国境内（尤其普鲁士地域内）经历着空前的繁荣。这一方面由于"全德证券交易法案"（Allgemeine deutsche Wechselordnung）开始在关税同盟的地域内通行，银行得以发行信用票据，西方的资本进入德境，股份公司纷纷成立，柏林证券交易所应接不暇，法兰克福成了国际交换公债的市场，工厂制度普遍展开，重工业、化学工业及电气工业不待轻工业之完成而提前着手（与英荷等国的开发程序不同）[101]。经济发展之成果反馈于农业，前已言之。此时只有使初期之成果更为增高。简言之，1848年前的经济发展由王权及地主领导，1848年后则有资本家企业家积极参加。彼此都不脱离民族意识与国家主义的线索。"人民觉得有责任维持国家与社会表里一致的观念"[102]。"中产阶级除了赚钱，对旁的问题很少有兴趣，而匍匐于现有政权所定军事外交政策之下。"著书者措辞不同，基本事实则一。

德国之初期存积资本固然得力于传统的勤俭，一般人民之奉公守法，注重服从、也仍不能避免克扣无产阶级情事。人口之迁移，缓和了阶级冲突。1830年至1860年间，100万以上德国人移民美国，其他迁往巴西、智利。1880至1885五年间又有大量人口外移。同时德国本身也在同时吸收外来移民。国内的移民更是一个重要的因素[103]。

1847 年德国移民船船舱一景，绘者不详。

有了以上思想史与经济史的轮廓，我们可以想象以后军事史与政治史之展开，不能脱离所叙之基点。俾斯麦大言不惭，是众所周知的事实。他曾说："我是一个容克，我将因此而占便宜。"他也说："我只容许我悦耳的音乐，否则即所有音乐全部不要。"他在 1862 年任首相时对国会的预算委员会说："德国不注重普鲁士之自由主义而重视她的实力。普鲁士必专注她的实力，以等待有利的机缘。因为她的边疆对政治体系发展不利，有好几个如此机缘已被放弃。当今的问题不由演讲和多数来定夺，只能决定于铁与血。"当日很多人对他的态度感到惊讶，直到近来学者的研究，才肯定地说出，"资本主义已拥他上马"[104]。他之所谓"占便宜"，也是事实。他和他的经纪人即利用政治上的独家消息在证券市场中发财[105]。

铁血宰相的手段与智慧已有无数文献详述，也在各种教科书里面占着相当的篇幅。可是今日看来这些资料只代表历史上的一段转捩点。它由背景上的很多因素凑集而成，等到机缘成熟，一旦展开，好像足以分割时代。然则我们企图真实的了解历史,不能专注重1861至1871十年间之突破,而必须考虑到背后各项组织与运动的来龙去脉。在这样的大前提之下,我们可以一眼看出德国之统一,由于军国主义与资本主义互为表里。当中非人身因素(impersonal factors)的重要性超过人身因素[106]。

俾斯麦像,1886年绘,绘者不详。

1871年德国成立,仍继续着过去几十年的发展。至此商业管制的规条才能通行全国。铁道与邮政用协定的方式全国化(当中亦有例外情形),通行全国之民法(Allgemeines Burgerliches Gesetzbuch)尚要待到本世纪初年才普遍通行。可是新国家刚一成立,即立即颁行十进位度量衡制。过去全国有7个货币区,33个发行货币的银行各不相干。1871年后即以统一的金币通行全国,普鲁士银行升级为中央银行。从法国取来之赔款50亿金法郎内,除2.73亿为纯金,作为新货币之准备金并作未来战事之储备外,其他很少的保留,立即发散,足以将普鲁士及其他不少国家之公债偿清,也给文武官员丰厚的奖赏,并且大兴土木,因此新德国游资充塞,足为战后投机事业之工具。又因为从法国取得阿尔萨斯及洛林(一部分),煤铁之产量也大增。纺织业也有了突飞猛进的形态[107]。也因为帝国陡然富强可以尽力于社会上之服务事业,如注重教育、提倡公共卫生、筹谋社会福利等等[108]。

可是自始至终黩武主义(militarism)与第二帝国不可区分。普鲁士解放稷夫后,不出10年即已全面实行征兵制。统一之后,各小国成立之部队,除萨克逊尼外,均由普鲁士军官率领,属于德皇麾下,各国已不能过问。俾斯麦当权时军费占帝国预算90%[109]。我们也可以想见军需工业和支持军备的交通通信各种事业和民间经济交流而互相倚赖了。

19世纪后期物质主义、帝国主义和社会达尔文主义甚嚣之际,表面看来德国不过融合一般之潮流。然则所谓世界潮流,大部分亦由第二帝国之摩拳擦掌而产生。俾斯麦既已表彰铁血。其他思想界领导人物,以特莱希克(Heinrich von Treitschke)为代表。他以大学教授兼国会议员的资格，著书演讲赞扬侵略性之成就。民间很多团体也在提倡种族主义。况且德意志为资本主义国家后起之秀。资本主义本来即有向外积极发展之势，此时用之以建设海军、开拓殖民地、扶植大日耳曼主义，不免带来打破国际间平衡的威胁，于是也只有一步逼一步，导致几千万德国人在20世纪两次卷入世界大战漩涡。虽说我们不能过度简化历史，将因果关系全凭抽象观念树立，可是也难否认以上事迹前后连贯数世纪。总之，几百年来德国人缺乏一个民族国家，一朝将这缺陷更正，行动起来又做得迅速确实，爽快利落，不免使躬逢其事的人引以为荣，进而骄倨傲慢，以极窄狭的国家观念，代替传统的世界观。

腓特烈大帝阅兵图，德人 Daniel Chodo Wiecki 绘。藉由对外统一工作的进行，俾斯麦转移了人民对内部问题的注意力。

殊不知第二帝国本身就包括着不少矛盾：北部奉新教，南方仍为天主教的势力范围，东普鲁士容克军人之势力以农业为基础，而西方之自由主义却站在工商业的立场[110]。统一的工作已有将问题"外部化"（externalize the problem）的趋向，此指一项组织发现内部的因素无法凝聚时，也可以发起另一种运动，以便在行动之中掩饰内部之缺乏向心力。对外同仇敌忾，对新德国即有如斯之效果。

俾斯麦任第二帝国宰相20年，他的政策，前后分为二段。大致在1878年前，他赞助自由贸易、与自由主义者合作、提倡"文化战斗"（Kulturkampf）以压制天主教会。1878年后，他有180度转变，从此对关税采取保护政策，与奥地利结盟、和天主教合作、反对自由主义、钳制报纸舆论、取缔社会民主党。这前后的出尔反尔，显然也载在各教科书之中。

其中意义何在？

原来，组织一个民族国家，在法制上有助于国民经济成长，这也是资本主义的积极用意，亦即一般国民因国家之富强而得到康乐。可是此中关系也可以本末颠倒：人民之康乐可以视作次要或全不重要，而以保全国家之体制为重。这也等于既造成躯壳，即倚此躯壳为重，不必再顾虑灵魂。所有的组织全可以为之迁就；各式各样的原则也都可以为之牺牲。我们写历史和读历史，进入如此阶段，不免掩卷长思：是国家主义扶植资本主义的发展，还是以新资本支撑国家？

新时代的德国史很难规避这样的疑问。

注　释

［1］W. 赖特《美国经济史》。Chester W. Wright, *Economic History of the United States* (New York, 1941), pp. 61—62；参阅莫里森、科马格、洛伊希滕贝

格《美利坚共和国的成长》。Samuel Eliot Morison, Henry Steele Commager and William E. Leuchtenburg, *The Crowth of the American Republic*, 6th ed. (New York, 1969), pp.39—40。

[2] C. A. 贝尔德, N. R. 贝尔德《美国通史》。Charles A. Beard and Nary R. Beard, *A Basic History of the United States* (Garden City, New York, 1944), pp.20—23; B. 赖特《美国殖民地的文化生活》。Louis B. Wright, *The Cultural Life of the American Colonies* (New York, 1957), pp.72—97。

[3] 特纳《美国历史中的边远地区》。Frederick Jackson Turner, *The Frontier in American History* (New York, 1940), pp.164—165; 施莱辛格《民族的诞生》。Arthur M. Schlesinger, *The Birth of the Nation* (New York, 1969), pp.83—84。

[4] 同上, pp.60—63; W. 赖特 Chester W. Wright, p.69。

[5] 施莱辛格 Schlesinger, p.58。

[6] W. 赖特 Chester W. Wright, pp.13, 17; 莫里森、科马格、洛伊希滕贝格 Morison, Commager and Leuchtenburg, pp.69—70; 施莱辛格 Schlesinger, p.129。

[7] 莫里森、科马格、洛伊希滕贝格, Morison, Commager, and Leuchtenburg, p.46。

[8] W. 赖特 Chester W. Wright, p.84; C. A. 贝尔德, N. R. 贝尔德《美国通史》。Beard and Beard, *Basic History*, p.32 也有类似叙述。

[9] B. 赖特 Louis B. Wright, pp.12—13。

[10] 同上, p.21。

[11] C. 赖特 C. Wright, pp.85—86; C. A. 贝尔德和 N. R. 贝尔德, Beard and Beard, pp.29—31; 莫里森、科马格、洛伊希滕贝格 Morison, Commager and Leuchtenburg, p.100。

[12] C. 赖特 C. Wright, pp.271—272。

〔13〕L.赖特 C.A.贝尔德，N.R.贝尔德 L.Wright, p.62; Beard and Beard, p.32。

〔14〕C.赖特 C.Wright, pp.87, 91。

〔15〕C.A.贝尔德，N.R.贝尔德 Beard and Beard, pp.71—73。

〔16〕莫里森、科马格、洛伊希滕贝格 Morison, Commager, and Leuchtenburg, pp.83—84。

〔17〕同上，pp.98—99。

〔18〕同上，p.101。

〔19〕Beard and Beard, pp.42—44; Schlesinger, p.43。

〔20〕Schlesinger, pp.99—104。

〔21〕同上，p.44。

〔22〕C.A.贝尔德和 N.R.贝尔德 Beard and Beard, p.36; 施莱辛格 Schlesinger, p.47。

〔23〕C.A.贝尔德和 N.R.贝尔德 Beard and Beard, pp.68—69; 施莱辛格 Schlesinger, pp.54, 160。

〔24〕C.赖特 C.Wright, pp.166—167; 莫里森、科马格、洛伊希滕贝格 Morison, Commager, and Leuchtenburg, pp.102—103。

〔25〕Turner, pp.20—21. 亚当斯密有类似的说法，见《原富》Wealth of Nations, Book IV, Chapter 7。

〔26〕同上，p.101。

〔27〕同上，p.108。

〔28〕莫里森、科马格、洛伊希滕贝格 Morison, Commager, and Leuchtenburg, pp.113—114; 特纳 Turner, pp.93—105. 可是这并不是所有东部之土地已占领殆尽。同时期中尚有距海岸不远之土地待开发，有时一家可以无价获得一千英亩，极为投机者中饱。同上，pp.91, 93, 95, 99。

[29] 其实英文中之 commonwealth 表示着共通的财富，与这联邦的情景更为适切，可是这字却从来没有与主义联在一起。我们也不愿在此时添入 "commonwealthism" 一种字眼，徒然混淆耳目。

[30] 迄至本世纪，不少美国人还有以 WASP 作这国家领导者的愿望，此即白种人（Whites）盎格鲁-萨克逊（Anglo-Saxon）而又信奉新教（Protestant）的圈限。

[31] C. A. 贝尔德和 N. R. 贝尔德 Beard and Beard, p.45。

[32] 布朗《美国法律中的英国法》。Elizabeth Gaspar Brown, *British Statutes in American Law*, 1776—1836（Ann Arbor, Michigan, 1964）, pp.1—22。

[33] 莱特温《美国法律与经济政策》。William Letwin, *Law and Economic Policy in America: The Evolution of the Sherman Antitrust Act*（Chicago, 1965）, pp. 19, 52。

[34] 莫里森、科马格、洛伊希滕贝格 Morison, Commager, and Leuchtenburg, p.677. 此法案之重要性见 C. A. 贝尔德和 N. R. 贝尔德 Beard and Beard, p.294；Turner, p.145。

[35]《原富》*Wealth of Nations*, Book IV, Chapter 7。

[36] 桑瑟姆《日本文化简史》。George B. Sansom, *Japan: A Short Cultural History*（New York, 1962）, pp.52—56；赖兼《日本民族史》。Edwin O. Reischauer, *Japan: The Story of A Nation*（New York, 1970）, pp.15—16。

[37] 黄仁宇《16 世纪明代中国的税收和财政》Ray Huang, *Taxation and Governmental Finance in 16th Century Ming China*（Cambridge, 1974）, p.314 曾在财政税收上作此比较。

[38] 拉塞尔《三井家族》。Ol and D. Russel, *The House of Mitsui*（Boston, 1939）, p.78。

[39] 比斯利《明治维新》。W. G. Beaseley, *The Meiji Restoration*（Stanford, Calif.,

1972），p.380。

〔40〕他们和长州藩与三井的关系见拉塞尔 Russel, pp.150—162.不过三井发言人竭力否认。

〔41〕桑田忠亲，《日本史研究》(东京，1957)，页205。

〔42〕见博克瑟《日本的基督教世纪》。C. R. Boxer, *The Christian Century in Japan, 1549—1650* (Berkeley, Calif., 1951), p.385。

〔43〕藩内治理情形见桑瑟姆《日本史》。George Sansom, *A History of Japan*, vol. III, 1615—1867 (Stanford, 1963), pp.49—52.各陪臣逐渐脱离采邑，定居于大名之守城之情形见豪尔《500至1700年日本政府与地方势力》。John W. Hall, *Government and Local Power in Japan, 500 to 1700: A Study Based on Bizen Province* (Princeton, 1966), pp.313—315, 346, 406, 410—413. 亦见同上作者所著《日本：从史前到现代》*Japan: From Prehistory to Modern Times* (New York, 1970), pp.196—199。

〔44〕据估计，江户时代"侍"之社会阶级包括家属占全国人口6%，是一个很大的比重。与之相较，中国之缙绅阶级（gentry class）、进士、举人、秀才暨贡监生及家属通常无逾全国人口1%，即太平天国发难，清朝捐官卖爵极滥时，其全数并家属亦不出全国人口2%。

〔45〕豪尔《日本：从史前到现代》。Hall, *Japan: From Prehistory to Modern Times*, p.198；史密斯《现代早期日本制度史研究》。Thomes C. Smith, "The Japanese Village in the 17th Century," in *Studies in the Institutional History of Early Modern Japan*, ed. by Marius B. Jansen and John W. Hall (Princeton, 1968), p.280. 参见桑瑟姆《日本史》。Sansom, *A History of Japan*, vol. III, p.104，及同上 *Institutional History*, p.126。

〔46〕史密斯《现代早期日本制度史研究》。Thomas C. Smith, "The Land Tax in the

Togugawa Period", in *Institutional History of Early Modern Japan*, p.284。

〔47〕《日本史》。*A History of Japan*, vol.III, pp.106—107;《现代早期日本制度史研究》*Institutional History of Early Morden Japan*, p.285; 豪尔《日本:从史前到现代》。John W. Hall, *Japan: From Prehistory to Modern Times*, p.201. 注意:对各种数字之解释,专家意见不同。Hall 即指出 17 世纪至 18 世纪前 30 年稻米出产加倍。关于土地集中有利于生产,见 Kozo Yamamura, "Pre-Industrial Landholding Patterns in Japan and England," 文载《日本比较研究》*Japan: A Comparative Review*, ed. by Albert M. Craig (Princeton, 1979), pp.276—323。

〔48〕《日本:从史前到现代》*Japan: From Prehistory to Modern Times*, p.202. 日本之地形、封建体制,以及乡士主之地方组织,均使农民暴动无法像在中国那般高度展开。1637 年岛原之乱,参加者无法取得流动性,致全部歼灭,即是一个显明例证。

〔49〕同上,p.202。

〔50〕拉塞尔 Russel, pp.91—94。

〔51〕关于三井八郎兵卫的生活,见同上 pp.78—98;《日本史》*A History of Japan*, Vol.III, p.115; 谢尔登《德川时代日本商人阶级的兴起:1600—1868》。Charles David Sheldon, *The Rise of the Merchant Class in Tokugawa Japan, 1600—1868* (Locust Valley, New York, 1958), pp.64—65。

〔52〕拉塞尔 Russel, pp.85—87; Sheldon, p.65。

〔53〕谢尔登 Sheldon, p.166。

〔54〕同上,p.11;《日本:从史前到现代》*Japan: Prehistory to Modern Times*, p.210。

〔55〕谢尔登 Sheldon, pp.42—43; 桑田忠亲《日本史研究》,页 241。

〔56〕谢尔登 Sheldon, pp.52—59; 桑田忠亲《日本史研究》,页 236—237。

〔57〕拉塞尔 Russel, p.81; Sheldon, p.67。

〔58〕同上，pp.67，81—84；桑田忠亲，《日本史研究》，页244。

〔59〕拉塞尔 Russel, p.85。

〔60〕谢尔登 Sheldon, pp.59—62。

〔61〕同上，p.68；儿玉幸多，《元禄时代》（东京中央公论社版，1966），页277—283。

〔62〕谢尔登 Sheldon 写着："元禄时代的快乐社会注定短暂。德川氏治下第一百年内的经济膨胀已至极端，除非再有基本更改，不能长远延伸。" p.100。

〔63〕豪尔《田沼意次：现代日本的先驱》。John W. Hall, *Tanuma Okitsugu, Forerunner of Modern Japan* (Cambridge, Mass, 1955), p.13。

〔64〕同上，及奈良本长也《町人的实力》（东京中央公论社，1966），页357—385。

〔65〕同时代中国财政之紧缩没有出路，可见 Y. C. 王《中华帝国的土地税》。Yeh-Chien Wang, *Land Taxation in Imperial China, 1750—1911* (Cambridge, Mass., 1973) 及泽林《地方行政官的银两》。Madeleine Zelin, *The Magistrate's Tael* (Berkeley, Calif., 1984)。

〔66〕《日本史》*A History of Japan*, vol. III, pp.224—226；《日本：从史前到现代》*Japan: From Prehistory to Modern Times*, pp.238—242；桑田忠亲，《日本史研究》，页230—231；北岛正元，《幕藩制的苦闷》（东京中央公论社，1966），页490—507。

〔67〕诺曼《现代日本民族的出现》。E. Herbert Norman, *Japan's Emergence as a Modern Nation* (New York, 1946) 代表日本"劳农讲座"学派，强调这种说法，可是作者也指出推翻封建制度的力量出自上层，而不自下层，见 p.8。

〔68〕最初输入额占对外贸易全数70%，输出只30%，虽说总数只有5000万元，在当日仍在全国经济占有相当比重。见哈利迪《日本资本主义政治史》。Jon Halliday, *A Political History of Japanese Capitalism* (New York, 1975), p.47。

〔69〕关于财阀创始人之事迹及在明治初年与政府的关系,见赫什曼《明治时期日本企业化根源》。Johannes Hirschmeier, *The Origins of Entrepreneurship in Meiji Japan* (Cambridge. Mass., 1964), pp. 211—244. 内中提及岩崎弥太郎认为商业从业员应保持传统侍之精神,以爱国情绪促进事业成功,值得注意。

〔70〕日本农民负担之重,见哈利迪 Halliday, p. 53;洛克伍德《日本经济发展》。William E. Lockwood, *The Economic Development of Japan, Growth and Structural Change, 1868—1938* (Princeton, N. J., 1954), p. 17. 所述农民两重负担,见 Takafusa Nakamura,《战前日本经济增长》*Economic Growth in Prewar Japan*, trans. by Robert A. Feldman (New Haven, Conn., 1983), p. 54。

〔71〕哈利迪 Halliday, p. 53 说不平等条约"一方给日本莫大压力,可是也强迫日本采行各项经济政策,在长期间对资本主义之发展有利"。

〔72〕伯姆《德国社会经济史介绍》。Helmut Böhme, *An Introduction to the Social and Economic History of Germany*, trans. by W. R. Lee (Oxford, 1978), p. 18;亨德森《德国工业实力的兴起》。W. O. Henderson, *The Rise of German Industrial Power, 1834—1914* (Berkeley, Calif. 1975), p. 29。

〔73〕梅尔《西方文明中的德国》。William H. Maehl, *Germany in Western Civilization* (University of Alabama Press, 1979), p. 347。

〔74〕伯姆 Böhme, pp. 2—3。

〔75〕同上, p. 2;斯奈德《德国史基础》。Louis L. Snyder, *Basic History of Germany* (New York, 1957), p. 31。

〔76〕伯姆 Böhme, p. 7。

〔77〕亨德森 Henderson, p. 30。

〔78〕巴尔金《德国工业化争论》。Kenneth D. Barkin, *The Controversy over German Industrialization, 1890—1902* (Chicago, 1970), p. 24。

〔79〕弗伦利《现代德国史》。Ralph F lenley, *Modern German History*, Enlarged ed. (London, 1964), p.70。

〔80〕Henderson, pp.72—75。

〔81〕《剑桥欧洲经济史》*The Cambridge Economic Histrory of Europe*, vol.VII, Part 1. ed.by Peter Mathias and M. M. Postan (Cambridge, 1978), p.384；斯奈德 Snyder, p.33；梅尔 Maehl, pp.298—299；弗伦利 Flenley, p.152. 其实对稬夫最不利的是接着的1816年的敕令。见巴尔金 Barkin, pp.22—23。

〔82〕同上, p.26。

〔83〕梅尔 Maehl, p.309。

〔84〕19世纪前半期普鲁士之地产一般都换主数次以上, 买主自备25%现款, 其余举债, 见巴尔金 Barkin, p.26。

〔85〕伯姆 Böhme, pp.20—21；斯奈德 Snyder, p.32；梅尔 Maehl, pp.348—349。

〔86〕《剑桥欧洲经济史》*Cambridge Economic History of Europe*, vol.VII, part I, pp.387—389。

〔87〕伯姆 Böhme, p.352. 作者称："关税同盟是德国资本主义展开的主要因素。"

〔88〕这数字根据斯奈德 Snyder, p.32, 与梅尔 Maehl, p.355所载不尽相同, 但不能否定发展极速。

〔89〕帕桑特《德国简史, 1815—1945》。E J. Passant, *A Short History of Germany, 1815—1945* (Cambridge, 1959), p.65。

〔90〕这些问题见伯姆 Böhme, pp.26—28；梅尔 Maehl, pp.356—357。

〔91〕罗伯逊《1848年革命》Priscilla Robertson, *Revolution of 1848: A Social History* (Princeton, 1952), pp.107—167 则指出当时柏林大学生1500人中激进分子不及百人。此书也指出3月间街头冲突实无必要, 双方都意气用事。只是作者一贯反对

暴力，可能看轻问题之严重。

〔92〕同上，p.149. 旁书记载不尽相同，如所谓教授内中即多中学教师。但知识分子有力量，无可置疑。参见 Henderson，p.93。

〔93〕古奇 G. P. Gooch 指出1848年法兰克福宪法会议中三个有经验之领导人即 Arndt，Dahlmann 及 Jakob Grimm 都有爱国热忱，也都倾向自由主义。见其所著《德国历史研究》*Studies in German History*（London，1948），p.22。

〔94〕梅尔 Maehl，p.269；《德国历史研究》*Studies in German History*，pp.58—72 提出无数在"启蒙运动"（Aufklärung）时德国的闻名作家及思想家。他们在各方面的态度可能千差万别，综合起来，则仍是"细民只注意各地区间的特别环境，高级人士则崇信世界主义"。

〔95〕斯奈德 Snyder，p.23；帕桑特 Passant，pp.6—8；《德国历史研究》*Studies*，pp.190—209；斯多普勒《德国经济，1870年至今》。Gustav Stopler，*The German Economy，1870 to Present*，trans. by Toni Stopler（New York，1967），p.7.

〔96〕容克名词由"青年绅士"（Jung Herr）转变而成，最初出现于1500年前后。以后为普鲁士之贵族领主，解放稘夫之后，仍为德国之军人地主。

〔97〕当时马克思所编《新莱茵时报》对法兰克福会议叠加轻蔑的指责，见罗伯逊 Robertson，p.157. 俾斯麦蔑视自由主义，向来毫不隐蔽，参见以下注〔105〕前之一段。

〔98〕《德国历史研究》*Studies in German History*，p.8。

〔99〕帕桑特 Passant，p.27；伯姆 Böhme，pp.38，49；梅尔 Maehl，pp.352—353。

〔100〕斯奈德 Snyder，p.38；伯姆 Böhme，pp.34，43；梅尔 Maehl，pp.374—375。

〔101〕帕桑特 Passant，pp.76—79；伯姆 Böhme，pp.38—43。

〔102〕伯姆 Böhme，p.43；梅尔 Maehl，p.374。

〔103〕帕桑特 Passant, pp. 80—82;《剑桥欧洲经济史》Cambridge Economic History of Europe, Vol. VII, Part I, p. 442. 向美移民亘 19 世纪很少中断, 参见 Barkin, pp. 105—106 及亨德森 Henderson, p. 114。

〔104〕伯姆 Böhme, p. 50; Maehl, p. 382。

〔105〕他与一个犹太银行家布莱施若德 (Gerson von Bleichröder) 合作, 既安排普鲁士的公债, 也在交易所里自身牟利。后者与国际银行家罗兹施德 (Rothschilds) 早有交往。见斯特恩《金和铁, 俾斯麦, 布莱施若德与德意志帝国的建立》。Fritz Stern, Gold and Iron, Bismarck, Bleichröder, and the Building of the German Empire (New York, 1977). 普法战争前夕, 俾夫人缄布氏出售股票, 见同书 p. 128。

〔106〕俾斯麦与李鸿章的谈话, 摘录于《德国历史研究》Studies in German History, p. 390. 有趣的是他告诉李人事之此起彼伏, 并无永久之价值, 似有道家气派, 也好像对历史已有一种长久看法。

〔107〕斯多普勒 Stopler, pp. 16—20; 亨利森 Henderson, p. 162。

〔108〕见《剑桥欧洲经济史》Cambridge Economic History of Europe, Vol. VII, Part I, pp. 456—457, 462—463, 472。

〔109〕弗伦利 Flenley, pp. 231, 276。

〔110〕弗伦利 Flenley 说, 德帝国建立于两种妥协之上, 一是统一与各地之维持特点, 一是贵族与代议政治, p. 275. 巴尔金 Barkin 则强调 19 世纪后期代表农业及守旧派之思想人士的反资本主义思潮, 虽说他们包括 Treitschke 在内, 仍在支持第二帝国。见 Controversy, pp. 2—6。

第七章　法国大革命、俄国的十月革命和中国的长期革命

　　法国大革命发生于18世纪末叶，俄国的十月革命继二月革命之后，同时发生于1917年，中国的长期革命，迄今则已逾一个世纪，这200年来的事迹，及于远东与泰西，当中地理环境各不相同，社会背景也千头万绪，其成果当然极不一致。可是从长时间远视界来看，以上三种运动，皆发生于具有大陆性格的国家，也都被强迫放弃过去以农业为国民经济本位的体制，而采取以数目字管理的趋向。

　　这三个国家在改革的过程中遭遇重重困难，由于过去农业体制积习过深，政治上中央集权牵涉过广，所以不容易脱胎换骨。新社会需以商业习惯为前提，其活动以低层结构的功能为准绳。法国的旧体制（ancien régime）、沙皇统治下的俄国和传统中国，不能立刻顺应环境，也实由于其现存体系中无法产生各项经济因素完成自由交换之公式和法则，以适应此需要。

　　这三个国家所遭的境遇，不能完全归咎于过去组织过于简陋。他们都曾回光返照，表现出官僚组织（bureaucracy）的特长。法国的路易十四（1643—1715在位）自称"朕即国家"，可见其享国时之叱咤如意。沙俄之凯撒琳二世（1762—1796在位）和亚历山大一世（1801—1825在位），同为"开明专制"期间的明主，其文治武功也和盛清时的

康熙（1662—1722）、雍正（1723—1735）、乾隆（1736—1795）三朝异曲同工。然其号召力量之雄伟，有赖于18世纪及以前的环境与背景。一到资本主义与重商主义，不仅这些国家的组织与结构不能与之抗衡，连其本身之存在都发生问题。甚至过去的行动与设施，反成为今朝的阻扼与障碍。

阶级斗争都曾在以上三种运动中被提出。列宁提倡"所有权力交付苏维埃"，显然在仿效法国大革命时"山岳党"（Montagnards）利用"无裤党"（sans-culottes）（详下）的战略。中国在"文革"期间组织所谓"造反总司令部"，亦非独出心裁，因为"造反委员会"（insurrection comité）也曾在18世纪末年的巴黎出现。可是法、俄、中所遭遇的艰难困苦，实由于社会上与经济上的不平等，而阶级利益的冲突，是一切问题的重心？反过来说，是否由于法国、俄国和中国的经验，今后全世界的决策只有朝资本主义的道路上走，因为它才是"真金不怕火"？

问题尚不只此。资本主义之为一类组织和一种运动，固然发生于法国大革命之前，但是资本主义这一名词却因法国大革命及其过程而产生（详第一章），所以至今也有近两百年的历史。以后的发展，尤以最近在中国大陆和苏联的发展，这名词与社会主义对立的一个观念，是否仍能原封不动，至此也成疑问。本书引用归纳法，主张先将法国、苏联与中国进入数目字管理的程序，或企图进入这境界的经验提出。我们从技术的观点出发，如果能将上述三种运动作切实的解剖，再参照以前各章的资料，应能在下章作结论时，对以上各问题提出一个较客观却更具体的答复。

法国的大革命

法国大革命是一个极容易产生争执是非的题目。史学家勒费弗（Georges Lefebvre）曾于1932年写出："旧体制已将法国农业史搁在资本主义的道路上，大革命突然将此工作完成。"[1] 这种说法不能获得其他作家

《巴士底监狱暴动》（局部），巴黎卡纳瓦列博物馆（Musée de Carnavalet, Paris）藏。

的同意,而勒费弗又在另一书里提及:"资本主义的进展,并没有在这十年之内加速。相反的,环境只使它减低。"[2] 其实勒氏的两种说法虽有矛盾,但仍可同时立脚。因为前者所言系指资本主义为一种制度,所涉及的为组织;后者则系实际存积资本的数量和动员人力与物力之程度。一种是长期间的看法,一种是近距离的论断。可是这当中的差别极容易引起误会。

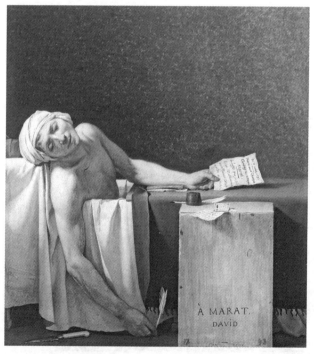

马拉被刺死于澡桶,Jacques-Louis David 绘。(布鲁塞尔皇家艺术博物馆藏)

从人身经验写历史，纠缠更多。一个众所周知的例子，是巴黎大学第一位任法国大革命专题教授的奥拉德（Alphonse Aulard）和他的门徒马迪兹（Albert Mathiez）在本世纪初年的辩论。法国大革命的后期，过激派以丹东（Danton）、马拉（Marat）及罗伯斯比尔（Robespierre）为领导人物，马拉被女刺客刺杀之后，只剩着丹东及罗伯斯比尔。在奥拉德看来，丹东是英雄好汉，罗伯斯比尔则既虚荣又是书呆子，于是以他个人之好恶，决定革命之途径。马迪兹则强调罗伯斯比尔和他的同志真是真心诚意地为小民谋福利，丹东倒是贪污好货，随时可以出卖革命[3]。他们所著的专书不说，又任教职、编辑专刊各数十年。此外撰写大革命的各种专题著作，也近数千百部，动辄十余册，而琐碎的期刊文字，更是汗牛充栋。本书脱稿之日，恰逢路易十六召开"三级会议"（Estates-General）及巴士底（Bastille）监狱暴动200周年，法国人士正筹备在纪念之中提供新感想，预料此时写大革命的文字，必琳琅满目。我们读他们著作的千百分之一已是精力不继，又如何能抽集其精髓，作短文评论？

可是历史是一个非常广泛的境域，我们涉猎其间，各人的目标不同。在我们看来，法国大革命是人类历史上一个共通的题目，影响到其他国家的发展。如果我们放弃这段题材不顾，则本书以前各章的事迹无从交代，以后的发展也不便阐扬。在这种国际性的注意力之下，我们所企知的法国大革命，有其示范作用。上章说到美国、日本和德国过去缺乏中央体制，所以新体制之创造，阻拦较少，已给我们预先安排一种假说之中的借镜，所以我们的观察集中于18世纪末期，法国突然改组时，技术上所遇到的困难，而不着重人身方面之情节。兹举一例于次：

1791年6月法王路易十六意图逃亡失败，此图为当时之木刻版画。

路易十六在1791年6月企图出奔，是大革命史中带传奇性的一段插曲。本来计划周密，初步突破难关。只是一离开巴黎，一行人放松戒备，国王两次被识破，车行亦不能保持预定的速率，以致途中预备接应的人员不得不撤离岗位，马匹也已遭散。国王抵达华伦内（Varennes）时已黑夜，在此的迟滞是被截获的一大主因[4]。华伦内已去边境不远，也有奥军准备接应。事之不成，诚然令替国王、王后同情的人扼腕不已，即历史家内心也不免忖测：若是天假其缘，使路易平安抵达边境，以后局势将起何种变化？可是这种空想不仅无益,反而可能产生错觉。以后的事实证明,当日法国的问题,已不是加强或甚至改革国家之高层机构所能解决,在这情形之下,国王之力量已是微乎其微。

法王路易十六像,法国香提区孔德博物馆(Conde Museum, Chantilly)藏。

法国大革命有其幕后之基本原因,其成分既复杂又磅礴,当时无人能掌握局面。倘非如此,决不会有如此众多的革命人士与所谓反革命派先后被送上断头台。而且这些酝酿的因素出现既突然,在每一阶段逗留的时间又不算不久,因此也不鼓励各人立即争取主动。勒费弗在叙述1789年10月,巴黎妇人强迫路易自凡尔赛宫迁居巴黎时,写出:"没有人能够梦想到,革命至此,方才伊始。"[5]可见得时人总以为当日的细雨微风已如未来的巨浪与狂飙。

路易十六曾被历史家指摘为意态游离。最初他有机会出走而不愿脱逃,因为逃避责任非王者气概。巴黎不稳定时,他调兵入防,也有压制议员的情势,可是他被乱民威胁时,又不肯动武。他多次谋算王后,临时又改变主意,只有最后丧身于断头台,才算死得光明磊落。仔细分析后,我们认为,其缺乏决断,主要的原因还是由于局势不能明朗化。而他对各方的责任观念,互相冲突,亦不可谓之不真。当革命初开始时,各人无法预知其牵涉之广,即有少数人作大刀阔斧的看法,日后证明其眼光仍过于狭窄。大革命由政策的改进而至君主立宪,又前进一步而成立民国,再进一步修改整个人类的文化,上至伦理宗教,下迄历法及度量衡,最后改变而军事独裁,又受国际干涉,其余波振荡几十年。在这情形之下,我们更只能体会第一次世界大战时绰号"老虎总理"之克里蒙梭(Clemenceau)所说,"革命是一个整体,一个大方块"。因为其中非人身因素(impersonal factors)比人身因素重要,这也等于说集体的责任(corporate responsibility)比单独各人的责任重要。也因为非人身因素,大革命才能与法国无直接关系的国家(如中国)之历史衔接。

责备路易国王之不智不勇,等于责备罗伯斯比尔之不义不仁,更等于责备拿破仑之不忠不信。罗伯斯比尔穿浅蓝色外衣,着贵族型马裤，头发敷粉。他的亲信同党圣约斯特（Saint-Just）戴耳环，丹东和外国交涉时渗入个人利害，至少是不诚恳的[6]。可是拿破仑也曾被指责与一个声名狼藉的女性结婚，靠裙带关系升官[7]。至于说到以革命起家发财，则有波拿巴一家姊妹弟兄统统裂土称王，或带贵族头衔。而拿破仑在国外的掠夺也不曾公开交代[8]。总之，道德是真理最后之环节，人世间最高品质，一经提出，即无回转余地，故事只好因之结束。以上之评论与指摘，都没有接近我们企图审察的主题。大革命企图重订人类道德的标准，其记录不应当先被道德问题分割。我们再引用勒费弗的言辞：他说："道德主义者必赞扬英勇，谴责残酷，可是他不能解释事故。"[9]

以下是我们对大革命的看法，注重技术的立场，并在议论中追述革命过程中最基本的事实：大革命之发生，一般认为开始于1789年。其实前一年巴黎的议会（parlement）否定国王抽税及修改司法程序的通令，逼着国王召开三级会议，已在序幕之前，发出了一个贵族及特权阶级不受节制的先声[10]。此中关系非常重要，因为大革命之发生，并不是某一阶级与另一阶级发生致命冲突，而是各阶层间、各地区间、各种利害错综重复。以后革命者倒能看清阶级斗争实为解决问题的一种工具。以后这样的作法，也见于俄国与中国。

法国之议会与英国之议会（Parliament）不同，它按地区设立，不是立法机关，而像高级法庭，也保持类似中国唐朝"门下省主封驳"的作风。所有法令一定要经过议会"登记"，才能生效，于是各行政机关不能置之不顾。而且承封建制度遗绪，司法独立，非特别强有力之君主无法左右。1788年巴黎的议会与路易十六的行政机构对立，即酿成政治上的僵局。

此时国家的财政也陷入低潮，原来，18世纪法国的军事政治力量虚有其表，国家靠借债度日，军队也靠德国与瑞士之雇佣军充实行伍。以前几次的国际战争不是惨败，即是胜负未分；参加美国的独立战争，也算战胜国，却又兜上一笔蚀本生意。同时，财政的困难也不能由内部解决，因为宫廷的开销不及预算6%，而公债摊付的利息即超过预算之半。

当日法国的人口，据估计约在2300万至2500万之间，巴黎即超过60万，以法国资源之富，如果经济组织有条理，其国计民生较之邻国，如英国、荷兰，不应相形见绌。而且法国的国民经济已有起步的基础。重商政策自17世纪以来，经过名臣黎希流（Richelieu）、柯贝特（Colbert）锐意提倡，法国的造船、海外贸易、纺织、玻璃工业和奢侈品的制造，都有长足的进展，股份公司的组织也和其他先进国家大致同时，巴黎的证券交易所经手投机生意，则一直做到大革命的高潮，1793年的"恐怖时期"被停封为止。可是在法制上，这些新经济因素未能结合成一个自行调节的结构（在我们的眼光内亦即是资本主义尚未成熟），而只能奉承于官僚组织的呼吸之间[11]。后者可以将各种经营特权公开贩卖。现在看来，"贪污"二字已不能形容这情形。主要原因是工商业不能与农业归并为一元，其财富基层脆弱，利益只泽润于一部分人口，与德国落后的情形（详第六章）相比，过犹不及。

1789年在凡尔赛宫召开的三级会议。

1789年所召集之三级会议,说明法国实有三种体制。其原则有似中国汉初吴楚之乱以前的封建与郡县并行,复杂则远过之。第一级(First Estate)为僧侣,天主教方丈及一般僧尼,为数不逾10万。他们有其本身的行政系统、宗教法庭,又向信民普遍收取什一捐,尚有寺院所有的地产,很多主教方丈实际上是各村庄的领主。僧侣既视察全部信民的养生送死,也管辖到他们的婚姻与遗传,兼及教育与慈善事业。第一级不向国王付税,但是传统上经过磋商自愿地向国库捐助,有时担付国债利息之一部分,唯无成例数目。

第二级为贵族。总数也不过40万人。主要分为两种,一种是原来的武士阶级，有些追溯到中世纪前的德国血统，有些则是后来加封。另一种是各级法庭的法官、地方经理的首长，大体出资捐官购买。18世纪末年法国的贵族极为混淆，有些极富，有些极贫。一般爵位由长子继袭，可是也有新贵族头衔，只及于受者本身。海陆军军官由贵族领先，有时身份即包括特权。过去的观念凡贵族即为庄园的领主，这种情形已不存在。因为法国土地可以自由买卖，有时候整个庄园落入平民买主手中。可是封建体制没有全部取消，有些贵族仍为领主，仍开设庄园法庭。据估计大革命前夕，法国约1/5的土地仍在贵族手中。他们除了向农民收集封建常例之外，尚且坚持其水利权、矿产权与种树权和狩猎权等。

贵族无集体组织的机构，向他们抽直接税极为困难。一方面这也由于法国地方政府的组织。历史的发展使法国领土的中央区域早期就属国王，中央政府派驻的行政官一般不受限制。可是边疆的各单位，在归隶时与国王定有契约，内中也各有世袭性质的地方首长和代议性质的地方机构从中主持，税收还待磋商。而且庄园制度的继续存在，更是调查统计难以精密的原因。欧洲封建的成规，从不说明何种产业为何人所有，而只有多数人在同一的土地上此来彼往的享有特权，种地也只好按成规，如此更妨碍农业的增进。此外还有整个一市一镇享有不同的特权。

第三级为平民，据称占全国人口94%，其中大多数为农民。法国穑夫制早已废除，除了东北角少数地区之外，穑夫已不存在。一般农民可以自由购置产业。自耕农与佃农的比例各地千差万别。一般的困难为耕地分割过小，农业技术无法增进。过去几十年来人口大量增加，大多数农民感到生活压迫。每值天灾流行，即有食物匮乏之虞，也影响到市民生活。又据研究，大革命前夕与18世纪初期比较，地租增加98%，物价增加65%，工资只增加22%[12]。所以一般小民的生活只有每况愈下。1788年收成欠佳，入冬严寒，河水冰冻，食粮既短缺又无法输送。翌年，城市里市民失业多至半数[13]，为助长革命声势的主因。夏间巴黎的骚动引起各种谣传，惊扰进入乡村，而遍及全国。

　　城市里的资产阶级是革命之领导人。他们争取本身权利，事诚有之，痛恨贵族享有特权，亦是当然。但是单纯的阶级利益之冲突，并不是使他们忘身舍命发动政潮的主要动机。因为他们事业成功，也可以与贵族通婚，也可以买爵捐官。只是他们在旧体制之下，感到精神上的苦闷。启蒙运动以来，种种天赋人权、国民公约的观念透入人心。思想和知识与社会环境及生活习惯发生距离，是现代社会里驱使中产阶级参加革命最有力之条件，法兰西此时已具备此背景。以后银行家和富商出资捐助市民暴动，律师以辩才参与组织[14]，赛亚司（Sieyés）以教团成员参加革命，米哈波（Mirabeau）以贵族降为平民代表，丹东与罗伯斯比尔和大多数革命家一样以律师出身。马拉由医生改作新闻记者。以上都不易以他们本身阶级利害，解释他们的心境与行动。同时资产阶级（bourgeoisie）是一个极为广泛而不着边际的称呼，上自至富的巨商，近乎特权阶级，下至小本经营的工匠，都可称为资产阶级或市民阶级，大革命固然使资产阶级抬头，也使不少资产阶级成员被清算[15]。

18世纪末法国版画,生动反映出当时平民阶级受特权压迫的情形。

现在让我们再追叙路易十六召开三级会议时的情形：这种会议自1614年以来，未曾开过。因为过去他的祖先路易十四和路易十五，一共在位131年，他们注重人身政治，缺乏一个健全的组织系统。此时国王召集三级会议的目的，无非筹划税收方案，解决财政问题。可是下层阶级已被重重剥削，既担任封建常例，也付直接税（taille）之全部，更提供劳役（corvee），又要负担盐税（gabelle）之绝大部分，早已喘息不定，无法向他们增税。而新负担也不便直接的配予其他二级。过去公私财政事宜的叠床架屋，久未改组，何处可增税、何处应加租，也无从获悉，所以税收与租金的收集多采承包制。只有职业上的收集人熟悉地方和个别间的情形，才能执行任务，而且从中牟利。

如果其情形仍能用数目字管理,则早已用不着劳驾他们了。同时这时候还有很多牵一发而动全身的问题,例如以后风潮加紧,贵族出奔国外,下层阶级里有很多人因之失业。提高粮食的价格,应当对农民有利,可是中西部种葡萄酿酒的农夫叫苦连天。改进农业生产,首重圈地,才能将可耕地一起投入耕种,但是首先反对即是农民;他们失去了在公地采樵和牧放牲口的权利,立即无以为生。诸如此类的问题,无从规划,找出对策。

所以从各种非人身的因素看来,法国已经无法和平磋商,公平改组。只有将一切投入一个大熔炉之内,听候历史之安排,只是这情形当时没有人看穿。

当三级会议在1789年召集的时候,各级与地方的单位,依前例条列他们向国王请愿的要求,称为 cahier,我们不妨径呼之为"陈情表"。当中第二级的要求,有一段要国王固定贵族的地位。各人的勋级要仔细勘明,让他们如僧侣一般自成一财团与系统,今后朝廷不得再以卖官鬻爵的办法混淆名位,国王的近臣务必由贵族中遴选,他们的子弟则由王室负责教育。今日我们看来不免惊讶,此类要求可谓不识时务。大革命志在清算贵族,以后步伐一经展开,尚有不少贵族未经审问,即送上断头台。那么当初何以如此跋扈嚣张,在应当要求谅解的时候不虚心求愿,反而大吹大擂,要求增强他们的特权?

这种举动也可以引用非人身关系的情形解释:

提出陈情表,也是合法程序。三级会议原来是国王与臣民的一段对话。国王固然要各级代表协同决策抽税,后者趁此机会将下情上达。既有权力则有义务,既有义务则有权力,以上都符合于封建体制。只是会议既分三级,召集会议即已伏下了一个阶级斗争之阴影。

各级代表由各地方单位选出,其程序不同,一般都经过初选与复选三四次。所以各代表只能算是被各地方单位授权参加,而不是以个人的见解,参加国事的磋商。经过如此的安排,各地方单位的选举人也觉得他们已成为一种民意上的机构,除非他们阶层里和地方上的陈情表获得答复,他们责无旁贷。于是以巴黎为首,此地既为国都,又有沙龙为时尚人士讨论政治之处,产生了不少期刊和小册子煽动革命情绪。此后,巴黎的407个"选举人",在选出三级大会的代表之后,经常集会,巴黎公社及国民军(National Guard)由此选举人的会议而产生[16]。这些机构与组织,和巴黎政客经常聚会的俱乐部,成为策动革命的基本力量,以后他们既维持秩序,也策动暴民。其他各地区的情形也大同小异,1789年巴黎的骚动一开始,旧体制派往各处的省长(intendants)逃避一空,政府的组织已经瓦解,各市镇大致仿效巴黎的办法,除了传达国民大会(National Assembly,详下)的法案外,已不接受国王所辖行政系统指挥。[17]

所以旧体制力量脆弱,是局势脱离掌握之一大主因。这种情形,也使法国大革命和俄国十月革命接近,而不能与德国的统一运动相比。1789年7月14日,巴黎群众首先冲入伤病军人大厦,取得滑膛枪32000支,随后进攻巴士底监狱,其目的在于取得兵器与火药,解除这要塞对巴黎市民的威胁,并非所谓解放囚人[18]。消息传到各处,很多市镇与乡村群起响应,农民进攻贵族的堡垒。

为简便起见,大革命可以分作两个阶段叙述:前期自1789年5月三级会议开幕到1792年8月,历时3年多,其目的在制定君主立宪。1792年8月,路易失去所有职权,革命由温和走向极端,终至恐怖时期(reign of terror,简称恐怖Terror),后因"热月反动"(Thermidorian Reaction)才得结束,时为1794年7月,后期也历时近两年。此后迄拿破仑于1799年11月兵变夺取政权为止,其间5年多,只算是收束整顿的时期。

三级会议召开时,第三级代表约600人,第一二两级各约300人。起先国王和议会坚持按照1614年的成例,三级分开讨论表决,如果某一议案获得两级的同意即算通过。显然的,这样无法对国家体制作任何更革,即想改变方针与政策也必困难重重。所以第三级的代表主张所有代表一堂磋商,集体表决,在这主张之下,三级会议变成了"国民大会"(National Assembly,这组织后来自称"宪法制定会议"〔Constituent Assembly〕,由宪法制定会议参加产生的代议政治机构称为"立法会议"〔Legislative Assembly〕,于1791年集会。以上都与革命后期的"国民会议"〔National Convention〕不同)。因为国王封锁议会的场所,这些代表聚集于凡尔赛宫室内网球场,也鼓动一部分代表下级僧侣和前进派的贵族参与,又怕国王以武力压制,与会的人签名誓约之上,内称除非达到目的,决不分散。其中提到国民大会之召开,其目的在"草拟宪法,给国家以新生,并且厘定君主制之正确原则"[19]。

这样展开革命的程序。路易十六看到局势已无法掌握,就指令第一级和第二级的代表一体参与。他的让步并非出于开明主见，而是于内外的威胁，而巴黎既感到粮食恐慌，又不知道国王意向所在。他集中军队于巴黎内外以防止暴民蠢动，保护国民大会的安全。但是所谓暴民既经组织，实际已是革命的群众力量，和国民大会里一部分代表之护身符。

三级会议于5月5日集会讨论，6月20日有网球场誓辞，6月25日巴黎公社组织就绪，7月14日巴士底监狱被攻陷，7月17日路易十六前往巴黎巡视，希望抚慰众情，10月5日仍有巴黎街头妇女6000多人冒雨手执标枪，又挽两门炮，跋涉12英里，到凡尔赛宫向国民大会和国王请愿，提出"要面包"的要求。由于她们后面还有国民军两万人的支持，国王与王后被迫由凡尔赛迁往巴黎的特拉里兹宫（Tuileries）。两周之后，国民大会在巴黎开会，从此彼此都在巴黎群众阴影之下，巴黎公社所指挥之群众或暴民，对以后国事的进展有了左右全局的力量。

时至今日，这些事迹还找不到确切的解释。即如巴黎的暴动与妇女的示威，显然有人策划主持。他们是谁？当初目的何在？虽说历史家各有猜测，最可能从中获利的乃是奥尔良公爵（duc de Orleans），当今国王的远房叔父，他自己想做立宪君主，也可能是赛亚司和米哈波预闻其事，甚至有人怀疑，在美国独立战争时成名，今被公推为国民军司令的拉法叶（La Fayette）。还有几个办报纸的主笔，也被指责唆使主动，却没有人提出可靠的证据[20]。总之从人身方面的观察，很难写出此中确定的历史。

大卫(Jacques Louis David)《网球场誓约》(局部)。现藏于巴黎卡纳瓦列美术馆。

1789年10月5日,巴黎妇女手执标枪,挽炮两门徒步至凡尔赛宫请愿。巴黎卡纳瓦列美术馆藏。

并且1789年收成良好,粮食问题也一度解决,紧张的空气业已和缓[21]。那么何以以后翻天覆地的情事尚待展开,而且内战与断头台上之不断流血,仍在3年以后产生?

国民大会决议接收寺院的地产,废除什一捐,将各种封建义务解除,人身的义务亦无条件废止,土地的义务则以代价赎取。又通过了"人权及公民权利宣言",其第一款即宣扬"凡人自出生及至今统享有自由及平等的权利,仅在共同的功利之条件下产生社会上的差别"。此外又列举这些权利为"自由、财产权及抵抗压迫的权利"。公民一体在法律之前平等[22]。新法律尚待公布,新宪法则将公民分为"现役公民"及"非现役公民"二种,前者有最低限度的赋税,享有选举权。1791年召开的立法会议,即依这样的程序产生,其组织为一院制,所以没有贵族平民的区别,僧侣更不在话下。国王对立法会议通过的法案保持有限度的否决权(立法会议两年一届,国王对同一法案可以在两届否决,所以否决有效期间共为4年)。应付当前的财政问题,则决议发行一种纸币,称为"交付券"(assignats),以没收寺院之地产作担保。

看来这些条款所包括的改革极为广泛,其步骤则和缓而带妥协性,为什么如此的方案不能化干戈为玉帛?其中必有蹊跷。

废除封建特权,并非在国民大会里经过详细审查与考虑而通过,而是少数预谋的人决定在傍晚5时开会(1789年8月4日),会议延长到清晨两点而获得表决,其辩论的程序也预有布置。像这样一种重要的改革,务须有关的人大部分承认这是众望所归,积极进行,才能希

1791年法国国民大会为解决财政危机而发行的"交付券"。
（巴黎国立图书馆藏）

望克服技术上的困难。可是事实上立法时，就希望其行动有如"魔术"，所以宣传的成分多，实际的功效少[23]。这时候，法国残余的封建因素并非整体的可以耳闻目见，而是在农村渗入各种经济生活之中，如"声望"即附带着特权；在很多情形之下，人身义务与土地义务不可区分；不少封建特权出于霸占，又有一些出于契约。即让农民付20年及25年的代价赎清，技术上也困难重重，况且有些土地又经受领人佃让与人，更不知何人可以占得便宜，领主则借口除非收有赎金,特权仍保持如旧,并且东西南北,各地情形不一。所以国民大会一纸法案,只产生了千般万样的纠纷。有些农民争取法案给他们的利益,一直纠缠到1793年,其情节即是一种"道地的内战"[24]。

没收寺院地产、废除什一捐好像轻而易举,可是后来牵涉更广。各主教方丈既失去了他们手下的收入,国会就决定对他们发薪水,所以全部宗教人员成了政府雇员。又因为此时整理全国的行政区域(参照上节法国行省有中央及边区的分别),全国领土各按境内山河划为大致面积相等之行政区(departments),于是旧的主教区裁撤,新的主教区与行政区重叠。在政教合一的方针之下,国民会议于1791年通过"宗教人员民事组织法案"(Civil Constitution of the Clergy),规定主教由选民推举,不再由教皇认可,并且所有僧侣要宣誓尽忠于国家。一位现代作家认为这一举"中断了全国的团结,内战于是开始"[25]。

一般非信徒甚难掌握此中奥妙。罗马教会由基督授命于保罗而产生,主教千百年来衣钵相传有天神降命于人的意义。很多宗教人员已经觉得裁减主教人数、更改他们辖区之不当。因为在神学的立场上讲,这些措施已经污亵了他们的神圣使命之根源。至于向人间政府宣誓,等于将所有的主教方丈改业为政治指导员。一部分僧侣比较达观,觉得为主服务和民事管理可以视作两途,但是赞成宣誓的少。160个主教之中,只有7人宣誓。后来教皇斥责"组织法案",更加深了法国内部的分裂。爱国人士责问,何以堂堂法国人要受命于意大利。抗拒宣誓的神父叮嘱信民,不要被这种犯天渎神的政府误入歧途,甚至主张他们不要买卖寺院之地产,不向政府付税,自此法国之天主教会分裂为二。路易十六之企图出奔,近因在宗教。出奔前两个月,他曾想参与一位正规神父所主持的弥撒,被巴黎的市民阻挠而作罢[26]。最后他更因否决惩罚违命的僧侣之法案,与大批革命人士不相容。

1792年8月10日的革命。(凡尔赛美术馆藏)

路易在华伦内被截获,送回巴黎之后,国民大会企图避免内战,仍让他担任消极的国王,声称他被绑票,处决计划逃亡的人物了事。但是法国高层社会人士纷纷避难他邦,仍是一个很严重的问题。1789年情势不稳时,两个月之内政府批发了20万件护照,虽说有些持有者只在国内旅行,但多数流亡国外。这种情形迄未停止。1792年正规军内2/3的军官都已离职[27]。因为这些领导人物之离散,社会更不安定。流亡者(émigrés)集中于比利时、意大利各处,但是以在德国莱茵河上的科布伦次(Koblenz)的一个集团最带威胁性质,他们也和不受命的僧侣联系,有引导德奥的王室侵入法国,推翻革命的趋势。在这情形之下,路易的奥国王后成为他在中外观感间的一种负担。旁的问题不说,单是在宗教和流亡者两种关系之下,路易十六想做消极性的国王也不可得。

1792年巴黎群众的蠢动,不是由于年岁的收成不好,而是因法币贬值,一般农民宁可背枭,不愿接受不值钱的交付券。但是我们也可以看出,法国自1789年以来的基本问题并没有解决,即如类似纸面上的法案也和"人权及公民权利宣言"一样,只能算是一种计划和一种企图[28],不可能立即实现理想。这种未曾妥定的局面,一遇局部危机,就会江河日下而不可收拾。

法国大革命曾被解释有它本身的逻辑,内中群众与权力和崇高的理想不可分割。即革命者不容易从他们的人身经验一眼看出,而只能够在事势逐渐展开时,理解体会[29]。本书接受这种观点,并且将之扩大。大革命发生时新闻报纸初出茅庐的煽动群众,即作者和主编也不免为他们自己的辞藻所蒙蔽。最近100多年来的进展,却使我们在社会心理学和政治经济学的看法,远胜于18世纪末期。而且像法国大革命这样伟大的事迹,其包涵既多,内中不少的因果关系可以前后倒置。这也就是说,我们可以从以后业已发生的情事和业已证明的史实追溯回去，追究当日酝酿的情形，分析各种行动的动机[30]。

可以简要地说，1789年法国所遇到的困难，乃是环境需要立即采取一个用数目字管理的方式，首先则低层机构中各种经济因素要能公平而自由地交换。而此时法国却分为无数大小圆圈，错综重叠。各种人文因素也彼此牵制。经济改革牵涉到政治体制；僧侣的组织也涉及群众的安全。表面看来一个简单的要求，实际有等于一只动物之脱胎换骨。而这动物在改造期间又仍要穿衣吃饭，以致更难。

从法国革命之前后看来，这当中产生了两个完全不同的社会，涉及政治、经济、法律、外交、文化及宗教信仰。因其范围大、时间短，当中无法避免暴力。革命初期希望凡事妥协，有意效法英国之光荣革命（详第四章）[31]，后期则凡事不妥协。如果国王暧昧不明，其存在足为国事之累，则将国王送上断头台。如果外国有干涉之意图，则索性由法国作主，向奥地利、英国和西班牙宣战，并转守为攻地进兵比利时、荷兰、瑞士、意大利和德国。如果封建余存的因素纠缠不清，则将政权特权一律无代价的废止，直接实行耕者有其田。如果僧侣不肯宣誓，以致法国的天主教会分裂，则索性不承认耶稣基督，而另崇拜一个自然神论之"最高存有"(Supreme Being)。如果反革命的人物可能滋事，不守经济法规的人物可能影响社会秩序，即宣布"嫌疑犯法案"(Law of Suspects)，一连拘禁30万人，很多不经审判而送上断头台。写到这里，本书也要仿效西方的历史家附带声明，叙述这些事之因果，并不是赞扬提倡。只是这一串事迹之逻辑与因果，非常明显。法兰西要给自己创造一段新生命。

将旧有体制全部解散一切重来，其胆量值得钦佩，可是也在心理和行动上沾染着极端可怕的景象。所以小说家狄更斯（Charles Dickens）会用一两页针锋相对的词语，重复地叙述当日矛盾。我们试设想：旧的组织制度既已推翻，此时既无尊卑长上，也无合法与否，其合理与否，由各人作主，这是浪漫史的最高潮。同时把人类退化至原始时代，是一个令人心栗令人惶惑的境界。

预示此种情况，有卢梭（Rousseau）所谓"高贵之野人"（Noble Savage）。其为高贵，则是不染世俗上奴役旁人和剥削旁人之恶习，其为野人，是不受假惺惺的文教所拘束。恐怖时期巴黎不少妇女边在编织绒线衣物，边在观赏断头台上的流血，甚至投井下石，对受刑的人加以凌辱、嘲笑，有近于所叙解放中人物。再叙述得彻底一点，这时候法国已近于霍布斯的初民状态（详第五章），亦即所有人与所有人作战。除非有"巨灵"（Leviathan）出现，由一个全能的政府作仲裁，否则每个人都有死在暴力之下的可能。1792年9月巴黎暴民到各监狱行凶，将1000多囚人当场打死，事后到巴黎公社领取酬金[32]。引申霍布斯之学说，则当时联军攻下凡尔登（Verdun），法国国都看来危在旦夕，群情恐惶，一般人都相信囚犯将为联军内应，于是对他们行凶，也算是自卫。

根据这样的逻辑，我们可以追述革命进入第二阶段的情形：巨灵既为国家主权人，不能没有发号施令的权力，但这种权力已无从由旧体制承袭，有待创造。所以其组织不能循理合法（要是合法就无需革命了）。以上各种条件注定其组织者为少数人物，首先以阴谋发难[33]。

1792的革命，由雅各宾派（Jacobins）领导，他们经常聚会于雅各宾俱乐部,内中又以从吉伦德选出之代表所谓吉伦德派(Girondists)为表率。兹后又有所谓山岳党者,大部也属于雅各宾俱乐部,又掺杂其他俱乐部之成员,总因为他们在国民会议席位占高,又为过激派,所以有此名号。这两个集团间的来往交流,相当复杂,初非泾渭分明[34]。只是以后斗争展开,吉伦德派主张温和的改革,贷路易十六以不死,也主张地方分权。山岳党则和巴黎的市民结合,主张对法国予以一个彻底的大改革,将卢梭所提倡的"社会契约"推化为事实,在过渡期间,当然只有中央集权。他们不仅主动地将吉伦德党逐出雅各宾俱乐部之外,还在政治上清算他们,引起恐怖之展开。

雅各宾俱乐部,其前身为圣雅各宾修道院。

大革命分为前后两阶段，固然以1792年8月国王之失去职权为分水岭。但是其阴谋和酝酿已在几个星期之前开始。巴黎城市分为48个区。雅各宾的组织人员无疑受未来的山岳党指挥（此时国民会议尚未集会，所以不能径称之为山岳党），他们将这些区公所一个一个争取组织妥当，其计划隐匿周详，始终无一人单独露面。他们自称已经消除了"现役公民"和"非现役公民"的区别，也不承认路易十六为国王。8月9日夜，由这些区公所组成的造反新巴黎公社侵入公社的会议厅，将原有的公社组织驱逐。国民军的司令准备干涉，则由新公社代之以新司令[35]。其所以如此得意称心，乃因组织者早已将巴黎市井间能持武器者全部笼络。合法的巴黎公社和国民军至此已失去招架的能力。

迄此，巴黎公社还保持着资产阶级的风格，国民军也限"现役公民"参加，主要的任务为维持秩序。雅各宾所动员之群众称为sans culottes，直译为"不穿马裤之人"，以别于18世纪中等以上的装束。我们无妨称之为"无裤党"。巴黎之无裤党，以小商店老板及独立营业之技工领头[36]。但是他们动辄在街头聚集数万人，而巴黎人口以户计半数为佣工[37]，所以当中不可能没有长期的佣工与短期的雇工参与行列。他们手执标枪，使迄今地方自治之武力为之改换色彩，也使整个大革命为之改观。

凡革命则需要群众武力。革命期望于他们的是行动多于思想，团结的力量超过个人的色彩。无裤党提出的要求，首重粮食的价格能与工资配合，即后来提倡限制私人资本，主张任何人不得有一家店面以上的铺场，没有任何高深的见解[38]。因为其简单，所以能构成革命之大洪流。等到内部生出歧见，各有是非，革命已近尾声了。这时候，即1792年的夏天，他们都相信生活之不愉快责任全在路易十六。

路易十六受刑图（局部）。

雅各宾人士与无裤党结合，曾两次向国王提出问罪之师。6月20日冲入特拉里兹宫时，路易应付灵敏未生事故，对革命者说来，也算是失败。8月9日夜他们占领巴黎公社的官署之后，即马不停蹄，说服国民军，于翌日再向特拉里兹进兵。于是"一大堆爱国者、无业游民和冒险家，总之就是攻巴士底监狱的同样色彩之人群"[39]，一共集结了2万人，向保护国王的瑞士雇佣军作战。国王一行逃避于立法会议的会场，请求议会保护，并且命令卫队停止抵抗，可是武装冲突依然展开,双方死伤约1200人。国王王后一行从此失去自由,以后搜出一铁匣的公文,证明路易对革命实为不利,这证件成为1793年初将他判死刑的张本。1792年9月国民会议开幕时,国王已失去职权,"9月残杀"即无裤党到牢狱里残杀囚人(详上。其中不少被害者为不肯宣誓的僧侣和政治犯,也有一般罪犯和娼妓同样的在枪棒之下牺牲),这样的事已发生,而且法国军队在瓦尔米(Valmy)又打了一个胜仗,在短期时间之内,战事已稳定,民国在此时成立。最初吉伦德派还在国民会议里占优势,只是为着革命至此是否应当缓和,采纳众议,还是随着巴黎公社激烈到底等等问题,展开了和山岳党的斗争。此中谁是谁非,经过很多历史家的争辩,只因为内中涉及个人动机,迄无定论[40]。

今日去当时已近200年,我们有了历史的了解,就可以说,当事人不一定能明了他们自己的行动在历史上的真正意义。法国大革命早已展开,机构上各种基础都已具备,于是箭在弦上,不得不发,这时候只有化复杂的情势为简单。现实超过抽象,决断胜于犹豫,于是很少有个人之间的是非曲直,只有革命的逻辑,它亟需随着实力找到着落。

所以国民会议以366票对361票判国王死刑,此后党争展开,山岳党整肃吉伦德派,将他们推上断头台,发动了恐怖政治,各种政敌消失之后,过激派又展开了内部的斗争。罗伯斯比尔首先将最激进的赫伯(Hébert)处死,回头又将主张较温和的丹东处死,等到"热月反动"展开,罗伯斯比尔也被前在各省执行恐怖政策的议会代表处死,同出于以上逻辑。在宽阔的眼光看来，法国已面临着一个"苍天已死黄天当立"的局面，巨灵尚未长成，只有煽动性的报纸动摇人心，无裤党满街捉人。不问他们的动机如何，都成为助长革命炽热的燃料。我们与其追究个人品德，不如认识他们的时代。

罗伯斯比尔。

丹东。

恐怖政治在"大敌当前国贼未除"的气氛之下产生。法兰西已有两个总司令自动投奔敌国，在国内则征兵30万，又发生了温底（Vendee）和里昂（Lyons）的内乱，士伦（Toulon）则降英，影响了地中海沿岸的安全。这时候国民会议欲藉着内外军事政治的危机来创造一种新的社会经济体系，其中牵涉到千缕百条人与人的关系，于是只好以暴力和威胁逼成。1793年9月5日，国民会议提出"当今的程序（order of the day）为恐怖"[41]，只不过公开承认业已展开的一种运动，增加其强度，加快其速率而已。

但在最黯淡的时候，新的组织业已开始。丹东发起组织的公众安全委员会（Committee of Public Sefety）集司法行政大权于一身，又通过国民会议，也操纵了立法权。它既像战时内阁有任免将官、总揽军事外交的能力，也借着特务人员，监视社会人士，指挥革命法庭。它之诞生，证明非常时期实施三权分立之不合实际，也证实了柏克（Edmund Burke）所预言，法国过激运动必导引一种军事独裁。经过公众安全委员会掌握的权力，由丹东而至罗伯斯比尔，又更通过巴拉（Barras）和赛亚司而至拿破仑，无疑是新法国高层结构之根源[42]。

革命者此时还有一个有利之条件，是全国各行政区域的组织也大致仿效巴黎体制。1789年旧体制瓦解之后，各城市也组织了他们的公社，也有地方性的雅各宾俱乐部，大都会里也有无裤党，他们从城市里将力量延伸到附近村镇里去[43]。革命后期，各城市也以不同的名义组织，有似于公众安全委员会的机构，总揽动员治安事宜[44]。当各地呈现分化趋势之时候，国民会议决定派它自己的代表到各地去督导。反对山岳党的吉伦德派，认为这是分化政敌的好机会，于是推举山岳党的代表出任。殊不知这些督导员到任之后大权在握，积极增加各个人的声望，当中半打左右的强人，日后成为"热月反动"之后法国的台柱。此时，他们整肃各地方组织、加强恐怖政治、执行物价管制、征集人员物资、组织工厂、设立济贫所、将税额配于富人，无裤党则承命协助他们按户搜索。用不着说，当中必有无数违规犯法之情事，但是这种种作为,加强了中央管制,也就是将新高层结构的权力施展到低层结构里去。因此产生的行动,合乎"山岳党的风格"。也有历史家谓这些中央派出之督导员,有黎希流和柯贝特(详上)所遭派的省长之才干,其中有些日后成为拿破仑官僚机构里的能臣[45]。

1793年大卫为共和政体公民所做的服式设计。由此图可见受革命思想影响,时人穿着也有突破性发展。

新体制的低层结构,可谓全民平等。大革命后期既已废除"现役公民"和"非现役公民"的区别(但是1795年的宪法规定选举权仍受资产限制),又革除了贵族与平民的差异,更取消了封建特权、什一捐、买官的办法,和以前只派予平民的赋税和国内内地的关卡,新体制开始脱胎换骨,形成一个庞大的扁平体。但这种平等乃是法律前之平等,诚可谓之为理想之机会均等,而不是均分财产或中国"均田"式的平等。劫富济贫式的平等,曾经圣约斯特提及,可是未能付诸实施[46]。总而言之,大革命只创造了一个低层机构里各种经济因素都能公平而自由交换的原则,奠定了日后以数目字管理的基础。即山岳党人物,有时抱有社会主义之趋向,也无从将这种思想构成一种系统。共产主义只有一次被提出,但是随即被制压。历史家也承认以当日法国生产组织之程度,谈不上废除私人资本[47]。

这样一来,法国只有走上资本主义的道路。"热月反动"之后,"五人执政"(Directory)期间,"一个新国家经济慢慢登场,经济放任政策,〔只〕受国家缓和节制"[48]。这时候农村经济与城市经济结为一元,批发事业开始统辖零售生意,专制政府虽策定大纲,从旁监视,其中各处接头的情形仍待私人展开。新组织和运动既脱离封建特权的束缚,又不因宗教的禁忌而支吾,还靠什么作其掌握指南针?那么也只有机会均等的竞争,一切以金钱为标准了。并且它所造成的结构也只有越做越大。广泛地展开信用,不受人身关系束缚地雇用经理,和通盘活用的服务——即是我们所认为资本主义的技术上之条件——都因之而日益显著。设立工厂、集中生产,使独立工匠经营的小店铺关门,扩大了城市中的无产阶级,也只是迟早之事。以上所述可以经过几十年和几百年的进程,而私人资本在社会上和政治上力量之比重越来越大。我们从大历史的眼光看来,以上事情可以用1799年7月(即热月反动之日)算作法兰西的出发点。以同样的眼光看来，事到当日，丹东、马拉和罗伯斯比尔都已经完成了他们的历史任务。他们是好人或坏人，与后人的关系不深，即算他们都不具备做独裁者的条件，他们所创造的一种高层机构却是以后组织与制度的基始。

这样的说法，好像近乎宿命论（fatalist）；也好像是说，将要发生的事情都会发生，与各人的存心没有关系，甚至与人力无涉。其实也并不尽然。虽说18世纪末的法国人无从确悉今日我们所谓资本主义者所包括的了解（所以资本主义者这名称产生于19世纪而不产生于18世纪），他们对近身之事，也并不是完全盲目地全以冲动处置。例如罗伯斯比尔倒台之前，巴黎的无裤党已先失势。起先山岳党限制最高工资对无裤党一部分人有利，对其他人不利，已经产生了分化作用。以后这种工资与物价的管制又没有着实地维持到底，则起先受惠的也日渐不满。罗伯斯比尔在清算丹东之前抑制左派，更使一部分无裤党的领袖失去凭藉，其他的则藉着机会在政府里做官，由革命者摇身一变而为职业性的官僚[49]。所以"热月反动"固然是由于恐怖政治做得太过头，人心思变，一方面也是革命的力量本身已在分化，事实上各人都在计算本人切身的利害。我们所谓非人身因素和集体责任，也不是说世事之演化全由冥冥之中神秘的力量作主宰，只是事涉群众运动和群众心理，我们无法从各个人留下的记录挂一漏万地勘判，只好看清全盘局势，以逻辑上之推论，补文献之不足。

同时这样看来，卢梭之所谓"高贵野人"，仍系理想上的一种极端。事实上，革命分子亦要穿衣吃饭，无法完全放弃个人之私利观。

一到对外战争转败为胜,内外的军事威胁消除,恐怖政治已无必要时,所标榜的革命道德也是多余,而且天主教会既已放弃它的地产和政治力量,人民信仰天主教也不足为虑。这些条件就已在邀请"热月反动"出现,五年之后拿破仑因时就势,只将既成事实确定。总而言之,世间既有经济则有组织。法国既已否定巴贝夫(Babeuf)所提倡的共产社会,则新组织只能从现状内个人的获得与占有参差不齐的条件下展开,其基本原则为各个人自识指归,则就不期而然地造成一个资本主义的社会了。

可是在短时间内急遽改造,法兰西付出的代价不算不高。恐怖期间据说牺牲了17000人性命,而且这数字只是革命法庭正式判死刑的案件,其他不经审判,草率推上断头台的,又何止此数。里昂在清算反革命之日,将囚徒200人一批,排放在壕沟之间,予以炮轰,南特(Nantes)之牢狱被传染病侵袭,也无法给被监禁者食物,实为人间地狱,于是将逾2000囚犯,置在漏水之船上让他们在罗尔(Loire)河中淹沉。专家估计在1793年9月到1794年7月间,因之丧生人数达35000至40000之间,而间接受害者尚不计,所拘禁之嫌疑犯则可能为30万[50]。因革命而引起的对外以及后长期的拿破仑战争,死伤更多。勒费弗提到革命期间陆军的死亡失踪人数达60万,而另一估计又提及1800年到1815年间战死及因创伤而死的也近40万[51],在一个人口不到3000万的国家,实为一个极大的数目。

然则全面动员,驱使法兰西7%的人口执干戈以卫社稷,其力量不可谓不雄伟,也不可能全为浪费。团结士气人心的成效不说,经济动员也是组织新国家的一种步骤。庞大的军队极需食粮、被服、兵器、马匹和交通工具，更需要民间组织的第二线和第三线的支持。国民会议期间（1792年至1795年）经济政策着重出卖没收的地产，管制物价与工资，一部分兵工事业由国家直接经营。但是大体上国民经济仍保持商业性格，直接向民间争取物资，限于事势上的需要，着重将剩余的粮食输至前线，若干村镇亦有地方政府配给食物之情事。总之除非无法避免，政府不愿自己动手主持，当中一个主因即是当日经济消息尚不灵通，局势难于掌握。因此政府仍对商人作各种让步，即对外贸易算是国营，政府也仍给商人各种回扣及暗盘，即限制物价时，原则上也将批发商及零售商之正当利润计入[52]。

英国人眼中的法国大革命。这幅漫画生动描绘出革命时期的恐怖血腥气氛。

"五人执政"期间（1795年至1799年），政府放弃物价与工资的管制，曾引起物价陡涨，造成通货膨胀，各级官僚在混乱期间贪污自肥。1797年至1798年一年间和大陆各国大致保持和平（只与英国仍在战时状态），加以收成良好，物价回跌。执政政府曾致力制定经济对策，例如加强税收效率、削减预算、增加关税、继续征用军事物资。1796年的币制改革，以纸币换纸币没有功效，翌年改用硬币，从荷兰、德国和意大利搜括的金银，与对外贸易的入超，解决了货币来源的问题，并且趁此机会收回公债。法国大革命期间的一段奇遇则是政权迭次易手，政府始终没有正式赖债。只有1797年宣布公债之2/3不付息，这2/3的兑换券在市场上无人问，等于被宣布作废。另1/3也随着跌价，从此政府对利息之负担大为减轻。虽说收支仍不平衡，情形大有改进[53]。只是对外不能保持和平，1798年后战事又再失利，才有拿破仑的登场。

拿破仑加强对占领各国的榨取，将国内的税收归并在中央政府收入中，拒绝采取动摇人心的短视政策，又向国外借款及于热那亚和汉堡，在1802年使收支平衡。巴黎的通利银行（Caisse des Comptes Courants）有了波拿巴一家人及其他政府显要为股东，虽为私营，也替政府担任出纳，又为公债付息，法兰西的资本主义体制至此更浓厚了[54]。于是索波尔在叙述大革命的结论时写出：

> 中小规模之制造分工日详，农人与都市技工之区别日益明显，资产阶级之重心因而转移。商人及企业家取得过去遗传之财

富,领有重要地位。投机生意及供应军需和搜括军事占领的土地,给他们以更大的利润机会。经济的自由,展开了企业集中的道路。此后这些人以他们敢冒风险和采取主动的精神投资于制造,放弃了投机生意,于是对资本主义之工业化有贡献[55]。

叙述到这里,本书的作者也和不少的读者一样感到惑然。国王王后及贵族政治家、虔诚的传教士和带煽动性的革命者,当中固然不乏投机分子,可是也有不少忠臣烈士同样地在断头台抛头颅洒鲜血,玉石俱焚,其最后目的无非让资本家赚钱?难道所谓社会契约真的不过是做生意的一种契约,有如柏克所指斥,有如"买卖咖啡与胡椒、印花布和烟草"?虽说本书在以上章节中一再主张不要因为道德问题而阻碍技术之讨论,可是也并不是说道德只是做事时之赘疣,可以完全不理。一到技术之研讨告一段落,仍有将整个问题提出再检讨之必要。

我们所谓资本主义,只是新社会这个多面体之一面,法国大革命扫清了内部各种障壁,在新体制之下,行政系统的功能有了一种看来似是而非的矛盾性格,一方面政府变成一个全能性的政府,有如勒费弗所说:"自今之后,除了长距离和通讯技术上的困难以外,国家的意志力不再遇到任何障碍。"但是他接着又说:"资产阶级宣扬人权,以自由为始他们在维护这些条件时防止国家〔的克制〕,所以他们将国家改造,以群众的最高主权人代替威权皇子,他们于是肃清了人身的权力。"[56]

拿破仑一世像，巴隆·法兰斯瓦·杰阿赫（Baron Fransois Gerard）绘。

在了解这矛盾的时候，我们只能佩服霍布斯（第五章）的远见，他所谓"巨灵，虚构之人"，实在是一个全能性的政府，它本身即是一切生命财产之集团，于理也不能侵害本身之生命财产。同时这种情况也有如孙文所说政府有能，人民有权。如果人民能控制政府，则不怕政府的能力强、效率高。把以上一切说成一个绝对的形式，仍是一个理想。拿破仑的政权既称"开明专制"，可见得只是心朝这方向走，不可能水到渠成，功德圆满。可是在拿破仑兵变之前，"热月事变"之后，社会已开始变化，有如两位法国史学家之研究说："即'五人执政'期间，只要恐怖期间的大量流血成为往事，法兰西开始呈现着大革命带来的深远改革，这些改革基本上给社会一个现代性格。"[57]

他们接着又解释这现代性格首先表示于人口生殖率之降低。虽说当日还不能立即体会，当生活程度提高的时候，人们开始注重他们生活之质量，于是节制生育。社会里学术家和军人抬头，启蒙运动的哲学家受重视。金钱成为首要，享乐主义少受检束，漂亮的女人不仅"以人身标示着奢侈与享乐，也表现着金钱与成功"。

当社会上产生一种长期间大规模运动的时候，其因果常可以前后倒置。对法国而言，资本主义可以说是创造这社会之因，也同时是这社会所赐予之果。首先即因消除了旧体制的各种拘束和障碍，人身财产权被固定及标准化，于是所有权和雇佣在民间先构成一个大罗网。严格说来，国家与社会不过是这种结构的一种外部，有如布罗代尔所说："资本主义之成功，端在它与国家互为一体，它本身即成为国家。"（详第一章）

反过来说：这种体制也给新社会各种鼓励和保障，更促进资本主义。如拿破仑在1804年公布拿破仑法典，兹后他将这法典及其精神推行到他占领军所及的其他国家里去，亦有促成其他国家现代化的力量，而使资本主义更为抬头。为什么与旧社会比较，一般人会感觉在资本主义的社会里较前自由？人类的社会生活不能没有管制与约束。在资本主义的社会里，一般人感到警察的监视较少，因为人民已受一种流动性的经济力量所把持，这种接受金钱管制，有如洛克所说"含默的认可"（tacit consent），出于自愿。这样说来，"国计"不能不与"民生"共为一体，所以法国人也不能因为其社会基层的组织与"买卖咖啡与胡椒、印花布和烟草"的原则相似为可耻，只有在这种商业组织的条件下，国民经济才能高速展开，因为生活程度提高，一种高度的现代文化才能因之而产生。柏克早应知道，文化即是生活。

在这种社会体制里，当然只有资产阶级占优势。全民平等之不可能，已为当时人公开提出[58]，因此以上的发展也是自然趋势。法国大革命之后的资产阶级并非革命以前的资产阶级。以前的资产阶级不少已在这大洪流中牺牲，有些持有公债，却因政府赖债而破产，另外，不少农民及下层社会人士因投机买得政府急于脱手的产业而致富，其他趁着税收还没有规律，军需工业极需供应者的时候起家[59]。革命期间诚有不少阴谋，但是整个革命的过程错综复杂，其牵涉范围之大，更早超过阴谋者所预期。

而且，法国大革命展开，随着有民族主义抬头。路易十六的法国还只能算做一个朝代国家，拿破仑治下的法国才是一个道地的民族国家。很多法国人跟随着波拿巴，因为他们每个人都自认是组织中之一部分，生命荣辱与共[60]。大革命口号"自由、平等、博爱"所产生的道德精神，"与佛菩萨、基督和苏格拉底的，没有重要的区别"[61]。即算劫富济贫的观念无法实现，而且大革命好像愚弄了一般贫民，这样的经验必定打扰着很多法国人的良心,所以现代共产主义和社会主义的思想不开始于马克思,而始于巴贝夫[62]。而且法兰西除经过拿破仑的战争外,以后还接着有1830、1848和1871年的革命。时至今日仍有很多过激的思想,不出于苏联,而出于法国。

总之,法国大革命极端戏剧性地表现一个民族和一个国家寻觅现代组织的过程,它在迫不及待的期间,表扬了人类崇高的理想,也暴露了很多人类共通的弱点。它给人类史展开了新的一页,同时也留下一个阴影。大革命将国家世俗化,从此,良心上的事,人自己作主。但是有些革命者企图以人类的理智代替宗教,始终没有成功。今日法兰西仍是一个以天主教为主的国家。本书作者于1987年经过里昂,此地曾经赤色恐怖和白色恐怖两度浩劫,可是今日这城市只表现资本主义大都会升平的景象,市中心的广场上仍有路易十六纪念碑,索恩河的大桥也仍称为波拉巴大桥,而且富菲亚(Fourviere)山顶上的教堂里仍供奉着百十盏信男信女所供奉的明烛,表示时过境迁,人类发觉他们的生活中不能没有理智,但理智不是一切世事的最后主宰。我们的知识愈提高,我们对旁人的容忍也要愈宽,我们道德上的责任也愈大。

俄国的十月革命

1969年3月,中苏的武装部队在乌苏里江珍宝岛上冲突,苏方自称死数十人,不久战事延至新疆边境。克里姆林宫的领导人物,有向中国使用原子武器的企图。9月16日由国家安全委员会(K.G.B.)的情报人员路易士（Victor Louis），以新闻记者的名义在《伦敦晚报》发表文章，声称苏联有向新疆使用原子武器的可能，主旨在探询各国的反应。翌年，苏方外交人员又在维也纳歌剧院递交美国外交人员一张未签名的草约，内中声称缔约国如遇第三者原爆的挑衅，可以采取报复行动，并且通知各缔约国家，互相协商。尼克松及国务卿基辛格认为这样一纸条约，等于要美国事前承认苏联有权对中国使用原子武器。基辛格认为，10亿中国人陷于无政府状态，决非世界之福。而且新疆接近苏联铁道的终点，边境去中国铁道的终点则有好几百里，如果中国欲向苏联寻衅，也绝不会找到如此一个对本身战略不利的地方。所以美国虽与中共没有外交关系，而且技术上尚处于敌对状态，仍竭力设法与之接触[63]。

如果这还是一面之词，则前苏联籍联合国助理秘书斯维琴科投美，他所著书称《与莫斯科决绝》，更叙述到幕后详情。珍宝岛事件出乎苏联高级人员意料之外，一时人情惶惑。有些人恐怕中共会动员几百万入侵，所以反而真确地讨论使用原子武器。国防部长还主张使用最大氢弹。如果成为事实，不仅几百万中国人性命立成齑粉，苏联境内的安全也成问题。只有参谋总长认为不妥，因为大规模的使用原子武器，必引起世界大战，小规模的则不能解决问题。据斯维琴科的报道，最后使主战派悬崖勒马的仍是美方的警告[64]。

这些发展当然与苏联于1978年与越南宣布订定攻守同盟条约有关，也引起中共于1979年初，出兵老街与谅山。经此，勃列日涅夫（Brezhnev）才转换口气要和中国改善关系，甚至以充满情绪的言词讲出："我们还记得昔日为盟友,以同志地位互相合作的日子。"[65] 而且本书脱稿之日,正值邓小平与戈尔巴乔夫举行高峰会议之时,可见国际间外交局面千变万化,有识之士决不可以几十年成见,衡量今日之事端。然则将眼光现今化,则又须从历史的基点观察着手。

俄国之二月革命,实际发生于 3 月,十月革命则发生于 11 月。因为教皇在 1582 年改革历法,将当年删短 10 天(也就是以历日计提前 10 日),俄国在革命前尚未取效,迄 1917 年则有 13 天的差距。

沙皇尼古拉二世及皇后。

拉斯普丁。

这两重革命发生于 1917 年,也同是第一次世界大战的严重后果。沙皇尼古拉二世缺乏想象力,为人软弱,皇后则为德国人,不得人缘，又刚愎自用，如此与法国大革命前夕某些情形类似。而且沙皇亲自前往前线主持军事，皇后在后宫干政，引用妖人拉斯普丁（Rasputin），近似中国宫闱的黑幕。可是这些人身上之因素，既像法国也像中国，无非专制政治常有的现象。虽然替二月革命增加了不少背景色彩，可是不能受历史家过度重视。沙皇被迫退位之日，曾令皇弟嗣位，可是大公爵麦克坚辞不就，因为局势已不可收拾。二月革命之后，又有十月革命，更加之以内战及斯大林之整肃，可见得人事问题并非一切问题之核心。

第一次世界大战，俄国动员兵力1550万，占全人口（不同的估计，低至1.3亿，高至1.8亿）约10%，在无数的村庄里至少已占壮丁半数。又征用民间马200万匹。三年之内死伤及被俘人数，在600万到800万之间。单是1915年加拉西（Galacia）一役，俄军就死伤141万，被俘者也近百万[66]。这对社会是一种极大的扰动。迄至1917年，俄军在前线尚有兵员650万，当中可能有80万人以各种代表之名义经常活动于后方[67]。

俄国的工业基础与交通运输不能负担这样的军事行动和负担这样的损耗，已是众所周知之事实。战时俄国驱赶徒手赤足之士兵上阵，均已数见不鲜。又因为大战刚起时西方都以为不会超过几个月至一年，一切准备都从短时期着眼。根据日俄战争的经验，野战炮一门一年只用炮弹1000发，而大战时一次战役几天之内就可能耗用这样的数目，而且大规模的战役通常使用炮1000门以上。然则人员装备供应之不济，还只是问题之一面。以后的研究，发现战时经济之发展已产生绝大不平衡。譬如农村间的手工业及辅助工业即因之萎缩，最低限度城市的建筑业和工矿抬头，银行业务日益扩大，证券交易所更较前活跃，利润增值。[68] 如此只使社会阶层的冲突更尖锐化。

1917年即将被派往前线应战的俄国军队，他们普遍缺乏战斗意志。(Radio Times Hulton Picture Library 藏)

1905年，莫斯科街头的工人示威游行队伍。粮食问题是促使他们对政府不满的重要因素。

帝俄时代的陆军，多以贵族子弟为军官，所以军队为王朝之拱卫。战事经年累月，军官团的性格变质，中级以下的人士参与愈多，行伍之间则尽是农民[69]。以后苏维埃（Soviet）组成时，他们由反沙皇而反朝代，继而极端的左倾，主要乃由于农村问题，再加以长期战争的影响。

据估计，俄国的工人在战时由220万增加至300万，尚有100万服役于交通部门[70]。总而言之，他们在庞大的人口中，只占一个很小的比例（要是比例大，则整个下述之运动必会采取不同的途径了）。只是迄至革命前夕，俄国工会运动一直未曾充分展开，劳资向来缺乏和衷共济的习惯。况且工人集中，在彼得格勒一城即有40万[71]。促成他们参加革命的近因,乃是粮食恐慌。以后他们截断铁路的交通,掌握邮政电话,参加赤卫队,将兵工厂的武器交给革命队伍,对革命产生了积极的作用[72]。类似的情形也及于波罗的海舰队的海军士兵,他们距首都近,敌视贵族军官(海军军官与陆军军官不同,一直保持着贵族气息),也容易受革命者策动[73]。

可是以上之因素尚只触及革命之表面;倘要包括革命之全部发展,势必将俄国本世纪初期的农村问题一并摄入。

俄国的土地问题本身就有跨世纪的复杂沿革。原来俄国的穑夫确实有"农奴"身份,领主可以将之买卖,可以对他们加诸任何体刑,可以写一纸文书,叫他们自己拿着到附近警察所报到,由警察鞭挞,也可以遣送他们于西伯利亚。除非领主书面许可,穑夫不能领有财产。沙皇亚历山大二世1861年的解放令,确实是人道主义上的一件大事,只是太迟,虽然在法律上免除了奴隶身份,在土地分配上却没有解决问题,反而增加问题之复杂。

解放令之前,一部分穑夫的生活已较前改善。在南部农业商品化的区域,一般穑夫每周在领主的土地上工作3日,也有不少人是付代役金,只是需要附近市镇工厂展开,穑夫才能获得额外收入。农奴生产只能替领主保持过去封建社会之场面,事实上效率低,也不经济,只是自由劳工不易获得,尤以腹地为甚。1861年俄国人口1/3为穑夫。于是其间有如一段死结:农业生产的方式不改变则不易产生新型的工商业;没有新型的工商业则无法改革农业的生产方式。俄罗斯领域上的大陆性格值得学者注意。

解放后,因农村生产艰困,正要前往城市里谋生的俄国农民。

斯托雷平(Stolypin)。

解放令原则上由国家价卖领主之土地,但并不直接赐予穑夫,而是责成他们于49年内以工作或付代价偿还。因为各地情形不同,有些地区准备时期即花了20年,并且解放后穑夫付息高,得地少,大多数情形之下,所谓价接为业始终没有成为事实。"农民生活极少改善。在俄国中部,耕地相当完好,他们因解放反而丧失土地,如此也难能称之为解放。"[74]

又因为穑夫虽被解放,而财政责任未除,从地主买到的土地也并不交与个人,而系组织公社(obshchina)集体保管。如是也如中国隋唐之均田一样,公社不时将零星之土地各依人口之消长配与已解放之稿夫。受领土地者只有使用权,所掌握之地产不得买卖,也不能径自世袭,而且使用者不得径自挑选。这样一来,昔日稿夫无异于政府公地之租赁人,迄1917年,所述公社之管制仍在广大的地区内有效[75]。农民也不可能有行动自由。

斯托雷平(Stolypin)为首相时,曾于1906年提出改革。自此各公社可以将土地卖与农民,各农户也可将手下管业之土地出卖,以便迁往城市改业。斯氏之设计无非制造一批小自耕农,因为他们领有土地,身家财产所系,势必与王朝同利害,而不致动辄参加广泛之农民运动。可是这种法令无法于短时间内生效。事实上斯氏计划行之不及十载,欧战即已爆发,只有200万农户接受这样的处置。大抵俄国的1400万农户之中,只有1/10因此成为小自耕农,其他多因身处腹地,不便弃业他迁。这些新获得土地的邻居,称为"分离者"(otrubniki),从此不受公社管制,引起其他农民极端的嫉妒与仇恨[76]。

所以二月革命前夕,全俄土地之占有情况确是五花八门。贵族由于封建制度承袭之土地,仍占全体耕地约1/5,一般称地主者为数13万人[77]。又有数百万自耕农,绝大多数则为名义上已解放,实际仍被公社管理之稿夫。因此很难断定俄国此时属于何种体制。

战时政府从农村中征得壮丁1200万,马200万匹,当然减低各地耕作之效率。影响所及,一方面农民渴望获得土地,一方面耕地被废置。即算政府已将大批战俘分发于农村,仍无法弥补因征兵所减少之人力,而且利用战俘者以大地主之门户为多。此外,缺乏牲畜亦为极严重之问题。大概在俄属欧洲部分减少8.4%,南部之北高加索一带减少23.8%〔78〕。

时人所谓"和平与土地"（land and peace），即代表一般民众之要求。企求和平，是他们无力承当长期战争之负担，并且沙皇与德奥在中欧利害之冲突与他们不相关。其渴望取得土地固然由于生活所迫，也由于他们觉得受了不公平的待遇。这种观念也受着几十年来俄国虚无主义者及民粹主义者（populist）熏陶的影响（以上人士受有高等教育，经常志愿前往乡村担任教师、医生、客栈经理等）〔79〕。并且这两种要求连结一起，因为前方的士兵即是后方的农民，再不然则在书信之间彼此受亲戚家人生活之遭遇和情绪上交流的影响。而且帝国内部的少数民族或者要求独立，或者渴望自治并且保存独立的文化〔80〕。这些民众间的愿望起先看来虚远不着实际，以后都在革命期间发生了决定性的力量。

二月革命爆发于1917年3月8日（以下除了"二月革命"及"十月革命"两个既成语之外，所用日期均据新闻）。彼得格勒城内食粮不足，准备实行配给制，尚未施行，消息外传，引起人民抢购面包，经过好几天骚动，一般市民，尤其工人阶级，怨恨通货膨胀，生活艰难。3月8日妇女节，工厂里的女工举行游行。恰巧一座铁片工厂里的工人因为劳资纠纷被厂方关闭，也加入行列。工会的组织和政党的活跃分子就此也鼓励其他工人参加。示威游行持续第二天，据说有50多个工厂关闭，参加游行示威的近20万人。

这时候杜马（Duma，是俄国的议会，经过窄狭的选举权产生，也只有有限的权力）正在集会，会员也发表指责政府的议论。

游行示威持续到第三天,警察已和示威者发生冲突,数处有了零星的死伤。只是派往支援的军队始终拒绝向人民动武。在这3月10日,沙皇尼古拉二世由前方大本营致电彼得格勒卫戍司令,称游行示威在与德奥决战期间绝不容许,又称"我命令你于明日停止首都内的不法行动"。以后卫戍司令说他接着这电报别无话说,也只能命令军队向群众开火[81]。

11日为星期日,游行继续举行,卫戍军队执行镇压,据一个参与其事的士兵称,兵士都希望部队临场,工人即时分散,纵是奉令开火,也只是对上空发射。但是军官上前即逼迫部队直射,也有军官自行操纵机关枪,当时工人死伤各约40人,游行的队伍被驱散[82]。又因为杜马要求改组政府,设立"负责任之内阁",沙皇当日接受首相建议,指令杜马即日停会。

当夜彼得格勒的卫戍部队开始哗变,他们杀死驱散军官,由推戴的军士指挥,迄至12日晨从一连到另一连,一团到另一团,士兵开始聚集于街头,将武器交与罢工的群众,又率领他们到兵工厂,取出步枪40000支[83],从此工人武装与哗变的士兵同流,他们占领重要的建筑,释放被监禁的政治犯,并且向杜马请示,要求活跃的议员领导。

杜马在这时候处于一种非常为难的地位。彼得格勒有工人40万人,卫戍部队也有16万人,虽无从分晓有多少人员积极参与政变,只是卫戍司令派着"可信任"的部队去弹压哗变的群众,不久这可靠的部队也瓦解。最后他自己统率不到2000人,退逃到海军总署,自身难保,遑论发号施令、维持市内治安[84]。沙皇则在500英里之外,杜马议长的告急电报被他搁置不理。首都的面包只能供三四日之需。街上的散兵三五成群,自愿将武器施舍与人。无疑的卫戍部队早经左派分子感化,他们行动时唱马赛歌、张红旗。可是这二月革命也和中国的辛亥革命武昌起义一样,事到临头又群龙无首。杜马没有发动革命,而是"革命来临"到杜马跟前[85]。于是议员决定不接受沙皇停会的指示,并且组织临时委员会,除了最右派议员拒绝参加[86],流放于西伯利亚的布尔什维克议员不能参加外,有了各党派的合作,当时对外宣布集会的目的,不外保全治安,维持各机构间之联系[87]。

莫斯科一家纺织厂内,簇拥在食堂里等待领取微薄午餐的女工。

俄国此时最大之革命政党为社会革命党(Social Revolutionaries,简称SR)。社革过去主张土地国有,满足农民的要求,主张以暗杀作为遂行革命的手段。刻下党员增多,组织上缺乏以前的一贯性,也包括了不少温和派的民主运动者。二月革命时开始露锋芒的克伦斯基(Aleksandr Kerensky)即在革命后由工党改隶社革,以后从这立场主持较温和的政策。马克思主义者,则以社会民主党(Social Democrat,简称SD)为表率。马克思和恩格斯将人类社会的进化分为自奴隶社会至封建社会,再进而为资产阶级的社会(马克思始终未用"资本主义"〔capitalism〕这一名词),然后才能进入社会主义体制,当然引起社会民主党员反省。俄国工业落后,民智未开,尚不够资格称为资本主义社会,工人则胼手胝足之不继,又如何叫他们接受革命之重担?因此种种问题,社民党分裂为两派。孟什维克(Mensheviks)意译为"少数派"。他们虽奉马克思的思想为正宗,可是认为俄国客观条件不足以实行社会主义,所以他们目前只能联络资产阶级,促成自由化的改革,争取言论集会之自由,组织工会,推翻专制皇权,以便作下一步的改革。二月革命符合这些宗旨,他们也乐于为之奔命。布尔什维克(Bolsheviks)意译为"多数派",以列宁为领导人物,他也认为俄国先应经过一段"民主革命"(democratic revolution)。但这所谓"民主",乃是"无产阶级与农民的民主专政"。而且列宁对革命党员的成分,更有他独特不同的看法。他心目中的革命者乃是社会上之先知先觉,舍己亡命,以革命为职业。所以其组织不能太广泛,而能够以秘密的方式和"越阴谋越好"(列宁自己的字眼)的手段达成任务。二月革命初发生时,他们没有热烈投入,即至其他党派召开组织苏维埃的时候,他们也仍犹疑了几个小时。一方面因为他们的领导人物多在流亡，如列宁自己尚逗留于瑞士。另一方面因兵变是工厂工人与士兵临时仓猝酿成，难免与他们的革命方针相违。孰料日后他们坐享其成，成为苏联唯一政党。布尔什维克于1918年3月8日，即二月革命之一周年，由列宁建议改名共产党。

奉令镇压游行的卫戍部队士兵持枪静待上级指示，游行队伍霎时解散，民众惊惶奔走。

宪政民主党（Constitutional Democrats，简称Cadets）主张君主立宪，土地改革，但仍尊重私人财产，也赞成言论集会之自由，此时担任了革命期间不少的任务。他们参加杜马之抗命于沙皇，而仍希望保全皇室。因为当日很多人以为尼古拉二世不得不退位，以后皇位仍可由大公爵麦克继承[88]。

3月12日晚间已有两种革命体制出现：

首先工人及叛军蜂拥到杜马议事厅，要求议会领导，由左派议员接见，当时决定成立一个"苏维埃"。苏维埃为俄语"协会"之意，1905年革命时，工人苏维埃曾一度出现，这次则包括兵工两个部门。当时最大顾虑为粮食问题，所以苏维埃之下设有粮食委员会。又怕反革命军进攻，所以也设军事委员会，此外再成立执行委员会。更有文告委员会担任新闻报道。虽说工厂军队派代表参加，主持各委员会的人物大致为有政党关系的军官、代表工人之律师、新闻从业员，有些尚是杜马议员。譬如前述的克伦斯基，此人还要在革命史内留名，过去他曾以律师身份代表工运，现任杜马议员，当场被推为苏维埃副主席兼军事委员会委员。苏维埃仓猝成立时，旨在维持地方秩序，所以其会址即在议会厅13号室，过去预算委员会集会之所[89]。以后又几历沧桑，今日之苏维埃则为联邦社会主义共和国政治组织之骨干。

夜半时分，杜马的议员决定自行掌握政权[90]。杜马议员前军事医学院教授密柳克夫（Pavel Miliukov）出力最多，此人过去为宪政民主党发起人之一，以后他出任临时政府外交部长，因为主张继续作战，不孚人望，此时与克伦斯基同为自杜马出面操纵群众掌握二月革命的出色人物。克伦斯基则在临时政府担任司法部长。据说当工人士兵来杜马请示时，他曾指使后者夺取邮政电报局，占领火车站、拘禁沙皇政府里的各部长[91]。

杜马议员召开会议情形。

最初这双重体制就已发生轩轾。苏维埃站在"民主"体制的立场,主张推翻皇朝。杜马议员意见分歧,有些出面维持秩序,既想保持会议合法的立场,还怕尼古拉军事镇压成功,惩罚叛兵,对他们自己不利。苏维埃既成立了一个军事委员会,杜马也有了一个同样的组织。以后还是克伦斯基出力调停,将两个委员会的工作人员合并,执行命令时以杜马的军事委员会为领导[92]。但是3月14日革命军逐渐掌管全城,部队归顺更多,苏维埃通过全体大会,发布"通令第一号",成为历史上的一座里程碑。

《健忘的尼古拉》，俄国诗人 Vladimir Mayakovsky 绘，生动反映出人民对沙皇的不满。

通令第一号授权各部队组织委员会，各部队得听令于杜马之军事委员会，但以获得苏维埃之同意为限。又规定士兵在值勤外享有公民权利，免除向军官敬礼。所有兵器弹药由组成之委员会保管，"在任何情形下不得交付军官"。虽说通令乃针对当日沙皇下令弹压游行而来，在军事组织上实为破天荒。一位参与革命的杜马议员事后说："看着它的时候，我的血液变成了冷水，这是军队的终结。"[93]

迄至 3 月 12 日夜晚尼古拉二世仍以为叛乱可以用军事力量削平，任命了一位将领为彼得格勒的"总裁"，抽调前方部队向首都集结。有些资料强调这将领与杜马的议员接触后，逗留于都城郊外，有些资料则强调铁路工人将运兵的列车停压，破坏了戡乱的计划。彼此又都同意前方的军队也有向革命者靠拢的趋向。总而言之，总裁始终没有履土于国都，最后，他接到沙皇和大本营的电令，终止一切军事计划[94]。

沙皇除了任命总裁之外，于3月13日决定亲返首都，他一直没有抵达彼得格勒。一路上他的火车也受到铁路员工阻碍，并且谣言迭出，或称前一站已被叛军占领，或称桥梁已被爆破。他于14日夜晚改道而达浦斯可夫（Pskov），此地在彼得格勒西南约200英里，也是俄国北方军总司令部之所在[95]。翌日他在此地接见杜马的代表，后者劝他退位，同时大本营的参谋长已与七个高级将领接触，他们一致劝皇上禅让。沙皇与杜马见面时，据称态度镇静，他自称前一日已下决心，至此让位于大公爵麦克。一切文告安排完好后，他仍回大本营[96]。5天之后，临时政府半由顾及他们之安全，将尼古拉一家软禁，当时的计划为遣放他们于英国，可是这计划一直没有遂行。明年（1918）内战期间，沙皇等被拘禁在乌拉尔山下欧亚交界处的城市，有陷入白军手中的可能，本地苏维埃获得中央的批准，就地解决。尼古拉夫妇、儿子、四个女儿、一个医生和三个仆人，于7月16日夜间同时遇害[97]，此是后话。

3月16日杜马领袖聚集于大公爵麦克的寓所内，有人劝进，也有如克伦斯基者严辞警告麦克接受皇位之危险。大公爵与杜马议长商量之后，决定逊位不就[98]。麦克此时手下既无钱无兵，又有铁道被工人掌握而行动不得自由的经验[99]，于是下了一道手令，在没有登基之前，先行退位，只承认了临时政府为合法。事实上俄罗斯在这一天成为民国,只是各界协议之下国体问题留待以后立宪会议解决。于是各地纷纷组织苏维埃。军士独立自主,成立委员会,工人掌握铁道交通、邮政电讯,成为一般现象。以农民为主体组成的村镇委员会,更不受约束。帝俄罗曼洛夫皇朝一向靠传统与纪律存在,这两种力量在10天之内,荡然无存,那么临时政府合法与否,也无从掌握大局,事实上它尚须仰承彼得格勒苏维埃之鼻息。

以上的情形已替十月革命铺路。可是俄罗斯究竟是一个横跨欧亚,包含着亿万人民的大国,与德国的战争尚未停止,因之3月至11月之间也还有一连串意外发展。

历史资料提到1917年两次革命之间俄国的社会情形,至今读来仍令人心寒。简括说来,就是传统维系社会稳定的系带,此时全被割断。农民认为与地主所订各项合约至此全部无效。地主的产业被他们擅自"各取所需"地分割。即不受公社管制之独立小自耕农的产业也无可幸免。7月间临时政府曾下令禁止非法没收财产,可是禁令自禁令,到头总是无法执行。传教士与大学教授的地位一落千丈,他们与官僚和法官一样被卑视。大学里的会议经常有外界分子渗入。学生决议有权修改课程,干预行政,辞退教员[100]。而尤以军队失去指挥系统之掌握问题最为严重。陆军近卫第二师的士兵被控在前线违抗命令,留下了一段史实,可以视作当时军令纵弛的极端情形。

经过二月革命后,该师各部队组织委员会,德兹瓦洛夫斯基(Dzevaltovsky)中尉被推为主席和团代表。他过去是标准军官,4月至彼得格勒开会回团之后态度大变,官兵也唯他马首是瞻。团长除非得到德中尉的谅解，不能下命令管驭部属。德中尉检查官兵的邮件，他主张与敌兵亲善。他自己已加入布尔什维克，经常与士兵接触组织党支部，却不让其他军官参加。在他看来，俄国与德奥的战争为资产阶级的战

1918年，沙皇尼古拉一家人摄于拘禁处屋顶上。

争,与无产阶级毫不相干。5月,该师奉令攻击。德中尉与士兵集会,决定逗留不前。事后军事当局认为,攻击失败,系布尔什维克在阵线中破坏之故。可是另一方面,参加是役之五〇六团有官兵3000人,阵亡及受伤的达2513人,虽说死伤之多,不由于将士之英勇,而系由于被敌炮集中射击。此外各部队逃兵数目之多也骇人听闻。有人估计80万,大概他们将官兵赴后方参加苏维埃的代表算入,另一个估计竟说逃兵有200万[101]。

  马克思主义者常说二月革命是资产阶级的革命。可是俄国工厂里的工人只有300万,资本家不能出面成为稳定社会之因素。况且俄国各种工矿企业,近乎一半的所有权在外人手中[102]。劳资双方既缺乏集体谈判的经验,二月革命之后,有关增资问题及八小时工作制(资方认为俄国工人效率低,八小时工作不能与国外竞争),只产生了一串罢工闭厂的纠纷。政府和苏维埃委员会的调解也鲜有成效。为了生活问题及战时生产的需要,只有由工人强制接收工厂自营,或交给国家管理。纵使如此,资本家仍能与银行接触,影响订货单,则接管亦无实际用场。再进一步,则只有没收私人企业,褫夺资本家经济活动的权力,作体制上的改革了。况且铁道运输负担过重,连年缺乏整备,效率显然降低,供应不及,生产因之减少,资本紧缩,也非接收和取缔所能弥补[103]。1917年谷物的生产只有5000万吨,比一年之前减少了1200万吨,而且农民大多背粟。彼得格勒与莫斯科的面包配给,自二月革命至十月革命之间,自每人每日一磅减至每人每日半磅。卢布之购买力贬至以前的1/4[104]。

克伦斯基。摄于1917年。

这八个月之间,至少有一打左右的人物,影响了历史的过程,其重要者无逾克伦斯基及列宁。

克伦斯基由临时政府的司法部长而军政部长,而内阁总理,为人慷慨,善于辞令,一时极得群众仰慕。他希望和衷共济地领导民主俄国,合法地且不流血地完成革命,也有人说他有拿破仑的风度。攻击他的人则说他向资本家靠齐，终必放弃革命的社会色彩。他虽参加苏维埃，但对这种运动不存信心[105]。列宁17岁时，长兄因参加革命而被判死刑，对他产生绝大的影响。也可以说他之一生从上学、旅行、结婚、著书、办报及被逐放，其中积年屡月无不与革命有关（虽说这不是否认他也爱好棋琴及各种运动与户外生活）。他成为一个成功的革命家，半由他始终一致，半由他绝对愿意走极端，而且极端地武断[106]。这种态度在当日沙皇与希腊正教统治之下的俄国，知识界人士正感到政治气氛令人窒息，群众运动也无从展开的情形下，引起了一部分过激分子的支持。列宁对资产阶级也像对沙皇极权政治一样的痛恨。欧战一开始，他就认为帝国主义间的战争应当立即导引改向为阶级战争。并且他将这种宗旨写成宣言，准备叫同志在杜马会场宣读，计划仍在讨论之中，已被警察查悉。政府将布尔什维克议员一并拘捕放逐于西伯利亚[107]。列宁本人此时逗留奥国，也一度被捕，出狱后留居瑞士。

在列宁看来，帝国主义乃是资本主义最后之阶段。所以他不仅相信俄国之解放不远，而且西欧其他资本主义国家也覆没在即。可是也只有极权政治能代替极权政治。俄国在进入共产主义社会之前仍需经过一段"无产阶级专政"的阶段。他说："有国家则无自由；有自由即无国家。"他也说现今人类的性格不可缺乏服从。除非人民开始相安于一个没有暴力及服从的社会条件之下，当前只有"臣服于一个武装的先锋队"[108]。

列宁潜返俄国后,对支持革命的群众发表演说。绘者不详。

克伦斯基为人不念旧恶,他帮助过去拘禁他的政敌,他以其力之所及保护被推翻的权要,及于沙皇。并且提倡民权,男女平等,也是提到和平停战的第一人[109]。列宁则在二月革命爆发之后接受德国援助返俄[110]。依法律而言,此为通敌。20世纪末期的中国读者看到这些事迹,很可能钦慕克伦斯基的风度。但是何以在十月革命时克伦斯基一蹶不振,只能终身流寓海外(详下),另一方面列宁被称为"革命的天才",而且至今他的名字仍是家传户晓?其间之奥妙值得今人深思。

19世纪末期,苏俄境内铁道铺设情形。

俄国革命事出突然,即革命者也感到措手不及。时人只有两种方式可以对现局作历史之解释。一是借用法国大革命之经验,一是引用马克思的历史观。克伦斯基被称为波拿巴。革命的队伍不时唱马赛歌,被称为"无裤党"(sans culottes)(详上节),又有些参与的人士,自称为吉伦德派(详上节),克伦斯基的内阁也有不少实业家与企业家加入[111]。可见得不少俄国人士在1917年仍在想念巴黎之1789年或1848年(拿破仑三世自此出头),初看起来,当中不无相似之处。

可是俄国和100多年前或70年前的法国相较,有很大的差别。法国是一个纵宽均约500英里、同一文化的民族国家。俄国的纵长即逾六千英里,当中有不同的民族和语言。法国大革命扰乱十年之后,基层组织业已就绪,才有拿破仑者将革命精神人身化。当时产业革命正待展开,第一帝国(拿破仑)和第二帝国(拿破仑三世)才能藉着资本主义作国家的陪衬。俄国在1917年正受到产业革命不平衡成果的煎逼。亦即农奴制度的残余尚未连根拔去,已有铁道电信等等现代设备,所以落后的社会部门更赶不上前进部门。而事实上也表现着沙皇之专制皇权,不可能在全民动员之现代战争中成为有效的指导力量。况且法国藉着革命产生的新兴力量去应付对外战争,俄国则因为对外战争无法结束,才有革命。在后者的情况下,无法由专制皇权突然改为政党政治。基本原因如是,与克伦斯基个人品德无关。

利用马克思的历史观解释当时情形,非独列宁。而且平心而论,前述孟什维克的见解尚比列宁的观点更近于马克思及恩格斯的理论。列宁是否革命天才,仍系历史家个人之意见。但是他与其他同时人物比较,确是视界较宽。但其所见也不一定正确(如他预期西欧资本主义国家也崩溃在即),我们可以从他传记中看出,他间常也难免悲观消极。而若从他的整个言论看来,即可以体会他的革命哲学等于一个无神论者的宗教思想[112]。他的宇宙观有一个"目的论"(teleological）的布局。因为其理想的全民平等，无侵略剥削与奴役，有如天堂获救，标榜着道德力量，使他感觉到只要目的纯正，可不论手段。而且列宁的行动非常实际。俄国农民希望得到土地，少数民族久已不满于帝俄的统治，这两点群众意识之所在，他都尽量掌握[113]。他曾说：

> 我们是民主的政府，因此纵是所见不同，我们也不能忽视群众的意向。当农民将法律付诸实施的时候，他们会发现真理之所在。生活是它自己最好的导师，它会表彰谁是正确。让农民在那一端解决此问题，我们在这一端解决此问题吧。此问题由我们之志趣而解决或是因社会革命党所订计划之志趣而解决，无关宏旨。农民必须坚决的被保证村庄里不再有地主，这才是重点所在。让农民解决所有问题，让他们策划他们的生活吧[114]。

今日已事去 70 年，历史有了更长的发展，我们可以离开政坛意识，站在纯技术之立场，将全局重新检讨。

俄国在 1917 年，近于霍布斯（详第五章）所说，国体解散，全民恢复到初民之绝对自由和无政府状态。虽说实际并无"所有人和所有人作战"的状态，但群众各行所是，不听约束。在很多情形之下，群众之激进，尚超过布尔什维克之意料[115]。在这种情形之下，环境所需要的不是宽大温和的政治家，而是"巨灵"，一个带全能性且具有经济性格的现代政府。列宁毫不谦逊地公开说这是他和党员的着眼。在十月革命之前他早已承认,志在夺取一切权力[116]。不过在这计划实现之前,他先要获得群众之支持。

列宁像,俄人 N. Andreyev 绘于 1932 年。

可是在另一方面,克伦斯基和其他人士,并没有因为事后看来他们的举措不合时宜即预先销声敛迹。他们仍展开了一连串奋斗。1917年3月至11月8个月之间,因为他们之措施,有时尚是无可奈何,引导着列宁和共产党登台。

二月革命成功之后,彼得格勒的苏维埃即和临时政府意见相左,各党派之间也有无数争执。经过一段纷乱之后,5月间协议成功,由苏维埃的领袖人物加入政府,克伦斯基为军政部长,也是主要的领导人物。

当时即决定在前线准备总攻击。因为不如此则不足以防止军队之继续瓦解,并且不能战者也不能言和,更不能获得盟国同情。所以政府派特别指导员下达各部队,军队里官兵成立的委员会也开始受检束,克伦斯基本人也巡视前线鼓舞士气,炮兵更给予特别的准备。攻击发动于7月,最初进展顺利,第七军及第十一军俘敌18000人。第八军又再突破奥军防线宽20英里,两天之内也获俘万余。就在此时,德国的精锐部队投入战斗,俄国部队撤退,溃不成军。7月底前线再度胶着,但俄国已失去原有阵地,士气更为不振[117]。

7月间彼得格勒亦遭到空前的骚扰,最初各部队抽调兵员参加总攻击,军士不满,组织示威游行,引起海军士兵和工厂里的赤卫队参加。政党政治不能产生有效的领导力量,则显示出临时政府之无力。7月,宪政民主党因为意见不合,退出政府。一般军民还不知道其中的原委与曲折,看来总是资产阶级的诡诈阴谋。布尔什维克一向标榜"所有权力交付苏维埃"(其实苏维埃也有各政党参与之成分,但是代表工厂里的工人与部队中的士兵,临时政府则继承沙皇统治下杜马之传统),于是游行示威的群众要求"全俄苏维埃执行委员会"(Vtsik)代替临时政府。也只有"土地、和平与面包"的要求,才能为他们深切了解。可是当暴民暴兵失去控制的时候,连布尔什维克的鼓动者亦无法掌握,即苏维埃负责人也感到棘手。"全城为游行示威者所宰割"。当克朗士德特(Kronstadt)水兵示威时,在街头突然遭人袭击。水兵还手时也不问青红皂白,就对着街头群众和若干建筑物开火。7月16、17两日,街头死伤200人[118]。7月18日恢复风平浪静,兵士还营，街头恢复秩序，然而司法部这时公布一份文件，强调列宁是德国间谍，接受德国津贴，有"人证物证"。

1917年7月在彼得格勒发生的街头枪击事件，俄人A.Lyubimov绘于1930年代。

事后经过各界的分析，所控诉之事并无确切证据；作证之人，也是来历不明令人怀疑的分子。可是大众都信以为真，于是这一纸文书也就达到预期的功效。布尔什维克的报纸《真理报》被查封，列宁恐怕被拘捕，只好潜入地下，躲在芬兰边境。另一位革命人物托洛茨基，昔日为孟什维克，又一度为独立派，最近才从美国回俄，今后也是布尔什维克台柱，亦被监禁[119]。局势平定之后，克伦斯基由军政部长出任内阁总理。他在8月下旬于莫斯科召开一个"全国政协会议"，到会的人有2400多，包括士农工商各业，左至苏维埃，右至银行家和沙皇麾下立功的军人。中有大学教授、市政委员等各色各样人物[120]，看来克伦斯基欲给俄国一个再造的机会，但 9 月上旬即发生"柯恩尼洛夫事件"。

柯恩尼洛夫将军。

柯恩尼洛夫（Lavr Kornilov）将军多年活动于俄属中亚腹地，擅长亚洲语言，可能有蒙古血统，曾任彼得格勒的防守司令，7 月总攻击时，曾在前线立功，克伦斯基拔擢他为俄军总司令。此人缺乏政治头脑，倒是有志从一个职业军人之立场，重整军中风纪。他的主张，譬如将铁道交付军事管理，重新准许在后方执行死刑等，不可能在当日气氛内行得通。他的态度逐渐明显，总司令与总理间的摩擦也逐日公开化，于是柯恩尼洛夫成为反革命派的英雄，莫斯科的国是会议给他一个崭露头角的机会。9月初他开始调动部队，向首都彼得格勒集结，有肃清苏维埃，强制执行改组临时政府的企图。可是等到他的行动暴露，反叛成为事实的时候，铁路不为他运兵，电报局不为他通信，即士兵也表示无意跟随着他推翻政府。一个星期之内，克伦斯基下令在他的总司令部将他拘捕。此人侥幸事后脱身。以后在内战期间领导白军在俄国南部战死。

9月经过柯恩尼洛夫事件之后，克伦斯基除旧布新，重组内阁，自己由总理兼总司令，正式宣布俄罗斯为民国。9月底，在彼得格勒召开一个"民主会议"，民主会议与全国政协会议不同，会场代表只有政协会议之半，约1200人。资产阶级的分子全部被拒于门外。苏维埃的代表最多。也有各乡镇工会和宗教团体、少数民族的代表。可是讨论如何组织联合政府之时候，始终无法找到一个公意所在的方案，以后组织"民国参议会"的时候，布尔什维克即决定退出，托洛茨基业已恢复自由，为当时之发言人[121]，列宁仍在藏匿之中，不断以信件教导他的同志拒绝合作，强调时间业已成熟，可以并且亟须以暴力夺取政权[122]。

为什么我们研究资本主义，要牵扯这些事情？

历史上的资本主义，未曾出面自我宣扬其为一种组织与运动。有几个国家早已进入资本主义体制几百年，还没有为人称道。资本主义这名词之出现，最初纯由于反对者的攻击。经过俄国的十月革命，不仅在言辞上反对的声浪达到最高潮，而且行动也到达最剧烈的阶段。可是从以上事迹看来，难道我们真能相信资产阶级的阴谋和资本家的剥削是逼着革命左转的唯一原因，或甚至这是最重要的原因或次要的原因？我们无从作肯定的答复[123]。

位于列宁格勒的沙皇冬宫，现已改为美术馆。

　　和以上各节所述其他国家比较，20世纪初年的俄国与彼等唯一相似之处乃是内外煎逼，亟须将一个旧式农业体制改换为一个新型的商业体制。此外不仅其背景和制度上的因素不能和其他国家相提并论，并且时间上之汇集尤为特殊。以沙皇之绝对政权，引发一个全民战争，不得不下台，是一切问题的焦点。因此所产生之后果称为十月革命者，其范围必广泛，时间也紧迫。于是暴力必不可免。列宁、托洛茨基和斯大林的思想，与法家所谓"天地不为尧舜而存，也不为桀纣而亡"的宗旨相似。时至今日，我们不敢说同情或赞成，只有反复参照当日图片，看到农村妇女到战场上认尸，肠断魂移，才能在无言之中了解，布尔什维克之成功，不在他们理论之真切正确，而是由于他们在行动中认识整个历史转动大方向之所在,而敢于接受此中的挑战[124]。

以上所述从二月革命到十月革命间之事迹,很少历史上的积极意义,况且我们所勾画的也挂一漏万。可是即使将当中细微末节全部缕举,也只能阐明当日俄国之中产阶级、知识分子、维新人士和自由主义者数目稀少,力量低微,意见分歧。所以,从协商会议到军事行动,始终找不到出路,于是只有如列宁者,自认带有阴谋性的职业革命家之登场,于是也有所谓无产阶级专政。也就是说,在技术上讲,俄罗斯需要一个强人与一群法家死士。

俄人 Paval Sokolov-Skalya 绘《冬宫风暴》,描绘十月革命时情景。

有了以上的了解,我们可以想象布尔什维克在11月7日夺取冬宫(Winter Palace)时并不费事的理由。托洛茨基退出国民参议会时,痛骂临时政府,既责备它在帝国主义资本家指使之下延长无意义的战争,又怪它卖国,有意将彼得格勒送给敌人,还高呼一切权力交付苏维埃,土地则给予人民,已等于一通宣战的文告[125]。事实上自柯恩尼洛夫事变之后，群情有了大幅度的转变，在各种选举时，布尔什维克多占优势，在彼得格勒及莫斯科的苏维埃中都成为多数党。又有列宁的鼓吹，暴动已是箭在弦上。最后几日，克伦斯基认为责任所在，只得和政府要员在冬宫日夜镇守。而保卫这地方的不过是女兵营、军校学生和少数哥萨克部队，总共不过千余人[126]。布尔什维克部队由水兵及工厂内的赤卫队及芬兰调来的军队组成。水上则由一艘巡洋舰和水雷艇数艘策应。11月6日深夜和7日凌晨，他们占领火车站、邮政局、电话公司和电报局，"一般的情形等于门卫接班"，"克伦斯基可以在这时赤手擒获"，"当日电影院和戏院仍照常营业"，冬宫的墙上有好几千颗机关枪子弹的痕迹，但近距离放射的炮弹没有一颗命中。这一连串的报道，只证明战事并不十分激烈。"有时候尚呈现着喜剧之性质"[127]。莫斯科的巷战反倒继续了一个星期，布尔什维克方面死了500多人，集体葬在红场。陆海军于圣诞节夜里被正式接收，旧的军队已在解体，兵士各自返乡。新组织的红军则在次年出现[128]。所谓十月革命，当日流血不多，大规模的战事还待以后展开。以上事迹证实克劳塞维兹之论战争：有时战局十分剧烈尚可能缺乏真正意义，有时打得并不凶猛，反而关系深远。俄国十月革命近似后者。

克伦斯基在冬宫被攻击之前脱走，企图至前线纠集部队光复首都，可是只有700个哥萨克骑兵听命。其他成千成万部队中立。在彼得格勒郊外，他率领的小部队也被布尔什维克策反[129]。自此克伦斯基亡命海外，由法而美，终身未再履俄境。

列宁在11月7日开始露面。新政府一切都在草创。"财政部"所有的1000万卢布，事实上是由革命者以枪杆劫持银行在金库里取出的，即时放在列宁的衣柜间中[130]，但是11月7日无线电广播时，新政府仍称国体问题有待立宪会议解决，兹后不久宣告立即与交战国讲和。土地问题则如前述，废止土地所有权，地产不得买卖，地主也无价偿，只有种地之人准许持有土地，一概不许雇人耕种。这是社会革命党的宗旨，也是各地农民协会之决策。列宁心中并不同意全民平等，小块的耕种，此时为迁就局势，而予以认可[131]。实际上这也是让厌战的士兵解队回乡，任农民分割地产。至此沙皇体制才算全部解除。过去8个月临时政府之无效，乃因高层人物经常讨论方针与政策，抽象而不实际，下级的希望全未兑现。并且军队已无战斗能力，农民分割土地已是既成事实。列宁此时所能掌握的，也不外官衙公署和若干交通机构，他们如不大刀阔斧将旧账滥账痛快地报销作废，则无法展开新局面。

可是这是俄罗斯的悲剧，也是人类的悲剧。人类的历史无法因为革面洗心即可重来，很多背景因素无法避免。在中国抗战及革命之最高潮时，犹看到农民拖泥带水地耕田，学龄儿童用毛边纸一笔一画地习字。多少英雄人物抛头颅洒鲜血，仍无法革除社会上的习惯与传统。十月革命之前6年，中国之辛亥革命费力少而光复迅速，可是事后看来，推翻专制皇权，只完成了革命序幕的初步而已。俄国既为横跨欧亚，包含亿万生灵之泱泱大国，也绝不能因赤卫队占领了彼得格勒和莫斯科的若干建筑物，即算完成了革命，而其所完成的也是序幕中的初步。俄国社会组织原则既已宣告全部作废，在所有人都能与他人作战的条件下，也只有促成一个巨灵型政府之出现。

1918年3月苏维埃政府（Sovnarcom）迁都莫斯科，布尔什维克改名共产党。从此以迄最近戈尔巴乔夫提倡重建（perstroika）及开放（glasnost），仍表现着十月革命之尾声在70年后仍未完全结束。检讨此中事迹，似属本书题材之外。可是我们如不挂一漏万地作一段极简单的分析，则无法交代何以列宁及托洛茨基一等人，在70多年前即谓资本主义已至穷途末路，覆亡在即，而70年后，共产主义与资本主义之冲突仍未获得定局。也只有在检阅这段史迹之余，我们才能体会到这些名词在实践上的意义。

列宁的宪法会议于1918年初召开，选出的议员以反对党的为多，可是刚一开会，即由全俄苏维埃执行委员会下令解散，理由为宪法会议"掩饰资产阶级的反革命"[132]。实际上俄国此时尚谈不上代议政治，我们有民国初年的立宪与约法的经验，可以想见此中状况。

新政府刻下的工作为与德奥缔和，只是不能战也不能和。德军就趁着这机会以大军压境，一路势如破竹。苏维埃政府原希望不割地不赔款，最后逼得无可奈何，也只好在3月签定"布列斯特（Brest-Litovsk）和约"。俄罗斯退出波罗的海，放弃波兰及白俄罗斯，承认芬兰与乌克兰独立，事实上任之为德国的保护国。又割让了高加索一部分与土耳其。以上地域内有沙皇所辖人口的1/3，帝国所产铁80%、煤90%，丧权辱国之程度为现代史中所未有。事实上这时德将鲁登道夫（Ludendorff）有意摧毁苏维埃政府，柏林则以为任之存在可使俄国力量衰弱，反为德国之福[133]。因之布尔什维克才有喘息的机会。8个月之后,德国亦告垮台,和约无效。

俄国的革命也受到同盟国干涉。他们都以防备援俄军火落入德国手中为由,派兵占领重要港口。英国驻兵于白海及黑海沿岸,日本登陆海参崴。美国和法国也步两国后尘,苏维埃政府已有和他们发生冲突的情势,随着内战也因之展开。

托洛茨基校阅红军分遣部队。

白军之组成主要有两个地域:南方在黑海之滨及顿河(Don)流域,原有不少沙皇及克伦斯基治下之高级将领,在乌克兰独立时逃至此间。其部队以哥萨克骑兵为主(哥萨克并非人种的称呼,而是沙皇治下一种特殊制度的产物。他们在国防前线组织屯田狩猎的部落,各自推举首领,以兵员勤王事代替纳税,政府也不问其内部事)。另一个白军区域在西伯利亚。1918年初有捷克战俘约35000人拟由西伯利亚铁路通过远东及海道,参加欧洲西线的战事,这些战俘在途中发难,以后更陆续招引其他反共部队加入。其他两个白军次要地区为白海沿岸，英军占领之处，和西部迄波罗的海之沿岸。以上除了白海区域之外，东南西三方面的白军防线可以连成一线，红军始终采取中央作战的方式。

苏维埃政府虽系一党专政，最初仍承认其他党派的存在。内战期间，后者在白军防线内组织反共政府，自是苏维埃政府除容许极少数他党人士公开只有宣传性质之活动外，实际已封禁其他党派。

红军最初由沙皇统治下的拉脱维亚（波罗的海沿岸三个小国家之一）部队为核心组成。当日托洛茨基将各种败将残兵收编并合，使之成为劲旅，也可以说整个红军出于他的苦心孤诣，一手造成。本篇以上说及尼古拉二世迄克伦斯基主政的几个月，人人厌战，布尔什维克更积极从事各种反战宣传，又签订对德和约，可是又能使怯于御侮边疆的军人勇于内战，初看甚为矛盾。这当中有好几个被忽略的因素。

红军的组成及苏维埃政府的军事行动，出于被动，最初由防备德奥军进犯而发起，所以吸引不少沙皇军队里的军官自动加入。他们参加时以为新军只用于对外，可是一旦加入，只能被调遣而无法自主。以后托洛茨基也强迫征调，以家属为人质及派遣政治指导员下部队的各种办法来管束。职业军人又无其他技艺自存，也只好就范。因此红军在指挥系统上保全了帝俄的军事传统。初创的几个月内，即有8000前朝的军官，至1918年年底，增加至22000人，两年内战期间共引用了48000人。同期间内红军也征用沙皇军队里的下士官215000人，内中朱可夫（Georgi Zhukov）即由此出头而在二次大战中因战功而升元帅[134]。至于列兵,当初也纯用募兵。十月革命既已遣散近700万兵员,此时重新招募仅5%或甚至只3%的人数,当然不至过于困难。征兵开始于1918年5月,当中也有无数反抗叛变逃亡及归顺于白军的事情,有人甚至说红军是一只漏水之篮筐。可是1918年初部队刚成立时,只招兵10万人,迄至年底,其总数仍不过50万至70万之间。内战结束前夕,据称总兵力近乎300万[135]。与之相较,白军因所在地区供应困难,行李辎重特多,战斗兵员总数始终未逾25万[136]。

第一次大战期间,沙皇曾供应900万人以上的军需,内战期间工厂矿场大致都在红军和苏维埃政府手中,因之供应问题更今非昔比。帝俄时代曾制造及掌握步枪1100万支、机关枪76000挺、野炮17000门。据估计当中5%至10%流入苏维埃政府手中[137]。白军所在区域一般无军需工业,因之只有接受外援,其结局有如今日很多类似场合下的情形。供给者埋怨资财白耗;受者谓言辞上的慷慨多于实际上的恩施。即如在南方战场,英国称曾供给白军步枪198000支、机关枪6200挺、野炮1100余门、战车60辆、飞机168架,又有大量服装。而实际上除了战车飞机由英军驾驶外,其他供应一来太迟,也未及时教导俄人使用。因之外援之于白军,"只有心理功效"[138]。

内战的作战方法与第一次世界大战不同,骑兵较炮兵重要,双方火力低,部队流动性大,因之逃兵多,较第一次大战之死伤率低。又因是本国作战,引起后方无数非正规行动。一般白军素质较高,曾发动五次大规模攻势[139]。当日之观念,以为苏维埃政府不能承受至大压力,所以加之以兵威,彼方必闻风瓦解。其实列宁之政府占据俄罗斯腹心地带，地广人多，战线暂时后撤，无关大局，只要保障内部不生问题，终可以一再突破难关。反面则白军各路战线相去太远，无法协同动作。同盟军虽干预战事，各方目的不同。英国着眼于与俄罗斯在中亚的竞争，虽援助白军，而无意使俄方成为强大的军事力量。法国则希望一个强大的俄国出现，足以牵制德国。日本觊觎东亚领土，美国旨在监视日本。是以列强既无共通的作战目的，也难发生干预的实际功效。

布尔什维克之反战宗旨和土地政策只能在初期收拾民心。大约至1918年初之后，其征兵征粮已逐渐引起反感。可是红军方面如是，白军亦无更好的对策。而且社会革命党及立宪民主，除了反对布尔什维克之外，缺乏鲜明的政治目标，更没有有力的领导人物[140]。苏维埃利用特务政治及恐怖政策，是一个引起注意的话题。专家承认其对防止反叛与内乱确有功效。但俄国为此也付出了代价，兹后成了苏共之传统[141]，这一点下节还要提及。

1919年秋季，白军之进展达到最高潮。此后红军的攻势开始展开，白军一蹶不振，最高指挥官或束手就擒或遁迹海外。除了俄军在1920年春夏与波兰军在国界一度作拉锯战外，内战已至尾声。1920年年底，扫荡战结束之后，莫斯科克里姆林宫的主人额手称庆，全国底定。

俄国投入欧战两年半而有二月革命，八个月之后有十月革命，十月革命之后继续三年内战，这当中的意义还没有为中外读者透彻了解。只有从最近的发展来看，才能体会到苏联的胚胎，不是由十月革命产生,而系由三年内战而产生。二月革命算是否定了沙皇体制;十月革命也仍只否定了西方现代的代议政治,代之以一党专政。然则这一党专政的模型与尺度全无着落。列宁于 1918 年初迁居克里姆林宫的时候,他不可能有明确合理的蓝图,预筹日后的局面;多方面还是东扯西凑,因时就势。而且严格言之,斯大林之所经营,还是承袭上述 7 年的战时体制。否则今日 70 年后的改组开放就无法自圆其说。

"起来吧!劳动阶级们!"苏联布尔什维克党画家 V. Serov 系列政治宣传画中的一幅,用以鼓动下层群众对政府的不满。

列宁于 1921 年 3 月 8 日在第十届共产代表大会宣布"新经济政策"(NEP),此时距二月革命正好 4 周年。他称这制度为"国家资本主义"(National Capitalism)。新的经济政策放弃了"战时共产主义"(War Communism),将农业生产和小规模工业生产交由私人经营。大规模工业、运输事业及对外贸易，仍由国家掌握。他又在1922年年底第二次中风前教导共产党员，去"学习贸易"。他说："我们在集体农场上做了很多愚蠢的事，集体农场不是今日之决策。"[142]

1922年的列宁，摄于疗养期间。原本为独照，后人利用摄影技术加入了斯大林。

列宁去世之前，留下遗言，指斥斯大林为人粗暴，集权于一身，应当迫使去职[143]。这些证据可以明了日后斯大林之种种政策都与列宁之旨意相违。

其实列宁一生之行止，只表示斯大林是他最合适的继承人。据称列宁曾说："他（斯大林）抄袭了我的毛病。"[144] 举凡斯大林日后所作所为，如特务政治、残杀政治犯，和敌人打交道，"民主集中"式的独裁，都有列宁之先例在前。列宁早已讲明，他所谓国家资本主义，为进入共产主义前之一个"转变阶段"，需要"很多年"、"很长久"，可是始终没有标明确切时间。况且他又鼓吹"社会主义不复为一个遥远时间的问题"。那么资产阶级的革命既能在八个月内完成其在历史上的任务（即二月革命和十月革命间的八个月。布尔什维克的理论有时将历史的发展作"望远镜的缩短"），则一个转变阶段经过七年（1921至1927）也不能算是过短了。斯大林在列宁去世之后，即于1924年放弃国际共产的重点，提倡"社会主义可以在一国实现"，表面上似乎与列宁的思想相反。可是专家细读列宁的文件，则觉得这种趋向，列宁早已有之，斯大林不过在局势明朗后，确切的付诸实施而已[145]。

还有一个在以上理论之间容易被忽视的事实，则是苏共因内战才能决定它本身的模型与尺度。这也非列宁或斯大林等人可以预见的。一位哈佛大学的专家曾说：

> 我们已经看出布尔什维克因为夺取政权及保持政权，让他们的民主原则和一般的顾忌逐渐消失。在现下三年和内外强敌作战之余，这种发展不仅持续，而且只有增强，更扩张到政治之外，及于社会生活之任何部门。那被包围的心理状态，那种"不和我们合伙就是和我们作对"的情绪，成为了共产主义的精神状态[146]。

尚不止此。布尔什维克在1917年二月革命时共有24000人，至1922年内战结束后驻留于共产党内的只有此中半数，至1927年斯大林停止新经济政策,组织集体农场之前夕,据称只有8000人[147]。而共产党在内战后期1919至1921年间,党员数目即由30万增至70万,其中大多数为红军军人。至1928年初,党员数目已逾130万[148]。可见得在革命的过程中,其上级所操纵的机构业已变质。当初一个反战、反侵略、带国际性格、具有优秀分子之气魄和理想主义的集团,至此已和以上所述条件完全相左。

前已提及,迄至十月革命成功,列宁等所控制的不过是官衙公署、交通通信机构。新政府之权力,还是要经过内战,才有效地下达于各村镇。只有争取粮食、抽派兵丁,乡村的人口才切实地感觉到苏维埃政权力量之所在。"军队之成功,通常倚靠于他们进出于出产食品丰富之边区时,自身之作为。"[149]恐怖政策无疑的使人们对苏维埃印象更为深刻。1919年苏维埃政府设立了7500个集中营,另有21700所监狱[150]。经过内战,各地方下层苏维埃的权力,由集议政体的单位移到行政单位,而且渐与上层的机构结成一个行政网,失去过去独立自主的性格[151],这种发展务必要和十月革命时全部纪律消散的情形比较,才可以看出布尔什维克在松紧政策中制造日后苏联体制的经过。哥萨克区域及其享有特权的事实,已历几个世纪,经过内战,终告解散取消。内战期间,苏维埃政府所处的心腹地带,也正是"大俄罗斯"(Great Russia)所辖区域。主要的会战既有下落,其他边区远处少数民族的地区就等于瓜熟蒂落,所谓自决,也只不过是口头禅,实际上中央的威力迅速向外辐射,红军成为各地组织苏维埃的主宰[152]。

总之,共产党之编成与发轫与军事行动相始终。它继续了沙皇统治下的军事传统,也掌握了中枢的地盘。三年之内党员也曾遭到无数险阻艰辛,他们各人的事业成功也无不与内战有关,因此算是与列宁的革命哲学吻合,因为彼此都沉潜于军事思想与军事纪律之间。

反面而言,所谓战时共产主义,并不是任何人都能供奉的一种"主义"。它没有预定的计划,只不过是仓皇应付非常状态的各种措施。它如果有任何中心思想,也不过是起于动员时的群众心理,由痛恨资本家,推广至于前后左右的富人,它的方针则是由国家主持所有生产,并由中枢分配。因此大至工厂、矿场,小至房舍、金银、首饰、器皿,无不可以征收。"自制造火车头至开公众浴室"、"自供应面包至蘑菇",企图全部由国家主持[153]。积习既久,则索性由武装部队进入村庄,挨户搜索,除了农家本身食用之外,多余粮食一概拿走,并且主张停用货币。

战时共产主义引起生产剧烈降低及停顿和经济脱节,不足为奇。这时候大城市的人口减少1/3,工人的生产率只有欧战爆发前的1/4。农业生产也降低约40%。而奇迹是,在各种饥寒交迫情形下,苏维埃政府尚能供应红军,并且使之转守为攻,转败为胜。由国家所征集的烟草,全部交与红军,大批肉食也是如此。在最后两年内,每年由政府分发红军靴鞋,约500万双,而只有200万双给约6000万人民。由内战引导出来的军需问题固然产生了一个庞大的官僚机构,即在战时已经由共产党发动对本身的各种整肃,可是共产党铁石心肠的纪律仍是不可抹杀,即批评者也不加以否认[154]。

有了以上的认识,我们觉得以之作背景,不难用以解释日后苏联之体制。自帝俄1914年参加欧战,全部发展都是空前的特殊。这当中只有非常之人,行非常之事[155]。既然如是,我们看不出还有什么理由要继续跟着苏维埃的理论家把以上情形削足适履的解释来与马克思的一般原则符合。并且从一个政治学家的眼光来看,即辩论实况与马克思的理论不相衔接也是多余。因为我们可以完全放弃两者之间的理论,另从17世纪霍布斯的学说和20世纪凯恩斯(Lord John Maynard Keynes)的学说,更容易将苏联的问题解释为一个数学上的问题。

俄国从二月革命到十月革命之间,可谓将沙皇体制彻底推翻。如果此时这国家还没有进入一个"所有人和所有人作战"的阶段,事实上也相去不远。当克朗士德特水兵向彼得格勒的市民开火,大城市里面包供应不及的时候,已经象征法制完全解散,除旧布新,一切都待重来。根据霍布斯的观察,在这关头亟要推举一个"国家最高主权",列宁所谓"无产阶级与农民的民主专政",也就符合所说的宗旨。

我们务必看清楚:霍布斯书中很多辞语都以集体性(collective)和象征式(figurative)的方法着笔。他的国家最高主权人(sovereign)可为一人,也可以为很多人,或是一个团体。他所谓推举,也不必由公民投票的方式选出,国家最高主权人亦可由武力征服上台。而且推举这最高主权人的用场,不外使人民很多的意见"以少数服从多数的办法,凝结为单一的意向"[156]。

列宁所揭橥的无产阶级与农民,当然占俄国人口之绝大多数。但是他们的意向不容易征集。俄国民智未开,人民浑浑噩噩。农民以分得地主的几亩田为满足。即是工厂里的工人,如果让他们各行所是,他们也未必衷心于工会运动，只要增加工资，改善工作条件，即已达到目的，不会在制度上要求改革。所以只有共产党员，眼光远大，又不计较本身利害，才能成为革命的先锋，不致陷革命于沼泽（列宁实际使用 marsh 这个字）。本来中国古代的政治家觉得治下人民只顾目下利害，无长远打算，已经有"民可使由之，不可使知之"的说法，也有同样的优越感。这种情况也有似卢梭（Rousseau）所说，社会必有其"共同意志"（general will）。共同意志并不是各人私人意向之总和，它有集体性，也有高度的道德价值，所以又必待贤哲如卢梭者才能从中发现。这些旁证说法，可以解释列宁的"民主集中"的真髓所在。其民主是以人民为主体，而必须集中，则只有优秀分子能了解，只有共产党由上至下的纪律才能掌握。这些说法都不曾出现于马克思的思想系统中。

而霍布斯也在他的书中说起国家最高主权人有权宣战讲和，只有他（他们）明了怎样才符合公众利益。所以谁是友国、谁是敌国、军队如何编组、如何补给，全由国家最高主权人决定。这种说法施用于20世纪，可以推而广之，支持布尔什维克夺权以来一切作为，也可使列宁和斯大林摆脱生前死后的任何批判。霍布斯认为国家主权人不可能做坏事，前已言之（见第五章，他唯一失职之处，乃是不能保护人民）。《巨灵》曾说起："他不可能伤害任何下属，下属的人也不当指斥他不公平，因为他受兹人之命行事，不可能又伤害兹人。"在此我们可以想象霍布斯有时候将他笔下的国家最高主权人形容成有如列宁笔下之职业的革命家，说成一个一尘不染的透明体。他（他们）都只照顾公众之利害，没有本身之是非。另一方面，俄国在20世纪初期和英国在17世纪中期一样，高层的高尚理想无法灌输到下层社会里，于是只好民可使由之，不可使知之。列宁之施行特务政治与恐怖政策，亦与霍布斯的意见相似。《巨灵》里有言，最高主权人以赏罚作为推进政策的工具，可以执行体罚，可以在现行成文法不及之处施恩处刑，由他自订办法[157]。这种说法与英国传统里"内在的公平"（intrinsic justice）的观念也不相违。所以当列宁等人成为"巨灵"的时候，倒也与中国更换朝代的情形相似，而且其想法与作风可以上溯韩非与李斯。

可是苏联之体制及其登场，符合霍布斯之理想及其所著书之要点，至此而止。霍布斯认为人之富贵贫贱由于天命，所以有赞助资本主义的趋向。他虽接近无神论，仍主张以基督教为国家笼络人心的工具。列宁是共产党，他对国家没有真实的信念。我们企望认识苏联的现代性格时，尤其了解斯大林的筹谋时，还是先看清凯恩斯男爵的一段说明为宜。

斯大林这个"现象"，曾给历史家不少麻烦。他在1924年列宁死后，以朋党勾结的方式夺权，放逐托洛茨基。新经济政策已使经济复苏，他反其道而行，强迫将民间田地归并为集体农场，无数富农（Kulaks）被枪杀，家属被放逐。有些村庄内15%的农民被称为富农。村民因不甘心家产被夺，于是焚烧谷物，宰杀牲口，捣毁农具。1928年苏联[158]原有马3200万匹，至1934年只剩1150万匹。集体农场之改组于该年底完成。可是人民每年消耗肉食量，自每人47公斤降至17公斤。

斯大林在1930年间的清党运动，更是骇人听闻。他曾使高级布尔什维克在公开讯问时承认通敌卖国,有些外国新闻记者怀疑被告被注射麻醉剂。也有人怀疑被告在秘密审讯时,已受精神挫伤使他们自愿与审判官合作,以保证家属安全。列宁所创的政治局(Politburo)是党政最高机关,其中所有委员被斯大林一网打尽。初期共产党之中央委员71人中,有50人被清算。凡曾任大使的外交官,很少能幸免。托洛茨基则在墨西哥被谋杀。红军元帅5人中之3人,上将4人中之3人,中将全部12人均处死。至于中级人物、民间领袖,被清算者更无法确定。见于文件的则经常有一万人或数千人成批被屠杀。据此估计其全数,当在70万至百万人之间。监禁于牢狱及各集中营者,可能逾700万或甚至超过1000万[159]。当时苏联人口据估计为1.7亿或1.8亿万,也就是说可能有5%陷于缧绁。

列宁的集体农场计划付诸实施后,前往集体农场登记的农民。

清算"人民公敌"运动,发起于第二次世界大战前数年。德国撕毁凡尔赛和约,重整军备,进占莱茵。第三国际[160](Comintern)的各项活动毫无用场,苏联五年计划虽有成就,但基础未稳,斯大林提倡社会主义在一国之内创建,树敌多而缺乏安全感。这种解释好像为斯大林脱罪,难能澄清视听。可是另一方面,我们如前人一样写下一些"人神共愤,罄竹难书"的字句[161],也不见得于事实有补。而且如此交代,历史家亦未尽到他自己阐释事迹之职责。

英国之卡尔(E.H.Carr)教授,是研究共产主义及运动的专家。他的《苏联史》(*History of Soviet Russia*)筹备着笔30年,不仅篇幅浩繁,而且公认为英文中对此题目发挥最淋漓之著作。他即视斯大林为一种现象,不为之感情冲动,甚至不追究其人身关系。作者指出一个落伍的国家发动革命后的举止艰难(因为背景上凡事落伍,军事行动之后,一切规划就要立即赶上时代)。卡尔说:"很少大人物有如斯大林那样明显的是他们生存之时间与地点的产物。"[162] 这样的看法,可以把十月革命看成一个有机体,它既为巨灵,业已打开局面,则要继续求生存。它的经验不是每个人的人身经验,而是在一次大战里丧失三四百万人命,以后又经布列斯特—立陶夫斯克条件,四国干涉,和三年内战的集体经验。斯大林一再说:"我们比先进国家落后五十年到一百年。我们必须在十年之内迎头赶上,否则只有被他们压碎。"[163] 从这观点出发,苏联一直没有脱离战斗经验,她不是备战,就是实际在作战。

斯大林尚不止于清党及强迫构成集体农场。他在第二次世界大战爆发前夕，纳粹德国针锋毕露的时候，尚与希特勒签定互不侵犯条约，协议瓜分波兰。战事始开，他继续以物资援德，将摩尔曼斯克（Murmansk）的海军基地供德国潜水艇使用。德军每一胜利，他都致电向希特勒庆贺。甚至有一说他愿意参加三国（防共?）协定[164]。邱吉尔是一个长期防俄反共的台柱，为什么他会在1940年遣派亲苏的工党人物克利浦斯（Cripps）出任驻俄大使[165]，并且在苏联被德军侵犯的时候立即主动援苏？他的答案可以在他幽默的文字与言谈看出。邱吉尔说："俄国是一个神秘的谜语，包在一个迷惑中。但是此中可能有一个解答，这解答即是俄国国家之利益。"[166] 邱吉尔能了解苏联，因为他自己也一直记挂着大英帝国的利益，在这大前提之下，可以不计小嫌。这些资料使我们看清，凡事包含一种群众运动，是好是坏不说，其中必有逻辑。读者不必同情它的看法，可是在赞成与反对之前，先必看清其逻辑在历史上的来龙去脉。

有了这样的了解，我们回头再看斯大林的"一国之内实行社会主义"，在逻辑上为合理。本书一再提及，资本主义一行，一定要资金流通，经理人才不分畛域的聘雇，而且交通通信保险等等服务性质之事业共通使用。这当中即有一个基层机构之中各种人力、物力都能公平而自由交换的原则，然后所有权与雇佣才能自分并离合的程序中构成一个大罗网，而且越做越大。经济的组织，也是国家军备后勤的组织。其实社会主义的措施大致亦复如是，只是所有权可能属于公众，各人之职责可由官僚机构调派，公平而自由的交换则可换成由上级指令出纳受授，应垮台破产的事业可予以津贴而继续维持，而且由分配原料、厘定价格、管制交通等等办法，使国民经济受政府干预。即在一个资本主义国家，其公平而自由的交换也有赖于信用，而信用不能没有法律支持，执行法制者则为国家机构。在实行社会主义时，政府之干预愈深，只有使官僚机构的活动范围日益庞大。在这情形之下，如何能说"工人无祖国"？可见得正规之马克思主义者，包括不少布尔什维克在内，以为现代国家纯系资本家剥削劳工之工具，因之对国家与军备存有轻视态度。斯大林无此幻想，他的规划有实际的功效。虽说他主持对希特勒的战事时的领导力量受到无数学者指责[167]，苏联在第二次大战时之作为与帝俄在第一次大战时之作为不同，有目共睹，而且当中相距只20年，斯大林能实际建设的时间更短。所以新体制有它的作用，无法一笔勾销。只是下层之义务全由上级指派，上级只能出现为一种专制独裁的体制。而中层的官僚机构作风也与原始共产主义理想的自由与解放相去甚远。

卡尔教授1946年在牛津大学演讲时，特别提出凯恩斯的经济思想已在斯大林之系统下实施。他提纲挈领地说凯恩斯的设计也是一种干预的政策。因为由私人个人之节省，不一定能扩充资本，有时反会损坏国民经济。我们体会传统中国之富家，将金银制成器皿，又埋窖于地下，实际将一部财富不用于投资，反而逐放于流通和消耗之外，不难了解此中意义。凯恩斯主张除了私人自动节省，单独牟利之外，也可以透过国家机构，以财政政策造成"社团之节省"。再之则是"投资全面社会化"。这种种办法之主旨在使所有人民就业[168]。

演讲者之目的，在阐述英国在第二次大战后若干经济措施亦包含不少社会主义色彩,与苏联之计划经济没有基本的区别。他的言论我们无法全盘接受。英国战时和复员政策已由卡尔教授解释,我们无妨称之为"双重预算"。政府除编制传统预算规划本身开支外,又用分配资源、调整货币、管制物价等等办法,使民间经济之人力物力在它领导下,以量入为出的方式达成有计划的交接收受,总之使之在大范围中成为一种较为疏松、较为非正式的预算。唯政府接收掌管民间经济单位不是重点,即工党政策如此,也只是暂时政策。苏联之五年计划,可谓在字面上符合了"投资全面社会化",可是苏联政治领导力量与经济管制力量凝合为一,管制的衙门也兼有执行的权力,所有生产和分配纵使不全由政府领辖,也通过税收和强迫价买的办法受其掌握。当然,造成这种制度,俄国人民付出了绝大代价。五年计划实施之日,半数以上农户在五个月内归并于集体农场,有些地方因此而产生饥馑[169]。因此,才造成广大的农场、农业机械化、劳动者领工资、政府全年以低价收买粮食,而以这节省下来的财富和剩余的人力扩展工业。

然而卡尔教授的分析也给我们另一种了解。苏联的体制,由战时处理及战时状态造成。这种经济结构的主要目的在使全民动员,强迫少吃多做,造成投资的全面社会化,高速地使苏联成为一个工业化国家。

这种体制迄今没有重大变更。第二次世界大战苏联死难2000万[170],占其人口10%弱。而战争破坏程度之深,则甚于战败国。战后复兴未已,即致力于冷战,一意扩张势力范围,与美国作正面的军备竞争,又花费很多财政预算与经济的力量作提高声望的事业,如太空探索。最近这种过度集中,由中央管制带战时意味的经济组织不能持续,才逐渐暴露。起先有西方学者之研究,如今克里姆林宫亦自发检讨[171]。

溯本归源,当日斯大林建造现有体制的时候,包含着三个重点:一、不惜人民付出代价,二、飞速完成,三、与国防密切联系。所以极力地投资于能源、钢铁与机床[172]。发电也注重大型的水力站,集体农场平均6万英亩至8万英亩,最大的至48万英亩[173]。所以自始就造成一个庞大而粗线条的结构。其重点如是显明,其低层机构必被忽视,更无从使之绵密细致。最近与戈尔巴乔夫接近的一位经济学家著书声称,根据他本身经验,迟至1953年,一座距莫斯科不到百英里的村庄,无电器、交通工具、道路,邻村才有一家商店,每周开门两次,所售唯糖与盐,所以村民除了以物易物之外,实在是耕田而食,凿井而饮。参加集体农场所得工资不敷劳动力成本(即所得不能糊口),而纯靠私田为生[174]。作者并未提及最近情形,但是农产品供应不继的报道仍然甚嚣尘上,往来于西伯利亚铁路间的旅客,抱怨沿途无物可购,而且最近描述苏联经济危机的书刊也指出政府财政上的赤字,缺乏消费品,人民有钱无处花,只好存于银行,于是信用才为政府挪用,则可见纵有改善,仍只修正枝节,尚未动摇根本。我们可以想见,钢铁厂继续增加其钢铁生产,能源又用以增强其能源,机床又用以产生机床,最后则制造大批战车飞弹、火箭太空船,字面上苏联刻下生产量超过1950年全世界生产量总和,究其实,俄国人民并未受其实惠。

1959 年前往美国中西部农地访问的赫鲁晓夫。

难道所有苏联领袖都坐视如此的成果为当然，而不知改弦更张？专家公认过去曾有好几次尝试，赫鲁晓夫即是一例，而且改革也在短时间生效，使人民的生活有实质上的增进，可是这样的改进有周期性，不久，功效达到某种程度，改革也停顿，于是又恢复原状[175]。这当中也有些特殊的技术原因，例如在中亚腹地开垦耕地，无法克服天候地理的限制，将拖拉机交集体农场接收，不曾将保养修理的单位同时下放，不久就损害频仍。然则最大的障碍，还是出于人事与制度。总而言之，就是与苏联之体制有关。

这些体制上的障碍，如政治上中央集权过甚，缺乏民主精神（苏联学者 Aganbegyan 已一再提及），生产者和经理者缺乏适当的鼓励，头重脚轻，积习难改，官僚营私舞弊等（Goldman 即指出勃列日涅夫之女儿为例），早已经常被提及，还有一位美国作家批评一般俄国人只畏强权，不顾法律[176]。其指责既如是层出不穷，则后面必有技术上之原因。以上所有弊病，可以综结乃由于私人财产权缺乏法律保障。如果人民普遍不守法，成文法只在装饰门面，"真正的法律"就是强权。

本书无意以"褒贬"亦即以道德上的名义互相标榜。况且中国传统的朝代，向来为官僚主义之渊薮，我们既要攻击官僚主义，也无需顾左右而言他。研究资本主义，可以看出十月革命在历史上和非人身关系上的动机旨在将俄国现代化，与各国之维新与所谓进入资本主义之体制无异。这种组织与运动纯靠将低层机构里各种因素，造成一种统统能互相交换的局面，于是农业的生产与分配才能与工商业交流，然后全国的经济力量才能作最有效的通盘使用。列宁与斯大林并未全部违背这些原则，否则他们无从使俄国除旧布新抵抗强敌，获得英美支持。但是他们以战时动员之作风所定互相交换的方针，以大单位在短期间对国家之贡献为准则，不以个人的私人财产，包括其劳动力之价值为依归，沿用至今，工资与价格全由官僚按他们的业务方便决定，无需通过内在的公平。况且"民主集中"，真理总是由上至下，因之只能做到"民可使由之，不可使知之"的局面。前段所述中央集权，缺乏民主，无适当之鼓励，头重脚轻、积习难移、营私舞弊，虽说变态多端，而其后面的总原因无法脱离由官方指派之交换方式，这种交换方式限制了生产，因为工资抵不过农工所付出的劳力，所以劳动者只有越做越穷，于是索性不做。俄国大量的人力与资源不能作最高度的发挥，肇因于此。

以上苏联体制，在学理上无法被承认为实施共产主义，甚至称之为社会主义，也需附带加入保留的条件。历史上的社会主义，无非是对资本主义的一种修正。亦即在私人财产权已在原则上固定之后，针对其原则上的罅隙和不及之处，加以补助和加强。卡尔教授所解释的凯恩斯经济，因其能导致全部人民就业，即符合此种方式。如果最低度的私人财产权，包括工人劳动之保障，尚未固定，即谓已实行社会主义，也容易产生误会。本书成稿之日，适值报载苏共中央委员会接受戈尔巴乔夫方案，准许农民获得私有土地使用权，延长其使用时间，并可以世袭。而且计划中其他改革将容许农民组织小规模农场独立经营，自行发卖其产品[177]，至此也算逐渐走上确定私人财产权之初步。我们与其说苏联之改组与开放为成熟之社会主义，不如说他是将战时体制改为平时体制，开始正规地进入社会主义（现代资本主义的作家与马克思主义的作家同样承认各人之劳力为其最基本的人身财产，详第五章。要是连这样的财产权也缺乏保障，我们无法称之为何种主义，只好视其为战时体制）。

很多专家刻下正在议论这种重建与开放前途仍是障碍重重。对西方的国家，这样的发展包括绝好的机缘，也潜伏着实际的危机。揣测未来事项，不是历史家的本分。况且苏联的发展是一个深奥复杂的问题，除非学有专长，不当随便置喙。我们站在研究历史的立场，只能指出，要了解苏联今日的重建与开放，至少需将其背景前推约70年，包括十月革命。我们只能在接受尼克松及基辛格之仲裁，顾虑着核子战争的危险时，才有道义上的力量，主张东西两方都不含旧恶，才可以在群众运动的积极性中，和本节所叙曲折之事迹中寻求历史长期的合理性。总之将一个横跨欧亚，纵长逾6000英里，包含不同的人种语言与文化的国家，从旧型农业管制之方式进为新型商业管制之方式，不可能轻而易举，如以暴力主持，仓猝为之，必更增加当中的苦难，只有使人民更为遭殃。无论苏联今后的出处如何，我们刻下能掌握的历史资料，包括列宁、斯大林、勃列日涅夫、戈尔巴乔夫的行止在内，已使我们对很多常用语辞，如资本主义、社会主义、共产主义和国家主义，有了与前人不同的看法。是否一种组织的变态和一种运动之畸形即表示另一种体制为正宗？其间牵涉过多，容下一章作结论时道及。此时我们检阅这一段历史，当前的收获即是以上的经验，可以辅助我们对中国长期革命的观察和了解。

中国的长期革命

鸦片战争迄今已一个半世纪，即是光绪帝的百日维新，转瞬间也近百年。如果以人物和事实为讨论的重心，则虽十部本书篇幅的巨著，也难将其中关键交代清楚。然则当我们考虑中国命运荆棘改造艰难的总原因，则本书以上各章已提出不少资料。与之相较，显而易见的可以看出传统中国的政治与社会结构与西方现代型国家的经济组织相去甚远，而且自思想理论至生活经验，中国文化中可以改造利用者相当少。从这主题上发挥,不难将百年来的历史高度压缩成一般读者与专家通能共同研讨的一种大纲。

1908年8月,由当时直隶等各省立宪派所选出的国会请愿代表。他们有崇高理想,而却缺乏民间的支持力量。

　　过去的中国近百年史,过于注重上层结构,很少涉及低层。譬如说,民国初年的立宪运动与政党,他们本身对社会是一种外来异物(foreign body)。领导人物不乏高尚的理想,他们后面却无支持的选民(constituency),满腹经纶也无从化为具体方案,以透入民间,所以一遇军阀逞凶,就无能为力,而他们在历史上的意义也因而消失了。在有意简化历史的情况下,纵然将这段事迹大力删略,也不会产生实质的差异。军阀混战的情形亦复如是,他们所代表的不外私人的军事力量,唯其如此,他们在行动时一定通电全国,表明心迹。实际上各军人就地以不同的方式派饷招兵，甚至营私和贩卖鸦片，其下层结构中不能造成一种公平而互相交换的局面，例如孙传芳的一个团长不能与张宗昌的团长对调。此外其士兵既是雇佣而来，军官间的团结也全靠各人的私人情感，所以不能承受内外的绝大压力。若能掌握此中因果关系，则能揣想当时的社会状态。纵使不知道有第二次直奉战争，纵使遗忘了岑春煊、倪嗣冲诸人的名字，也无妨于大范围内了解历史的目的。甚至即使未提到曹锟贿选或张勋复辟，仍不会对历史的了解发生无可补救的缺陷。若忽略传统中国社会之形貌，闭目而不加思索地以为其功能与结构必与西方社会无异，则可能在讨论上层结构时造成严重误解。不久之前有一个例子：伊朗国王巴列维（Reza Shah Pahlevi）有意将卖石油赚得的钱支持国家现代化。他曾不断创办学校、开设医院、建造飞机场、规划现代军队，甚至因而产生了城市中的新中产阶级。只是种种设施未能与内地乡间的经济交流，而他的行动亦与传统习惯相违，引起人民反对，他只好加强特务政治，以后更发展到全国造反，曾受他裨益的军队与年轻人也随着众叛亲离，情愿回归到传统的社会价值体系中去。

美国汉学家费正清（John K. Fairbank）在他的回忆录里，提及他的业师蒋廷黻曾说：现代中国人物对西方外在的事物了解得明白，而对本国内地的情形反倒瞠目茫然[178]，也是类似情形。亦即当时拥有羡慕的对象，而看不清自己在低层结构的位置。在同样眼光下，不少写历史的人尚未抓住此中要点，气愤满胸，也随着外界的作家将前清的君臣一律指为"故步自封"，在铺陈现代政治时，不分畛域的以贪污、腐化、无能，作一切问题的解释。殊不知一个国家之现代化，或如我们刻下所述进入资本主义或社会主义或共产主义之体制，无不需要在低层结构中创造一种各因素统能互相交换的局面。除非客观的条件已成熟，除非其财政措施已近于商业化趋向，否则改造必相当艰难。旧体制已解散新体制尚未登场之际，必有前后矛盾、本末颠倒的事态。有了这样的一种了解，我们在分析中国长期革命的时候，即可事半功倍。

袁世凯（前右三）和北洋新建陆军将领，摄于 1905 年。军阀所追求的只是私人利益，于促成中国下层结构产生公平交换新局面并无帮助。

中国社会的功能组织与结构，与上述各国情形自威尼斯至帝俄全不相同。总之，就是不容易容纳一种商业体制。这种特性由来已久，至少也有 1000 年以上的历史。我们不妨把历史往回推 1000 年，追溯到北宋时期。

北宋张择端《清明上河图》(局部),北京故宫博物院藏。图中可见汴京街头繁华景象。

宋朝在中国历史中可算是一个特殊的朝代。创业者赵匡胤是一位高级将领。他即位后,较少与儒臣讲解经典,反倒经常临幸造船务、督导水战、观炮车碾硙、亲黜医官艺之不精者,各项活动前后不绝。可见他较重视科技,而不重视抽象的理论。他又谓以绢24匹购一契丹首,绢200万即可以消灭对方的精兵。这也无非说明一个国家的经济力量可以展开而为军事力量。因之朝代开创以来,即治坑矿、铸缗钱、组织茶盐开中,酒麴官卖,民间经济受到刺激,也随着突飞猛进。《宋史》称,宋太宗时(976—997年)"油衣帝幕损破者数万段"[179],可见当时军需规划者及于军士之雨衣、行军之帐幕。欧洲几个世纪之后尚无此等体制。张择端画"清明上河图"时已入 12 世纪，开封在不久之后沦陷于金。可是画中所示的都市繁荣景象，在当日的世界里无出其右，即较之 20 世纪中国内地的口岸，也无逊色。

宋初《闸口盘车图》（局部），为一利用水力运作的磨面作坊，显示宋代的科技文明极为发达。绘者不详，上海博物馆藏。

而在科技方面，中国之拱桥、建筑物所用的托架、造船之用舱壁以造成不漏水之船舱、航海所用的指南针、船舰之装踏水轮、使用的火药、三弓床弩、占仪、水钟和深度钻地之技术，和极可能存在的炼钢炉和水力纺织机(此二者之图解见于1313年之《农书》,去宋亡只34年),都在宋代出现。自此之后,中国再无如此杰出表现。

可是出人意外的是宋朝在中国历史里号为"积弱"。一个注重军事的朝代,作战时却常失败。一个以南方水利为根据地的国家,却敌不过北方人文简单、水准远逊的国家。创业者赵匡胤本身不注重抽象理论,宋朝却产生了一大群理学家。即和他们同时代的人也称他们"其徒有假其名以欺世者,真可以嘘枯吹生,凡治财赋者则目为聚敛,开阃捍边者则为粗材,读书作文者则为玩物丧志,留心政事者则为俗吏。其读止《四书》、《近思录》、《通书》、《太极图说》、《东西铭》、语录之类"[180]。我们如何能够解释看来不可能之事(Paradox)?

忽必烈赐给马可·波罗黄金通行证,取自法国《马可·波罗传》。在马可·波罗到达中国前,中国的法律制度已在聚集财富这项用途上使用至极限。

只有王安石变法的一段记录,才使我们确切的了解,中国在11世纪后期(王安石的新法行于1070年间),以农业为组织原则的财富,已在结构和质量上达到了它的最高峰。此后只能在数量上膨胀,使全国经济成为一个庞大的扁平体,或者产生少数特殊之情形,使观察者产生错觉,而不能在提高人民一般生活程度和增强生产与分配的效率上作实质的改进。其原因诚有如亚当·斯密所说,中国的法律及制度早于马可·波罗莅临中国之前,在聚集财富的用途上已使用至极限[181]。

究其原因,症结仍在中国中央政府直接向全民抽税,这样的设施,开始于产业革命尚未展开,国民经济尚未现代化之前,为本书所提及的任何其他国家所未有。于是传统政策一直培养成千上万的小自耕农,而以防制兼并、压制豪强的名目,防止土地集中[182]。可是这样的法制只能以道德标榜,而不能在技术上进步,亦即无从固定私人财产权的绝对性,衙门无从判断如何获得财产为合法,何种方式的佃赁典当为有效,如何可以分析归并与遗传。这类情事在成文法里只有极简陋的原则,更谈不上商业习惯里对特殊风险中各人责任及破产的区处。况且拥有十几、二十亩地的小自耕农也请不起律师,政府里的官僚来自科举,一向以熟习诗书为调派考成之原则,也无法了解现代法律的曲折深奥,尤其不能因物产气候不同,使不同地区的治理更具地方性。于是只有一方面责成乡里宗族培养一种淳厚息争的风气,减轻衙门的工作分量,如韦伯所谓增强了"父系威权"(patriarchial authority)。另一方面,官僚本身以清官万能的宗旨,凭己意来判断,又有如汉学家顾理雅（Herrlee G. Creel）所谓"诗的公平"（poetic justice）。两者都使政治体系下层结构无法严格地以数目字管理。

晚清一中国法庭。传统中国衙门旨在维持安定，缺乏紧密组织，无法因应实际情况做灵活操纵。

于是传统中国之衙门与现代型的政府不同。它只能维持习俗上安定的社会，其本身无组织的稳固（structural firmness），来发挥功能上操纵时的灵活（functional maneuverability）。王安石行新法，即忽视了这些内在的弱点。他的设计主旨在使财政部分商业化。可是他不能在下端造成各种财物统能公平而自由的交换局面，基本的数字就加不起来，而上端的法令也只靠高级权威强迫指使执行，既不自然，迟早必会破裂。

我们参考《宋史》的叙述，可以窥见新法失败的情形。譬如说"方田法"以东西南北各一千步为一方，内按土地肥瘠分五等抽税。可是在京畿的开封府，其测量就产生技术上的问题，有谓"时方时止"，县内有山林即无从丈量分配。"免役钱"令百姓一体出钱以代替"衙前"等民间征发的义务差役，可是乡民无钱，也等于在农村推行金融经济，而此时金融在城市里反不能展开。"市易法"不能集中于批发业务，商人也怕与官府来往而被连累，裹足不前，以致执行者自己成为零售商，到街上去叫卖，甚至"卖梳朴即梳朴贵，卖脂麻则脂麻贵"，而为皇帝所谴责。"青苗钱"以常平籴本1400作本钱，春散秋敛，收息二分，等于农村贷款，但是没有银行主持，又缺乏法庭处理贷款的权力义务。有些县官将整数交与若干农户，也不问他们愿借与否，只责成他们彼此互保，秋后连本带利归还。甚至在执行时，若干县分被指责并未贷款即向农民索息。以上各种措施都有广泛利用货币的趋势；但是新法内的"保甲"及"保马"又是反其道而行，即科徭役于纳税人，而以集体互责（group responsibility）的方式主持，等于和上述诸法相逆[183]。

这样看来，宋朝虽有比较现代化的经济支撑，却不能在讨伐契丹和西夏时争取主动，与女真对峙、与蒙古交兵时，又常失败。虽然原因很多，其中无法将全部资源有效的运用，是最显著的弱点。经济力量在原则上固然可以转变为军事力量，可是当中也必须有组织与结构，并不是240万匹绢即可和对方10万精兵对比。如果雨衣和帐幕集中到万计，其后勤设备必须同样的繁复，而且要有民间组织作第二线和第三线的支持。倘不如此，只有头重脚轻，在战场上成为行动的赘疣。反不如契丹之辽、西羌之夏和女真之金，他们以部落的组织供应兵员与马匹，就地取粮，其内在的成分愈简单，人员与补给愈易一元化，其平时体制与战时体制愈为接近，则补给线亦越短，动员更容易，兵力更能充分发挥。

所以王安石的失败，象征中国历史发展的一种悲剧。本来在1000年以前，中国的文物已凌驾西欧之上，更较日本刚在各处成立武士团，"源平合战"尚未展开之前突出远甚。只是农业上的盈余无从有系统的积累，进而有秩序地发挥到工商业上，再伸展到服务性质的事业，有如保险及律师之雇用等。因之整个社会无法脱离山林文化之简陋气息。

王安石提倡新法之前，宋太宗赵光义攻击契丹已遭三次失败，至真宗赵恒，则订下向契丹纳岁币的先例。神宗赵顼变法图强，仍敌不过西夏，至徽宗赵佶有"靖康耻"，国都失陷，太上皇及皇帝同被金人俘虏，北宋亡[184]。可是宋朝的财政设计仍一直维持由上端统筹支配而不在下端固定私人财产权，又缺乏独立的司法机构，以致抽税时"既以绢折钱，又以钱折麦，以绢较钱，钱倍于绢；以钱较麦，麦倍于钱，辗转增加民无所诉"[185]。这种方式固然对一般人民不利，长时间内也使政府陷入困局，因为抽税全靠由上向下施加压力，负担最重的人常为无力抗拒之人，以致不久财源宕尽，各处发生虚冒的现象，一方面只有数字的膨胀，一方面到处发生短缺，南宋纸币贬值，士气颓废，也都基于同样原因。

本书以上数章曾提到,西欧的国王在社会变化时无力抽税,产生财政上的危机。彼方人士很难想象,中国皇帝抽税的权力过强过厚,也非他个人之福。从这些事迹上我们看出,现代之金融经济,有如自来水和煤气,一定要严密地封闭,保存其一定的压力,才能在开闭出纳之间操纵自如。私人财产权在法律面前暧昧不明,等于水压或气压过低,其流转必致不畅,于是无从使国家现代化,进入以数目字管理的阶段。

　　宋人不可能看透这些技术上的原因。他们也无从放弃以熟读诗书的官僚,及星罗密布管理亿万农民之体制。商人和金融经济也始终未掌握庞大实力,强迫政府接受适合他们事业的法规。于是他们总以为王安石是坏人,新法之不行,总可以解释为一个道德问题。宋代理学兴起,以上的情形构成背景条件之一。周敦颐曾在北宋神宗时代出任地方官,与吕公著、赵抃接近,受其推荐。二程兄弟也都曾任朝官。程颢因与王安石冲突而被逐放,程颐则系与苏轼意见不合亦遭外放,死后甚至被夺官。张载则先得罪王安石,后又与有司议礼不合,而称疾归。朱熹综合诸人见解,见称于南宋。他首先主张北伐,与朝议不合,以后又反对北伐,更与韩侂胄的政策相违,落职罢祠。陆九渊也被监察官弹劾[186]。他们在传统的官僚政府里,表现出一种反对派的姿态。我们可以说宋人是在提倡唯物没有出路,才主张唯心。政府既无法在政治、军事、外交、经济各方面,找到一个新方案打开出路,这些思想界的人物才主张反求诸己,本身内向,着重主静、主敬和慎独,提倡"人欲"与"天理"相违。这种拘谨闭塞的作风,与今后700年中国社会之保守与桎梏的性格有密切关系。

攻城的蒙古军,取自1300年拉西特勿丁《集史》,现藏伊斯坦堡都布卡比美术馆。元朝在军事上表现极为杰出,但因执政者缺乏对国事的了解,并未能持久。

1279年宋亡,继起的元朝始终没有提出一个合适的方案来解决中国的问题。元世祖忽必烈除了在海外的军事行动之外,又要对付中亚腹地和东北地区的蒙古人,以保全一个中国式"天子"的职位。他一方面确有将属下人民予以"超国籍"(supernational)处置的抱负,可是在实际政治上存在各项对人种的歧视。他的财政税收也缺乏系统,尤以南北之不同最为显著,如《元史·食货志》所说:"其取于内郡者曰丁税,曰地税,此仿唐之租庸调也。其取于江南者曰夏税,曰秋税,此仿唐之两税也。"也就是南北采取不同制度。忽必烈和他的继承人缺乏对国事的全盘决策,可以视作元朝虽入主中原而不能持久的一大主因[187]。

直到1368年明太祖重新统一中国,才将整个制度重新规定。可是这时的决策不再是扩张和开放性,而是全面的收敛。朱元璋自己是贫农出身,他彻底看穿宋朝以经济最前进的部门作为财政税收的基础,整个国家追随不及的毛病,于是大规模改制。他的制度仍和宋儒的理论符合,是以最落后的经济部门为全国标准,注重均平。他又实行恐怖政治,打击高级官僚巨家大族,确定全国小自耕农为主的本位。1397年,户部报告全国有田700亩以上的只有14341户,他们的名单可以抄呈"御览"[188]。在朱元璋之法令下,商贾之家不许穿绸纱,全国军民不许泛海。政府官员的薪给极尽刻薄,一部分吏员的征派是采无给制。其他衙门里的斗级皂隶,在王安石时即已以钱代役,这时又恢复由民间差派。军队所用弓箭,政府里所有器皿、文具、纸张,也无偿地由农村各单位供应。全国的赋税因之大为降低,但是各地有愈来愈多名目繁复的无代价劳役,原则上是由较富裕的家户轮流承担。宋朝采用的募兵制至此又代之以征兵。但是兵员不由一般民间差派,政府另组"卫所",下级有"军户",亦即世袭不纳税而只服兵役的特殊户口。朱元璋又手订永不征伐的国家15个,包括海外的琉球、日本,近及朝鲜、安南。对外贸易则全部以进贡的名目,由礼部掌管。这全部措施既表彰平等,又提倡节俭。毫无疑问,明太祖朱元璋的政策可视为他对宋朝失败的一种反动。他训喻户部官员时特别强调王安石是坏人,又以"圣谕"概述:"我国家赋税已有定制,撙节用度,自有余饶。"[189]。

仅是以上的举措,明太祖尚不足以他个人之作风长久影响中国社会体制。在他规划之下,明政府又减轻本身所应管辖有关服务性质的事业。如各省剩余之食粮应配于边军或纳于京师一事,不由政府接办,也不让商人承包,而是指令各地纳税人千里运送,国家并不居中统筹,当中不设中继所,没有仓库、银行及接运站,也缺乏医药卫生等各项设备。通常一州一县要承当十多个单位的需要,边区一个军事单位的粮食来源可能来自十来个或二十个不同的县份。因此全国布满了如此错踪重复的输送线。虽说15世纪沟通南北的大运河通航使实物交纳有了一部分的集中,可是当中的会计责任仍落在下级单位。在16世纪很多收支已经用银,至17世纪之后清取明代之,这样的补给制度仍没有改变,仍是"洪武型"[190]。政府的中层缺乏后勤的能力与责任,是明清体制最显著的特色,不仅为世界各国所无,即中国历史里也罕见。其所以能如此,是因明清帝国与唐宋帝国不同,它采取"非竞争性"的国际性格,因此可以不在效率上求增进,单凭均同而配合着中央集权的制度,就可以用数量上的优势压制外夷。而且国家的财富与资源如此分割支配,也使兴师造反、背叛朝廷者极不容易发难,总之最符合当日中国的特殊环境。可是从商业之发展，交通通讯、银行事业、司法制度之展开，和整个社会之进步各方面而言，洪武型的财产制度产生了巨大的负作用。而且这样的补给制度，计入锱铢，使每项供应的收入有如布匹中之一纱一缕，一经制定，极难摆脱。事实上，其基本设计沿用到本世纪。

清代盐商的休闲生活。明政府委托盐商运粮至各军屯区以补屯田产粮之不足，而以盐引特权为代价，盐商经济富裕之后，生活也随之附庸风雅起来了。

明清之间一脉相承的组织与结构，已有不少学者指出[191]。其行政精神的最大特色为极度的中央集权，但是朝廷不直接控制兵员与物资，而依赖一种半永久性的预算，保持各省区与地方单位间的对称与均衡。又注重以科举制度及文教的力量维持社会的流动性和向心的力量，一般而言，刑法之使用多于民法。这样的社会环境只能使人口增加，而不能在人民生活上作质量的改进。政府用不着以特殊的手段歧视商人和商业利益。基于以上各章所得的经验，我们知道商业资本之存积必须有合适的司法制度积极维持，否则信用无法展开，服务性质的事业无从着手，纵有特殊例外的情形，一个人的富裕与一家的兴旺不能构成任何社会制度。一个商行缺乏与他交易的对手，资金无法周转，经理人才依赖血缘关系，则其经营将无从展开扩大。

浙江杭州郊外大运河一景。

自列强在中国通商口岸开设租界执行领事裁判权以来，影响所及，尤其对中国社会经济之伤害，至今还是一个专家争论的题目。其实这是一个非常广泛的题目。仅将西方文化和西方的法律观念有系统地输入中国，这种运动就不可能对中国没有裨益。要是没有它的启蒙功效，中国铁道之兴建、电信之敷设、实业如汉冶萍公司及轮船招商局之开创,必难在短期间成为事实,更用不着提及现代都市科技知识和学校制度。而经由商业交易的接触,存积资本可能只是外人专利,中国人丝毫不能分羹。可是另一方面西方法制与中国传统社会的结构格格不入,也是有目共睹的事实,因为其润泽必有限制,而不是十分普遍。租界与治外法权,即是在当中设立绝缘地带的一种办法。如果双方的体制经过一段接触之后可能融合,则中国之革命实无必要,而租界与治外法权也必早已废除,如英国及日本之先例(英国在宗教改革之前,银行业受意大利人垄断,他们也在伦敦享有领事裁判权;日本与西方诸国所订不平等条约于1899年解除),而不必待到第二次大战。更且西方所挟持的不仅是雄厚的资本,也代表一种现代的优势组织。双方的交往不可能完全基于一个平等互惠的原则。费孝通的攻击可能过火[192],只是中国排外的反应有其体制上的原因,并非全系感情作用。一个明显的例子,青岛经过德国和日本几十年经营,隔着海湾边上不到20英里的一座村庄却依然如故。除了新建的基督教堂与传统的神祇并肩存在和花生壳被城市新工业收买之外,当地人民的生活几乎与近在咫尺的大城市毫不相干。农作的方法与工具仍是千百年的旧习,商业也限于赶集及流动小贩往来。人民的生活与社会习惯也全未感受新时代的好处,反先感觉动乱的威胁。这种情形说明中国不能因为西方文化的渗入就如日本般迅速现代化,而必须经历相当的折磨,其低层结构必须经过一段重整。一位出生于青岛近郊而且熟悉当地情形的作家,曾于抗战结束时预言:彼间土地占有,必须经过一番改革,即是采取较和缓的方案,也很难避免暴力[193]。

有了这一段的了解，再加上面各章资料的对照，我们开始觉悟到中国需要在历史上通过一次长期的革命，并非偶然。同时自鸦片战争以来，中国对外界刺激的反应，不能统以"迟钝"和"漠不关心"等语词指斥。总之，以中国幅员之大，人口之众，过去社会组织之根深蒂固，有如一个走兽不能令之立即变为飞禽。

日本在天津租界内设立的横滨正金银行。列强在中国开设租界、执行领事裁判权，对中国社会经济之伤害，至今仍是专家争论的话题。

从下表来看，除了鸦片战争结束时朝廷犹以"筹办夷务"的方针对待西方各国，可算迟钝外（但仍有有识者如魏源），以后经过较深的刺激，已作梯度式的反应。造船制械，力求争取现代科技的改进既无实效，则企图从法制方面革新，如修改宪法、编列预算。这样的计划可能动摇传统以"圣谕"及"皇恩"统治全国的根本,于是索性推翻2000多年来的君主制度(异于日本作法)。如此再无实效,则发动五四运动,知识分子主张本身的革新,及于生活习惯语言文字(只有法国大革命前之启蒙运动和俄国十月革命前之民粹主义行动与之稍微类似)。

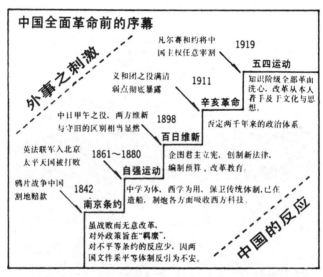

中国全面革命前的序幕

此中很多事迹只因时过境迁,今日有了更长久的历史发展,使我们能将其中因果关系一语道破。如太平天国初起时,容纳了若干基督教的新教宗旨。可是良心自由(freedom of conscience)摆在中国的农村里,就不免张冠李戴,其尴尬局面反给曾国藩一个机会去增强传统的"尊卑,男女,长幼"体制。过去曾有不少读史者,以光绪帝不能毅然下决心清算慈禧太后为憾。殊不知皇帝之存在,并非因藉之以富国强兵；而是君临天下，作忠臣孝子的表率。要是他放弃了传统的使命，也等于否定了本身所扮演的角色。所以问题不在皇帝之决心，而在君主制度。谭嗣同在戊戌变法失败后自愿牺牲，他已经看清中国需要改造的地方范围极广，历时必久，流血必多，因之不惜以一身去标榜其必然性。这些事迹都只表彰着新旧之间距离之大，以上各人的行止与摆布尚未涉及大问题的本身，看来也只算展开序幕。

乾隆皇帝接见英国使团图，由这幅讽刺画可见外人对中国自命"天朝"的不满。即使在鸦片战争结束后，清廷仍视外邦为夷狄。

如果我们以短距离近视界的眼光重新检阅这段历史，固然可以觉察当中无数值得批评攻击的举动。例如鸦片战争时，道光帝曾令扬威将军奕经收复宁波。当日主将去前线90英里，奕经之幕僚大部分无军事概念。反攻之前十日，这群文人以竞赛的方式，预草胜利之露布，却不作敌情判断,以致进兵时主力驱入英军铺设的地雷区,部队伤亡近千人,而英军只损折 20 余人[194]。半个世纪之后的黄海战役,中国舰队违反了最基本的战法,以一弯新月的阵容迎敌。战事最激烈时也不知道这舰队是由提督指挥,或系外国顾问指挥,抑或旗舰管带指挥,主力炮则只有炮弹 3 发。战后残余的船只退避于威海卫海湾,反在日军取得炮台时遭海防炮轰击[195]。类似荒诞离奇的事情不断发生,我们不能以"用人不当"、"战术错误"作完满的解答。甚至指斥其贪污腐化,也是没有掌握问题要点。

18 世纪晚期广州阅兵图。由于没有常设的军需处,演练时纵使军容壮大,战时指挥系统功能和作战效率未必能发挥。

事实上,奕经的军费是由各处截挪而来,非出于一般预算。扬威将军也是临时设置之官衔,既无固定幕僚,更没有经常的军需处,只好在苏州、杭州、绍兴之间设立四个银柜,接受各处的拨款。来银或四处均分或一处总揽，总不敷使用。中日战争也可以称为李鸿章的战争，各方将责任推于李氏。他的舰队曾接受各省接济，李却没有掌握到这些省区的财政职权。而且各省自购船舰器械，由来已久[196]。这不仅影响到战时的指挥系统及作战效率，也反映平时部队的编制、人事训练、装备后勤的全盘状态。所以武装部队只能在他们军令、军政和军需的范围内表现已赋有之功能。以上两次战役并非中国官兵不够勇猛，可是组织上之背景如此，除了各尽其力，无法在战场上制造组织与制度不能及的奇迹。

既有这么多蹉跎，为什么我们还说中国对外来刺激的反应并非不积极？此时读者务必将过去三五百年历史一并对比。如果事关财政，则必涉及税收，因之也与前述"洪武型"之处置不可区分，并且尚可追溯到培植大量小自耕农、全面税收的社会体制上。说到法制，则须想象朱熹所谓"凡人子不蓄私财，而律文亦有别藉异财之禁"的境界（详第一章）。提到军备，则更要顾及朱元璋之设卫所，采取"非竞争性"的制度，不许人民泛海，并且称琉球与日本为永不征伐之国的影响。总之海陆军有如肢翼，必须骨骼、筋腱、肌肉、血液和神经系统与全身联络。如果他们的存在即和社会与国家之组成原则不相衔接，没有民间机构作后勤供应之支援，纯靠官僚勉强组成，行动时将留下很多贻笑各方的事迹。前人缺乏我们的历史经验，他们暗中摸索，自信已竭忠尽智，我们看来总不如人意，错误因循。然则当中的时间也没有完全白费。中国若非采取如此一波推一浪的方式，则不能走入全面改革。一次失败，就加添下一层之压力。光绪帝和康梁之百日维新,无疑是在仿效日本,企图以发行公债作为新政的开销,亦有进入资本主义体制之模样。只是清末中国的低层结构仍与王安石时代没有基本区别,也仍是由上至下指定的保甲制度。维新方案既不能在下端展布,则在慈禧太后专政期间,更暴露了上端的不合时宜,如此只有加速清朝之覆亡。民国初年的志士更发觉以手枪和炸弹发难,实行革命、推翻专制,还是不够。因为亟需改革的不仅是官衔名目,更是下层社会的结构,只能从改革者自己的思想着手。于是激进分子如鲁迅,不止以宋儒和道学家的拘泥束缚为攻击目标,更提倡全部传统文化都是"吃人"的礼教。

以上或粗枝大叶地处理历史,或精磨细琢地钻研历史,可能得到同样的结论。读史若提高警觉,就可以体会到中国长期革命之无法避免。上表所列自南京条约到五四运动已77年,当中多数问题,仍不能局部地找到圆满解释;只有通过历史的长期合理性(long-term rationality of history),我们才能在大范围内树立它们的因果关系。而且这77年的各项活动尚未对中国的社会提出实质上的改革;最多也不过是完成了革命的准备。日后中国开始改革时,其间乾坤颠倒的不仅是法律与政治,也牵涉到经济与生产,更及于思想、语言、社会组织和生活习惯。自1919年至今又转瞬已70年,在这70年中,中国的武装部队参与大小内争不算,也曾以各种不同的姿态,与世界各强国及左右邻邦作战。所以称中国在20世纪的革命为人类历史中最庞大的一次革命,并不为过。此间经过事迹的背景及发展,已非平常尺度所能衡量,也超过各人的人身经验。

这种大变动的起因，可追溯于资本主义的世界化。19世纪中叶，英、法等国以商业之原则完成了他们国家与社会构成的基础。于是挟着这样的优势组织，向海外发展。鸦片战争及英法联军之役，都在这背景下展开。中国承受了外界的压力，才提出各种维新方案。只是维新未成，世纪之末年，已有日本入侵，因此需要改革的范围更为扩大，时间也更为迫切。20世纪初年，更有苏联介入，中国的问题更国际化，也更沾染各种主义的名目。可是我们不能忘记，以上各种方案与主义，都不外是解决问题的工具。潜伏在他们后面的一个大问题，仍是中国必须放弃过去以农业条件为本位所产生的特殊体制，代之以商业条理作主的一般体制，增强她在国际间竞争的地位。

1919年5月6日，北京大学学生组织讲演团，沿街发表演说进行爱国宣传。

从最近的各种迹象看来，这种问题已将解决，整个的改组也近完成。我们作这样的论断，并不是说时下的局面令人感到满意，而是指出中国在1980年间和1920年间已有显著的不同。例如财政上已摆脱向多数小自耕农全面抽税为基础的体制，因之规模初具，下层的经济因素也已可以自由交换，即将进入以数目字管理的规范。至于用何种数目字，则尚无定夺。也因为中国问题范围大，牵涉深，在她改革的过程中，已使19世纪所创原拟适用于西欧的名词有不合时宜之感。这一点我们还有机会论及。

自"五四"运动至今70年的历史，不能全用中国历史的经验解释，因为这种发展在中国尚无先例。我们引用本书以上各章资料，包括意大利的自由城市、荷兰、英国、美国、日本、德国、法国和苏联，进入以数目字管理的程序，也参考十多个思想家的意见（见第五章），可以想象民国初年的无政府状态，近于霍布斯所说"所有人和所有人作战"的趋向。中国在1905年停止科举考试，实际上已截断了高层结构与低层结构间的联系。因为传统所谓"选举"，以四书五经作取士的标准，既是庙堂里统制全国的逻辑，也是农村里维持社会秩序的根本，有如宪法。现在这种使上下交流的方式既被放弃，君主制度既被否定，而内地的情形还有如蒋廷黻所言于费正清，尚无从获悉其究竟，那么中国还靠什么原则存在呢？剩下来的唯有传统中待人忠恕之道，和一班知识分子的爱国精神，更其次的则只有各强人之私人和军事力量，在历史上称为"军阀混战"的局面了。这简短的一段叙述，也可以包括"五四"运动前后之一般状态。

霍布斯认为，现有的国家体制解散时，人类将恢复到初民状态。初民状态中，公众的权力尚未展开，既无政府亦无法律；既无法治，也谈不上公平与不公平。在作战的条件之下，只有强权与欺诈算数。他说："在此条件之下将不能产生工业，因为其成果毫无保障，于是世界里也没有文化，也没有航海交通、海运货品，更没有宽敞的建筑物及运输的工具，因为这些东西需要大规模的武力支持，因此也无从产生地球上的知识，没有计时的才能、美术、文学、社会。而最可怕的是生活在无边的恐惧、暴力和死亡的危险中。人类的生命只有孤独、穷困、卑劣、粗暴而又短暂。"（这段前已提及见第五章注[24]）

1927年5月，日本第一次出兵山东，图为日军强行进驻青岛的情形。日本的入侵使中国需要改革的范围更加扩大，时间更为急迫。

作者著书时着重文字结构的紧凑,叙述不免过激。他未能预料中国就因为传统的忠恕之道和新时代的爱国精神,仍旧在一个时间内勉强存在,并没有完全土崩瓦解,沦陷到太平洋的深洼里。但五四运动前后,鲁迅既否定中国传统的伦理,称之为"吃人"的礼教,连孙文也称中国人为"一盘散沙",则已去霍氏所想象的初民状态不远。同时在军阀割据之下,一般人民之生命财产没有保障,也是难以否定的事实。如果我们有了这样的了解,则在检讨中国现代史时,必先看清当中的大轮廓。在社会全面解体又需要全部重造的时候,一件事情的意义可能前后牵涉几十年或甚至几百年。即是亲历其境的人物,如克伦威尔、丹东和托洛茨基,本身反成了推进历史的工具,也难看清他们自己在历史中的真实意义。在这种情形之下,无目的的分析而不综合,难能尽到历史家的任务。我们纵把郭松龄和殷汝耕的事迹写得不失毫厘,又牵涉到本庄繁和冈村宁次的秘幕,在当中更投入梅兰芳和阮玲玉的琐闻轶事,也只是增长历史的篇幅,仍未掌握中国长期革命的真实性格。

何以中国在1980年和1920年间有此巨大的区别?因为"巨灵"已在我们眼前出现。蒋介石和国民党创造了一个高层结构,使中国当时能在世界里立足,毛泽东和中国共产党改革了中国的农村,创造出一个新的低层结构,使农业上的剩余能转用到工商业[197]。

中国今后的趋向,也能从这基础上发展。其目的是根据各地区的条件,使全民就业。自宋太祖赵匡胤企图集绢以拒契丹至今已逾千年。即是西洋史里包括威尼斯一心要保持她的商业体制,将统领华立罗判死刑,迄至最近戈尔巴乔夫在苏联实施改革的一段,也有600多年。我们可以在当中看到很多国家与朝代的成败兴亡,可是他们最后趋向以数目字管理的方式则始终如一。即是有些大陆性格的国家将互相交换的原则由战时体制粗率组成,局势既正常化,也仍需要改造,也仍将最基本的私人财产权予以固定。除非中国仍然拒绝与外界的潮流汇合,我们就揣想不出另外一种方案足以代替上面的论断。

注 释

[1] 菲雷《法国革命阐释》。François Furet, *Interpreting the French Revolution*, trans. by Maison des Sciences de I'Homme and the Cambridge University Press (Cambridge, 1981), pp.8—9. 勒费弗 Lefebvre 原文为 "La Revolution francaise et les Paysans" in *Etudes sur la Revolution francaise* (Paris, 1954).

[2] 勒费弗《1793 至 1799 年的法国革命》。Lefebvre, *The French Revolution from 1793 to 1799*, trans by John Hall Stewart and James Frigugliette (London and New York, 1964), p.311.

[3] 布林顿《革命的十年,1789—1799》。Crane Brinton, *A Decade of Revolution, 1789—1799* (New York, 1963), pp.122, 136, 269; 西德纳姆《法国革命》。M. J. Sydenham, *The French Revolution* (Westport, Conn., 1965), p.191. 参照《现代史研究》*Studies in Modern History*, reprint (New York, 1968), pp.129—146.

[4] 西德纳姆 Sydenham, pp.81—83; 古德温《法国革命》。Albert Goodwin, *The French Revolution* (New York, 1956), pp.101—104.

〔5〕勒费弗《法国革命的到来》。Georges Lefebvre, *The Coming of the French Revolution*, trans. by R. R. Palmer (New York, 1967), p.205.

〔6〕布林顿 Brinton, p.105.

〔7〕指责拿破仑虽热爱约瑟芬,其婚姻仍有政治上的意义,有勒费弗《法国革命》。Lefebvre, *The French Revolution*, p.185. 对约瑟芬声名之指责,见同书 p.308.

〔8〕布鲁恩《欧洲与法国政府》。Geoffrey Bruun, *Europe and the French Imperium, 1799—1814* (New York, 1963), p.73.

〔9〕《法国革命的到来》。*The Coming of the French Revolution*, p.212.

〔10〕古德温 Goodwin, pp.13—21, 则指出议会亦有其理想主义,并非全仗利害关系,如此则更见问题之复杂。

〔11〕《剑桥欧洲经济史》*Cambridge Economic History of Europe*, Vol. IV, p.528.

〔12〕《法国革命的到来》*The Coming of the French Revolution*, pp.23, 105, 135.

〔13〕索博尔《法国革命简史》。Albert Soboul, *A Short History of the French Revolution, 1789—1799*, trans. by Geoffrey Symcox (Berkeley, Calif., 1977), p.36.

〔14〕《法国革命的到来》。*The Coming of the French Revolution*, pp.65, 98; Sydenham, p.22.

〔15〕索博尔 Soboul, p.16.

〔16〕同上, p.96, 112—113; 古德温 Goodwin, p.75; 布林顿 Brinton, pp.30—31.

〔17〕《法国革命的到来》*The Coming of the French Revolution*, p.125; 索博尔 Soboul, pp.58—59.

〔18〕古德温 Goodwin, p.75; 西德纳姆 Sydenham, p.49., 《法国革命的到来》。*The Coming of the French Revolution*, p.114.

〔19〕誓辞全文见《法国革命的到来》，The Coming of the French Revolution，pp. 84—85.

〔20〕西德纳姆 Sydenham, pp.60—61；古德温 Goodwin, pp.74—75, 87；布林顿 Brinton, p.40.

〔21〕西德纳姆 Sydenham, p.61.

〔22〕这宣言全文见《法国革命的到来》。The Coming of the French Revolution，pp. 221—223.

〔23〕同上，pp.162—164；西德纳姆 Sydenham, p.56；索博尔 Soboul, p.61.

〔24〕《法国革命的到来》The Coming of the French Revolution，pp.138—139, 165—166；索博尔 Soboul, pp.63—65.

〔25〕麦克马纳斯《法国革命与教会》。John McManners, The French Revolution and the Church（London, 1969), p.38.

〔26〕同上，p.60.

〔27〕《法国革命的到来》The Coming of the French Revolution, p.196；西德纳姆 Sydenham, p.90.

〔28〕勒费弗 Lefebvre 即在《法国革命的到来》The Coming of the French Revolution，p.217 作如是说。

〔29〕菲雷 Furet, pp.58—59.

〔30〕勒费弗提出，有些事迹其环境上的情形无法获悉，但是其理由则又显然。亦即证据不足时，历史家只能根据逻辑论断，也是同一道理。见《法国革命的到来》The Coming of the French Revolution，p, 167.

〔31〕索博尔 Soboul 则说法国此时不可效法英国。光荣革命之能以不流血成功，乃因 17 世纪中期的内战已将一部分问题消除。见索博尔 Soboul, pp.159—160。参见本书

第四章。

〔32〕西德纳姆 Sydenham 叙述这段史实时称:"解释〔这事〕,并不即是原宥〔行凶之人〕。"见《法国革命》*The French Revolution*,p.122.古德温,Goodwin 则称谋害被囚之人,实为"防制之审判",见 *The French Revolution*,p.135.

〔33〕Lefebvre 在叙述革命前期时即说:"叛乱必不可少。"又引用一个心境和平的人说:"国民大会不可能没有反叛而能有任何成就。"见《法国革命的到来》*The Coming of the French Revolution*,pp.210—211.

〔34〕山岳党也有柯德立尔(Cordeliers)俱乐部的会员,吉伦德派更复杂,亦有支持王权,赞成不宣誓之僧侣的人士也有自称为吉伦德派,见《法国革命》*The French Revolution*,p.52.

〔35〕布林顿 Brinton,pp.59—60;古德温 Goodwin,pp.124—126。但是丹东被称为"8月10日之出头人",不可能没有参加最高的筹划。

〔36〕西德纳姆 Sydenham,p.106;索博尔 Soboul,pp.92—93.

〔37〕《法国革命的到来》*The Coming of the French Revolution*,p.98.

〔38〕索博尔 Soboul,pp.98—100.见菲雷和里谢《法国革命》François Furet and Denis Richet,*The French Revolution*,trans. by Stephen Hardman(New York,1970),pp.185—186.

〔39〕这是布林顿 Brinton,p.61,所用词句,参见西德纳姆 Sydenham,pp.109—111.

〔40〕布林顿 Brinton,pp.110—116.

〔41〕各书记载略有不同。见勒费弗 Lefebvre,*The French Revolution*,p.68;西德纳姆 Sydenham,p.176.参照古德温 Goodwin,p.168.注意索博尔强调恐怖政策也在推行经济管制,索博尔 Soboul,p.93n.

〔42〕索博尔说:"从热月反动到拿破仑之帝国,有一种直线型的连续性。11月的兵变只

惊扰了它的外貌。"见同上，p.127.

〔43〕勒费弗《法国革命》。Lefebvre, The French Revolution, p.73.

〔44〕同上，p.48.

〔45〕同上，p.48, 72; 古德温 Goodwin, p.169; 西德纳姆 Sydenham, p.188; 布林顿 Brinton, pp.124—125. 注意专家对中央派往地方督导员之评价不尽相同。

〔46〕勒费弗《法国革命》。Lefebvre, The French Revolution, p.113; 西德纳姆 Sydenham, p.209.

〔47〕在法国历史内称为"平等主义之阴谋"（The Conspiracy of the Equals）。参见勒费弗《法国革命》。Lefebvre, The French Revolution, pp.104, 175; 索博尔 Soboul, pp.137—141.

〔48〕布林顿 Brinton, p.219.

〔49〕勒费弗《法国革命》。Lefebvre, The French Revolution, pp.109, 114; 索博尔 Soboul, pp.118—125.

〔50〕见勒费弗《法国革命》。Lefebvre, The French Revolution, p.120; 对处死刑数目字上的分析见索博尔 Soboul, p.105.

〔51〕勒费弗《法国革命》。Lefebvre, The French Revolution, p.315; 布鲁恩 Bruun, p.72.

〔52〕勒费弗《法国革命》。Lefebvre, The French Revolution, pp.104—109.

〔53〕同上，pp.209—211; 布林顿 Brinton, pp.218—221.

〔54〕布鲁恩 Bruun, pp.22—24.

〔55〕索博尔 Soboul, p.156.

〔56〕勒费弗《法国革命》。Lefebvre, The French Revolution, p.269. 类似的评价见布林顿 Brinton, p.276.

〔57〕菲雷和里谢 Furet and Richet, p.322.

〔58〕当时人在这观点的言论见索博尔 Soboul, pp.127—129.

〔59〕见同上, pp.16, 133, 156；勒费弗《法国革命》。Lefebvre, *The French Revolution*, pp.265—266, 268—269.

〔60〕布鲁恩 Bruun, pp.32, 62.

〔61〕布林顿 Brinton, p.284.

〔62〕巴贝夫 François Noël (Gracchus) Babeuf 于1797年被处死刑，对马克思有很大的影响，也因着布朗基 Louis Auguste Blanqui 影响着列宁。见勒费弗《法国革命》。Lefebvre, *The French Revolution*, pp.174—176, 244；布林顿 Brinton, p.205.

〔63〕基辛格《白宫岁月》。Henry A. Kissinger, *White House Years* (Boston, 1979), pp.185, 554.

〔64〕斯维琴科《与莫斯科决裂》。Arkady N. Shevchenko, *Breaking With Moscow*, paperback ed. (New York, 1985), pp.217—220.

〔65〕见《纽约时报》1982年3月25日第11版及9月27日第三版。按勃列日涅夫死于当年11月10日。

〔66〕钱柏林《俄国革命》。Willam Henry Chamberlin, *The Russian Revolution*, Universal Library ed. (New York, 1965), Vol.I, p.65.

〔67〕斯通《东线, 1914—1917》。Norman Stone, *The Eastern Front, 1914—1917* (New York, 1975), p.300.

〔68〕同上, pp, 284—285. 注意关于此点专家的意见不尽相同。例如费罗《1917年俄国二月革命》。Marc Ferro, *Russian Revolution, of February 1917*, trans by J. L. Richards (Englewood Cliffs, N.J., 1972), p.19 即强调一般生产降低。

〔69〕钱柏林 Chamberlin, Vol.I, pp.66, 223.

〔70〕同上，pp.105, 260；斯通 Stone, p.284 谓360余万人。

〔71〕钱柏林 Chamberlin, Vol.I, pp.109, 260—268；费罗《1917年十月》Marc Ferro, *October 1917*, trans. by 斯通 Norman Stone (London, 1980), pp.142—143. 两书解释不尽相同。

〔72〕关于铁道邮政电讯之重要，见钱柏林 Chamberlin, Vol.I, pp.101, 161；关于粮食恐慌，见《1917年十月》*October 1917*, p.163；苏哈诺夫《俄国1917年革命》。N. N. Sukhanov, *The Russian Revolution 1917*, trans. by Joel Carmicheal, Torchbook ed. (New York, 1962), Vol.I, p.185.

〔73〕钱柏林 Chamberlin, Vol.I, p.224.

〔74〕《1917年十月》*October 1917*, p.113.

〔75〕同上，p.114.

〔76〕钱柏林 Chamberlin, Vol.I, p.243；*October 1917*, pp.115, 127；马佐《俄国沙皇主义和共产主义》。Anatoel Mazour, *Russia, Tsarist and Communist* (New York, 1962), pp.379—381.

〔77〕钱柏林 Chamberlin, Vol.I, pp.244, 289.

〔78〕同上，Vol.I, p.244；《1917年十月》*October 1917*, p.127.

〔79〕钱柏林 Chamberlin, Vol.I, p.244 关于民粹主义者在革命时的见解，见《1917年俄国二月革命》*Russian Revolution of February 1917*, p.5.

〔80〕《1917年十月》*October, 1917*, p.93；钱柏林 Chamberlin, Vol.I, p.101.

〔81〕《1917年俄国二月革命》*February 1917*, p.38；钱柏林 Chamberlin, Vol.I, p.77.

〔82〕《1917年俄国二月革命》*February 1917*, p.39.

〔83〕同上，pp.42—43.

〔84〕钱柏林 Chamberlin, Vol.I, pp.79—80.

〔85〕苏哈诺夫 Sukhanov, Vol.I, pp.34, 37, 186.

〔86〕《1917年俄国二月革命》February 1917, p.47。布尔什维克的议员被流放,见钱柏林 Chamberlin, Vol.I.p.81.

〔87〕各书的记载不尽相同。议长 Rodzianko 已向群众宣布组织新政府,见《1917年俄国二月革命》February 1917, p.45。只是一个有限度之宗旨,才能使各派人士参与,包括忠于皇室的议员,参见苏哈诺夫 Sukhanov, Vol.I, p.35.

〔88〕俄国各党派之沿革及政纲之概略,可参见 Chamberlin, Vol.I, pp.30—44.

〔89〕钱柏林 Chamberlin, Vol.I, p.84;《1917年俄国二月革命》February 1917, pp.45—50;苏哈诺夫 Sukhanov, Vol.I, pp.39—40.

〔90〕《1917年俄国二月革命》February 1917, pp.51, 60—64;苏哈诺夫 Sukhanov, Vol.I, pp.67—68.

〔91〕《1917年俄国二月革命》February 1917, p.45 参对苏哈诺夫 Sukhanov, Vol.I, p.46.

〔92〕苏哈诺夫 Sukhanov, p.40;《1917年俄国二月革命》February 1917, p.51.

〔93〕同上, p.113;《1917年俄国二月革命》February 1917, p.55;钱柏林 Chamberlin Vol.I, p.87.

〔94〕同上, p.86;《1917年俄国二月革命》February 1917, pp.68—69.

〔95〕《1917年俄国二月革命》February 1917, pp.53—54, 71.

〔96〕同上, pp.73—74. 尼古拉最初拟传位于子,以麦克为摄政,见钱柏林 Chamberlin, Vol.I, pp.91—93.

〔97〕皇室最后之结局,见同上, Vol.II, pp.84—95.

〔98〕同上, Vol.I, pp.94—95.

〔99〕见苏哈诺夫 Sukhanov, Vol.I, p.136.

〔100〕《1917年十月》*October 1917*, pp.60—69.

〔101〕同上, pp.77—80, 84.

〔102〕《1917年俄国二月革命》*February 1917*, p.19; 钱柏林 Chamberlin, Vol.I, p.261.

〔103〕《1917年十月》*October 1917*, pp.140—178.

〔104〕钱柏林 Chamberlin, Vol.I, p.265.

〔105〕同上, pp.149—150;《1917年俄国二月革命》*February 1917*, pp.62—63;《1917年十月》*October 1917*, pp.46—47; 苏哈诺夫 Sukhanov, Vol.I, pp.32—33.

〔106〕列宁也是一个容易感情激动的人, 见舒布《列宁传》。David Shub, *Lenin, A Biography* (Graden City, N.Y., 1948), pp.133—134; 钱柏林 Chamberlin, Vol.I, p.294.

〔107〕舒布 Shub, pp.137—139.

〔108〕同上, p.273; 钱柏林 Chamberlin, Vol.I, p.133.

〔109〕《1917年十月》*October 1917*, p.46. 比较苏哈诺夫 Sukhanov, Vol.I, p.33对他的评价, 后者也指出他之诚恳而不自私.

〔110〕列宁由瑞士经德国至瑞典芬兰而入彼得格勒, 由德国安排是众所周知的事实。德国政府及军事当局都以为让他回俄发动反战运动于德奥有利。列宁一行包括他的夫人及布尔什维克同志数人及非布尔什维克人士约20人坐德国预备之专车。1917年4月中旬离苏黎世时, 有支持者在车站送行和反对者示威。见舒布 Shub, pp.181—185.

〔111〕钱柏林 Chamberlin, Vol.I, pp.149, 282.

〔112〕列宁之宗教思想与无神论, 见舒布 Shub, pp.369, 385; 钱柏林 Chamberlin, Vol.I, p.136.

〔113〕钱柏林 Chamberlin, Vol. I, p. 137.

〔114〕同上, Vol. I, p. 326;《1917年十月》October 1917 p. 133. 两书英译稍有不同,本书中译按前者。

〔115〕钱柏林 Chamberlin, Vol. I, pp. 142, 146, 162, 166, 174, 249.

〔116〕苏哈诺夫 Sukhanov, Vol. II, p. 380.

〔117〕钱柏林 Chamberlin, Vol. I, pp, 163—165.

〔118〕同上, Vol. I, pp. 173, 190n;一个目击其事的回忆,为苏哈诺夫 Sukhanov, Vol. II, pp. 444—453. 注意前者称死者人数有疑问。

〔119〕钱柏林 Chamberlin, Vol. I, pp. 180—181;苏哈诺夫 Sukhanov, Vol. II, pp. 458—459.

〔120〕关于8月莫斯科全国协政会议,见钱柏林 Chamberlin, Vol. I, pp. 200—205; Sukhanov, Vol. II, pp. 493—495.

〔121〕钱柏林 Chamberlin, Vol. I, pp. 280—281;《1917年十月》October, 1917, p. 233.

〔122〕舒布 Shub, pp. 229—236.

〔123〕俄国参战时有意获得黑海至地中海峡的管制权,可以视作有商业及军事价值,但是这种目的仍与资本主义相去甚远.

〔124〕很多专家已认为布尔什维克之登场在历史上无法避免。钱柏林 Chamberlin, Vol. I, p. 221 参照《1917年十月》October 1917, p. 277;梅尔古诺夫《布尔什维克掌权》。S. P. Melgunov, *Bolshevik Seizure of Power* (Santa Barbara, Calif., 1972), pp. xxiii—xxiv, 33. 作者认为其他党派妄想布尔什维克得权之后无法收拾残局,可以不攻自破,是该党坐大的原因。见同上, p. 170. 又西方历史家多强调革命之特殊情形,苏联学者强调基本原因,见拉克尔《革命的命运》。Laqueur,

Fate of the Revolution, pp.54—58.

[125] 演讲辞见钱柏林 Chamberlin, Vol.I, pp.283—284 和《1917 年十月》October 1917, pp.234—235 的节录.

[126] 女兵不过200人, 见梅尔古诺夫 Melgunov, p.80. 这些部队只能作门卫之用, 她们等候正规战斗部队, 只是后者始终没有来信, 有些资料说及女兵死伤500人, 显是无稽之谈. 参见苏哈诺夫 Sukhanov, Vol.II, p.621。

[127] 钱柏林 Chamberlin, Vol.I, p.313; 苏哈诺夫 Sukhanov, Vol.II, pp.620—627; 梅尔古诺夫 Melgunov, pp.80—84; 舒布 Shub, p.251.

[128] 钱柏林 Chamberlin, Vol.I, pp.336—348; 舒布 Shub, pp.257—261. 俄国有15个军, 最初有12个军不承认新政府, 但是列宁宣布和平鼓励军队与敌兵亲善之后, 各军相继瓦解。

[129] 钱柏林 Chamberlin, Vol.I, pp.329—332; 梅尔古诺夫 Melgunov, pp.106—110。后者坚持俄军虽意存观望, 但是仍有意援助临时政府反布尔什维克, 只是缺乏民主势力之领导. 证之其他资料, 此说难予置信。

[130] 舒布 Shub, pp.271—272。

[131] 钱柏林 Chamberlin, Vol.I, pp.325—326;《1917 年十月》October 1917, pp.132—133.

[132] 钱柏林 Chamberlin, Vol.I, pp.370—371. 列宁对宪法会议之反应见舒布 Shub, 289—290; 拉克尔 Laqueur, p.47。

[133] 莫兹里《俄国内战》。Evan Mawdsley, The Russian Civil War (Boston, 1987), p.43.

[134] 同上, pp.60—61, 180—181.

[135] 同上, pp.63, 181; 钱柏林 Chamberlin, Vol.II, p.29.

〔136〕莫兹里 Mawdsley, p.181. 但是红军估计对方共计 657000 人。

〔137〕同上，p.183.

〔138〕同上，pp.167—168. 西伯利亚前线的补给情形亦类似。英国称供应 97000 吨，其他供应来自美国、法国及日本，同上，pp.143—144.

〔139〕见同上，p.134.

〔140〕见同上，pp.83—84, 280—281；拉克尔 Laqueur, p.54；钱柏林 Chamberlin, Vol.II, pp.455—457.

〔141〕内战期间苏维埃特务组织 Cheka 可能以各种名义将 5 万人处死。见钱柏林 Chamberlin, Vol.II, p.75. 参见 Mawdsley, pp.81—83, 191, 274, 286.

〔142〕舒布 Shub, pp.363, 379.

〔143〕同上，pp.381—382. 此遗嘱由列宁夫人交中央执行委员会。至赫鲁晓夫执政时代才被公布，见乌拉姆《苏俄史》。Adam B. Ulam, *A History of Soviet Russia* (New York, 1976), p.62n.

〔144〕康奎斯特《大恐怖：30 年代斯大林的清除》。Robert Conquest, *The Great Terror: Stalin's Purge of the Thirties* (New York, 1968), p.11.

〔145〕萨宾《政治理论史》。Sabine *History of Political Theory*, p.841.

〔146〕乌拉姆 Ulam, p.25. 参见拉克尔 Laqueur, p.76.

〔147〕《1917 年十月》*October 1917*, p.275. 可是这种数字出诸估计可能相差至大，有谓 1917 年布尔什维克中坚分子只有 5000 至 10000 人，也可以将军队中参与其运动的干部一并列入，可能高至 8 万人，见钱柏林 Chamberilin, Vol.II, p.363.

〔148〕根据同上及乌拉姆 Ulam, p.78；Mawdsley, p.180. 1973 年有党员 1480 万。见史密斯《俄国人》。Herdrick Smith, *The Russians* (New York, 1976), p.291n.

〔149〕莫兹里 Mawdsley, p.274.

〔150〕同上，p.191.

〔151〕同上，p.77.

〔152〕钱柏林 Chamberlin, Vol, II, pp.370, 427.

〔153〕同上，Vol.II, p.113. 关于战时共产主义之全貌，见同书 pp.96—117, 又参照莫兹里 Mawdsley, pp.73—74.

〔154〕乌拉姆 Ulam, p.28; 莫兹里 Mawdsley, pp.37, 190.

〔155〕拉克尔 Laqueur, 综合很多专家的意见之后，即强调列宁独一无二，见 p.71.

〔156〕《巨灵》Leviathan, Ch.17. 原文为"that may reduce all their wills, by plurality of voices, into one will."

〔157〕此段所叙均见《巨灵》Leviatihan, Ch.18.

〔158〕苏维埃联邦名义在1922年开始出现。

〔159〕乌拉姆《苏俄史》。Ulam, A History of Soviet Russia p.96.

〔160〕第三国际成立于1919年。

〔161〕康奎斯特 Conquest, pp.365, 532, 参见乌拉姆 Ulam, pp.130—131.

〔162〕原文载《苏俄史》第三部，《在一国内施行社会主义》(Socialism in One Country), 此处据拉克尔 Laqueur, p.122 转载。

〔163〕同上，p.98.

〔164〕乌拉姆 Ulam, pp.143, 150. 作者所说苏联参加三国协定，可能是1940年准备着的苏德意日的共同声明，这张草约在德国驻苏大使馆内发现。见耶吉尔《他们的好时光》。Winston S. Churchill, Their Finest Hour (Boston, 1949), pp.587—588.

〔165〕克利浦斯说："要是没有俄国人，希特勒无疑已成了欧洲的征服者。我们得到最后

胜利的机会等于零。"他又说苏联的制度虽有各种瑕疵，却是"我等提倡民主者之救星"。见戈罗杰茨基《克利浦斯对莫斯科的使命》。Gabriel Gorodetsky, *Stafford Cripps' Mission to Moscow* (Cambridge, 1934), p.289.

〔166〕"Russia is a riddle wrapped in a mystery inside an enigma. But perhaps there is a key. That key is Russian national interest."

〔167〕通常之指责为斯大林整肃红军，使后者失去领导力量，对德防备未周，初期被奇袭死伤惨重，政府掩饰败状。斯大林又虚荣心重，以后在战胜时居功。上述 Ulam 书中所叙可代表一般之批判。

〔168〕卡尔《苏维埃对西方世界的影响》。Edward Hallett Carr, *The Soviet Impact on the Western World* (New York, 1947), pp.34—38.

〔169〕康奎斯特 Conquest, pp.21—23.

〔170〕这是一个为公众接受的估计，见于无数之书刊及演讲辞。今日苏联人口为 28300 万。

〔171〕例如谢尔登《苏联垮台的到来》。Judy Shelton, *The Coming Soviet Crash* (New York, 1989) 暴露苏联政府之预算隐匿着很大的亏空，挪用民间的存款抵补。见《纽约时报书评》，1989 年 2 月 5 日第九版；Zbigniew Brzezinski 预言苏联的危机可以连续十年以上并且影响东欧各国。见《纽约时报》1989 年 3 月 7 日第十九版。

〔172〕斯普伯尔《苏联经济：结构、原则、问题》。Nicolas Spulber, *Soviet Economy: Structure, Principles, Problems* (New York, 1962), pp.215—217.

〔173〕同上, p.74.

〔174〕阿甘别扬 Abel Aganbegyan, *The Economic Challenge of Perestroika*, trans by Paulin M. Tiffen (Bloomington, Indiana, 1988), pp.50—51.

〔175〕Ulam, pp.236—238, 戈尔德曼《戈尔巴乔夫的挑战》。Marshall I. Goldman, *Gorbachev's Challenge* (New York, 1987), pp.42—85；阿甘别扬 Aganbegyan, pp.50—65.

〔176〕史密斯 Smith, p.252.

〔177〕《纽约时报》,1989年3月16日第一版及3月17日第一版。

〔178〕费正清《中国疆界：五十年备忘录》。Fairbank, *Chinabound: A Fifty-year Memoir* (New York, 1982), p.88.

〔179〕《宋史》(中华书局标点本),卷179,册13,页4349。

〔180〕周密《癸辛杂识续集》。

〔181〕《原富》*Wealth of Nations*, Book I, Chapter 8. 今人洛勒斯坦 Immanuel Wallerstein 有类似之见解,他说在待开发之国家之内扶助资金流通之联络线,必有某种缺陷,不能使一切商品化。见其所著《历史上的资本主义》*Historical Capitalism* (London, 1982), p.15.这也等于本书所述资本主义,必待下层机构里各种因素都能公平而自由的交换的反面说法。

〔182〕传统政策一面保障小自耕农,一面限制土地占有,见 L.S.杨《中国制度史研究》Lien-sheng Yang, *Studies in Institutional Chinese History* (Cambridge, Mass., 1961), pp.135—136;及钱穆《国史大纲》(台北,1966),上册,页242。

〔183〕以上各节见《宋史》,卷127,册13,页4200;卷128,册13,页4244;卷129,册13,页4281;卷130,册13,页4303;卷139,册13,页4549;卷312,册29,页10227;卷338,册29,页10810;卷344,册29,页10927,10930。王安石变法一节也见作者在台北《中国时报》人间副刊,1988年6月27、28日的论文;《放宽历史的视界》(台北,1988),页70; "The History of the Ming Dynasty and Today's World", in *Chinese Studies in History*, vol. XIX, No.4 (Summer, 1986), pp.12—13.

〔184〕以上的事迹可参考作者在台北《中国时报》人间副刊,1988年6月11、12日、7月20日,8月9、10日,9月20日各栏之分析。

〔185〕上文见于《宋史·食货志》,见《宋史》卷174,册13,页4213。

〔186〕以上见《宋史》,卷427,册36,页12711;同上,页12715,12720;卷429,册36,页12752—12753;卷434,册37,页12881。

〔187〕元朝的财政措施,可参见舒尔曼《元朝的经济结构》。Herbert Franz Schurmann, *Economic Structure of the Yuan Dynasty* (Cambridge, Mass., 1956).《食货志》的一段见《元史》(中华书局标点本)卷93,册8,页2357。关于元代各事的分析详作者在台北《中国时报》人间副刊,1988年10月25、26日,12月18、19日的论文。还有此时尚未刊出的"元顺帝"一段。

〔188〕《明实录·太祖实录》(台北,1962年影印本),页3643(卷252,洪武三十年四月癸巳条)。

〔189〕同上,页2141,2681—2682。(卷135,洪武十四年正月丁未条及卷177,洪武十九年三月戊午条)。

〔190〕这种情形可参见梁方仲,《明代粮长制度》(上海,1957)及作者之《16世纪中国明代的税收与财政》*Taxation and Governmental Finance in Sixteenth Century Ming China* (Cambridge, 1974).即将出版之《剑桥中国史》,第8卷,也有一段简述。"洪武型"是梁方仲的用词。

〔191〕例如清代田赋,以明末的底账作根据,见钱穆《国史大纲》下册,页621;甘布尔《天津:中国北部的农社》。Sidney D. Gamble. *Tien Hsien: A North China Rural Community* (Stanford, Calif., 1954), p. 170. 其他如户部组织详 E. Z. 孙《哈佛亚洲研究杂志》。E-tu Zen Sun, "The Board of Revenue in Nineteenth Century China", *Harvard Journal of Asiatic Studies*, 24 (1962—1963).关于科举制度见何炳棣《中华帝国的成功之梯》。Ping-ti Ho, The Ladder of Success in Imperial China (New York, 1962).关于社会组织见张仲礼《中国绅士在19世纪中国的作用的研究》。Chung-li Chang, *The Chinese Gentry. Studies in Their*

Role in Nineteenth-Century China（Seattle, Washington. 1955）。此书强调重要的改变由于太平天国发难清廷筹款时引起捐监生员之增加。在法制方面可见鲍德和莫里斯《中华帝国的法律》Derk Bodde and Clarence Morris, *Law in Imperial China: Exemplified by 190 Ch'ing Dynasty Cases*（Cambridge, Mass., 1967）。关于地方政府一般情形见瞿同祖《清代中国的地方政府》T'ung-tsu Ch'u, *Local Government in China under the Ch'ing*（Cambridge, Mass., 1962）。本书作者以"大历史"的眼光对明清一体的看法已写入《中国近五百年历史为一元论》，曾在1986年在台北第二届国际汉学会议宣读，现收入《放宽历史的视界》(台北，1988），页199—219。英文题为 *Structural Approach to Modern Chinese History*，不久可以付梓。

〔192〕见费孝通《中国农民生活：长江流域的乡村生活研究》。Hsiao-t'ung Fei, *Peasant Life in China: A Field Study of Country Life in the Yangtze Valley*（New York, 1939）。参见《剑桥中国史》*Cambridge History of China*, ed. by John K. Fairbank et al., Vol. X（Cambridge, 1978）, pp. 214, 262.

〔193〕M. C. 杨《一个中国乡村：山东省台头》。Martin C. Yang, *A Chinese Village: Taitou, Shantung Province*（New York, 1945）, p. 232.

〔194〕韦利《中国人眼里的鸦片战争》。Arthur Waley, *The Opium War Through the Chinese Eye*（Stanford, Calif, 1968）, pp. 158—185；郭廷以，《近代中国史纲》(香港，1986），上册，页67。

〔195〕罗林森《中国海上发展的斗争》John L. Rawlinson, *China's Struggle for Naval Development, 1839—1895*（Cambridge, Mass., 1967）, p. 184；郭廷以，《近代中国史纲》，上册，页265—268。

〔196〕韦利 Waley, p. 179；罗林森 Rewlinson, pp. 131—132, 138—139.

〔197〕作者已将这种论题在各处发表，见《放宽历史的视界》内《中国历史与西洋文化

的汇合》和《蒋介石的历史地位》。《汇合》原载《知识分子》,1986年夏季号。英译 "The Merger of Chinese History with Western Civilization",载《中国历史研究》*Chinese Studies in History*,Vol. XX,No. 1(Fall,1986),pp. 51—122. 又参见《中国大历史》*China: A Macro-History*(Armonk,N. Y. 1988),pp. 244—254. 及北京版《万历十五年》,第二版(1986)页265。

第八章　总　结

本书叙述至此，可以概括地说，14世纪以来，世界史中的大变动多数与资本主义有关。虽说资本主义不是引起战争、造成新旧国家分离并合的总原因，但是它牵涉广泛，在各种大规模事件中总有直接与间接的介入。

资本主义虽说是一种经济体系，但它亦与政治不可划分。因为统治大众的方法，基本上不出三途：一、是精神上和道德上的激励，以宗教或党义主持之；二、是警察权逼迫就范，以军事力量和法庭为后盾；三、是在法制上依循各人私利观，使公私利害凝合为一，各人在争取本身名利时，即在无形中增强了国家社会的组织与结构。固然这些条件全待客观环境而展开，同时任何政体也希望折衷混合，并用三者之长。可是资本主义无可否认的是将最后一种方案作最高度和最有效的发挥。

从简单的定义到复杂的内涵

基于上述的原因，资本主义这个名目，在不同作家笔下会有不同解释。一个历史家所看到的资本主义，可能与一个经济学家所看到的资本主义迥然不同。资本主义生理家与病理家的观感比较，一定也有很大区别。本书为历史著作，也从资本主义的生理着眼，所以主张赋予这个名词一个有限的定义，使大家都能接受。然后各人就个别的研究，去扩充这名词的内涵（connotations）。

从我们的立场来看，资本主义是一种纯经济体制之功能。它使资本广泛流通，经理人员量才适用，技术上的支持因素全盘支配。这三个条件说来简单，可是一个国家要让其充分发挥，势必将社会低层结构里各种障碍打开，然后当中各种经济因素才能公平而自由的交换。不少国家即因此一着，已发生内战。例如美国以奴工种植棉花，与自由的劳工竞争，终待南北战争而解决。而且当社会下层各因素概能公平而自由交换时，其上端也要有凭公判断的能力，于是教会的干涉和警察权的使用才可以逐渐减轻。这样一来，这个国家的政体必须又有显著的变化。再则将劳动力和生产工具以及资本，都按它们的交换价值，化为美金、英镑、日元等单位，这些单位在分舍离合之间，更必增加社会的流动性，提高科技使用程度，产生一个多元社会（plural society）。一方面固然使触及的国家生活程度增高（见第一章注[18]），一方面也使私人资本在政治生活中产生特殊吸引力，占特殊比重。因之大至国际冲突，小至一个特殊城市之社会问题，都可以在各种条件之下归咎于私人资本主义。

总之资本主义社会与欧洲的封建社会和中国的旧社会比较，已经产生了一个"动"的款式，与昔日主静的姿态不同，因此资本主义几乎与"现代"同质而异名，所以可以互相交换（第一章）。可是实际上资本主义所供给者通常只是动之冲量（momentum），而不是动的成果。譬如马克思提及"资本的原始积累"时，指出其通常使用暴力、征服、奴役等等方式[1]，已经本书证实（见第一章注[20]，第三章注[49]、[50]，第四章注[77]）。可是那些人类的劣行早已存在，资本主义之兴起，打破国际间力量之均衡，于是初期资本主义的国家利用其优势力量，使上述劣行更为彰著。但并不是因为有资本主义，才产生使用暴力从事征服与奴役。同时，在20世纪末期，资本主义能否继续存在，尚有赖它能制止上述劣行（近年西方各国对南非之制裁可为例证）。

因英国而功用显然

资本主义之为一种经济体制之功能，不由先觉者设计产生，而系在技术上积累经验形成。当初威尼斯人避难于海岛，兼鱼盐之利，并未有创造独特行政系统之企图。又，要经过好几个世纪，值教皇与神圣罗马帝国争权，意大利半岛四分五裂，威尼斯才乘机在各自由城市之前，获得独特地位。于是她从实验之中造成单纯有效的商业系统。从华立罗事件的反应来看，14世纪的威城虽有成熟独特的政治组织，但并未产生相应的意识形态。所以华立罗始终以一般的叛国罪受刑，威城记录之中也缺乏额外的渲染，毫无类似莎士比亚铺张布鲁特斯（Brutus）刺恺撒大帝时之慷慨陈辞，涉及保卫自由传统公民权利等语。如果当时人自觉的有类似的观念，何以威尼斯保持记录与档案之完整，当中又一字不提。

以今日眼光来看，威城的组织包容私人财产的这一因素，比同时其他国家和类似组织来得现代化。可是这长处并未为时人称颂。例如与路德同时的加斯帕罗·康大黎尼（Gasparo Contarini，康大黎尼为威尼斯世家，曾有8人任统领，详第二章）曾著有论文，宣扬威尼斯的组织长期保持集体的安全，已接近至善的标准，因为她已如亚里士多德所提示，将"君主制"、"多数"及"少数"三种原则平衡采用，互相融合。可是文中并未涉及私人财富的重要；作者没有和哈灵顿一样（详第五章）说政局之安定在乎拥有财产者同时控制政权。康大黎尼将一般劳工摈斥于政权之外，因在他看来，此为举世公认的原则，并非威城独创[2]。

当资本主义在荷兰独立期间出现时，一般人士也不可能想象他们是在创试一种新体制。新国家的摄政阶级（详第三章），还只以为他们自己不过坚持中世纪以来各城市的自由特权。然而特权由封建诸侯颁给，用意在让绅商支配本身业务。经过独立战争，各公国郡国的贵族既已被时代淘汰，中产阶级的市民成为新体制之主人翁，他们由坚持特权而执行特权而更光大其特权，要不是展开资本主义，还在做什么？只是这种倾向也没有被时人看穿，否则宗教上的领袖和学术界的领袖不会对新体制之实行提出问难[3]。

资本主义被视为一种具有形象的组织，似在英国内战之后。当日既有霍布斯及哈灵顿之著作问世，而且至此荷兰之成就使英国自愧不如，而急起直追[4]，虽说此时仍没有资本主义这种名目，英格兰有心仿效的乃是一种经济组织和一种政治运动，则资本主义之体制必已具备其轮廓，从组织银行、发行公债、筹备保险、增强法治，种种因素已开始互相衔接，于是经过光荣革命终在英国成为一种体系，既具实质,也有思想线索(思想线索〔line of thought〕和下文所说意识形态〔ideology〕不同)。孙文说:"主义是一种思想,一种信仰和一种力量。"[5]资本主义至此成为一种主义,无可置疑。

为什么以前的书刊都没有这样的确定?因为资本主义这一名词在19世纪中叶才出现(详第一章),去英国资本主义之发动成长已有150年的距离。而且这名词一提出,即被法国社会主义者引用,作为一种批判的对象,亦即是从病理学的眼光着手,于是很少人注意到其生理之发育成长。

资本主义经过1688—1689年的光荣革命而在英国立足,是人类史中的一件大事。过去威尼斯以城市国家的姿态实行资本主义,由于她地方小,缺乏以农业体制为管理方式的背景,无生产制造之基础(在大陆上之领土对岛上之影响小),因此民法即为商法,商船队也与海军不可分离,所以政府即等于一个大公司,不足为奇。荷兰过去也缺乏组成民族国家的经验,也未曾接受过中央集权管制,各市镇历来各自为政,独立战争后因时就势,任阿姆斯特丹及鹿特丹(Rotterdam)各行其是,不顾全国体制之完整,这样的实行资本主义,也是避难就易,顺应既成事实。

只有英国向来是一个农业体制坚强的国家,在封建时代已有若干中央统治的因素存在,王室地位显赫,英格兰教会举足轻重,又有法制系统层层节制,凡此都和现代商业社会的流动性大相径庭。因此,非面临内外煎逼,不至改弦更张。经过长时期大规模动乱之后,其体制有空前绝后的改变。

因为如此,英国之进入资本主义体制,在历史上创造了一段公式,供历史家在其他国家的经验中参考印证(可是这并不是说其他国家即可自觉的模仿照抄。各处背景因素不同,时间上的汇集有异,况且如此的改革经过革命阶段,历史家欲考察其经过,既要平心静气,又要大刀阔斧。下节当再叙及)。其程序包括:

改组高层机构:放弃君权神授说、保持英格兰教会权威,但是要执行政教分离,宽容异教徒。从此议会上以公债代替国王对财政之人身责任,国王从此也有职无权。这种措施促成政党政治及内阁制度之抬头。

整顿低层机构:将土地所有合理化,逐渐取消"副本产业",因而土地所有较前集中,同时所有权租佃关系及地租收入都较前固定而有共同的标准,放弃归并乡镇之市场。

重订上下之联系:公布权利清单(Bill of Rights),保障司法独立,习惯法庭接受平衡法(equity),自此法律更现代化,也更融合于商业体制。此外更增设邮政,建造付费公路。

以上都有促进资产与人力加速交换的作用,于是人尽其财,地尽其利,物尽其用,符合前段所说,资本主义是一种经济体制之功能的说法。从政治的角度来看,则以上的安排使一切数目字化,这国家也进入以数目字管理的阶段。

意识形态通常失之偏激

我们这样解释资本主义,是从技术的角度来看历史,并着重其积极性。此种立场，和以意识形态为主的观点不同。我们不能说以意识形态作主的看法全部不对，只是一般失之偏激。譬如说，西方不少理论家过于强调资本主义的优点，好像天赋人权及个人自由全赖它支持，在它掌握之下，一切公平合理，所以在任何社会推行资本主义即是颁布福音。殊不知在很多国家，将过去的经济基础推翻，经常是以暴力方式行之，既为革命，即缺乏个人内在的公平，只是经过长期的厮杀与破坏，余存的力量再度取得平衡，才能开始公平而自由的竞争，而有时仍不能符合理想的节奏。以英国为例，内战即是一座大熔炉，土地经过没收、标卖赎还各种步骤，也在复辟后，片面的接受了物归原主的指令，只是下令的人也知无法做到，才赋予保留的条件。而尤以内战前后，使副本农业失去法律的凭藉，最乏公平，只有强者占先弱者受屈[6]。诸如此类的事例，我们只能说人口增加，社会上交接繁复，新组织需将局面简化，才以快刀斩乱麻的办法豁清局面。今日事过境迁，读史的人已不觉得当时人的痛苦，才承认此举在历史上之长期合理性，有如北魏及隋朝的均田也是大刀阔斧，重定社会秩序，终造唐宋大帝国。我们欣赏其技术之成功，并不一定要歌颂其道德之伟大。

但是，人类既有经济体制，则必有组织。既有组织则必有高低上下品级间之不平等（即法国大革命时之"人权及公民权利宣言"，亦表彰在共同功利条件下，在社会产生等级之差别）。这些高低上下之不平等，或系因袭或由新创，积之则成社会阶级。我们纵不满意此中毛病，也当设法救济，例如限制过度的利润、增加社会流动性、使弱者及环境上不利之人仍有社会之保障及突破环境之机缘。

说到这里我们也要再度提及,韦伯等以理想主义作为资本主义的理论,只能算社会心理的一段分析,不能算作历史作品。从路德而加尔文而清教徒,由巴克斯特而迄至富兰克林,亦即自16世纪之初,迨18世纪之末,当中经过最少有250年,也难怪宗教思想不能在其中产生巨大的变化[7]。在这250年,查理一世自信为主受难,威廉劳德坚持宗教纪律,他们不可能想象自己违背了经济改革的潮流而终必身首异处。在相反的一方面,普林(William Prynne)带枷被黥之日,以及克伦威尔在韩丁屯(Huntingdon)招兵买马之时,他们只以民主和良心上之自由相期许,也料不到他们的奋斗与日后资本主义之发展互有连带关系。至今还有不少历史家以狭窄的眼光分析此中各种情节,或只能在一时一事间指出直截了当的因果。再不然,则在大范围内将因果关系解释得抽象,而难以置信。其实,一个国家挣扎着进入资本主义体制,动辄经过数十年或近百年的长距离,其演进必超过各人之人身经验。也只有今日历史之纵深,我们缕列其结局,如上段所述,高层结构低层结构和上下联系中各事项,才发觉它们已自然的造成一个系统。当中之逻辑,即在便于数目字上管理。可是始终无人策划其全部程序,至今历史家也无法充分解释当中的步骤是经何人协定。总之,就是群众运动长期动乱之后,已经过用进废退的方法,产生了上述有经济性格的现代体制。

这样的解释脱离了韦伯和宋巴特以资本主义精神归功于人种及遗传的说法。新教伦理固然可以辅助资本主义,资本主义亦复可以在天主教之下展开。本书虽在开卷时指出儒家伦理与资本主义冲突之事例,但朱熹为12世纪人物,海瑞为16世纪人物。如果我们把历史的根源倒推回去,则不仅"杨朱为我",有了充分的个人与现实主义立场,而且斥责他的孟子也在与齐宣王对话时,因着这位君主"寡人有疾,寡人好货"的说法,即反问"王如好货与百姓同之,于王何有?"孔子也仍提到"欲而不贪"的说法,而只有在"不义而富且贵"的条件之下,才视"富贵于我如浮云"。他尚对冉有说,卫国既已"庶矣"(人口众多),则当"富之",然后才"教之"。下迄西汉司马迁更写出:"富者人之情性,所不学而俱欲也。"并且"若至家贫亲老,妻子软弱,岁时无以祭祀进醵,饮食被服不足以自通,如此不惭耻,则无所比矣!"可见增聚财富,是人类共通的性格(也即是符合"自然法则")。余英时教授搜集16世纪到18世纪中国思想界对商人及商业的看法,带着肯定的态度。他也引证儒家学者的伦理观点,说明他们并无韦伯所谓中国人缺乏清教徒紧张精神的迹象[8]。

因此我们批判中国传统之意识形态,针对其政教合一。亦即是将伦理思想写入法律条文里,未顾及个人及内在的公平,先已用道德名义阻塞社会分工合作,所引用技术上的安排。可是这样并不是说道德可以不要,传统精神之长处必须放弃,才能实行资本主义。最近日本人用神道精神及儒家伦理支持资本主义,新加坡和台湾推行资本主义也未放弃传统精神,值得注意。中国人兄终弟及父死子继的习惯与观念,固然妨碍社会流动性及高度分工合作,可是在一种血缘关系之中,获得永存的观念,大而化之,接近杰佛逊(Thomas Jefferson)所谓"世界属于生存者"(Earth Belongs to the Living),也仍能在时下国际情势紧张危机四伏的世界里提出实际的贡献,也可以补助西方个人主义及现实主义之不足。总而言之,我们把资本主义当作一种技术上的工作,打破"为富不仁"的死板观念,却也用不着把资本主义当作另一种宗教。所以不必坚持一个"道地实足"和"十全十美"的资本主义,而且这样的坚持,事实上也做不到。

循着海洋上的国际路线发展

从本书的叙述看资本主义的展开,由威尼斯而荷兰,而英国。自英国之后,不出百年,而至法国及美国,至此有普遍被及全球的趋势。不仅各主要国家的开创与维新产生一个前后互相关联的时间表,而且和资本主义不可划分之技术因素,如复式簿记、商业法律、保险业务、造船技术等都随着海洋上的国际路线而普及各处。即剩余资本主义之投资也循着这先后的程序从先进国家至落后的国家[9]。现代很多民族国家,如荷兰、德国与美国,其产生都与它有密切关系。而日本之现代化,印度与印尼之沦为殖民地,亦与之有关。这也是我们必须将资本主义在狭义上固定其为一种技术上之名词的原因。倘不如是,我们随着它的内涵将之扩大,则不知极底。

可见资本主义技术上的功能固为一事,它在历史上的影响又为一事。和旧式农业组织比较,新兴商业的结构是一种优势的组织,它将雇佣(employment)与所有权(ownership)互相联结,成为一大罗网。它仍不免常有内在的利害冲突,可是和别的国家产生敌对关系的时候，不论在平时与战时，这优势的组织一切能用数目字管理，即容易将公私的利害结成一元，农业和工商业的因素也能互相交流，即不难动员，将民间的力量发挥在军事外交各方面去。13、14世纪威尼斯和热那亚的战争（详第二章），与17世纪英荷间的战争（详第三章），都有商业成分在内，所有交战国都受资本主义支持。而在陆战时将两方因组织差异所导致的力量分出高低，作为明显对照，则以1704年之布仑翰（Blenheim）一役（见第四章注[74]前二段）最引人注意。当时英国已进入资本主义之体制，法国则尚未入流。

从历史事迹看来，大凡海岸线长的国家，农业生产常带商业性质（如英国之出产羊毛，荷兰之畜牧重于谷物生产），面积比较小，过去又缺乏中央集权之体制，常在组织资本主义的过程中较大陆性格的国家占优势。而且不仅其民法易受商法的诱导而调节，即存积资本时，商业的财富由于国际贸易之展开，也不难超过农业上的财富。因为前者可谓经常出于变态，后者即企望增进，仍多受天候地理的限制。

国际公法（International Law）之展开也与资本主义之兴起有密切关系。葛洛休斯（Hugo Grotius）所著《战时与平时之法律》（*De jure belli ac pacis*），被公认为现代国际法先驱，书成于1625年（订正本出现于1631年），时值荷兰独立运动成功之际，而其本人也在荷兰之政治中产生纠纷。虽说书中引证圣经及古典历史，可是他心目中的自然法则是以几何作蓝图（因之也影响到霍布斯及洛克）。他也注重私人财产权的重要。葛洛休斯又提倡克制专制皇权，尊重协议（covenant）

和市镇法（municipal law）。这种种着眼，都以资本主义为本位，也都助成资本主义的滋长。

可是17世纪的国际公法，在以后的世纪里成为西欧国家间的习惯法，资本主义国家也挟它对其他国家强制执行。例如鸦片战争时巴默斯顿（Palmerston）并不觉得英国人在中国贩卖鸦片有何罪咎，反只觉得中国虽颁布严峻的禁烟条例，向来并未依法照办，一朝突然雷厉风行，还设陷阱惩罚英国绅商，是不合法的[10]。本来法律应当明确的公布，全面执行毫无偏差，如此也可以算作与自然法则中之公平（fairness）的观念符合。可是19世纪的中国在社会习惯上并未进展到这程度，而传统上的官僚组织也没有技术上的能力将广泛的法律无偏差的执行，因之常以道德为前提，在执法时上下其手。这两方之差异，固然可以表示文化进展程度之不同，也在实质上表现大陆文化与海洋文化的基本差别。我们应当注意的是，时至今日，这种差别并没有完全扫除。

19世纪西欧资本主义国家对远东的国家施用压力，不仅仗着船坚炮利物质上之优势，也感觉本身精神与道德的优越。所谓命定扩张论（manifest destiny）及社会达尔文主义（Social Darwinism），都随着这些条件而展开。这种观感直到第二次世界大战后才有显著改变。只是前已言之，资本主义是一种优势的组织，因之在自觉或不自觉的情形下都有将压力加诸劣势组织的趋势。从被压迫的一方看来，资本主义也好像始终与帝国主义并肩携手。这样的观感至今尚存在不少人心目之中。本书虽然主张将两者的界限严格区分，豁除误会，可是仍不能否认上述关联印象之存在。

法西斯主义可算因着资本主义而产生的一种变态。本来资本主义提倡各种经济因素公平而自由的交换，是以各人的私利观作主宰。法西斯则以政治力量强迫将民间经济组成集团，干预所有权与雇佣的关系。资本主义的长处则是，在它影响之下，整个社会可以用数目字管理，法西斯即将其整个接收过来，一意造成其独断的数目公式，用以支持狭义的民族主义、国家主义和帝国主义。在它统制之下，自由交换已不复存在，例如劳工就不能脱离现有职位。如果资本主义的架构依旧存在的话，则各企业也早失去其独立自主之性格而承息于国家指定之集团（corporation 或 syndicate）之下。企业家亦被政府征召，为其意识形态服务。

主流之外的经验：丹麦与西班牙

我们看到资本主义为一种组织上的力量，循着海洋路线发展，好像已在国际间造成一种时间表，随着交通通讯的进步，自西至东，又通过北美洲而再度进入远东。可是当中没有两个国家的反应可能前后完全一致。本书已经提到 9 个主要国家的经验，即各个不同。可见接受资本主义最基本的三个原则——资金广泛的流通、经理人才不分畛域的雇用及技术上支持的因素全盘分配——和所需要的各种经济因素都能公平而自由交换的条件，势必渗透过每一个国家的历史和地理，而通常也有外界的干涉和诱导。因为这种种因素在时间上的汇集无从标准化，也就在进程之中展开了千变万化的局面，也发生了前后不同的结果。只是资本主义是一种空前的体制,不可能自然而然、慢慢的造成(参照第一章注[28]后之三段),务必经有内外压力,是故也很难在急遽之阶段避免暴力介入。只有人类集体的经济性格,总在各种急遽变乱之间产生决定性的影响,则毋庸置疑,所在皆然。

即在本书"主流"之外的国家,一般也可以根据上开的原则简述:丹麦原可算是欧洲北方一雄。丹麦国王曾长期兼掌挪威与瑞典(瑞典在16世纪与丹麦分治,挪威的隶属关系则延至19世纪)。这国家也曾分别在印度、西印度群岛和非洲占有据点,开拓殖民地。也因为丹麦王室的关系,领有今日德国本部之石勒苏益格(Schleswig)与荷尔斯泰因(Holstein)。可是这国家的财富,大部分靠渔业及在波罗的海收取过口税而来,用以招募雇佣军,长期在大陆作战,则常得不偿失。而且远洋的发展不如英国与荷兰之近捷。

荷石两个地域间的关系,可谓集封建时代统治阶级人身及家庭纠缠之大成。石勒苏益格原为公国,却是荷尔斯泰因郡主之附庸,历史上两个区域不能分割。荷尔斯泰因原为神圣罗马帝国一部分,后升为公国,石勒苏益格则始终在化外。15世纪之后,丹麦国王兼为两公国之公爵,可是因为境内德国贵族的关系,定立了只有人身上的兼理,而不能在地域上吞并的原则。拿破仑战争后,维也纳会议将荷尔斯泰因划入新成立之日耳曼邦联(German Confederation),石勒苏益格仍在邦联之外。

而且丹麦本土的政治也牵连不少社会复杂的因素。稽夫制虽在18世纪末叶即已废止,但是迟至1830年间,若干封建因素,例如农民无代价之劳力服务，仍不能废止，土地也区分为特权的及非特权的两种，前者付税低[11]。如此都与资本主义的系统之内，下层各因素都能公平而自由交换之主旨相违。并且一般农民的生活极为穷困。

1848 年之革命传遍西欧大陆，丹麦采取君主立宪制，正在朝自由主义发展，即与荷石两个地区之社会人士冲突。因为社会进步，经济多元化，两个区域内以德语为主，新兴的小资产阶级倾向于以"关税同盟"（Zollverein，详第六章）为主之新德国[12]。1864 年丹麦被普奥联军打败，割让荷石两公国，丧失国土约 2/5，人口约 1/3，一时可算创巨痛深，可是日后看来仍未为非福。

过去丹麦农产品以汉堡（Hamburg）为吞吐港，该地银行家预垫资金，与丹麦主要港口哥本哈根（Copenhagen）竞争，而经常占优势[13]。割土之后，丹麦才有机会竭力经营本身之港口，加以波罗的海之过口税已终止，丹麦更需要在经济上找新出路。时值美国及俄国之小麦大量出现于西欧市场，各处人民生活程度也有一般之提高，丹麦在 19 世纪最后 30 年之改革，针对上述情势，一般将农业由主食之生产转移至副食猪、牛、乳酪、鸡蛋、大麦及麦片（后二者亦为饲养之用）和甜菜（用于榨糖）之生产，从此整个改变国民经济与农村社会形貌。丹麦境内水道交通便利，使上述生产之转变极端有利，即小农亦组织合作社，加入农产之商品化。剩余之人力，除一部迁徙于美洲外，与存积之资金，促进城市工业化。因为农村内劳动者减少，大地主亦须对劳工让步，而自动的授与各人赡养家室之土地。迄至 20 世纪，丹麦的政体不仅更趋民主化，殖民地既经放弃，这国家也更添上了福利国家（welfare state）色彩，如津贴健康保险，以便减轻保险费而增加抚恤，和各种救济失业恤贫养老的措施[14]。

至此我们很难确定丹麦何时进入资本主义体制，但是1864年战败割土，却在她的历史上成为一个显然的分水岭。自是她也经过一段改组上下机构重订当中联系的程序。经过这些改革，丹麦内部的各因素都能公平而自由的交换的情势，才极为明显。于是全国的组织才商业化，亦即进入以数目字管理之形态。

欧洲之西南，西班牙表现着一个更独特的例子。16世纪，这国家好像有天下第一等强国的气派。可是几度沧桑，在19世纪初年竟受拿破仑之宰割，至20世纪，她还在西欧其他国家后面，挣扎着现代化。可见资本主义在更换世界形貌的时候，在当中因着能适应的状况和不能适应的状况，留下了不少特殊的后果。

与西欧其他国家比较，西班牙现代历史中缺乏一种将农村经济全盘改组以配合工商业发展的阶段。宗教改革期间西班牙向外发展之际，其组织上纯然采用朝代国家体制，所以上端表现着国际性格，下端则各王室贵族的结构全未放弃。简概言之，即未曾全然脱离封建色彩。其经济力量大部分靠由南美洲搜括之金银作根底，并未构成西班牙之商业组织[15]。所以一遇到其他国家逐渐改组而为民族国家，西班牙金银也耗费殆尽之际，其国际地位即随之衰落，只能走上一段江河日下的道路。今日我们即很难回想到，不出百年之前，西班牙尚在东半球拥有菲律宾群岛，在西半球也掌握着古巴，而200年前更奄有南北美洲及中美大部分的盛况。

西班牙的地理环境，也始终与历史发展有前后连贯之关系。照地图看来，西班牙位居伊比利亚半岛，除与法国及葡萄牙一线毗连外，四面环海，又有初期航海探险之经验，应当为一个商业先进国家。可是其国境内部山脉由西向东妨碍地区间之交通，因此以农业为基础的地方权势极难推翻。更大的问题则是土地贫瘠，又使用过度，农产歉收，人民生活艰难。中世纪以来回教势力由北非侵入半岛，13 至 15 世纪，西班牙之反击，以天主教会作号召。即 1492 年之驱逐犹太人出境，也是以信仰为由。有些历史家指出，此为资本主义不能在西班牙展开之一大主因。宗教改革期间，西班牙王室也以保卫教会自居，执行其大审判，是以教会地位巩固，僧侣也能利用他们的力量作为保守势力之屏藩。可是西班牙又地处欧洲大陆一隅，非交通孔道，虽内部组织松懈而接受外界之压力不大。一度被拿破仑占领，为时不长。直布罗陀之海港在 18 世纪属英，也给西班牙人自尊心很大的刺激，可是又与西班牙的内政关系至微（而甚可能因此战略要点不在该国掌握之中，才能使之避免卷入第二次世界大战漩涡）。总之西班牙在近世纪的国际场合之中，攻则不足，防则有余，所以能长期处于落后状态，也能长期保持其非竞争（non-competitive）的性格，影响所及，社会上缺乏有架构之联系，一般国家观念淡薄。

19 与 20 世纪外界之发展，终使西班牙政局产生现代性的不稳定状态，曾两度为共和国，又两度复辟（现今之君主制开始于 1975 年）。可是西班牙各种问题综合之背景显示其社会及国民经济间需要一个全盘的协定，才能融合于现代之潮流，并非君主制或共和制所能解决。

19 世纪以来，西班牙有所谓"卡尔派"（Carlists）者，最初不过坚持王位由男性继承（拥戴王子 Don Carlos 而反对公主 Isabella，所以有此名号），可是这正统的作风及组织延续而至 20 世纪，卡尔派成为思想上及行动上之极端保守集团，甚至认为铁道电讯全属淫技，而主张恢复历史上之宗教裁判。站在左派的则有无政府主义的工联派（Anarchosyndicalists，由无政府〔anarchy〕及工联〔syndicate〕二字拼成），他们径自组织工人，在内战前夕有会员 150 万人，他们既不参加政府，也对所有的政府组织，不论其为前进或保守，一律反对（他们唯一参加投票是在 1936 年即内战前夕），并且他们痛恨天主教，不时焚烧教堂、刺杀传教士。而更有社会主义者也组织工人，策动罢工。所谓共产党员，反而人数较少，不极端张扬，只是受托洛茨基的影响。西班牙的教会则一向与大地主和军官勾结。此外还有加泰隆尼亚（Catalonia，东北角，工业比较发达），及巴斯克（Basques，北部，乃人种语言的称呼）等等独立运动的组织。整个看来即是离心的力量强，缺乏统一互助的基础。

　　以上的阵容本来已经具备了 1936 年至 1939 年内战的条件。而当时又有第一次世界大战后欧洲及北非殖民地一般不稳定的情形，局面更难维持。国王亚尔丰索十三世（Alfonso XIII）曾于 1923 年暂时停止宪法，令黎越拉（Primo de Rivera）专政七年，结果既不孚人望，且陷于全世界经济恐慌之窘局中，于 1930 年被迫辞职，国王亦于翌日出走，局势愈难收拾。加泰隆尼亚宣告独立，北部煤矿工人大罢工，戡乱时死 3000 人。左派人士则要清算教会，而最后左派各政党团体组织"人民阵线"(Popular Front),显然受苏联鼓励,于是佛朗哥(Franscisco Franco)以兵变而展开内战,他的部队称为共和军,得到希特勒及墨索里尼援助,两国派正规部队参战,德国并借此试验新武器。政府军获得苏联接济,远逊于法西斯集团之外援,但有不少国际左派及共党人士以个人身份参与。拥护佛朗哥者为天主教会、地主、工业家、卡尔派、军官、保皇党,和西班牙的法西斯组织长枪党(Falange)。内中以中产阶级及下层中产阶级为主体,自此佛朗哥的运动也称长枪党运动。自他夺取政权至1975年去世,佛朗哥为西班牙之独裁者37年。

长枪党运动,最初显系法西斯性质。党之标帜为一束箭,以牛轭套之。党的活动带有宗教式排场,佛朗哥除着军服外,亦着长枪制服。他夺得政权后,发还教会财产,提倡传统道德,钳制新闻与舆论,禁断其他政党,都不在话下。1939年,西班牙之监狱囚禁27万人。佛朗哥的政敌称他屠杀政治犯20万人,此数字可能高度的夸张,但是较正确的计算亦称内战结束后6年有28000人被处死[16]。

法西斯并非无条件的接受资本主义,佛朗哥之言词,可能带宣传性质,可是他在内战期间即已发表他的运动目的并非庇荫资本主义,而系保卫西班牙的经济利益。他曾自称:"我们出自中产及下层阶级。"他甚至提出让贫农获得土地不算完全解决问题,还要以金钱支持,使他们充分有能力经营,所以他主张宽泛的贷款,分散庞大的农产,造成中产农户[17]。

事实上长枪党运动尊重私人财产所有权,除了过去左翼团体及工会之财产外，很少有没收征发之情事。但是它使全国的雇主与劳工都配属于国家主办的工联之下，各行业在各地区组织有分联。控制方式着重人事上的拘束，凡大小负责任之职位概由上至下指派，于是整个生产与支配全受官僚组织节制，罢工闭厂全不可能。工资亦有一定的标准，若干社会主义性格的劳工福利亦在全国通行。生产与投资不复由私人企业家各自作主。长枪党最盛时有党员近百万，从旁有鼓动监视和宣传的功效[18]。

佛朗哥之运动，着重经济组织与经济纪律，他企望使西班牙自给自足，但是他缺乏强有力的政策来改组社会。他个人独裁的成分强，但他的体制不能算是极权主义，因为虽系法西斯，它仍容许若干多元社会（plural society）的成分，如1942年恢复西班牙传统里的议会（cortes）。一方面也是他运气好，刚一得到军事之成功，适逢第二次大战在欧洲爆发，西班牙虽没有卷入战事（但西班牙的志愿军称"蓝色师团"曾参加德军攻苏），而整个世界都在军事行动之中。而且内外都预期西班牙随时有参战可能的当儿，他的严格管制也就可视为当然。

西班牙经济之自给自足，始终没有做到。但是经过佛朗哥统治，已经成了一个有结构的组织，而尤以大战结束后，乘着欧洲的复兴，1948年至1958年之间有长足的进展，可以作为今日与欧洲其他先进国家分工合作的基础。佛朗哥事业中最值得称道的，是他能抵御希特勒的压力，没有参加轴心国的战事。这是否因为他要求北非的殖民地不得而下此决心，已无关宏旨，事实上西班牙能保守中立，战后才能和西方民主国合作,终于1953年以军事基地换得美援,从此进入西方民主国家的阵容。

不为意识形态包围,可算佛朗哥一生的长处。长枪党成立时,本有极浓厚的国家主义与帝国主义色彩。可是以后世界局势之发展使佛朗哥看穿无法实现开拓殖民地之美梦,他即主动放弃海外属地,不像荷兰与葡萄牙不识时宜。60年代各种罢工示威运动蜂起,他也决心在1966年将政权的硬度减轻,例如开放言论自由,以议会1/4的席次交由直接选举,使已婚妇女有选举权,法律上承认信教自由,停止长枪党控制工会。最后则指定卡洛斯(Juan Carlos)为储君及他本人之继承人。后者乃于1977年下令停止长枪党运动,自是才全面结束了西班牙的法西斯历史阶段。以一个法西斯的首脑,能在第二次大战后继续存在,已属不易,而且佛朗哥的专制政体不经暴动即进入民主体制,尤为历史上罕有。

然则赞赏独裁者非本书之宗旨。况且佛朗哥的政权在经济管制期间产生黑市,官僚机构中出现贪污狼藉的情事。虽有1966年的改革,西班牙的工人、学生,甚至教会,仍在批判、反对他的政权[19]。佛朗哥放在口头上的救济贫农政策很少兑现。长枪党执政初十年很少有规划农村之事,以后经济情形好转,才逐渐施惠于农民。其重点不在重新分配土地,而是由国家投资于灌溉及筑林、开拓荒地,放宽信用贷款、维持最低工资。虽有些贫农分得一些田地,但为数不多。而最有效的农村政策,并非将大地产分割为小块,而是组织贫农,将分割得至小此来彼往不便经营之土地(minifundia)集中。西班牙一般农民的生活,确在最近一二十年内有了相当的增进。可是其原因不在于政府之农业政策,而是一般生活水准提高(此又由于西欧普遍的经济繁荣),农作物价格提升,同时乡村人口流动到城市及国外,减少内地压力所致[20]。

佛朗哥的事迹,使我们更觉得有将历史视界放宽放大的必要。在现今国际场合中,西班牙实为小国(面积不逾20万平方英里,不及中国1/15,人口在1936年为2500万,在1975年为3500万,亦不过中国一省)。加以内战以前已经有相当的工矿及商业基础,土地上增进开发的程度则有限。所以整个的改组与其从最下端和最落后的部门着手,完全放弃私人财产权一切重来(这也是当日人民阵线的计划,内战期间他们已在没收地产组织集体农场),不如从中层强制干预生产关系,来得迅速有效。只是两者都束缚人身自由,也都有残酷暴虐的趋向,很难使人事前判断谁是谁非,如是才有内战之展开。

内战期间双方战死及伤重而死和在敌后被屠杀者27万人。又经过大变动,战后因各种原因陆续殒身超过寻常死亡率者,与前数合计可能共达90万人[21]。所以西班牙所付代价不为不巨且深。如果这样的牺牲在历史上不是全无意义的话,我们只能说这是改造期间难能避免的痛苦。也像其他内战一样,志士仁人之血与投机分子之血纵横交流。所幸长枪党法西斯体制只为过渡期间的恶毒工具,从未被历史安排作为长远之寄托。今日西班牙汽车制造工业与化学工业不强,而以旅游为各种企业的最大宗,以全国40%的就业人员从事于服务性质之工作。也因为西班牙之历史与古迹及气候暨地理环境,才有此机缘。

这一方面表示现今世界经济已超速的国际化,另一方面也显示人类集体适应于经济趋向的能力,所在皆然,诚有如司马迁所说,"天下熙熙,皆为利来,天下攘攘,皆为利往"。综合看来,改组旧式国家以适应资本主义有不同途径,而内中的基本法则只有一个,此即将下层结构里各种因素弄得概能公平而自由的交换。丹麦以割让国土而达此目的,西班牙则被法西斯体制统治40年而达此目的。重建一个北非殖民地作台柱的大帝国,不可能解决西班牙内在的问题(从以后法国在北非的经验看来,恐怕只会增加问题)。而只有使农产品与农村剩余的劳动力与都市经济对流,才使今日之西班牙进入一个小康局面。世事之发展如是,我们只有更注重从技术角度看资本主义,而不以意识形态看资本主义。

具体的叙述与抽象的分析

本书以资本主义为主题,而内中缺乏将"资本"这一因素的功能与效用仔细琢磨的阶段,恐不免为批评者所指责。可是各章节早已讲明,"资本主义"这一名词最初就没有取好,才有今日之暧昧游离。如果我们在当日有机缘插足的话,必会有不同的建议,即像"重商主义"(mercantilism)或"商业主义"(commercialism)亦较资本主义为佳(前者即见于亚当·斯密笔下。不幸的是今日此二名词又都已被赋予不同的意义)。因为资本主义是一种社会现象,资本虽为其必要因素,但非其重点(资本主义之重点在其成为一种组织和一种运动,牵涉到全社会)。

同时,将"资本"这一因素仔细琢磨考察,属于经济学的范围,有如从"价值论"(theory of value)延伸到剥削论(theory of exploitation)。这个办法将千变万化的世事,极端简化为几个能被作者笔下充分掌握的因素,又更进一步将许多具体的事物高度的抽象化,然后作者才能将笔下的题材纵横解剖,左右逢源[22]。这种办法固然有它启蒙的功效,也可以作经济研究的线索,不过过于接近哲学,不足为历史家的凭藉。如近身之事,"婚姻"可为历史题材,因为一夫一妻和一夫多妻、离婚、重婚的程序、重婚的习惯、嫁妆及媒妁之出现都有事实上之根据可供搜索分析。今若舍此不图而另创一种原始的、最初的和理想的婚姻典范作为一切婚姻之始祖,再将已经证实的事项交与这抽象的观念去权衡,则其作用全在支持意识形态,已和历史研究相去至远。

这本书的叙述,在每一事例之中,动辄包括数十年,也属于"大历史"的畴范。大凡将人类历史从长时间远视界的立场检讨,不期而然会在思量想象之中接近神学的领域。作者已在其他著作中引用下图阐释自己的态度,现在不妨重述一遍:

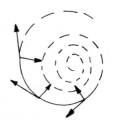

图上实线部分,代表人类之历史,它不过是自创世以来,和下接未来世界当中之一部分,符合康德(Immanuel Kant)所谓"现象"(phenomena),两方之虚线部分则符合康氏所谓"超现象"(noumena)(康德之区分由于因果作用〔causality〕,而不由于前后排列次序。所以我们不能说以上之引证恰"等于"康德所用名词。然则在历史学眼光看来，时间亦可以算作一种原因作用，所以称"符合"，不算完全顶冒）。向外之长箭头代表人类之理想，经常有脱离现状的趋势，实际上这种向外扩充的力量仍被内向的和保守的力量牵制，图上以较短之箭头表示之。结果人类采取的路线不外这两种力量凑合而成的总和。只是我们永远无法脱离历史与地理之赋予，纵有突破性的进步，仍只在这弧线范围之内。实线前后的两段虚线，既属"超现象"，我们无法证实，也只能根据已有的史料推断。人类的理解力有此限度，我们不能强不知以为知。这样写历史，避免落入一个目的论（teleology）圈套。

注　释

〔1〕《资本论》Capital , Vol.I , p.874.

〔2〕莱恩《威尼斯，一个滨海共和国》Lane, Venice, A Maritime Republic , 258.

〔3〕提出问难情形见第三章注〔38〕，根据陶尼《宗教与资本主义的兴起》。Tawney, Religion and the Rise of Capitalism , p.237

〔4〕英国此时实有"自觉性的"模仿荷兰，见古奇《英国17世纪的民主观念》。Gooch, Democratic Ideas , pp.45—46；艾诗立《克伦威尔的伟业》。Ashley, The Greatness of Oliver Cromwell , p.192；克拉克《17世纪》。Clark, The Seventeenth Century , p.15.

〔5〕《三民主义》。

〔6〕见《宗教与资本主义的兴起》Religion and the Rise of Capitalism , p.152.

〔7〕同上，p.226.已在第五章注〔176〕提及。

[8] 见余著《儒家思想与经济发展·中国近世宗教伦理与商人精神》，原文载《知识分子》，第2卷第2期(1986)，页3—45。

[9] 见《资本论》Capital, Vol. I, p.920. 已于第一章注〔46〕提出。而俄国的开发亦引用法国之投资。

[10] 见P. W. 费《鸦片战争，1840—1842》。Peter Ward Fay, *The Orium War, 1840—1842* (University of North Carolina Press, 1975), pp.192, 194—195.

[11] 奥克利《丹麦简史》。Stewart P. Oakley, *A Short History of Denmark* (New York, 1972), p.174.

[12] 帕桑特《德国简史》。Passant, *A Short History of Germany*, p.26.

[13] 奥克利 Oakley, p.166.

[14] 同上，pp.190—205, 214.

[15] 西班牙对殖民地之政策注重搜括而不注重同等的贸易，参照布罗代尔《商业之轮》。Braudel, *The Wheels of Commerce*, p.176.

[16] 佩恩《佛朗哥王朝，1936—1975》。Stanley G. Payne, *The Franco Regime, 1936—1975* (Madison: Wisconsin, 1987), pp.223, 635.

[17] 同上，p.182.

[18] 同上，pp.238, 263；卡尔和富西 Raymond Carr and Juan Pablo Fusi (London, 1979), pp.137—138.

[19] 卡尔和富西 Carr and Fusi, p.136.

[20] 佩恩 Payne, pp.182—183, 388—389, 479—481.

[21] 同上，p.219.

[22] 这办法见于罗宾逊《马克思主义经济学论文》。Joan Robinson, *An Essay on Marxian Economics*, pp. vii – viii.

参考书目

一、英文部分

Aaron, Richard
 1971 *John Locke* (Oxford, 3rd ed.)

Aganbegyan, Abel
 1988 *The Economic Challenge of Perestroika*, trans. by Paulin M. Tiffen (Bloomington, Indiana)

Albert, William
 1972 *The Turnpike Road System of England, 1663—1840* (Cambridge)

Ashley, Maurice
 1952 *England in the Seventeenth Century* (Pelican ed.)
 1962 *The Greatness of Oliver Cromwell* (Collier Books ed.)

Barkin, Kenneth D.
 1970 *The Controversy over German Industrialization, 1890—1902* (Chicago)

Barnouw, A.J.
 1944 *The Making of Modern Holland* (New York)

Berman, Harold Joseph
 1983 *Law and Revolution: The Formation of the Western Legal Tradition* (Cambridge, Mass.)

Beard, Charles A.and Beard, Nary R.

    1944 *A Basic History of the United States* (Garden City, New York)

Beaseley, W.G.

    1972 *The Meiji Restoration* (Stanford, Calif.)

Bloch, Marc

    1961 *Feudal Society*, trans.by L.A.Manyon (London)

Bodde, Derk and Morris, Clarence

    1967 *Law in Imperial China: Exemplified by 190 Ch'ing Dynasty Cases* (Cambridge, Mass.)

Böhme, Helmut

    1978 *An Introduction to the Social and Economic History of Germany*, trans. by W.R.Lee (Oxford)

Bouwsma, Wm.J.

    1968 *Venice and the Defense of Public Liberty* (Berkeley, Calif.)

Boxer, C.R.

    1951 *The Christian Century in Japan, 1549—1650* (Berkeley, Calif.)

Braudel, Fernand

    1973 *Capitalism and Material Life: 1400—1800*, trans. by Miriam Kochan (New York)

    1977 *Afterthoughts on Material Civilization and Capitalism*, trans.by Patricia M.Ranum (Baltimore)

    1979 *Civilization and Capitalism, 15th—18th Century*, Vol.II, *The Wheels of Commerce*, trans.by Sian Reynolds. (New York)

Brinton, Crane

1963 *A Decade of Revolution, 1789—1799* (New York)

Bromley, J.S. (ed.)

1970 *Cambridge Modern History* (Cambridge)

Brown, Elizabeth Gaspar

1964 *British Statutes in American Law, 1776—1836* (Ann Arbor, Michigan)

Bruun, Geoffrey

1963 *Europe and the French Imperium, 1799—1814* (New York)

Burckhardt, Jacob

1958 *The Civilization of Renaissance in Italy*, trans. by S.G.G. Middlemare (New York)

Cameron, Rondo, et al.

1967 *Banking in the Early Stage of Industrialization* (New York)

Carr, Edward Hallett

1947 *The Soviet Impact on the Western World* (New York)

Carr, Raymond and Fusi, Juan Pablo

1979 *Spain: Dictatorship to Democracy* (London)

Chamberlin, William Benry

1965 *The Russian Revolution* (New York, Universal Library ed.)

Chang, Chung-li

1955 *The Chinese Gentry: Studies in Their Role in Nineteenth-Century China* (Seattle, Washington)

Cheyney, Edward P.

1936 *The Dawn of a New Era* (New York)

Ch'u, T'ung-tsu

1962 *Local Government in China under the Ch'ing* (Cambridge, Mass.)

Churchill, Winston S.

1949 *Their Finest Hour* (Boston)

Clark, George N.

1940 *The Later Stuarts, 1660—1714* (Oxford)

1946 *The Wealth of England from 1496 to 1760* (London)

1947 *The Seventeenth Century* (New York, 2nd ed.1961 reprint)

Coleman, D.C.

1977 *The Economy of England, 1450—1750* (London)

Coleridge, Earnest Fartley (ed.)

1905 *Poetic Works of Lord Byron* (London & New York)

Conant, Charles A.

1909 *A History of Modern Banks* (New York and London, 4th ed.)

Conquest, Robert

1968 *The Great Terror: Stalin's Purge of the Thirties* (New York)

Corey, Lewis

1934 *The Decline of American Capitalism* (New York)

Coulborn Rushton ed.

1956 *Feudalism in History* (Princeton, N.J.)

Cox, Oliver C.

1959 *The Foundation of Capitalism* (London)

Craig Albert M. (ed.)

1979 *Japan: A Comparative Review* (Princeton)

Darwin, Charles R.

1859 *On the Origin of Species*

Davies, Godfrey

　　1949 *The Early Stuarts, 1603—1660* (Oxford)

　　1955 *The Restoration of Charles II, 1658—1660* (San Marino, Calif.)

Dickson, P.G.M.

　　1967 *The Financial Revolution of England: A Study of the Development of Public Credit, 1688—1756* (London)

Dobb, Maurice

　　1963 *Studies in the Development of Capitalism* (New York)

Downs, Michael

　　1977 *James Harrington* (Boston)

Elvin, Mark

　　1973 *The Pattern of the Chinese Past* (London)

Fairbank, John K.

　　1982 *Chinabound: A Fifty-year Memoir* (New York)

Fairbank, John K. et al. (ed.)

　　1978 *Cambridge History of China*, Vol.X (Cambridge)

Fay, Peter Ward

　　1975 *The Opium War, 1840—1842* (University of North Carolina Press)

Fay, Stephen and Knightley, Philip

　　The Death of Venice (New York)

Fei, Hsiao-t'ung

　　1939 *Peasant Life in China: A Field Study of Country Life in the Yangtze Valley* (New York)

Feinstein, C.H. (ed.)

 1967 *Socialism, Capitalism and Economic Growth* (Cambridge)

Ferro, Marc

 1972 *Russian Revolution of February 1917*, trans.by J.L.Richards (Englewood Cliffs, N.J.)

 1980 *October, 1917*, trans.by Norman Stone (London)

Feuerwerker, Albert

 1958 "From Feudalism to Capitalism in Recent Historical Writing from Mainland China," *Journal of Asian Studies*, 18:1.

Fleischer, Martin

 1972 "A Passion for Politics: The Vital Core of the World of Machiavelli," in *Machiavelli and the Nature of Political Thought*, ed.by Martin Fleischer (New York)

Flenley, Ralph

 1964 *Modern German History* (London, Enlarged ed)

Fraser, Antonia

 1979 *Royal Charles: Charles II and the Restoration* (New York)

Friedman, Milton

 1962 *Capitalism and Freedom* (Chicago, 1962)

Furet, Francois

 1981 *Interpreting the French Revolution*, trans.by Maison des Sciences de l'Homme and the Cambridge University Press (Cambridge)

Furet, François and Richet, Denis

 1970 *The French Revolution*, trans.by Stephen Hardman (New York)

Gamble, Sidney D.

    1954 *Tien Hsien: A North China Rural Community* (Stanford, Calif.)

Gardiner, S.R.

    1965 *History of the Great Civil War, 1642—1649* (New York, reprint.)

Geyl, Pieter

    1961 *The Netherlands in the Seventeenth Century* (New York)

Giuseppi, John

    1966 *The Bank of England: A History of Its Founding in 1694* (Chicago, reprint)

Goldman, Marshall I.

    1987 *Gorbachev's Challenge* (New York)

Gooch, G.P.

    1948 *Studies in German History* (London)

    1955 *Political Thought in England: Bacon to Halifax* (Oxford)

    1959 *English Democratic Ideas in the Seventeenth Century* (Torchbook ed.)

    1968 *Studies in Modern History* (New York, reprint)

Goodwin, Albert

    1956 *The French Revolution* (New York)

Gorodetsky, Gabriel

    1984 *Stafford Cripps' Mission to Moscow* (Cambridge)

Grimm, Harold J.

    1954 *The Reformation Era, 1500—1650* (New York)

Haag, Erneast van den (ed.)

    1979 *Capitalism: Sources of Hostility* (New Rochelle)

Haley, K.H.D.

1972 *The Dutch in the Seventeenth Century* (New York)

Hall, John W.

1955 *Tanuma Okitsugu, Forerunner of Modern Japan* (Cambridge, Mass)

1966 *Government and Local Power in Japan, 500 to 1700: A Study Based on Bizen Province* (Princeton)

1970 *Japan: From Prehistory to Modern Times* (New York)

Halliday, Jon

1975 *A Political History of Japanese Capitalism* (New York)

Harrington, James

1656 *The Commonwealth of Oceana*

Heilbroner, Robert L.

1985 *The Nature and Logic of Capitalism* (New York)

Henderson, W.O.

1975 *The Rise of German Industrial Power, 1834—1914* (Berkeley, Calif)

Hirschmeier, Johannes

1964 *The Origins of Entrepreneurship in Meiji Japan* (Cambridge, Mass)

Ho, Ping-ti

1962 *The Ladder of Success in Imperial China* (New York)

Hobbes, Thomas

1642 *De Cive*

1651 *Leviathan*

Houtte, J.A.

1977 *The Economic History of the Low Countries, 800—1800* (London)

Huang, Ray

1974 Taxation and Governmental Finance in Sixteenth Century Ming—China (Cambridge)

1986 "The History of the Ming Dynasty and Today's World, " in Chinese Studies in History, Vol.XIX, No, 4, Summer

1986 "The Merger of Chinese History with Western Civilization, " in Chinese Studies in History, Vol.XIX, No.1 (Fall)

1988 China: A Macro-History (Armonk, N.Y.)

Jansen, Marius B.and Hall John W. (ed.)

1968 Studies in the Institutional History of Early Modern Japan (Princeton)

Jenks, Edward

1913 Law and Politics in the Middle Ages (New York)

1967 The Book of English Law (Athens, Ohio, 6th revised ed.)

Johnson, Lee

1963 Delacroix: Masters and Movements (New York)

Jones, James Rees

1972 The Revolution of 1688 in England (New York)

Kalecki, Michal

1972 The Last Phase in the Transformation of Capitalism (New York)

Kennedy, Paul

1988 The Rise and Fall of Great Powers (New York)

Kissinger, Henry A.

1979 White House Years (Boston)

Lane, Frederick C.

1967 *Andrea Barbarigo, Merchant of Venice* (New York)

1973 *Venice, A Marine Republic* (Baltimore)

Laqueur, Walter

1967 *The Fate of the Revolution: Interpretation of Soviet History* (London)

Lefebvre, Georges

1954 "La Revolution francaise et les Paysans, " in *Etudes sur la Révolution francaise* (Paris)

1964 *The French Revolution from 1793 to 1799*, trans. by John Hall Stewart and James Frigugliette (London and New York)

1967 *The Coming of the French Revolution*, trans. by R. R. Palmer (New York)

Leonard, Emile G.

1965—1967 *A History of Protestanism*, trans. by Joyce M.H.Reid (London)

1967 *A History of Protestanism*, trans. by R.M.Bethell (London), vol.II

Letwin, William

1965 *Law and Economic Policy in America: The Evolution of the Sherman Antitrust Act* (Chicago)

Lipson, E.P.

1956 *Economic History of England* (London, 11 th ed.), vol.I

Locke, John

1690 *An Essay Concerning Human Understanding*

1690 *Two Treatises of Government*

1690 *Second Treatise of Government*

Lockwood, William E.

1954 *The Economic Development of Japan, Growth and Structural Change, 1868—1938* (Princeton, N.J.)

Lopez, Robert S.

1971 *The Commercial Revolution of Middle Ages, 950 — 1350* (Englewood Cliff, N.J.)

Machiavelli, Niccolo de Bernardo

1513 *The Prince*

1513 *Discourses of the First Ten Books of Livy*

McManners, John

1969 *The French Revolution and the Church* (London)

McNeill, Walliam H.

1974 *Venice, the Hinge of Europe, 1081—1797* (Chicago)

MacPherson, C.B.

1962 *The Political Theory of Possessive Individualism: Hobbes to Locke* (Oxford)

Maehl, William H.

1979 *Germany in Western Civilization* (University of Alabama Press)

Malthus, Thomas

1798 *Essays on the Principles of Population as it Affects the Future Improvement of Society*

Martines, Lauro

1979 *Power and Imagination: City-States in Renaissance Italy* (New York)

Marx, Karl

1848 *Communist Manifesto* (London)

1887 *Capital*, Vol.I (London)

1905—1910 *Theories of Surplus Value* (Stuttgart)

1907—1909 *Capital*, Vol.II, III, (London)

Mathias, Peter and Postan, M.M. (eds.)

1978 *The Cambridge Economic History of Europe*, vol.VII, Part 1. (Cambridge)

Mawdsley, Evan

1987 *The Russian Civil War* (Boston)

Mazour, Anatoel

1962 *Russia, Tsarist and Communist* (New York)

Melgunov, S.P.

1972 *Bolshevik Seizure of Power* (Santa Barbara, Calif.)

Melilink-Noelofsz, M.A.P.

1962 *Asian Trade and European Influence: In the Indonesian Archipelago Between 1500 and About 1630* (The Hague)

Moffit, Louis

1963 *England on the Eve of the Industrial Revolution* (London)

Morison, Samuel Eliot; Commager, Henry Steele; and Leuchtenburg, William E.

1969 *The Growth of the American Republic* (New York, 6th ed)

Motley, John Lothrop

1856 *The Rise of the Dutch Republic*, vol.I, (London, the Chandos Classics ed.)

Nakamura, Takafusa

1983 *Economic Growth in Prewar Japan*, trans.by Robert A.Feldman (New

Haven, Conn.)

Nassbaum, Frederick L.

   1968 *A History of Economic Institutions of Modern Europe* (New York, reprint)

National Industrial Conference Board, Inc. (ed.)

   1967 *The Future of Capitalism* (New York)

Nef, John U.

   1963 *Western Civilization Since the Renaissance: Peace, War, and the Arts* (New York, reprint)

Norman, E.Herbert

   1946 *Japan's Emergence as a Modern Nation* (New York)

North, Douglass C.and Thomas, Robert Paul

   1973 *The Rise of the Western World: A New Economic History* (Cambridge)

Norwich, John Julius

   1982 *A History of Venice* (New York)

Oakley, Stewart P.

   1972 *A Short History of Denmark* (New York)

Olschki, Leonardo

   1949 *The Cenius of Italy* (Oxford)

Parker, Geoffrey

   1977 *The Dutch Revolt* (New York)

Passant, E.J.

   1959 *A Short History of Germany, 1815—1945* (Cambridge)

Payne, Stanley, G.

   1987 *The Franco Regime, 1936—1975* (Madison, Wisconsin)

Pirenne, Henri

   1958 *A History of Europe*, trans.by Bernard Niall (New York, paperback), vol.II

   1963 *Early Democracies in the Low Countries* (New York, reprint)

Plucknett, Theodore

   1956 *A Concise History of the Common Law* (London, 5th ed.)

Postan, M.M.and Miller, Edward (ed.)

   1966 *The Cambridge Economic History of Europe* (Cambridge, 2nd ed.)

   1967 *Cambridge Economic History of Europe*, vol.IV. (Cambridge)

Postan, M.M.& Rich, E.R. (ed.)

   1952 *The Cambridge Economic History of Europe* vol.II, (Cambridge)

Potter, G.R. (ed.)

   1957 *The New Cambridge Modern History*, vol.I, *The Renaissance* (1493—1520) (Cambridge)

Price, J.L.

   1974 *Culture and Society in the Dutch Republic During the 17th Century* (New York)

Rawlinson, John L.

   1967 *China's Struggle for Naval Development, 1839—1895* (Cambridge, Mass.)

Rees, William

   1968 *Industry Before Industrial Revolution* (Cardiff)

Reischauer, Edwin O.

    1970 Japan: The Story of A Nation (New York)

Ricardo, David

    1817 Principles of Political Economy and Taxation (Pelican ed.1971)

Robertson, Priscilla

    1952 Revolution of 1848: A Social History (New York)

Robinson, Joan

    1967 An Essay on Marxian Economics (New York 2nd ed.)

Roll, Eric

    1961 A History of Economic Thought (London)

Rostow, Walter W.

    1975 How It All Began: Origins of the Modern Economy (New York)

Rowen, Herbert H.

    1972 The Low Countries in Early Modern Times (New York)

Russel, Oland D.

    1939 The House of Mitsui (Boston)

Sabine, George

    1950 A History of Political Theory (New York)

Sansom, George B.

    1962 Japan: A Short Cultural History (New York)

    1963 A History of Japan, vol.III, 1615—1867 (Stanford)

Schevill, Ferdinand

    1961 History of Florence from the Founding of the City Through Renaissance (New York)

Schlesinger, Arthur M.

    1969 *The Birth of the Nation* (New York)

Schumpeter, Joseph

    1954 *History of Economic Analysis* (New York)

    1965 *Ten Great Economists* (New York)

Schurmann, Herbert Franz

    1956 *Economic Structure of the Yuan Dynasty* (Cambridge, Mass)

See, Henry

    1928 *Modern Capitalism: Its Origin and Evolution*, trans. by Homer B. Vanderblue (New York)

Sheldon, Charles David

    1958 *The Rise of the Merchant Class in Tokugawa Japan, 1600—1868* (Locust Valley, New York)

Shelton, Judy

    1989 *The Coming Soviet Crash* (New York)

Shevchenko, Arkady N.

    1985 *Breaking With Moscow* (New York, paperback ed.)

Shub, David

    1948 *Lenin, A Biography* (Graden City, N.Y.)

Smith, Adam

    1776 *An Inquiry into the Nature and Causes of the Wealth of Nations*

Smith, Denis Mack

    1969 *Italy: A Modern History* (Ann Arbor, Michigan)

Smith, Herdrick

1976 *The Russians* (New York)

Smith, Thomes C.

1968 "The Japanese Village in the 17th Century, " in *Studies in the Institutional History of Early Modern Japan*, ed.by Marius B.Jansen and John W.Hall (Princeton)

1968 "The Land Tax in the Togugawa Period, " in *Institutional History of Early Modern Japan*

Snyder, Louis L.

1957 *Basic History of Germany* (New York)

Soboul, Albert

1977 *A Short History of the French Revolution, 1789—1799*, trans.by Geoffrey Symcox (Berkeley, Calif.)

Sombart, Werner

1928 *Der Moderne Kapitalismus* .

1967 *Luxury and Capitalism*, trans.by W.R.Dittmar (Ann Arbor.Michigan)

1967 *The Quintessence of Capitalism: A Study of the History and Psychology of the Modern Businessman*, trans, and ed.by M.Epstein (New York, reprint)

Spulber, Nicolas

1962 *Soviet Economy: Structure, Principles, Problems* (New York)

Stephenson, Garl

1967 *Medieval Institutions* (New York, reprint)

Stern, Fritz

1977 *Gold and Iron, Bismarck, Bleichöder, and the Building of the German Empire* (New York)

Stone, Lawrence

1972 *Causes of the English Revolution* (London)

Stone, Norman

1975 *The Eastern Front, 1914—1917* (New York)

Stopler, Gustav

1967 *The German Economy, 1870 to Present*, trans. by Toni Stopler (New York)

Sukhanov, N.N.

1962 *The Russian Revolution 1917*, trans.by Joel Carmichael, (New York: Torchbook ed.)

Sun, E-tu Zen

1962—1963 "The Board of Revenue in Nineteenth Century China, " *Harvard Journal of Asiatic Studies*, 24

Supple, B.E.

1964 *Commercial Crisis and Changey in England, 1600—1642: A Study of Mercantile Economy* (Cambridge)

Sydenham, M.J.

1965 *The French Revolution* (Westport, Conn.)

Tanner, J.R.et al. (ed.)

1958 *Cambridge Medieval History* (Cambridge), vol.VII

1959 *Cambridge Medieval History* (Cambridge), vol.VIII

Tawney, Richard H.

1954 *Religion and the Rise of Capitalism* (Penguin Books)

1912 *Agrarian Problem in the Sixteenth Century* (London)

1941 "The Rise of Genery, 1558—1640", *Economic History Riview*, XI.

Thirsk, Joan (ed.)

1967 *The Agrarian History of England and Wales*, vol. IV, *1500 — 1640* (Cambridge)

1985 *The Agrarian History of England and Wales*, vol. V, pt. II. (Cambridge)

Thirsk, Joan and Cooper, J.P. (eds.)

1972 *Seventeenth Century Economic Documents* (Oxford.)

Thompson, James Westfall

1966 *Economic and Social History of Europe in the Later Middle Ages* (New York)

Trevor-Roper, H.R.

1953 "The Gentry, 1540—1640", *Economic History Review*, Supplement, I

Turner, Frederick Jackson

1940 *The Frontier in American History* (New York)

Ulam, Adam B.

1976 *A History of Soviet Russia* (New York)

Vlekke, Bernard H.M.

1945 *Evolution of the Dutch Nation* (New York)

Waley, Arthur

1968 *The Opium War Through the Chinese Eye* (Stanford, Calif.)

Wallerstein, Immanuel

1982 *Historical Capitalism* (London)

Wang, Yeh-chien

1973 *Land Taxation in Imperial China, 1750—1911* (Cambridge, Mass.)

Weber, Max

1930 *The Protestant Ethic and the Spirit of Capitalism*, trans.by Talcott Parsons (New York)

1951 *The Religion of China*, trans.and ed.by Hans H.Gerth (New York, 1964, reprint)

1963 *Collected Essays in the Sociology of Religion*

Wedgwood, C.V.

1958 *The King's War 1641—1647* (London)

Williams, Basil

1962 *The Whig Supremacy, 1714—1760* (Oxford)

Wittfogel, Karl A.

1957 *Oriental Despotism: A Comparative Study of Total Power* (New Haven, Conn)

Woolrych, Austin

1961 *Battles of English Civil War* (New York)

Wright, Chester W.

1941 *Economic History of the United States* (New York)

Wright, Louis B.

1957 *The Cultural Life of the American Colonies* (New York)

Yamamura, Kozo

1979 "Pre-Industrial Landholding Patterns in Japan and England", in *Japan:*

  A Comparative Review, ed.by Albert M.Craig (Princeton)

Yang, Lien-sheng

  1952 *Money and Credit in China* (Cambridge, Mass)

  1961 *Studies in Institutional Chinese History* (Cambridge, Mass.)

Yang, Martin C.

  1945 *A Chinese Village: Taitout, Shantung Province* (New York)

Yriarte, Charles

  1898 *Venice*, 2 vols.trans.by E.F.Sitwell (New York & London)

Zelin, Madeleine

  1984 *The Magistrate's Tael* (Berkeley, Calif.)

二、中日文部分

《宋史》(中华书局标点本)

《元史》(中华书局标点本)

《明实录·太祖实录》(台北,1962年影印本)

千家驹

  1986《论中国体制的改革和现代化运动》,载《知识分子》第2卷第2期。

毛泽东

  1968《毛泽东选集》,第二卷(北京)。

石锦

  1980《中国资本主义萌芽研究理论的评介》,载《知识分子》第2卷第4期。

北京人民大学历史系编

  1957《明清社会经济型态的研究》(上海)。

北京周报社

1987《中共十三大与中国改革》。

北岛正元

1966《幕藩制の苦闷》(东京：中央公论社)。

朱偰

1943《中国信用货币发展史》(重庆)。

朱熹

1965《朱子大全》(中华书局四部备要，重版)。

余英时

1986《儒家思想与经济发展——中国近世宗教伦理与商人精神》，载《知识分子》第 2 卷第 2 期。

奈良本长也

1966《町人の實力》(东京：中央公论社)。

兒玉幸多

1966《元禄時代》(东京：中央公论社)。

周密

《癸辛杂识续集》

范文澜

1962《中国近代史》(北京)。

海瑞

1962《海瑞集》(北京，中华书局)。

桑田忠亲

1957《日本史研究》(东京)。

孙文

《三民主义·民生主义》。

梁方仲

　　1957《明代粮长制度》（上海）。

郭廷以

　　1986《近代中国史纲》（香港）。

冯友兰

　　1968《中国哲学史》（香港，再版）。

彭信威

　　1954《中国货币史》（上海）。

黄仁宇

　　1974《从〈三言〉看晚明商人》，原载《香港中文大学中国文化研究所学报》第 7 卷第 1 期，现收入《放宽历史的视界》（台北）。

　　1986《万历十五年》（北京，第二版）。

　　1988《放宽历史的视界》（台北）。

华生、张学军、罗小朋

　　1988《中国改革十年：回顾反思和前景》，《经济研究》第 11、12 期。

农研中心发展研究所

　　1986《发展研究通讯》增刊 21（12 月）。

　　1987《发展研究通讯》增刊 1（5 月）。

钱穆

　　1966《国史大纲》（台北）。

顾炎武

　　《亭林文集》（中华书局四部备要本）。

索 引

一画

1848 年革命　324，388，406

1861 年解放令（俄国）　457

1929 年经济恐慌　2

Aganbegyan　507，550

Don Carlos　572

Goldman　507，550

Isabella　572

二画

二月革命（见俄国）　409，453，454，459，460，462—465，469，471，475，478，484，491，492，494，497，542—545

十人两替　367

十月革命（见俄国）　409，410，424，451，453，454，460，469，471，475，477，482—487，490—492，494，495，497，501，507，509

十字军　58，61，63，64

第四次东征　61

十字军东征　56，58，91，96

人本主义（humanist）　131，218，245，288，302

人权及公民权利宣言　432，561

人口过剩　277，282

《人口论》(Essays on the Principles of Population as it Affects the Future Improverent of Society)　289，290，322

人身自由　369，576

人身保护法案（Habeas Corpus Act）　200

人道主义　109，351，457

人头权利（headright）　332

《人类悟性论》(An Essay Concerning

Human Understanding）266

人民阵线（Popular Front）573，576

七年战争（1756—1763）279，280，284，326，344，345，380

九月残杀（见法国大革命）438

三　画

三十九信条（Thirty-nine Articles）171

三十年战争（Thirty Years War，1618—1648）140，176，257

三井八郎兵卫　364，403

三井财系　354

三级会议（Entates-General）413，417，419，422，423，425，426

三菱　355，374

三权分立　269，440

下层结构（infrastructure,参见低层结构）183，243，260，327，353，511，512，517，577

下议院（平民院，见英国议会）162，192

工人苏维埃　465

工匠　7，69，80，84，144，339，421，442

工会　2，81，350，460，463，482，573，575

工会运动　456，498

工资　17，23，48，74，80，87，147，219，249，271，272，281—283，285，286，288—294，298—301，308，324，371，385，388，421，436，443，445，446，498，504，505，507，508，574

工业资本　6，88，145，196

工业资本主义　80

工厂法案　303

工党（英国）463，502，504

工党（俄国）463，502，504

土地　3，13，18，50，55，69，70，87，88，106，108，162，164—166，206，208，209，212，214，221，225，237，238，251，253，254，259—261，269—272，274，275，281，285，287，291，295，297，299，311，318，332—334，337，345，350，359，362，367，378，380，385，387，400，403，

420，428，429，447，457—460，
462，477，479，484，486，508，
516，518，560，561，569，571，
573，575，576
土地分配 457
土地占有 13，164，170，183，208，
209，261，270，271，276，526，
551
土地改革 391，464
土地所有权 208，216，254，255，
262，486
土地政策 332，491
土地税 209，255，361，374，404
土地领有权 332
土地银行（land banks） 214
大公爵麦克（俄国） 454，464，468
大老 359
《大地》（Good Earth） 169
大名 355，356，358—361，365，
367，369—371
大东亚主义 375
大东亚共荣圈 375
《大英百科全书》 4，280
大特权（Great Privilegie） 117

大陆文化 566
大陆系统（continental system） 380
大陆政策 383
大运河 50，53，523，525
大卫 115，427，441
大宪章（Magsa Carta） 117，160，
161，350
《大学》 308
大礼议 173
上贡制度 143
上层结构（superstructure，参见高层结
构） 35，183，510，511
上议院（贵族院，见英国议会） 162
山西商人 142
山岳党（Montagnards） 410，435，
436，438，440—443，540
广田三原则 29
广田弘毅 29
广州十三行 32，33
个人主义 7，109，121，151，169，
235，247，250，268，274，312，
314，317，331，369，564
凡尔赛和约 501
凡尔赛和会 305

已开发国家　281

卫理公会派（Methodists）　309

小自耕农　27，260，335，362，459，469，516，522，531，534，551

小资产阶级　81，303，569

习惯法（common law）　93，111，112，116，164，166，180，181，210，211，214，227，238，255，262，349，350，360，380，566

习惯法庭　166，211，216，220，560

马丁·路德（参见路德）　119，120，124，231，239

　　九十五条论题　119，234

　　《致日耳曼贵族书》（Annress to the Christian Nobility of the German Nation）　239

马可·波罗　52，515，516

马西里奥（Marsillit of Padua）　239

马克思（Karl Marx）　3，6，14，16—18，28，30，36，39，87，102，195，230，277，291，295，298，299，301—303，305，306，312，313，320—324，373，390，391，407，451，463，475，476，497，498，542，556

马克思主义　30，42，250，303，305，463，471，503，508，580

马克思学派　5，13

马基雅弗利（Machiavelli）　190，230—237，258，259，274，296，314，378，607

马拉（Marat）　412，413，421，443

马迪兹（Albert Matiez）　413

马歇尔（Marshall）　3，4

马尔萨斯（Thoras Malthus）　289，290，294，295

马赛歌　462，475

《与莫斯科决绝》　452

四　画

王安石　516，517，519，520，522，523，532，551

　　新法　35，183，428，440，516—520

　　变法　516，519，551

王座法庭（King's Bench）　180

王朝国家（参见朝代国家）　175

井上馨　355

开明专制　384，391，409，449

开除教籍　72

开发中国家　281

元世祖（忽必烈）　521

《元史·食货志》　522

元禄时代（见日本）　404

无政府主义　120，572

无政府主义的工联派（Anarchosyndi-calists）　572

无政府状态　244，247，452，477，534

无神论　233，242，499，545

无神论者　476

无产阶级　39，80—82，393，442，471，497

无产阶级专政　473，484

无产阶级与农民的民主专政　463，497

无裤党（sans-culotles）　410，436—440，443，475

专利权　143，217，279，288，304

专制皇权　87，205，248，463，476，486，565

巨灵　242，245，249，256，392，434，439，448，477，487，499，501，536

《巨灵》（Leviathan）　241，242，244—248，252，257，259，268，274，291，315—317，498，499，549

卡洛斯（Juan Carlos）　575

五人执政（Directory，见法国大革命）　446，449

五四运动　392，528，532，536

五经　534

尤特列克特联盟（Union of Utrecht）　117，127

太平天国　402，528，553

太平洋战争　353

《太极图说》　515

太阳火险公司（Sun Fire Company）　215

戈尔巴乔夫　453，487，505，508，509，537，550

长子继承权（primogeniture）　332

长老会（kresbytery）　155，172，177，178，186，188，189，192，245

长枪党（Falange，见西班牙内战）　574—576

长枪党运动　573，575

日本 29,107,304,312,313,326,327,351—359,361—369,371—375,393,401—405,413,488,491,519,523,526—528,531—535,548,563,564

天保时代 371

元禄时代(1688—1703) 368

江户时代(德川时代) 355,365,370,402

室町时代 355

镰仓时代 355

锁国 355,357,358

日耳曼民族 18,49,55,78,79,161,221,240,310,375,376

日耳曼邦联(German Confederation) 568

日俄战争 454

中日战争(甲午) 375

中央集权 18,28,40,72,110,132,327,353,359,373,378,409,435,506,507,523,524,559,565

中产阶级 82,236,243,261,285,310,390,393,421,484,558,573

《中国之宗教》 30,37,41,223,325

中国近代经济史 13

《中国哲学史》 41

中国经济史 32

内在的公平(intrinsic justice) 26,499,507,561,563

内阁制度 217,278,560

冈村宁次 536

丰臣秀吉 355,356

什一捐(什一税) 78,188,419,428,430,441

币制改革 446

反宗教改革(Counter-Reformation) 175

反托拉斯立法 350

父系权威(patriarchial authority) 8

分配 22,28,35,60,145,183,193,217,253,254,256,260,271,273,285,290,291,362,391,496,502,504,507,516,518,567,575

分配的公平(distributive justice)

256

分离者（otrubniki） 459

公民国家 192

公司突击者（corporation raiders） 7

公社（obshchina） 380, 436, 440, 458, 459, 469

公理会（congregationalists，即独立教派） 155, 173

公众安全委员会（Committee of Public Safety） 440

公债 68, 88, 89, 95, 103, 138, 150, 284, 285, 290, 342, 393, 396, 408, 418, 446, 450, 532, 558, 560

丹多罗（Enrico Dandolo） 61—64, 66

丹东（Danton） 413, 417, 421, 438—440, 443, 536, 540

乌托邦 251, 260, 262

方田法 518

文化人类学（cultural anthropology） 8

文字狱 169

文艺复兴 54, 56, 73, 95, 96, 100— 102, 149, 231, 240

计划经济 504

巴士底（Bastille）监狱暴动 424

巴克斯特（Richard Baxter） 562

巴贝夫（Babeuf） 444, 451, 542

巴底（Bardi） 89, 376

巴拉（Barras） 440

巴列维（Reza Shah Pahlevi） 511

巴斯夏（Bastiat） 3

巴黎公社 424, 426, 434, 436—438

巴黎和会 344

巴黎证券交易所 36

巴黎议会（Parlement） 417

巴默斯顿（Palmerston） 566

双重预算 504

孔子 563

水野忠邦 370, 371

五　画

功利主义 233, 297, 312, 375

平衡法（equity） 181, 211, 214, 216, 227, 255, 560

古奇（G. P. Gooch） 156, 222, 315—318, 407, 579

古典派经济学 289

古典派经济学家（Classical econorists） 253, 289, 290, 302

古柏（Anthony Ashley Cooper） 265, 278

本庄繁 536

《世界文明与资本主义》 14

世界主义 351, 390, 407

甘塞利黎（Cancellieri） 81

《东西铭》 515

东罗马帝国（参见拜占庭帝国） 55, 65

布仑翰（Blenheim）战役 326, 565

布朗（Robert Browne） 179, 401, 542

布罗代尔（Fernand Braudel） 2, 14—16, 23, 24, 31—33, 37, 38, 53, 87, 88, 99, 102, 103, 139, 152, 153, 204, 212, 225, 302, 320, 325, 449, 580

布尔什维克（Bolsheviks） 462—464, 470, 471, 473, 477, 479, 480, 482—485, 487, 489, 491, 492, 494, 495, 498, 499, 503, 544—548

布鲁特斯（Brutus） 557

布兰（Louis Blanc） 3, 265, 383

戊戌变法（参见百日维新） 529

旧体制（ancien regime） 36, 48, 327, 411, 421, 424, 434, 440, 449, 512

卢梭（Rousseau） 434, 435, 443, 498

北魏三长制 27

目的论（teleology） 476

甲午中日战争（见中日战争） 375

田沼意次 370, 373, 404

《四书》 26, 515

史伏查（Sforza） 85

卡特（Robert Carter） 334

卡尔（E.H.Carr） 501, 503, 504, 508, 550, 580

卡尔派（Carlists） 572

卡萨尔（Cassel） 4

冉有 563

生产 4—6, 17, 27, 28, 35, 57, 59, 75, 95, 109, 112, 120, 138, 141, 143, 145, 147, 165, 183,

205，216，217，249，271，273，
277，278，283—287，290—293，
297，299，300，329，330，335，
337，362，365，367，369，380，
385，391，403，423，442，457，
471，492，496，504，505，507，
508，516，532，542，559，565，
569，574，576

生产工具 4，271，556

生产方式 23，75，102，139，158，
218，270，457

生产成本 139

生产过剩 138

包税人（tax farmers） 78，209

外放分工办法（putting-out syster）
13，22，23，40，75，87，121，
149，218

付费公路（turnpike） 210，226，
278，320，560

代役租金（quitrent） 332

代议政治 88，232，246，408，425，
487，492

白色恐怖 451

白军（见俄国内战） 468，482，
488—491

白雷达宣言（Declaration of Breda）
196

白兰定尼（Cinto Brandini） 81

印花税 344

冯友兰 28，41

立法会议（Legislative Assembly）
425，428，437

立宪君主制（constitutional monar-
chy） 128，179，188，196，
217，219

立宪会议 469，486

立宪运动 510

主教团（episcopacy） 172，173，
188，200

主教战争（bishop's War） 178

市民阶级 39，45，48，391，393，421

市民阶级社会（bourgeois society）
18，20，39

市民运动 81，102

市易法 518

市场经济 249

市场价格 292，300

市场关系 11

汇票 20，89，93，135，367
汉冶萍公司 525
汉撒同盟（Hanseatic League） 116，140，379，380
汉诺威（Hanover）王朝 278
民主 45，70，81，82，130，148，149，153，168，250，269，305，316，326，331，337，390—392，463，466，472，477，491，494，498，506，507，547，550，562，569，575，579
民主革命（democratic revolution） 463
民主集中 493，498，507
民主会议 482
民兵法案（Militia Ordinance） 178
民法 9，93，96，146，246，256，374，391，396，524，559，565
民事法庭（Court of Common） 180
民族主义 171，239，390，450，567
民族自决 107，304
民族国家（nation state） 43，44，110，124，133，147，148，175，185，201，219，239，240，326，347，353，375，378，386，390，397，398，450，476，559，564，570
民族意识 393
民国参议会 482，484
民粹主义 528
民粹主义者（populist） 460，543
民权 36，236，277，346，428，467，475，557
民权主义 345
弗罗伊德（fluyd） 140
尼古拉二世（见沙皇） 453，461
尼克松 169，452，509
司法改革 196，205
司法权 46，180，212，228，237，255，256，332
司马迁 563，577
加尔文 7—9，120，122，124，125，128，131—133，139，151，170—172，183，223，306，311，312，562
命定论（predestination） 7，120
加尔文教派（Calvinists） 9，10
反控诉派（Contraremonstrants，正

规派） 131，151

控诉派（Remonstrants） 131—133，151，311

圣公会（episcopacy） 158

圣约斯特（Saint-Just） 417，442

圣经 120，124，173，188，251，266，267，276，565

对外贸易（参见国际贸易） 75，85，195，207，278，287，297，319，365，369，374，392，404，445，446，493，523

皮永恩（Henri Pirenne） 93，102，149

边沁（Jeremy Bentham） 286

奴隶 60，61，217，277，329，331，335，348，349，457

奴隶社会 3，463

奴隶制度 211，277，335，345，348，350

六 画

刑法 146，169，181，219，374，524

吉伦德派（Girondists） 435，438，440，476，540

老中 370，371

地方分权 18，86，119，132，133，139，359，435

地租 112，165，281，287，288，291，293，298，299，362，374，421，560

共同意志（general will） 498

共和（Commonwealth） 66，98—101，103—105，127，132，134，139，142，151，190，193，195，258，260，399，441，465，571，573，579

共产主义 297，442，451，487，494，501，508，509，512，543

共产主义社会 473

共产主义者（Communists） 251

《共产党宣言》 18，20，30，39，299，303

共产社会 444

共产党（俄国，参见苏共） 464，478，487，493—496，498—500，536，572

麦其尔（Michiel） 66

麦迪奇（Medici） 79，82，89

麦克佛逊（C.B.MacPherson） 237，
  314—320
亚里斯多德 278
亚敏林派（Arminians） 311
亚当 266，267，400
亚当·斯密 27，35，41，152，230，
  276，277，280—289，291，292，
  299，320，321，351，516，577
亚尔丰索十三世（Alfonso XIII） 572
亚历山大一世（1801—1825 在位，见沙
  皇） 409
亚历山大二世（见沙皇） 457
权利清单（Bill of Rights） 263，560
《西方世界之兴起》 24，39，41
西印度群岛 140，177，195，279，
  329，337，339，344，568
西利格门（Seligman） 3
西班牙王位继承战争 326
西班牙内战 573
  卡尔派 572，573
  长枪党（Falange） 572，573
  保皇党 78，79，84—86，155，
    185，192，196，215，249，573
西格诺派（Huguenots） 176

西罗马帝国 55，68
再洗礼派（Anabaptists） 120，123，
  125，133
百日维新（参见戊戌变法） 28，
  509，531
百年战争（见英法百年战争） 91，
  114，161
《百科全书》(1753) 3
列宁 304，410，463，464，472—
  478，480，482—487，490，492—
  500，507，509，542，545，547—
  549
存积资本（参见累积资本） 5—7，
  17，35，86，88，133，217，248，
  250，292，295，327，345，391，
  393，412，526，565
托利党（Tories） 203，205，264
托拉斯 2，350，351
托洛茨基 480，482—484，487—489，
  499，500，536，572
过口税 568，569
吕公著 520
光荣革命（Glorious Rovolution）
  138，201，202，209—211，214，

216，217，220，230，255，263，
264，266，269，274，276，278，
280，284，285，317，339，347，
433，539，558，559

光绪（见清朝）　509，528，531

同业公会　23，75，78—81，86，121，
145，366，380，388

朱元璋（参见明太祖）　523

朱可夫（Georgi Zhukov）　489

朱熹　26，520，531，563

年例　171，366，370

年寄　359

乔治一世（见英王）　279

乔治二世（见英王）　278

伟大的罗伦佐（Lorenzo the Magnificient）　234

伍尔西（Thomas Wolsey）　171

自由（Liberty）　3，18，27，35，
39，45，48，51，68，75，87，
97，100，101，111，130，131，
134，154，156，161，164，165，
171，172，179，185，188—192，
195，196，203，204，208，215，
228，232，233，236，238，242，
245—247，249，251—253，261，
262，268，270，271，278，281，
294，307，308，314，318，326，
329—331，346，348—351，371，
380，387，390—392，398，420，
428，433，438，447，450，459，
463，464，468，473，477，482，
502，503，517，528，551，556—
558，561，562，567，570，575，
577

自由主义　82，109，121，243，280，
288，289，297，369，390，391，
394，397，398，407，569

自由主义者（liberals）　294，318，
389，398，484

自由交换　25，29，216，237，243，
308，326，327，329，348，391，
409，442，502，534，556，567，
569

《自由君主之真正法律》（True Law of Free Monarchies）　161

自由放任政策（参见放任政策）　230

自由城市　9，55，58，86，97，116，
120，133，179，237，379，380，

383，534，557
自由劳工 457
自由党 203
自然法（natural law） 239，240，246，271，276，297
自然法则（law of nature） 267，268，281，291，352，563，565，566
自然状态 267，268
自然神派（deism） 196
自然经济 5，13，20，165
自然价格 292，293，300，302
血缘资本主义（germcapitalism） 12，311
仲间（参见株仲间） 366，370，371
伦敦保险公司（London Assurance） 215
《伦敦晚报》 452
伦敦证券市场 290
华立罗（Marino Faliero） 44—49，66，67，70，98，536，557
《华立罗之死刑》 98
华立罗事件 46，67，77，98，557
华盛顿 345

价值论（theory of value） 300，578
伊沙内罗（Bertuccio Isarello） 46—48
伊莉莎白一世（见英王） 160
伊藤博文 355，378
全民选举（universal suffrage） 250
全俄苏维埃执行委员会（Vtsik） 479，487
全国政协会议 480，482
全德证券交易法案（Allgemeine deutsche Wechselordnung） 393
合理化 139，166，193，209，255，307，310，362，387，560
合理化的组织劳力（rational organization of labor） 308，311
企业家 7，11，22，23，144，278，303，374，393，446，476，567，574
企业精神（spirit of enterprise） 309，310
《创世记》 267
危机近接（Crisis approach） 313
多元社会（plural sowiety） 31，556，574

庄园（manor） 127, 164, 208, 420
庄园法庭 420
庄园制度（manorial system） 309, 359, 386, 420
产业革命（Industrial Revolution） 17, 230, 288, 291, 302, 476, 516
齐宣王 563
交付券（assignats） 428, 429, 432
交换工具 20
交换方式 16, 87, 204, 507
交换的公平（commutative justice） 256
交换价值（exchange value） 281, 299—302, 556
问屋 366, 368
次殖民地 30
米哈波（Mirabeau） 421, 426
江户时代（见日本） 355
江户幕府（参见德川幕府） 356, 357, 359, 364, 369, 370
宅地法案（Homestead Act） 350
安妮（Anne，英王后） 215
安田 355
安东尼 235

关白 355
关税 70, 79, 150, 167, 213, 337, 348, 374, 387, 398, 446
关税同盟（Zollverein） 387, 393, 406, 569
军国主义 375, 385, 395
军阀 169, 177, 193, 236, 510, 512, 534
军阀割据 536
军人参政会（Council of the Army） 189
农民运动 459
农民暴动 362, 403
农奴 111, 165, 457
农奴制度 476
农村经济 166, 261, 278, 442, 570
农业资本 214, 261
《农书》 515
阮玲玉 536
阶级斗争 48, 185, 263, 299, 302, 373, 410, 417, 424
孙文（中山） 448, 536, 559
孙传芳 511
买空卖空（Windhandel） 138, 139,

367

红军（见俄国内战） 485，488—491，495，496，500，548，550

红场 485

纪德（Charles Gide） 3

约克公爵（即英王詹姆士二世） 106，328

七　画

玛伽莉达 114

玛丽 117，164，200—202，206，212，215，263，266，337

赤字财政（deficit financing） 212

赤色恐怖 451

均平主义者（Levellers） 190，194，249，251，294，316

均田 27，260，371，442，458，561

劳力（Labor） 3，166，238，253，254，269—271，273，281，291—293，300—302，308，324，331，334，347，508，569

劳力价值论（Labor Theory of Value） 253，277，281，299，347

劳工 3，6，7，11，78，80，87，218，271—273，275，281，282，285，286，288，291—297，299—301，303，304，324，331，335，339，385，503，556，558，567，569，574

劳工福利 293，574

劳工谋反 77

劳动（Arbeitskraft, Labor Power） 7，60，238，292，300，301，323，504，508，569

劳动力 5，48，218，249，253，292，301，348，507，556，577

劳动力成本 505

劳动阶级 147，209，272，282，296，492

劳德（William Laud） 177，180，182，191，204，222，311，562

克里姆林宫 451，491，492，505

克里蒙梭（Clemenceau） 416

克利浦斯（Cripps） 502，549，550

克拉克 27，41，102，130，144，150，152，153，211，224，226，285，321，579

克伦威尔（Oliver Cromwell） 152，

155，156，173，174，178，186，189—196，198，203，205，210，212，215，218，219，223，224，241，242，245，249—251，257—259，265，316，536，562，579

《克伦威尔：保守的独裁者》（*Oliver Cromwell: The Conservative Dictator*） 156

《克伦威尔之伟大》（*The Greatness of Oliver Cromwell*） 156

克伦斯基（Aleksandr Kerensky） 465，466，468，472，475，476，478—482，485，488，489

克劳塞维兹 485

苏共 491，494，508
 中央委员会 508

苏格拉底 450

苏格兰教会 177，188

苏菲亚（Sophia） 263

苏轼 520

苏维埃（Soviet） 410，456，463，465—469，471，473，478—480，482，484，485，491，495，497，548—550

苏维埃政府（Sovnarcom） 487—490，495，496

《苏联史》（*History of Sovdet Russia*） 501

苏伊士运河 304

李文斯顿（Robert Livingnton） 334

李光耀 169

李斯 499

李嘉图（David Ricardo） 287，289—303，305，322，323

《李维十书讲解》（*Discourses of the First Ten Books of Livy*） 314

李鸿章 378，408，531

求最大的行为（maximizing behavior） 275

杜马（Duma） 460—462，464—468，473，479

抗日战争（抗战） 29

护国（Protectorate） 190，192—195，233，426，437，487

护国公（Lord Protector） 193—195

报酬递减律（Law of Diminishing Returns） 293，299

两税 522

两党政治 217

吨税和磅税（tonnage and poundage，参见关税） 167

足利义满 355

吴楚之乱 419

岑春煊 511

财政大臣法庭（Court of Exchequer） 180

财产所有权（参见所有权） 96，252，573

财阀 89，355，374，405

邦联法案（Articles of Confederation） 347

利己主义 220，235

利润 17，24，35，36，86，91，96，139，271，281，286，287，291，298—300，303，362，387，445，447，455，561

利润挂帅 23

私人财产权 20，23—27，146，209，212，252，254，269，278，351，369，371，373，380，383，387，507，508，516，519，520，537，565，576

私人资本 25，96，217，220，248，272，286，290，293，302，305，338，355，371，374，436，442，556

私人资本主义 556

私利观 35，235，280，288，351，555，567

邱吉尔 201，214，502

邱吉尔（约翰） 201，214，326

免役钱 518

住友 355

佛朗哥（Franscisco Fanco） 573—576，580

佛教 8，37，169

佛罗伦萨 78—83，86，88，102，103，161，230，232，234，310

市政代表（prior） 80，81

伽利略（Galileo） 241

低层结构（参见下层结构） 35，230，237，329，409，441，511，512，526，532，534，536，556，562

狄更斯（Charles Dickens） 434

狄波罗（Giacomo Tiepolo） 93

佘家事变（Shay's Rebellion） 350
余英时 563
希亚通（Herbert Heaton） 4
希特勒 13，156，305，378，385，502，503，549，573，574
犹太人 11，12，73，129，195，263，290，310，311，325，571
犹太教 11，73，133，233，290
辛亥革命 462，486
亨利七世（见英王） 259
亨利八世（见英王） 162，171，210，259，286
冷战 3，230，504
沙弗那罗拉（Savonarola） 82，83
沙史威尔（Dr. Henry Sacheverell） 215
沙皇 409，454，456，460—462，464，465，467，468，470，473，475，476，479，480，483，487—490，495，543
　尼古拉二世 464，467，489
　亚历山大一世（1801—1825在位） 409
　亚历山大二世 457

凯撒琳二世（1762—1796在位） 409
沙皇体制 486，492，497
汤普森 58
汤姆斯 24，25，27，39
宋巴特（Werner Sorbart） 3，11—13，38，73，102，143，153，195，230，305，306，309—313，325，332，562
《宋史》 513，518，551，552
宋朝 26，32，513，515，518，519，522，523
　太宗（赵光义） 513，519
　太祖（赵匡胤） 372，522，523，536，552
　神宗（赵顼） 519，520
　真宗（赵恒） 519
　徽宗（赵佶） 519
启蒙运动 407，421，449，528
社会心理学 314，432
社会主义 3，39，276，295，303，305，327，351，385，410，442，451，463，465，494，501—504，508，509，512，549，574

社会主义者 27,559,572
社会主义体制 463
社会民主党（Social Democrao, SD）398,463
社会史 16,99,100,312,324
社会制度 51,120,290,525
社会契约（social contract） 236,245,253,268,269,274—276,435,447
社会革命党（Social Revolutionaries, SR） 462,477,486,491
社会流动性 18,53,561,563
社会救济 296
社会组织 14,26,28,80,276,486,527,532,552
社会问题 165,288,302,388,556
社会阶级 134,290,298,311,326,370,402,561
社会结构 8,509
社会资本 327
社会达尔文主义（Social Darwinism） 310,375,396,566
社会达尔文主义者 297
社会福利 2,293,351,396

社会体系 94
初民状态 253,434,535,536
初期资本主义 57,77,87,88,102,557
张宗昌 511
张载 520
张勋复辟 511
张择端 513,514
陆九渊 520
陈独秀 169
《君王论》(The Prince) 230—238,275,314
君主立宪 392,416,464,569
君主制度 247,528,529,534
君主专制（despotism） 87,258,268
君权神授说 175,181,188,215,218,241,261,266,560
阿姆斯特丹交易所 137,138
阿姆斯特丹保险公司 144
阿尔瓦（Duke Alva） 127,145
阿鲁修士三世 63
阿鲁修士四世 63,64
阿鲁修士五世 64
阿鲁修士皇子（Young Alexius） 63

纯金货币论（bullion theory of Money） 297

纳米亚（Lewis B.Namier） 156

纳粹运动 13

八　画

现代资本主义 7, 10, 39, 354, 508

《现代资本主义》（Der Modern Kapitalismus） 3, 38, 306

现实主义 259, 563, 564

奉行 63, 247, 359

武士 379

武士阶级 360, 361, 419

武昌起义 462

武则天 373

武家诸法度 359

青苗钱 518

垃圾证券（junk bonds） 7

英王 72, 106, 158, 160, 167, 170, 175, 176, 257

　伊莉莎白一世 160

　亨利七世 259

　亨利八世 162, 171, 210, 259, 286

　查理一世 154, 155, 167, 174, 177—179, 181, 186, 187, 189, 192—194, 198, 200, 201, 212, 215, 219, 221, 241, 249, 252, 257, 562

　查理二世 192, 194, 196—200, 202, 205, 208, 209, 211, 212, 224, 241, 242, 249, 258, 263, 265

　威廉三世 200, 368

　约翰 72, 160, 201, 214, 264, 318, 326

　乔治一世 279

　乔治二世 278

　乔治三世 345

　爱德华三世 81, 161, 170

　詹姆士一世 151

　詹姆士二世 106, 197, 202, 205, 265, 278, 284

　维多利亚 176, 304

英法百年战争 91, 114, 161

英法联军之役 304, 533

英格兰教会（Church of England） 168, 171, 173, 175, 179, 180, 183, 191, 195—198, 200, 203,

205，240，263，559，560

英伦银行（Bank of England） 212—215，227，255，263，272，278，326，354

《英国17世纪的民主观念》（English Democratic Ideas in the Seventeenth Century） 156，222，223，316—318

英国内战 174，178，185，206，223，242，558

 保皇党 78，79，84—86，155，185，192，196，215，249，573

 国王派 241，242，337

 新模范军（New Model Army） 186—188，192

 勤王军 186，187，265

 圆头党 154，155，190，192

 议会派 146，181，185，186，192，241，242，248，257，264，311

 议会军 186，187，265

 第二次内战 189，192，249

英国东印度公司 142

英国国教 205

英国议会（Parliament） 187，188，199，337

 上议院（贵族院） 162

 下议院（平民院） 162，192

 尾闾议会（Rump Parliarent） 192—194

 长期议会（Long Parliament） 178，182，185，192，223

 短期议会（Short Parliament） 178

 复辟议会 178

英国矿产开拓公司（Mises Adventurers of England） 209，226

英雄式民族（Heroic Peoples）

兹文利（Zwingli） 124

杰可浦斯（Norman Jacobs） 32

杰佛逊（Thomas Jefferson） 345，563

极权主义 574

极权政治 473

杨朱 51，563

松树钱 344

拉法叶（La Fayette） 426

拉斯普丁（Rasputin） 453，454

轮船招商局 525

枢密院（Privy Council） 134，337，

343

欧战（参见第一次世界大战） 459，
473，491，496，497

鸦片战争 28，159，304，320，371，
372，509，527，529，533，553，
566，580

国民大会（National Assembly）
424—426，428—431，540

国民军（National Guard） 424，
426，436，437

国民会议（National Convention）
425，430，435，436，438，440，
445

国民资本 217，220

国民经济 20，23，285，286，297，
369，372，398，409，418，445，
450，503，516，569，571

国民总收入 286

国民党（中国） 536

国社主义（国家社会主义） 305

国是会议 481

国家主义 352，375，390，392，393，
398，509，567，575

国家最高主权人（Sovereign） 247，

248，497，498

国家资本 272，327，374，385

国家资本主义（Nationl Capitalism）
145，492，494

国家经济 112，141，142，146，283，
297，442

国债（National Debt） 212，214，
263，419

国际公法（International Law）
565，566

国际市场 7，141—143

国际信用 214

国际贸易 83，88，135，141，142，
148，180，219，272，294，297，
337，365，370，383，385，565

明治维新 353．355，356，362，373—
375，393，401

明朝 44，54，95，173，354，355

　太祖（朱元璋） 523

　弘治 169，173

　嘉靖（朱厚熜） 169，173

典当 166，210—212，387，516

固定资本（fixed capital） 294

罗伯斯比尔（Robespierre） 413，

416，421，438—440，443
罗马法 9，93，116
罗马帝国 12，19，55，71，72，79，83，84，114，117，118，123，124，161，171，176，232，236，237，239，306，376—378，383，557，568
罗马教廷（参见教廷） 120，170，175，232
罗马教会 430
罗伦佐 234
罗曼洛夫皇朝（帝俄） 469
罗斯福 106
贩卖人口 109，143，217，219，304
购买权（option） 138
凯恩斯（Lord John Maynard Keynes） 497，499，503，508
恺撒大帝 557
凯撒琳二世（见沙皇）
货物转口税 70
货币 15，19，20，30，40，94，112，134，135，137，147，239，270—275，282，294，297，301，309，342—344，347，350，368，371，391，396，446，496，504，518
货币工资 283，293，322
货币市场 138，139
货币政策 342
周敦颐 520
股票 7，14，138，408
股票市场 142，295
帕底西巴扎（Participizio） 66
帕玛公爵（Duke of Parma, Alexander Farnese） 128
帕露齐（Peruzzi） 89
岩崎弥太郎 374，405
《物种起源》（On the Origin of Species） 297
物价 112，127，165，249，282，294，301，369，371，380，384，421，440，443，445，446，504，576
物质主义 396
侍（samuri） 61，201，296，359，360，364，365，367，369，370，402，405
使用价值（use value） 299，301
供求关系 23，292，294，300
佩里（Commodore Matthew Perry）

372

《近思录》 515

所有权（ownernhip） 35, 52, 65, 166, 208, 228, 243, 252—254, 292, 308, 319, 333, 345, 346, 410, 449, 471, 502, 560, 564, 567

所得税 294, 299

征服者威廉（William the Conqueror） 254, 275

征兵制 75, 396

彼得大帝 43

金本位制 294

金融经济 5, 13, 20, 128, 165, 206, 358, 369, 371, 384, 518, 520

金谱（Golden Book） 69

命定论（predestination，见加尔文） 7, 120

命定扩张论（Manifest Destiny） 304

变质说（transubntantiation） 171

诗的公平（poetic justice） 517

享乐主义 449

放任政策（laissez faire） 134, 190, 247, 280, 294, 302, 442

法王 414, 415

路易十四（1643—1715 在位） 409

路易十五 422

路易十六 413, 414, 416, 418, 422, 425, 426, 431, 432, 435—437, 450, 451

法西斯主义 567

法西斯体制 576, 577

法治理论 9

法家 483, 484

法国大革命 36, 45, 48, 110, 220, 288, 291, 297, 390, 409, 410, 413, 415, 424, 432, 438, 445—447, 450, 451, 454, 475, 476, 528, 561

九月残杀 438

五人执政 446, 449

恐怖时期（reign of terror） 418, 425, 434

进攻巴士底监狱 424

网球场誓辞 426

热月反动（Thermidorian Reaction） 425

法国大革命战争 380

法国内战 114

《法国研究院辞典》 4

法兰克福宪法 389

法兰克福宪法会议 407

河村瑞贤 368

波丹（Jean Bodin） 239

波拿巴 417, 446, 450, 475

治外法权 34, 94, 374, 526

宗法社会 308

宗教人员民事组织法案（Civil Constitution of the Clergy） 430

宗教自由 205, 206, 219

宗教改革 7, 9, 119, 162, 170, 171, 231, 234, 238, 239, 379, 526, 570, 571

宗教法庭 419

《宗教社会学论文集》 8

宗教裁判 572

实物经济 20

官僚主义 92, 353, 355, 507

官僚组织 8, 26, 27, 31, 33, 353, 359, 409, 418, 566, 574

祈祷书（Book of Common Prayer） 171

限制工作时间 303

织田信长 356, 364

经济分析 152, 293, 316, 318, 319, 322, 324, 325

经济史 14, 16, 20, 98, 99, 101—103, 105, 139, 148, 149, 151—153, 156, 218, 225, 226, 285, 306, 312, 394, 398, 405, 406, 408, 538

经济生活 2, 11, 23, 53, 191, 203, 204, 217, 429

经济改革 387, 433, 562

经济恐慌 182, 572

经济冲突 256

经济体制 4, 134, 285, 346, 556, 557, 560, 561

经验主义（empiricism） 266

终身产业持有人（Freeholder） 164

参勤交代 358, 360, 367

孟子 44, 51, 235, 563

孟什维克（Mensheviks） 463, 476, 480

九 画

契约劳工（indentured laborer） 331，332，335

珍宝岛事件 452

封建社会 14，17，18，23，26，40，41，165，166，220，274，277，315，369，457，463，556

封建制度（feudal system） 3，9，13，19，79，80，85—87，111，164，170，221，238，241，251，261，262，353，359，404，417，459

封建体制 18，161，237，332，353，354，364，369，371，374，380，381，384，403，420，424

政治自由 190，206，219

政治局（Politburo） 500

《政治经济与税收之原理》（Principles of Political Economy and Taxation） 322

政治经济学 294，432

《政治学辞典》（Dictionaire des nciences politiques） 4

《政府论》（De Cive） 248

《政府论二讲》（Two Treatises of Government） 266

《政府论二讲下编》（Second Treatise of Government） 267—270，272，275，276，318—320

政教分离 139，179，216，239，560

政党政治 203，206，278，476，479，560

城市自治运动 83

城市国家 53，61，62，69，73，77，85—87，94，102，278，559

城市经济 370—373，442

赵匡胤（见宋朝太祖） 513，515，536

赵抃 520

南北战争 329，335，348，350，556

南京条约 371，532

柯克（Edward Coke） 102，211

柯贝特（Colbert） 441

柯恩尼洛夫（Lavr Kornilov） 481，484

柯恩尼洛夫事件 481，482

查士丁尼（Justinian） 55

查理·斯图亚特（参见英王查理一世）

155, 179, 241

查理五世（见哈布斯堡王朝） 118, 123—125, 150

查理曼 55, 123

柏克（Edmund Burke） 440, 447, 450

柏林证券交易所 393

威士吉叛变（Whiskey Rebellion） 350

威尼斯 9, 36, 43—77, 85, 88—105, 179, 214, 217, 229, 232, 257, 260, 275, 304, 312, 314, 317, 324, 347, 512, 536, 557—559, 564, 565, 579

　十人委员会（Council of Ten） 44, 47, 70

　大会议（Grand Council） 53, 67, 69

　四十人委员会（Council of Forty） 46, 70, 91

　全民大会（general assembly） 69, 275

　商务委员会（Consoli dei Mercanti） 90

　造船厂（arsenal） 45, 46, 48, 54, 91

　参议院（senate） 66, 70, 71, 91, 93

　圣马可教堂 46, 71

　圣马可广场 46, 71

　扩大会议（great council, Maggior Consiglio） 68, 69

威哈陶因（Geoffrey de Villhardouin） 61—64

威斯康堤（Visconti） 84

威廉一世（德国） 377

威廉寡言（William the Nilent, 参见奥伦治皇子） 9, 127—129, 131, 133, 150

勃艮第 114—117, 123, 376

　查理冒失（Charles the Bold） 116, 117

　约翰无畏（John the Fearless） 115

　菲力普 114, 115, 127—129, 141

　菲力普好人（Philip the Good） 115, 116

　玛丽 117, 164, 200—202, 206, 212, 215, 263, 266, 337

勃列日涅夫（Brezhnev） 452，507，
　　509，542
战时共产主义（War Communism,
　　Wartime Communism） 492，
　　496，549
哈布斯堡（Hapsburg）王朝 117，
　　118，123—125，127，377
　查理五世 118，123—125，150
　麦西米林（Maxirilian） 117，118
　菲力普二世 124—126
哈维（Harvey） 240，242，255
哈灵顿（James Harrington） 237，
　　256—264，274，317，318，558
星房（Star Chamber）法庭 180—
　　182，227
种族主义（racism） 12，109，310，
　　397
复辟 128，179，192，194，196，204，
　　205，208—211，220，224，242，
　　249，258，265，284，285，561，
　　571
复式簿记 91，92，564
拜占庭帝国（参见东罗马帝国） 55，
　　60—62，64，66，78，79，89

拜伦（Lord Byron） 44，48—50，
　　53，98，100
重商主义（mercantilism） 137，273，
　　280，319，410，577
重商主义者（mercastilist） 272
重商政策 145，339，418
重农主义 297
重农主义者（physiocrats） 287
重农抑商 28
科学的唯物论 243
科举制度（科举） 8，33，524，552
香料群岛（spice islands） 143，280
信用 11，20，34，40，89，93，94，
　　135，137，170，210，214，215，
　　227，228，272，278，286，297，
　　307，342，343，364，393，442，
　　503，505，525
信用状 93
信用制度 93，94，237，342
信用货币 40，135，137，602
信用贷款 89，575
信用膨胀（credit inflation） 214，215
信用扩大 304
信教自由 120，133，190，197，204，

575

信教自由令（indulgence） 198，200

保甲（保甲制度） 27，518，532

保守党 203

保皇党（Ghibellines） 72

保皇党（见英国内战） 78，79，84—86，155，185，192，196，215，249，573

保马 518

保险业 34，134，140，215，564

保罗 430

俄国内战 547
 白军 468，482，488—491
 红军 485，488—491，495，496，500，548，550

俄国革命 4，475，542
 二月革命 409，453，454，459，460，462—465，469，471，475，478，484，491，492，494，497，542—545
 十月革命 409，410，424，451，453，454，460，469，471，475，477，482—487，490—492，494，495，497，501，507，509

临时政府 465，468，469，472，478，479，482，484，486，547

皇家交换保险公司（Royal Exchange Assurance） 215

皇家矿产法案（Mines Royal Act of 1693） 209

皇廷大臣法庭（Court of Chancery） 182

皇权神授（参见君权神授说） 389

贸易民族（Trading Peoples） 12，310

独立教派（independents，参见公理会） 155

独占 90，109，328

亲教皇派（Guelphs） 78，79，81，84—86

帝国主义 5，109，196，297，304，305，351，396，473，484，566，567，575

帝国武士（Reichstritter） 379

奕经 529，530

美利坚合众国 329，346，351

美国独立宣言 331

美国独立战争 426

济贫法（poor laws） 295

洛克（John Locke） 230, 235, 236, 253, 263—278, 281, 287, 288, 291, 314, 317—320, 332, 337, 405, 450, 565

宣誓法案（Tent Act） 198, 200

室町时代（见日本） 355

宪法制定会议（法国） 425

宪法会议 264, 389, 390, 407, 487, 547

宪政民主党（Constitutional Derocrats, Cadets） 464, 465, 479

神秘主义者 82

神道精神 563

神圣罗马帝国 55, 71, 72, 79, 83, 84, 114, 117, 118, 123, 124, 171, 176, 232, 237, 239, 376—378, 383, 557, 568

 亨利四世 72

 斐迪南 124

 腓特烈一世 83

 腓特烈二世 84

费正清（John K. Fairbank） 511, 534, 551

费孝通 526

费伯微（Lucien Febvre） 5

贺尔特（Sir John Holt） 211

统治阶级 45, 74, 77, 568

统领的誓辞（promissione） 68

十　画

荷兰 9, 11, 17, 22, 36, 78, 97, 106—110, 112, 116, 117, 119—121, 123, 124, 127—136, 139—153, 171, 172, 174—176, 179, 182, 191, 195, 196, 198—201, 204, 210, 215, 217, 218, 222, 224, 257, 262, 263, 265, 280, 281, 284—286, 288, 290, 304, 311, 312, 328, 334, 347, 357, 376, 386, 418, 433, 446, 534, 558, 559, 564, 565, 568, 575, 579

 全国议会（States-general） 116, 134, 142

 省议会（state assemblies） 113, 130, 132

 殖民地政策 145

摄政阶级（regent class） 130，133，143，146，558
荷兰共和国 109，110，125，127，130，131，133，134，139—141，144—147，149—151，179，229
荷兰西印度公司 143
荷兰改革教会（Dutch Reformed Church） 133
荷兰东印度公司 106，142，143
荷兰独立运动 125，565
荷兰独立战争 9，124，144
莫特里（John Lothorp Motley） 125，142，149，150，152，153
都铎（Tudor）王朝 160
恐怖政治 438—440，443，444，522
恐怖政策 438，491，495，499，540
恐怖时期（见法国大革命） 418，425，434
索波尔（Soboul） 446
《真理报》 480
《桃花源记》 51
株仲间 366，370，371
顾理雅（Herrlee G.Creel） 517
原始共产主义 120，503

原始的存积资本（Primitive accumulation of capital） 299
原始状态 272，281
《原富》（An Inquiry into the Nature and Causes of the Wealth of Nations） 41，152，280，281，283，284，287—289，321，400，401，551
《夏威夷》（Hawaii） 169
夏娃 267
《致日耳曼贵族书》（见马丁路德） 239
莎士比亚 234，557
热月反动（见法国大革命） 438，440，442—444，540
圆头党（见英国内战） 154，155，190，192
恩格斯 14，17，18，28，195，299，304，463，476
罢工 81，461，471，572，574，575
倪嗣冲 511
殷汝耕 536
航海法 90，93，195
航海法案（Navigation Act） 205，

334, 339

拿破仑　43, 50, 128, 170, 380, 382, 383, 385, 416, 417, 425, 440, 441, 444, 446, 448—451, 472, 476, 538, 540, 570, 571

拿破仑三世　378, 476

拿破仑法典　383, 449

拿破仑战争　288, 290, 380, 390, 444, 568

爱德华三世　81, 161, 170

剥削　35, 42, 142, 218, 303, 304, 422, 434, 477, 482, 503

剥削论（theory of exploitation）　578

租界　525—527

租庸调　522

特许状（Charter）　110, 113, 129, 330, 332, 337

特务政治　77, 169, 491, 493, 499, 511

特莱希克（Heinmich Von Treitschke）　396

特权法庭（Prerogative courts）　181, 182, 220, 227

倒幕运动（日本）　355, 357, 374

俾斯麦　36, 43, 305, 377, 378, 385, 391, 394—398, 407, 408

郭松龄　536

诺兹　24, 25, 27, 39

资本（capital）　2, 3, 6, 11, 20, 23, 24, 34, 36, 53, 61, 73, 79, 94, 102, 121, 135, 142—144, 196, 209, 213, 214, 248, 261, 272, 274, 283—287, 291—294, 296, 299, 301, 305, 311, 321, 323, 326, 329, 334, 345, 349, 351, 365, 370, 375, 385, 393, 398, 471, 503, 526, 556, 577, 578

资本主义（capitalism）　2—5, 8—14, 16—18, 20, 22—25, 27—31, 33—40, 42, 44, 51, 53, 61, 73, 77, 85—88, 94, 96, 97, 99, 100, 102, 103, 107—109, 121, 130, 133, 138, 139, 144, 145, 148, 149, 151—155, 158, 168, 179, 190, 191, 195, 196, 201, 206, 212, 214—225, 228—232, 237, 238, 243, 244,

247，248，251，255，259，261，
262，269，272—278，280，281，
284—286，288—292，294，295，
297，298，302—306，308—314，
320，323，325，327，331，332，
334，337—339，345—347，350，
351，355，364，368，373，375，
378，385，387，391，392，394，
395，397，398，404—406，408，
410—412，418，442—444，447，
449—451，463，473，476，482，
487，499，502，507—509，512，
533，546，551，555—571，573，
577，579

世界化 533

生理家 16，286，555

思想体系 9，228，229，252，259，
269，273，274，276，304，313，
369

病理家 88，276，298，305，555

起源 39，85，99，278

《资本主义之精萃》(The Quintessence of Capitalism) 38，102，153，309，325

资本主义社会 39，53，185，220，
230，243，255，274，281，292，
295，297，300，301，303，307，
314，339，351，378，463，556

资本主义的生产方式 11

资本主义国家 27，61，88，147，
303，304，329，347，397，473，
476，503，566

资本主义萌芽 14，21—23，40，85，
149

资本主义精神 7，9，10，96，309—
311，313，345，562

资本主义体制 17，31，33，35，77，
80，88，139，147，237，278，
304，326，327，331，347，348，
353，354，362，373，374，384，
391，446，482，532，560，562，
570

资本家（capitalist） 2，4—6，14，
17，24，30，34，36，87，94，96，
102，129，138，139，145，146，
154，191，196，212，218，219，
270—272，274，275，281，282，
285，288，291，293，294，296，

299—304,308,310,323,339,
391,393,447,471,473,482,
484,496,503
资本家生产方式 17,87
资本家的时代（capitalist era） 14
资本家专政 82
《资本论》 3,17,30,36,39,42,
102,299,302,303,323,324,
579,580
资产阶级（bourgeoisie） 81,82,
113,128,237,272,273,310,
324,421,436,446,447,450,
463,470,471,473,479,482,
487,494
《资产阶级》（Der Bourgeois） 309
资产阶级社会 463
资产阶级精神（bourgeois spirit） 309
流动商人（wayward merchants）
166,167
流动资本（circulating capital） 294
浪漫主义（roranticism） 44
酒税 213
浸礼派（Baptists） 173
消费市场 303,358,362,369

浮士德 54
浮士德眼界（Faustian outlook） 54
海上乞丐（Sea Beggars） 129,130
海上无骑士精神 129,130
海事法庭 20,180,337
海洋文化 566
海洋国家 256,259,350
《海洋国家》（The Commonwealth of
Oceana） 238,258—260,262,
263,317,318
海瑞 26,41,563
海蒲洛纳（Robert L. Heilbroner）
275,320
容克（Junker） 391,394,397,407
高利贷（usury） 73,74,78,89,
139,140,168,364
高等法庭 211,227
高层结构（参见上层结构） 230,
232,255,259,391,440,441,
534,536,562
唐宋大帝国 561
唐高宗（李治） 373
冥加金 366
陶尼（R. H. Tawney） 13,38,

151, 168, 195, 203, 209, 221, 223—225, 275, 308, 309, 312, 320, 324, 325, 579

陶查特（Dauzat） 2

陶渊明 51

陶蒲（Maurice Dobb） 5, 6, 13, 30, 37, 38, 40, 99, 149

继承法案（Act of Settlement） 263, 278

十一 画

理想主义 9, 495, 538, 562

理察（Richard） 193, 194, 224

理学 35, 242, 244, 248, 276, 312, 520, 559

理学家 276, 515

教友会（Quakers） 173, 195, 328

教廷（参见罗马教廷） 120, 170, 175, 232

教皇 48, 55, 68, 71, 72, 79, 82, 119, 171, 232, 233, 239, 247, 430, 453, 557

李奥三世（Leo III） 55, 123

亚历山大三世 72

教皇派 239

黄海战役 530

菲立普二世（见哈布斯堡王朝）

基尔（Louis de Geer） 145

基督 95, 170, 171, 188, 430, 433, 450

基督教 11, 60, 63, 65, 78, 120, 158, 169, 170, 185, 233, 234, 239, 311, 357, 402, 499, 526, 528

勒费弗（Georges Lefebvre） 410, 412, 416, 417, 444, 447, 537—542

勒潘托（Lepanto）海战 96, 97

乾隆（见清朝） 320, 370, 529

副本产业 208, 560

副本产业持有人（Copyholder） 165, 206

曹锟 511

梅兰芳 536

袭击珍珠港 352

掘地者（Diggers） 251, 252, 294

唯心主义 11, 306, 312

唯心主义者 12

唯心论者　243

唯物主义　109，121，195，268

唯物论　231，233，274，312

唯物辩证法　230

唯理论者（Rationalist）　255

虚无主义者　460

圈地（Enclosure）　165，166，180，208，209，270，272，423

圈地运动　262

银行家　7，74，78，89，93，140，367，380，408，421，480，569

第一次世界大战（参见欧战）　304，305，416，453，454，490，572

第一次英荷战役　198，205，218

第二次世界大战　2，351，352，501，504，566，571

第二次直奉战争　511

第二次英荷战役　198，205，328

第三次英荷战役　198，199

第三国际（Comintern）　501，549

第四次十字军东征（见十字军）　55，65，100

造反委员会（Insurrection Comite）　410

造反总司令部　410

造船业　54，55，85，95，97，140，335，338，339

领事裁判权　105，525—527

谢夫兹伯里伯爵（Eral of Shaftesbury）　278

商法　9，93，96，391，559，565

商非德（Andrew Shonfield）　5

商品　5，15，20，23，138，146，249，253，271，279，281，292，300，301，344，364，388，457，551，569

商品经济　20，22

商业主义（commercialism）　577

商业法庭（curia di Petizion）　94

商业组织　13，54，55，66，96，216，249，334，362，368，450，570

商业税　121

商业资本　6，9，73，88，141，145，196，273，347，362，367，369，391，525

商业经济　141，226，347

康大黎尼（Contarini）　66，68，558

加斯帕罗（Gasparo）　558

康瓦斯（Canwas）　3
康有为　29
康熙（见清朝）　320
康德（Immanuel Kant）　578
清明上河图　513，514
清教（puritanism）　168，177
清教徒　8，11，30，73，154，168，173，174，177，181，183—186，191，196，200，217，218，222，223，241，249，272，309，330，562，563
清教运动　173，175，183，185，196，204，220，223
清朝　44，402，532
　光绪　509，528，531
　康熙（1662—1722）　409
　乾隆（1736—1795）　410
　雍正（1723—1735）　410
　道光　529
淮南王　29
鸿池新六　367
密柳克夫（Pavel Miliukov）　465
宿命论（fatalist）　233，443
通利银行（Caisse des Comptes Courants）　446
《通书》　515
通商口岸　525
通货膨胀　139，147，446，460
维也纳会议　385，386，568
维也纳歌剧院　452
维多利亚（见英王）　176，304

十二 画

堪定诺（Candiano）　66
斯大林　454，483，492—494，498—503，505，507，509，548，550
斯东诺（Michele Steno）　46—48
斯椎夫德伯爵（Earl of Strafford）　180
斯托雷平（Stolypin）　457，459
斯图亚特（Stuart）王朝　157，160—162，165，168，175，176，181，192，194，196，212，216，222—226，238，242，249，257，261，278，316
斯维琴科　452，542
营业税　127，128，145
蒋介石　536，554

蒋廷黻　511，534

联合国　347，386，452

    安全理事会　386

    会员大会　386

联邦宪法（federal constitution）　347，348

韩子（非）　29

韩侂胄　520

朝代国家（dynastic states；参见王朝国家）　139，160，170，201，212，219，239，450，570

殖民地　30，43，56，65，68，88，107，142，143，176，185，195，217，219，230，263，273，279，280，284，321，326，328，329，331，332，334—339，342—345，349—351，397，399，564，568，569，572，574，575，577，580

雅各宾派（Jacobins）　434

雅各宾俱乐部　434，435，440

辉格臻荣时代（Whig supremacy）　278，320

辉格党（Whigs）　203，205，215，278

最低工资　219，281，303，351，575

最高主权人（参见国家最高主权人）　247，248，497，498

黑死病　48，74，81

遗产税　294，299

曼斯菲（William Murray Mannfield）　211

累进税制　351

累积资本（参见存积资本）　6，364，374

锁国（见日本）　354

剩余价值（Mehrwert, surplus value）　299，302，303，324

《剩余价值论》（Theoriem über den Mehrwert）　303

税收　27，30，35，40，81，87，116，121，150，168，193，200，285，290，291，295—299，302，401，420，422，446，450，504，522，531，552

程颐　520

程颢　520

集体农场　493，495，499—501，504—506，576

腓特烈·威廉四世 389

腓特烈大帝（1712—1786，普王）384，397

鲁迅 169，532，536

鲁登道夫（Rudendorff） 487

童工 147，303，351，388

普林（William Prynne） 562

普鲁士银行 396

普鲁东（Pierre Proudhon） 3，298

曾子 169

曾国藩 528

游牧民族 26

雇佣（employment） 35，52，70，75，95，218，228，232，243，286，293，303，308，321，323，346，418，437，449，502，511，564，567，568

富格氏（Fuggers） 380

富兰克林（Banjemin Franklin） 8，39，308，328，332，333，339，562

十三 画

葛洛休斯（Hugo Grotius） 565

幕府 356，357，359，364，369，370

董仲舒 29

蒙茅兹公爵（Duke of Monmouth）199，265

禁欲主义 309

路易十四（见法王） 199，205，224，240，326，422

路易十五（见法王） 422

路易十六（见法王） 414，415

路易士（Victor Louis） 452

路德（Martin Ruther，参见马丁·路德） 119，120，124，231，239

路德教派 9

奥地利王位继承战争 326

奥拉德（Alphonse Aulard） 413

奥伦治派（Orangists） 132，151

奥伦治皇子（Prince of Orange，参见威廉寡言） 127

奥登巴内佛（Johan Van Oldenbarneveldt） 131，132，151

奥尔良公爵（Duck Orleans） 426

詹姆士一世（见英王） 151

新中产阶级 511

新巴黎公社 436

《新法文广义》（Enrichssements de la

Langue Française） 3

新英格兰 335,337

新教 9,120,124,131,140,150,151,176,199,200,202,224,306,308,397,401,528

新教伦理（protestant ethic） 7,9—12,312,562

《新教伦理与资本主义精神》 37,38,104,223,306,324,325

新教徒 129,176,213

《新莱茵时报》（New Rheinische Zeitung） 390,407

新经济政策（NEP） 492,495,499

靖国神社 352

道教 8

道德主义 417

道学家（参见理学家） 532

慈禧太后 528,532

数目字管理 206,209,216,228,278,302,307,326,327,409,410,423,433,442,517,520,534,537,560,565,567,570

满洲国 29

福利国家（Welfare State） 303,385,569

群众运动 183,345,443,473,502,509,562

嫌疑犯法案（Law of Suspects） 433

十四 画

赫德逊（亨利，Henry Hudson） 106,108,328,334

赫鲁晓夫（Khrushchev） 506,548

慕黎斯王子（Maurice of Nassau） 131

蔷薇战争（Wars of Roses） 259

精英分子（elife） 31

谭嗣同 529

赛亚司（Sieyes） 421,426,440

翟波罗（Giacomo Tiepolo） 68

熊彼德（Joseph Schumpeter） 139,288,290,294,319,322,323

十五 画

墨索里尼 156,573

墨翟 51

黎希流（Richelieu） 418,441

黎越拉（Primo de Rivera） 572

黎察（J.B.Richard） 3
德川时代（参见日本江户时代） 354，362，365，403
德川家康 356，357
德川幕府（参见江户幕府） 359，362，373
德拉克洛瓦（Delacroix） 44，45，48，49，98
德兹瓦洛夫斯基（Dzevaltovsky） 469
德国大邦联（German Confederation） 385
德国唯心主义学派 13
德意志第一帝国（参见神圣罗马帝国）
德意志第二帝国（威廉的德国）
德意志第三帝国（希特勒的德国）
摩西十诫 203
摩洛西尼（Morosini） 66
寡头政治 66

十六画

霍布斯（Thoras Hobbes） 179，235，240—249，252—256，258，259，262—264，268，269，274，276，277，281，288，291，296，314，317，392，434，448，477，497—499，534，535，558，565
穑夫（Serf，Villein） 111，164，165，208，380，385，386，396，406，407，420，457—459
穑夫制 385，420，568
儒家伦理 359，563
糖税 344
褫夺公民权法案（Bill of Attainder） 182

十七画

藏元 365，367
藏屋敷 365，367
魏源 527
豁免权（dispensing power） 200
豁免权（immunity） 110

十八画

藤原 364
镰仓时代（见日本） 355